U0513040

当代国际政治丛书
Contemporary International Politics Series

冷战及其遗产

（第二版）

THE COLD WAR AND ITS LEGACY

2nd ed.

张小明

著

上海人民出版社

丛书总序

当今世界，正在前所未有地进入一个变化和动荡的时代。人类的创造和生产能力在带来繁荣与奇迹之后，正在经历成功所伴生的挑战。全球化进程依然不折不挠地向前推进，但已遭逢挫折。第二次世界大战之后的总体和平虽能维持，显然也面临着不只是擦枪走火的严重威胁。国家、地区和全球层面上的治理模式在不断获得更新改造的同时，明显地要为满足人们的各种诉求而付出进一步的艰巨努力。

激荡着当今世界变迁的，远不止当下来自四面八方的利益诉求和观念纷争，而且，还来自长时段的各种因素重现于世。远比人类存在更为悠久的地理现象，以及由此而产生的空间条件的差异，正在重新成为当今国际政治的动因之一。千百年来，人类各民族魂牵梦绕的文明因素，正在大步进入国际政治最为敏感的争议领域。同时，始终与人类相伴随的气候条件也直截了当地成为国际政治最紧迫的工作目标。这些状况，使得当代国际政治不仅充满盎然新意，而且也始终沉潜与贯穿着人与人、人与自然世代共生的丰厚积淀。

如果说，几十年前人们的求索目标，是在纷繁复杂的国际现象背后，不仅要知其然，还要知其所以然，那么，今天人们更为关切的是，究竟以怎样的思想原则、怎样的路径方法，包括怎样的心理和交往态度，来探求被称为国际政治研究的这一知识和认知领域。

虽然，世界范围内的政治、经济、文化和军事等问题与国家间关系的研究是一个非常年轻的学科门类，但是，对于这一新兴门类的各方面需求之急迫、这一门类自身学科发展与演进的节奏之迅速、这一学科与其他学科之间交往互动之频繁和深入，足以令世人叹为观止。甚至，有关未来国际社会和国家间关系的讨论与辩论，从来没有像今天这样，几乎成为街谈巷议的一个经常的主题。

正因为年轻，恰恰给予国际政治学科一个非常有利的条件，那就是从已有的各门学科中博采众长。纵观国际政治学科百多年的历史，可以清晰地看到，无论本身历史悠长的人文学科，还是刚刚形成规模的社会学科，都给予国际政治这一后起门类以无数滋养和正反面的教益。从今天来看，无论是来自古希腊史的“修昔底德陷阱”争议，还是带有20世纪系统结构理论中的“单极”“两极”“多极”等极化现象的描述，都有来自各门人文社会学科投射的痕迹。令人欣慰的是，世纪之交以来，一个更为深入而广泛的学科借鉴进程，正围绕着国际研究学科的成长而展开。不光是政治学、经济学、社会学等社会科学的理论和方法与国际研究的紧密交织，而且，来自哲学、伦理学、心理学、行为科学，尤其是全球史、文明史、思想史、民族与人类学研究等诸多门类正在进一步把国际现象作为自己的探索研究对象。人们似乎已经越来越难以容忍国际研究客体与各门学科研究对象被相互分离的现状，因为这个世界早已被结合成为一个整体。所以，国际政治研究的多学科、跨学科背景这一与生俱来的特性，可能会始终伴随这一学科继续前行的步履。

国际研究学科自身的开放特性，使其也受到来自既是学科多源，同时也是相关的社会利益与观念偏好的多元、多样特性的必不可免的影响。如果说，数千年来人文学科的演进尚且难以规避来自不同地域、不同时代、不同观念、不同利益背景与意愿的影响，那么，与近现代欧美社会，特别是与19世纪工业化进程相伴随的现代社会科学形成过程，更是难以避免其成长环境与其学科内容与原则的内在关联性。而在此背景下形成的现代国际政治理论，尤其体现这一特征。正当国际政治现实中的利益与观念之争越来越进入一个白热化的阶段，国际政治研究中的利益与观念之争、学派之争、方法论之争，很可能使得国际政治研究领域也硝烟弥漫，不亚于战场上的刀光剑影。尤其作为直接与国家利益、国家对外政策，乃至与国际社会整体发展相关联的一个知识与认知门类，国际政治研究承担着处理内部与外部、局部与整体、当下与长远、人类社会与自然环境等相互之间关系的智识供应的重大责任。在此背景下，如何区分人类文明遗产中的精华与糟粕，如何取舍普遍性要义与被无端添加的各类局部性偏好与利益，对于构建国际政治学科而言，乃是一个艰巨而持续的考验。

当代国际政治研究,尤其是国际政治理论研究的领域,是一个充满着进取与反思精神的研究领域。这一现象,既体现于学派争议之间、学派思潮更替的内部,也反映来自不同国别和文明背景之下的理论与学术的创新竞争。从前者来看,尤其是在欧美国际政治理论各大流派之间,从来就没有停止过有关基本思想原则的激烈争议,而且,经常可见与时俱进的演进。包括各个思想流派的内部在维护各自基本原则的前提之下,时有革故更新。这样一种从思想原则到基本认知规则与方法的学术辩论,既内在深入,又全面广泛,是一个值得进一步开掘的学术演进历程。尤其需要一提的是,在西方国际政治研究的学术发展进程中,出现过不少与现实的欧美政治取向与战略政策并不一致、甚至保持尖锐批评态度的理论学说和专家。从这个意义上说,国际政治研究并非仅仅寻求克敌制胜之术,而是通晓天下各家之说,知己知彼,寻求互赢共存之道。由此看来,先从思想理论切入,乃是未来国家间政治的必经之道。

考察近几十年来世界范围的合作与竞争态势,可以看到,不同国家与文明背景下的国际政治研究,出现了若干重要变化。冷战终结前后,很多新兴国家程度不等地出现了对于西方国际政治理论研究的热潮,特别是美国国际关系理论的传播是20世纪八九十年代以后一个极其广泛的现象。世纪之交开始,首先是在欧美国际政治研究领域的内部,出现了对于美国式国际关系理论的既来自局部又有整体性的反思。而在此之前,大体是在20世纪80年代,建构主义学派的出现本身,就是对欧美传统国际政治研究的一个批判性和规范性的总结与反思。与此同时,非欧美国家学术界的国际政治理论研究也在深入推进,出现了不少带有新兴国家和非欧美文明的本土特色的理论创新之作。尤为值得重视的是,随着21世纪以来国际政治经济领域本身的变化加快,国际研究领域的学术与理论推进也是层峦叠起,创新不断。无论是对传统的西方主导的国际史的重新界说,还是对曾经流行于世的国际理论的重新阐发,一个深入探究、重新构建的热潮正在跃跃欲试。

如果把国际政治理论研究作为一个社会学过程来加以观察的话,那么至少可以发现,这一领域的起源、发展、反思和创新的过程几乎与国际政治经济现象本身的起落,是同步行进的。总体上说,国际政治学科本身的出现要落后于一般现代社会科学研究领域,更不用说历史悠久的人文研究。这可能与20世纪之前国际社会本身成熟、发展，包括受到全球性巨大变故冲击的程度有关。当代国际研究，特别是理论性研究的崛起发端于第二次世界大战之后的冷战阶段，这与美苏对抗与美国称霸的时局密切关联。其间若干流派的涌现，如新自由主义流派的出现，与经济政治危机状态下西方社会的自身反思有关。实证统计表明，建构主义思潮的崛起、乃至替代新自由主义学派而风行各国，是与从20世纪80年代一直到冷战终结前后更为广泛而复杂的国际局势与思潮变迁相互联系的。而近年来，在东西方几乎同时出现的对于既有国际政治理论的观照与总结，对现有思想成果的吸收与批评，结合现状所做的理论与学术创新，显然与这一时段以来“世界处于百年未有之大变局”有着密切的关联。

世界大变局下的中国，无可推卸地承担着推进国际政治理论研究的责任。与数千年前中华文明创建时期诸子百家对于当时背景下的世界秩序和对外交往的思考相比，与百多年来为救亡图存、实现国家现代化和世界大国地位的仁人志士前赴后继的卓绝努力相比，与40多年来中国改革开放实践的巨大成就相比，我们没有任何理由，甘愿承受中国的国际理论研究落后于人而长期不被改变的现状。固然，思想与理论构建对于任何一方的学术专家而言，都非易事。尤其在信息社会，有时连“后真相”“后事实”的局面尚难以改变，何况经常处于纷争与对立状态下的思想与理论思辨。然而，反观人类思想演进的任何一次重大进步，哪一次不是在极其艰难困厄的条件之下，千寻百觅、上下求索之后，方得真经。

26年前，为建构中国背景的国际政治理论体系，回应国际社会走向新世界进程中提出的重大问题，本丛书应运而生，先后出版了几十种著作，推动了中国国际政治学科的发展。26年后，我们更希望这套丛书能为处于世界大变局下的中国国际政治理论体系的建设和创新作出新的贡献。

生逢变世，凡智识者，不能不闻道而立言；凡欲自立于世界先进民族之林者，不能不明理而立志。以上所言，乃本丛书所邀同仁相约共推此举之宗旨。

冯绍雷、陈昕

2021年3月29日

目　录

导　言

冷战指的是第二次世界大战(以下简称"二战")结束以后形成的各自以苏联和美国为首的东西方两大政治、军事和经济集团之间的紧张斗争与较量,苏联和美国是冷战舞台上的主角,但是这两个超级大国从未在战场上直接和公开地兵戎相见。[1]

众所周知,冷战起源于二战结束后不久。"冷战"一词的出现和被广为使用,本身就是冷战起源故事的一部分。"冷战"一词最早出现于1945年10月,当时正值二战结束后不久,以美苏为首的东西方冷战尚未开始,但是这两个国家之间的关系已经开始出现问题了。据挪威籍冷战史学者文安立(Odd Arne Westad)考证,最早使用"冷战"这个词的人,是英国著名作家乔治·奥威尔(George Orwell),正是他在1945年第一次使用"冷战"这个词。[2]很多人对乔治·奥威尔很熟悉,因为都看过他写的两本非常著名的政治小说,一本是《动物农场》(*Animal Farm*,又译《动物庄园》),另外一本是《1984》。但是,很少人知道奥威尔也是最早使用"冷战"一词的人。奥威尔在1945年10月19日发表的一篇题为《你和原子弹》的文章中称:"詹姆斯·伯纳姆(James Burnham)的理论已经被讨论得很多了,但是很少人注意到该理论的意识形态含义,即那种世界观、信仰和社会结构可能会在一个不可征服的以及与自己的邻国处于长久'冷战'状态的国家中占据主导地位。"[3]但很显然,奥威尔在使用"冷战"一词的时候,并没有明确指美苏关系,当时美苏之间的冷战也没有发生。不知是否因为阅读过奥威尔的这篇文章以及受到奥威尔这一说法的启发,美国记者、美国驻联合国原子能委员会代表伯纳德·巴鲁克(Bernard Baruch)的助手赫伯特·斯沃普(Herbert Swope)在1946年9月给同事的一封信中也使用了"冷战"这个词,用以说明美苏关系的悲观前景。此后,巴鲁克本人也在1947年4月的一次公开演讲中声称"我们今天正处于一场冷战之中"[4]。斯沃普和巴鲁克所说的"冷战",显然指的是战后初期的美苏关系,因此有人把斯沃普和巴鲁克称为最早使用"冷战"概念的人[5],这并非没有道理。

但是,在我看来,"冷战"一词开始被人们所熟知和广为使用,其实是在 1947 年底,当时美苏冷战实际上已经全面爆发了。美国著名新闻记者沃尔特·李普曼(Walter Lippmann, 1889—1974)在 1947 年底出版了一本书,那是一本篇幅只有 50 多页的小册子,书名就是《冷战:美国对外政策研究》。[6]这本书实际上是一个文集,由李普曼在 1947 年下半年所发表的一组专栏文章汇编而成。众所周知,1947 年 7 月,被称为"美国头号苏联通"、时任美国国务院政策规划室(Policy Planning Staff, Department of State,简称 PPS)主任的乔治·凯南(George F. Kennan, 1904—2005),用"X"署名在美国著名的期刊《外交》季刊(*Foreign Affairs*,当时为季刊,现为双月刊)1947 年夏季号上发表了一篇题为《苏联行为的根源》的文章(即"X"文章),公开和系统地阐述了美国遏制("contain",在中国香港、澳门和台湾通常被译为"围堵")苏联的战略。[7]这篇文章被李普曼看到了,李普曼也知道匿名作者"X"的真实身份,但他很不同意该文作者的观点,于是在《纽约先驱论坛报》上连续发表了 14 篇专栏文章,批评乔治·凯南的这篇匿名文章。[8]李普曼的这组文章在 1947 年底以《冷战:美国对外政策研究》为题结集出版。正是在李普曼的这本书出版之后,"冷战"一词开始流行了。从这个意义上说,李普曼才是"冷战"一词的创造者。李普曼这本书的影响很大,大多数人都是因为看了李普曼的这本书之后,才开始知晓和使用"冷战"这个词,用它来描述第二次世界大战结束以后美国和苏联之间的紧张关系或者战略竞争关系。如果我们要讨论谁是"冷战"这个词的发明者的话,我个人更倾向认为是李普曼,尽管如前所述他并不是最早开始使用"冷战"这个词的人。

冷战在 1947 年春以"杜鲁门主义"演说为标志而全面爆发之后,前后持续了四十多年之久。20 世纪 80 年代末 90 年代初,苏联、东欧掀起了一场政治风暴,其主要结果是冷战退出历史舞台。东西方冷战是二战结束以后近半个世纪国际政治的主旋律,其影响极为重大和深远。从某种意义上说,冷战史就是从二战结束到苏联解体这四十多年的国际关系史,因为东西方冷战在这个时期始终占据着国际政治舞台的中心位置。在冷战结束以后,回顾和分析东西方冷战产生、发展和终结的历史全过程,探究其对冷战后国际关系的影响,便是笔者写作本书的基本目的。

东西方冷战是一个时间跨度很大、内容极其广泛的研究课题,本书自然无法论及冷战的每一个方面。冷战的遗产也是一个很大、很新和很不确定的研究题目。笔者力求依据下述思路来阐述和分析东西方冷战,思考和认识冷战的遗产。

第一,以战争与和平为主线。以什么为主线来写冷战,这是很长一段时间以来困扰着我的一大难题。我曾经考虑过用两大社会制度和价值观念之间的较量作为主线,来分析冷战。意识形态斗争在东西方冷战中无疑占有相当重要和突出的地位,从这个角度来写冷战也能给人以一目了然、简单易懂的感觉。但是,这样做势必导致对冷战的叙述和分析过于片面和简单化,容易使人误入歧途。因为意识形态斗争只是东西方冷战的一个方面而已,它并不能涵盖冷战的全部内容,冷战的结束也没有导致两种政治制度和观念较量的消失。我也想过以美苏关系为主线来写冷战。纵观东西方冷战的全过程,美苏是冷战的主角,两国之间的关系始终是冷战的核心内容,它左右着冷战的发展方向。然而,以此为主线,很可能把一部冷战史写成美苏关系史,这也是我一直努力避免发生的事。经过反复考虑,最后我还是选择以战争与和平为主线来写本书。战争与和平一直是国际关系的主旋律,东西方冷战自然也不例外。冷战是两大政治、军事和经济集团之间的斗争,双方的目标都是抵制敌手的威胁、削弱敌手的力量和增强自己的影响。因此,安全问题,也就是战争与和平问题,无疑是东西方冷战的主题,贯穿冷战的始终。另外,冷战有着一个最基本特征,即它既是战争,也是和平。说它是战争,因为东西方之间的紧张对峙和冲突包括战场上的较量始终不断。说它是和平,因为冷战中的两个最主要角色美国和苏联之间从来没有发生过直接和公开的军事对抗。本书便是以战争与和平为主题展开分析和论述的。

第二,史、论、今相结合。从冷战开始后不久到今天,世界上已经发表的有关著述不计其数,今后肯定还会有这类的出版物源源不断地问世。有关冷战的著作可以有各种各样的写法,但是目前已有的著述大多数是历史学家的产品,注重史料的运用和考证以及历史过程和事件的详尽描述,而且其中不乏精品佳作。冷战已经成为一个历史现象,有关冷战的研究无疑属于历史研究的组成部分。从这个意义上说,本书是一部历史著作。但是，笔者在注重史料运用和史实叙述的同时，力图借用一些国际关系理论的分析框架、方法与概念，来阐述和分析冷战这一历史现象，希望能把历史学家和政治学家的研究方法有机地结合起来。笔者一直对历史特别是国际关系史和外交史情有独钟，同时对国际关系理论家提出的分析框架、方法和概念颇感兴趣，并且努力运用国际关系理论来指导国际关系史的研究。历史研究的一个重要目的在于“温故而知新”，理解东西方冷战史也是为了帮助我们认识今天以及今后的国际关系。历史的发展总是具有延续性和继承性，冷战后的国际关系是从冷战时代的国际关系中发展而来的，不能把两者完全割裂开来。东西方冷战已经给冷战后的世界留下了一份丰厚的遗产，其影响有多大、多深，有待于人们不断认识。因此，搞清四十多年的冷战对当今国际关系的影响，把历史和现实结合起来，这也是笔者写作本书时的另外一个重要目的。同时，虽然冷战是一个特定历史环境下的产物，带有自身的特殊性，但是它所体现出来的不仅是其自身特有的东西，包括两种政治观念和制度之间的较量，而且反映世界上主要大国之间传统的处理相互关系的方式。因此，把冷战当作一个研究个案，从中总结大国斗争的特点和规律，显然具有现实意义，因为它有助于我们分析当下和今后的国际关系。历史、理论和现实相结合，可以说是笔者努力追求的一个研究方向。

第三，专题研究。东西方冷战及其遗产是一个相当大的研究课题，一本书自然难以穷尽。另外，冷战史同战后国际关系史、主要大国的外交史都有很多重复的地方，所以有关冷战的著作很容易成为现有的国际关系史、大国外交史书籍的翻版。主要出于上述考虑，本书基本上不按历史发展的顺序来写冷战，而是就几个我认为最为重要的专题，来探讨和分析东西方冷战及其影响。在选择研究专题时，笔者也尽可能选取一些过去常常为冷战史学者所忽视或论述不够充分的问题，例如冷战中的东西方经济关系、第三世界和冷战、核武器与冷战以及联合国在冷战中的地位和作用等。由于这种专题研究的性质，本书各章之间是相对独立的。

第四，重视中国因素。美苏关系无疑是东西方冷战的核心，但是其他地区和国家在冷战中所处的地位和作用也不应当被忽视。中国是冷战中一个举足轻重的国家，许多冷战中的重大事件同它密切相关。中国的国共内战与冷战有很大的关联性；探讨新中国在冷战中对外战略的得与失、总结其经验和教训，也有助于我们理解冷战时期新中国外交的历程。由于这样或那样的原因，大多数西方冷战史学者的著述通常忽视中国因素。作为中国的学者，应当克服这种研究倾向，重视对中国在东西方冷战中的地位与作用的研究和分析。只有注重从中国的角度考察冷战，中国的冷战史研究才会有更为坚实的基础，才能为国际学术界的冷战史研究作出最大的贡献。

第五，尽可能利用最新的研究材料和研究成果。随着冷战走向终结，世界范围有关冷战的研究出现了前所未有的繁荣景象。首先，这是因为冷战的结束使得历史学家可以对冷战的产生、发展以及终结的全过程进行考察，冷战史研究的领域得到大大拓展，不像过去主要限于冷战起源以及某些重大事件的研究。同时，冷战结束也使得学者可以观察和分析冷战给冷战后世界所留下的遗产。其次，冷战研究者拥有越来越丰富的研究素材，特别是历史文献。由于苏联、东欧的政治剧变和冷战的结束，原苏联加盟共和国以及东欧国家开始把冷战时期的大量档案文件解密，供历史学家使用。同时，今天美国及其他西方国家在开放官方档案方面所迈出的步伐也比冷战时期要大得多。近年来，中国不少当事人纷纷发表回忆录，一些重要的档案文献也公之于世。外交史研究的繁荣与否，在很大程度上取决于可供研究的档案的多寡。冷战结束后，东西方国家的大量档案文献被解密，冷战史学者可用的研究素材不断丰富，从而带来一大批有关冷战史的著述问世和该领域研究的繁荣。另外，冷战结束后世界局势的发展让人们日益深刻地感觉到，冷战虽然已经退出历史舞台，但是它的影响远远没有结束，不少人士开始思考这种影响，并且在文章与著述中探讨这个问题。因此，在新旧交替的时期，人们有必要研究冷战的遗产，也已经有了一些这方面的研究素材。最后，随着冷战的结束，原苏联加盟共和国、东欧以及中国等国家的冷战史研究发展迅速，研究队伍在日趋壮大，学术成果不断增多。其结果是打破了过去在冷战史研究领域那种基本上由美国学者一统天下的局面，也促进了世界范围冷战史研究的繁荣与发展。前社会主义阵营国家的研究者通过自己的努力和工作，不仅为国际范围的冷战史研究丰富和充实了历史材料，而且提供了新见解与新视角，正在为该领域的研究作出应有的贡献。与此同时，冷战结束后，来自东西方的冷战史学者之间的学术交流与合作也日益加强，共同推动该领域研究的向前发展。因此,本书努力使用最新的研究材料,特别是新近解密的官方档案,吸收国内外同仁的最新研究成果。

笔者从 20 世纪 80 年代中期开始便从事战后美苏关系的研究,我的学士、硕士以及博士论文都与此相关,自 1988 年在北京大学毕业留校任教之后,我一直从事东西方关系、冷战史、战后国际关系史以及国际关系理论的研究和教学,始终没有停止跟踪国内外学术界有关冷战史研究的发展动向。1994 年 1—7 月,我有幸作为美国伍德罗·威尔逊国际学者中心冷战国际史研究项目(Cold War International History Project, Woodrow Wilson International Center for Scholars, Washington, DC)的访问学者,在美国从事为期 6 个月的学术研究,得以进一步了解世界范围内的冷战史研究和有关国家档案开放的基本状况。此后,我先后多次在美国、英国、瑞典、日本、韩国等国从事相关学术访问和调研。与此同时,我也始终密切关注冷战后世界局势的发展,探索冷战所造成的巨大和深远的影响。这本书便是过去几十年间笔者用心积累和思考的一个成果形式。本书的第一版出版于 1998 年,第二版在保留第一版基本结构和主要内容的基础上加以较多的补充、修改与完善。冷战及其遗产这个研究题目实在太大、太广和难以准确把握,笔者在写作过程中常常感觉到学识肤浅、力不从心。呈现在读者面前的这本书,是否充分体现上述写作构想与意图,是否有助于理解东西方冷战这个 20 世纪最重大的历史现象之一,只能有待各位读者的评判了!

注释

1. 一般认为,冷战特指第二次世界大战结束以后以美苏为首的东西方两大政治、军事和经济集团之间的紧张对抗,尽管有个别学者认为美国的伍德罗·威尔逊政府曾经发动了美苏之间的"第一次冷战"(1920—1933 年),这为后来从 1946—1991 年的美苏冷战开启了先河。有关"第一次冷战"的说法,参见[美]唐纳德·E.戴维斯、尤金·P.特兰尼:《第一次冷战:伍德罗·威尔逊对美苏关系的遗产》,徐以骅等译,北京:北京大学出版社 2007 年版。

2. [挪]文安立:《全球冷战:美苏对第三世界的干涉与当代世界的形成》,牛可等译,北京:世界图书出版公司 2012 年版,第 2 页;Melvyn Leffler and Arne Westad, eds., *The Cambridge History of the Cold War*, Vol.I, Cambridge: Cambridge University Press, 2010, p.3.

3. George Orwell, "You and the Atom Bomb," *Tribune*, October 19, 1945, The Orwell Foundation, https://www.orwellfoundation.com/the-orwell-foundation/orwell/essays-and-other-works/you-and-the-atom-bomb/.

4.［德］贝恩德·施特弗尔:《冷战1947—1991:一个极端时代的历史》,孟钟捷译,桂林:漓江出版社2017年版,第11—14页。

5. 沈志华主编:《冷战国际史二十四讲》,北京:世界知识出版社2018年版,第8页。

6. Walter Lippmann, *The Cold War: A Study in U.S. Foreign Policy*, New York: Harper and Brothers Publishers, 1947.

7. X, "The Sources of Soviet Conduct," *Foreign Affairs*, Vol. 25, No. 4, July 1947, pp.566-582.

8. 有关李普曼的这组文章以及李普曼同凯南的争论,参见［美］李普曼:《冷战》,裘仁达译,北京:商务印书馆1959年版;林牧茵:《无声的较量:李普曼与冷战》,上海:上海人民出版社2020年版,第86—114页;张小明:《乔治·凯南遏制思想研究》(增订本),北京:世界知识出版社2021年版,第54—64页。

第一章

冷战的起源

冷战是以美苏为首的东西方两大政治、军事和经济集团之间的斗争，这种斗争的形式既是和平的也是非和平的，美国与苏联两个超级大国是冷战的主角，它们之间的关系构成了东西方冷战的核心内容。研究东西方冷战，一个不可回避和必须首先面对的问题是冷战的起源。冷战为什么在战后初期出现？这已经是战后至今世界范围的国际关系史和外交史研究中一个十分重要的问题。正如美国一位学者所说的，在美国外交史研究中，“没有任何论题能像冷战起源这样，引出如此之多的论著问世，激起如此尖锐而激烈的争论”[1]。从20世纪40年代末至今，美国外交史学界关于冷战起源的研究可以说是长久不衰，并且先后出现过正统派(orthodox)、修正派(revisionism)、后修正派(post-revisionism)以及后后修正派(post-post-revisionism)或者冷战史新研究(new Cold War history)四个学派，有关著述汗牛充栋。[2]英国、法国、中国、苏联及今天的俄罗斯等国，对该问题的研究虽然不及美国，但是也出版了不少著述。[3]

冷战的起源从某种程度上说属于一个“老掉牙”的研究题目，已经出版的有关著述也很多。但是，今天仍然有研究的必要。这是因为，作为分析东西方冷战的第一步，我们首先必须研究冷战的起源。了解冷战的起源是分析冷战的性质、发展及其终结的前提。不仅如此，从战后到今天，冷战的起源一直是一个争论不休的问题，迄今尚无一致的看法，因此它依然是一个有待于进一步深入分析的问题。另外，随着冷战的结束，冷战的参加国已把大量的有关官方文件公之于世，不少当事人也发表了回忆录，使得对冷战起源进行深入探讨、还原历史本来面目有了可能。最后，学者在面对冷战起源这类研究课题时，总是存在一个研究角度和研究方法的选择问题。不断寻找新的研究角度和研究方法探讨同一个研究题目，往往能使研究结果带有新意，从这个意义上说，没有老的和过时的研究题目。在阅读有关文献材料的过程中，我感觉到，虽然已出版的关于冷战起源的著述数量极多，而且不少是经典作品，但是其中大多注重对冷战产生历史过程的详尽描述、史实的考证和经验性的分析，借用理论家的分析框架和模式对冷战的起源加以解释的作品并不多见。笔者想做一个尝试，借用国际关系理论学者的分析框架，从国际体系、国家和个人三个层次对冷战产生的原因进行综合分析；既描述历史过程，也进行理论归纳，将历史和理论结合起来；既分析美国，也分析苏联，从而努力解释冷战起源这一历史现象。[4]

第一节 国际因素

一国的对外行为及其同他国的关系，在很大程度上受制于外部环境。战后初期的国际环境为美苏对抗和东西方冷战的产生创造了必要条件。

战后初期的政治家所面临的国际环境有以下四大特点。

首先，和平政治取代了战时政治。德、意、日三个法西斯国家的投降，宣告了持续数年的第二次世界大战的终止。战时，由于共同面临法西斯的威胁，世界上不同社会制度、不同国家利益、不同地区的国家结成了广泛的同盟，进行密切的合作（尽管有冲突，但合作是主流）。共同反对德、意、日法西斯的事业，成了维系几个大国战时同盟的纽带。但是，随着第二次世界大战的结束，这条纽带开始逐步消失。因此，战后和平的到来，客观上为大国之间的冲突与对抗创造了条件。

其次，国际力量对比发生了根本性变化。昔日的强国德国、意大利和日本被彻底击溃。英国和法国虽然是战胜国，但是它们在战争中受到严重的削弱，战后实际上已降为“二等”国家。只有美国和苏联战后成为世界上两个最强大的国家，其他任何国家均无法与之相匹敌。战前是英、法、德、意、日、美、苏几个大国并存、旗鼓相当，国际力量对比呈现出“多极化”的特征。而战后国际力量对比发生了根本性变化，其基本特征是“两极化”，即“新的权力天平上只剩下美苏两国”[5]。

在第二次世界大战中，美国本土远离战场，没有遭受战争的破坏，其军事力量、经济实力和政治影响在战争中得到急剧膨胀，战后成为世界最强国。大战爆发时，美国的军事力量相对于其他大国来说还比较弱小，但战后它俨然已是一个军事巨人，军事力量在世界上首屈一指。战前美国武装部队人员总数仅33.5万人，国防预算不过10多亿美元。但是到1945年欧战结束前夕，美国武装部队人数高达1 200多万，国防预算超过800亿美元。[6]美国的陆军人数仅次于苏联，而它的空军和海军则是世界上最庞大和最有威力的，有能力远离本土作战。[7]1946年，美国的军队驻扎在56个国家，遍布各大洲；到1947年，美国在海外已先后建立了484个军事基地。[8]战后初期美国还垄断核武器。第二次世界大战也大大刺激了美国经济。美国在资本主义世界工业总产值中所占的比重由1937年的41.1%增加到1947年的62%，同期出口总额由14.2%增长到32.5%。[9]显然，在经济上，美国也是世界上首屈一指的巨人。由于强大的军事和经济实力，美国战后跃居资本主义世界霸主的地位，在很大程度上左右着西欧、日本和世界其他一些地区国家的内外事务，包括英、法在内的不少昔日资本主义强国战后都要仰美国的鼻息行事。因此，战后美国在政治上亦取得资本主义世界的霸主地位。

苏联的经济实力远远落后于美国，海空力量也不如美国，而且它尚未掌握核武器。尤其重要是，苏联在战争中大伤元气，战后百废待兴。但是，战后苏联无疑也是一个世界强国，其实力仅次于美国，而且拥有自己的优势。苏联是一个横跨欧亚两大洲、幅员辽阔的大国，它在第二次世界大战中承担了极大的压力，显示了巨大的能量。战争中，苏联大大增强了自己的军事力量，迅速发展了强大的军事工业，战后其陆军数量居世界第一，整体军事实力仅次于美国。通过红军向境外推进、外交活动以及战后进步势力的壮大，苏联大大增强了其力量。这是因为，苏联收复了战争中的失地，并且扩张了一些领土，改善了其西部战略处境；在苏联红军的帮助下，东欧出现了一系列社会主义国家，这些国家支持苏联的对外政策，成为苏联抵御西方势力的重要缓冲地带，因而增强了苏联本身的战略地位；亚洲和西欧一些国家的共产党由于在抗击法西斯的斗争中站在最前线，壮大了力量，赢得了广泛的支持，加强了苏联在国际上的政治影响；亚洲等地民族独立运动蓬勃发展，由于其反帝、反殖的性质，这些进步运动在当时也成为苏联可以借助的力量。此外，苏联在反法西斯战争中的杰出贡献，使得它在全世界人民当中赢得了很高的威望。总之，战后初期的苏联成为世界上另外一个力量中心。

由于战争的进程，美苏两大力量在欧洲、中东与远东等地区对峙。苏联红军占领了东欧诸国及德国、奥地利的一部分，苏军的西面便是以美国为首的西方盟国军队的驻扎地。在中东，苏军占领了伊朗的北部，英美军队占据其南部。在远东，美国占领日本、朝鲜半岛南部和太平洋诸岛屿，苏联则进军中国的东北、朝鲜半岛北部，占领库叶岛和千岛群岛等地。在战前，苏联只是欧亚大陆腹地的一个国家，而美国为受两洋包围的美洲大陆国家，并且奉行孤立主义政策，因而两国之间没有太多的、直接的关系，更没有什么重大的利害冲突。第二次世界大战从根本上改变了它们的关系，作为世界上两个最强国，美苏在世界范围内直接对峙。这是国际力量对比“两极化”的结果与表现。

这种国际力量对比“两极化”的状况，为美苏之间产生冲突和对抗，从而由同盟走向冷战创造了条件。因为从历史上看，在“两极化”的国际体系中，两强之间和睦共处是很困难的，任何一方都视对方所得为自己所失，将敌方威胁盟友的行为看作对自身安全的威胁，从而导致日益加剧的相互敌视和争斗。战后初期的事实证明了这一点。因此可以说，没有战后的“两极化”，就不会有美苏之间或东西方之间的冷战。[10]

再次，由于德、意、日法西斯及其仆从国的战败，世界出现了大片“权力真空”地区。它们主要是曾经处于法西斯铁蹄之下的北欧、东欧、中欧和西欧陆地国家，太平洋岛国和其他岛屿，东南亚国家，以及原法西斯国家的属地与委任统治地等。如何“填补”这些“权力真空”地带，是战胜国尤其是美苏两国，从战争后期起就开始面临的“最为棘手的问题”之一。[11]广大的“权力真空”地带为两大国的斗争提供了场所。

最后，战后国际体系中充满着动荡与混乱。许多国家政局不稳。西欧不少国家的共产党及其他左翼力量，在反法西斯战争中坚持在国内领导人民抗战，深受群众的尊敬，战后其影响不断扩大，存在取得政权的可能性；而由英美支持的保守势力（大多是战时流亡国外的领导人）则对左派力量极为敌视，努力控制当地政权。在东南欧的南斯拉夫，铁托（Josip Tito）领导下的游击队在苏军的配合下解放了全国，英国却努力让南斯拉夫流亡政府成员回国。在希腊，民族解放阵线是该国在二战中抗击法西斯的中坚力量，它解放了大部分国土；英国得到美国的支持，努力使希腊流亡政府重返希腊掌权，并且镇压当地共产党和其他进步力量。在马来亚、菲律宾、印度尼西亚等东南亚国家或地区，亦有类似的冲突，进步与保守力量之间的斗争十分尖锐，因而政局普遍动荡。同时，由于战争所造成的巨大破坏，战后世界上的许多国家处于经济混乱状态，孕育着紧张的社会矛盾，从而进一步加剧政局的动荡。另外，第二次世界大战以后，殖民体系首先在亚洲瓦解，印度、印度支那、缅甸、菲律宾、印度尼西亚等取得独立或正在进行反帝、反殖和争取民族独立的斗争。这也增加了国际紧张局势。动荡和混乱的国际局势，会将美苏两大国拖入广泛的国际纠纷中去。

总之，战后的国际环境尤其是“两极化”的国际力量格局为美苏冲突和对抗，由战时同盟走向冷战创造了必要条件。

第二节　国家因素

一国的对外行为，在很大程度上受制于国际环境，但是国际环境并不是影响一国对外行为的唯一因素。从理论上说，战后初期的国际环境只是为两大国的冲突和对抗提供了必要条件，使冷战成为可能。两国可以采取合作的态度，共同解决战后面临的问题。然而战后的事实是，美苏两家并未选择合作的方式，而是逐步走向冷战。这是因为美苏两国意识形态根本对立，两国国家利益基本相悖。或者说两国的行为动机根本上是相互对立的。此种对立在战争后期已有明显的表现，战后日趋明朗化。

苏联和美国，一个是最大的社会主义国家，一个是最大的资本主义国家。受意识形态信仰的驱使，两国根据第二次世界大战的进展和战后的局势，努力扩大自己的意识形态信仰影响范围，在力所能及的地区建立和维护与自己类似的制度。

作为信仰共产主义的国家，苏联在其对外政策中有着很明显的意识形态方面的考虑。大约从 1944 年初开始，苏联红军进行大规模反攻，收复了战争初期丧失的国土，并且向境外推进。苏联红军在向境外推进过程中，帮助当地共产党建立政权，支持进步力量。正如 1945 年 4 月斯大林(Joseph Stalin)对南斯拉夫共产党代表团所说的：“这次战争和过去不同了：无论谁占领了土地，也就在那里强加它自己的社会制度。不可能有别的情况。”[12]在战争后期及战后初期，苏联红军帮助波兰、捷克、保加利亚和罗马尼亚等东欧国家建立了人民民主政权，南斯拉夫和阿尔巴尼亚共产党在建立政权的过程中也得到苏联的帮助。战后初期东欧各个人民民主国家的重建、土地改革、政权建设与巩固等，也得到苏联的极大帮助。当然，苏联对东欧国家的帮助主要是出于维护本国安全的考虑，但不可排除其中也有无产阶级国际主义的动机。朝鲜民主主义人民共和国的建立，在很大程度上也是苏联红军向朝鲜半岛推进的产物。斯大林在战时曾同美国达成默契，承认和支持中国国民党政权，他当时对中国共产党人存有疑虑。但是，随着中国形势的发展，苏联亦给予中国共产党一些帮助，如 1945 年苏军出兵中国东北后，一定程度上支持中国共产党在东北的发展，将缴获的一些日军武器装备移交中国共产党的军队，使得中共东北部队成为当时全国解放区内装备最好的一支军队。[13]对于西欧共产党，苏联未给予什么援助。这固然同斯大林害怕与西方发生冲突有关，也因为苏联当时无力量支持它们。1948 年 5 月斯大林在给铁托的信中说得很明白："苏联红军帮助了南斯拉夫人民，粉碎了德国侵略者，解放了保加利亚，以此为南斯拉夫共产党取得胜利创造了条件。很遗憾，苏军没有也不可能给法、意共产党以同样的帮助。”[14]苏联领导人也遵守 1944 年和丘吉尔（Winston Churchill）达成的“百分比协定”，不干涉英国对希腊政策，不支持希腊共产党及其领导的武装，当时希腊共产党人也不知晓苏英“百分比协定”的存在。[15]虽然斯大林 1947 年 5 月在莫斯科会见希共领导人，随后同意希共继续进行内战，并且授命巴尔干和东欧共产党国家为希共领导的武装力量提供物质援助，但是他拒绝承认希共在 1947 年 12 月成立的临时政府，也不允许希共加入 1947 年 9 月成立的共产党和工人党情报局，只要求阿尔巴尼亚、南斯拉夫和保加利亚秘密地援助和支持希共。[16]值得指出的是，在 1948 年夏天苏南分裂之后，希共支持斯大林并与南共决裂，也因此失去了其主要的外援。[17] 1949 年秋天，希共武装的主力被政府军击败，斯大林命令希共停火，希腊内战以希共的失败而结束。

二战中，罗斯福（Franklin D. Roosevett）执行现实主义对外政策，美国与苏联结成了反法西斯同盟，两国战时关系的主流是友好合作。但罗斯福毕竟是美国资产阶级的代表人物，其对外政策中不可能没有反共意识形态因素，他更不可能是“白宫的赤色分子”。[18]因此随着二战临近结束，美国同苏联的意识形态冲突日益显露。罗斯福对外政策中的意识形态因素突出反映在其对东欧政策上。表面上，罗斯福主张在东欧实行民族自决，让当地人民选择自己的政府。然而实际上，这种政策的目的是使该地区“非共产主义化”，削弱社会主义的影响。正如一位美国冷战史学者所说的：“美国在东欧的目的是确保东欧人民选择自己政府的权利。然而，事实上美国官员从来没有想过有这么一种可能，即自由选举会使共产党继续掌权，从而使苏联的行为合法化。……如果真的举行自由选举的话，现在苏联扶植的政权必将被击败。因此，倾向自由选举的政策，便是对苏联在东欧行为的直接挑战。”[19]对于美国对外政策中的意识形态目标，罗斯福的亲密助手霍普金斯(Harry Hopkins)说得最明显不过了：“努力利用我们的外交力量，推进和鼓励在全世界建立民主政权。我们不应当害怕向世界表明我们的立场，即要求世界上的人民都享有建立一个真正民选政府的权利。我们坚信，我们具有生命力的民主政体是世界上最好的……。”[20]

战时美国的主要政策是维持战时同盟，意识形态色彩不明显。罗斯福去世后，特别是二战结束以后，美国对外政策中反共、推广美国社会制度和价值观念的意识形态动机就表现得越来越清楚。欧战结束前夕接任美国总统的杜鲁门(Harry Truman)，战前就是一个著名的反共政客。1941年6月纳粹德国进攻苏联不到一周，当时身为参议员的杜鲁门就公开发表言论，主张让社会主义国家苏联和希特勒法西斯相互残杀。[21]就任总统后，杜鲁门反苏反共与推广美国社会制度的思想溢于言表，并在其具体政策中表现出来。他认为，“全世界应该采取美国的制度”[22]。正是在这种思想的推动下，美国从战争后期起，努力抢占地盘，推广美国式的“民主制度”，并和英、法、荷等国家一道，压制和消灭一些国家共产党与其他左翼力量，以各种方式支持当地保守势力。驻日美军司令麦克阿瑟(Douglas MacArthur)在日本进行“民主改革”、制定宪法，建立同美国类似的政治制度。在中国，美国支持蒋介石国民党当局。在南朝鲜，美国将资产阶级右翼分子李承晚从美国送往那里组建政府。在东南亚，美国支持英、法、荷对当地进步力量进行镇压。在西欧，美国努力以经济援助稳定当地政局，并支持西欧政权排挤共产党人。在东欧，杜鲁门政府继承了前任的政策，坚持“民族自决”和“自由选举”，指责苏联不履行雅尔塔协定和《被解放了的欧洲宣言》，并支持当地反共势力等。

苏美信奉的意识形态是根本对立的,两国所追求的国家利益也是基本相悖的。国家利益是一个经常被人们使用的概念,但是无统一、明确的定义。其最基本的内容有:国家的生存与安全,经济的发展与繁荣,以及国家威望与势力的扩展等。[23]国家利益的内涵与外延取决于一国的实力及其在国际上的地位等多种因素,因而非固定不变,而且各国有别。

战后初期苏联的国家利益是什么呢?我认为,确保安全,特别是西部边境的安全,是战后初期苏联所要追求的国家利益之最基本内容。这是由苏联政治地理位置、历史与现实遭遇、战后初期的国际地位以及艰巨的重建任务等因素所决定的。苏联是个地处欧亚大陆心脏地区的国家,其西部是开阔的平原地带,缺乏自然屏障,如"大洋、崎岖的山脉、连绵的沼泽以及不可逾越的森林"[24]。所以,它易受来自外部的攻击。俄国在历史上多次遭遇来自西部的入侵,如17世纪波兰人入侵,火烧了莫斯科城;在1812年欧洲战争中,拿破仑率领数十万大军攻入俄国,最后到达莫斯科,并将该城付之一炬。苏维埃俄国刚刚诞生不久,便受到西方国家的武装干涉,经受了严峻的考验。德国曾两次进攻苏联(苏俄),第一次进攻使苏俄被迫签订了屈辱的《布列斯特和约》,割让大片领土;第二次是纳粹德国的进攻,为此苏联丧生2 000多万人,物质和精神损失难以估量。[25]战后初期,苏联在"两极"力量格局中,实力相对较弱,而且它百废待兴,需要一个和平的国际环境,首先是要保证有一个稳定的西部边境。因此,斯大林视西部边境的安全为关系到国家生死存亡的问题。这突出表现在波兰问题上。波兰是同苏联接壤的一个国家,在历史上为进攻俄国的走廊,德国就曾两次通过这个走廊进攻苏联。所以,从战时起,苏联就将建立一个对苏友好的波兰作为自己坚定不移的目标。斯大林在1945年2月雅尔塔会议中公开声明:"对俄国来说,这不仅是个荣誉问题,而且是个生死攸关的问题。"[26]此后,斯大林在多种场合中表明这个立场。比如,斯大林在1945年4月21日的一个讲话中特别强调:"在最近25—30年内,即在最近两次世界大战期间,德国人得以利用波兰领土作为侵略东方的走廊和进攻苏联的跳板。"[27]

主要出于安全的考虑,苏联在战争后期及战后所追求的具体目标有以下四点。

第一,确立可靠的西部和东部边界。早在德国进攻苏联前,苏联出兵占领了居民多为乌克兰人和白俄罗斯人(同属东斯拉夫人)的波兰东部领土;将波罗的海沿岸的爱沙尼亚、拉脱维亚和立陶宛三个小国并入苏联;通过苏芬战争,把两国边界向西北推进了好几英里。战争后期,随着苏联红军的向西挺进,苏联除了收复上述战争中的失地外,还将西部边界向西推进,如兼并喀尔巴阡山的露西尼亚、罗马尼亚的比萨拉比亚和北布戈维那等。战后,苏联同有关国家签订了边界条约,从而在法律上确定了苏联西部边界。在远东,通过 1945 年的雅尔塔秘密协定和《中苏友好同盟条约》,苏联获得了有助于其东部边境安全的权益,包括外蒙独立地位得到保证,蒙古成为苏联在远东的一个缓冲国;苏联获得旅顺口的使用权,将其作为海军根据地;中苏共同经营中长铁路等。苏联进军朝鲜半岛北部和朝鲜民主主义人民共和国的成立,也有助于维护苏联东部的安全。

第二,帮助建立和支持对苏友好的政府。从 1944 年起,苏联红军进入中东欧,解放或帮助当地游击队解放了波兰、捷克、德国东部、保加利亚、匈牙利、罗马尼亚以及南斯拉夫等国家或地区,并帮助建立以共产党和工人党为核心的人民民主政权。苏联此举既有国际主义的动机,也有保证其周围有一系列友好国家、确保自身安全的考虑。

第三,确保德国不再发动侵略。德国两次入侵苏联(苏俄),给后者造成了巨大的损失。因此,从国家安全计,严惩德国以保证它今后不再发动侵略,成为苏联一项重要的对外战略目标。在处理德国问题上,苏联主张盟国分区占领、索取高额赔偿、严惩纳粹战犯、实施非军国主义化、非卡特尔化以及政治民主化等,并在自己的占领区采取了严厉的措施。

第四,在战后许多重要问题上,苏联努力避免同英美等西方大国对抗,甚至不惜作出一些妥协和让步,以争取一个和平的国际环境。如在东欧问题上,苏联在战后初期除了支持当地共产党和工人党外,还允许其他反对党的存在,允许它们参加选举和在政府中占有席位。匈牙利小农党曾在选举中取得多数选票,占据政府重要席位。罗马尼亚的国王制度仍然得以保留,国王行使国家元首的职权。在波兰临时政府组成的问题上,斯大林最后也作了让步,允许 4 名反对党代表包括伦敦流亡政府总理米科瓦伊奇克(Stanislaw Mikolajczyk)参加政府。在 1946 年春伊朗危机中,苏联在西方的压力下被迫从伊朗北部撤兵,放弃了在伊朗北部扶植亲苏力量以确保南方安全和控制中东部分石油的要求。在土耳其海峡问题上,苏联最终也作了退让。

应当指出，除了安全之外，苏联所追求的国家利益中还有极端的民族利己主义和大国沙文主义的成分。而且民族利己主义和大国沙文主义同追求国家安全常常是结合在一起的。苏联在追求国家安全的过程中，将西部边界大大向西推进，割占大片领土，那是强迫有关国家接受的。在东欧，苏联将大量生产设备当作战利品运往国内，严重影响了当地战后经济的恢复和发展；在与东欧兄弟党和国家的关系中，苏联粗暴干涉他国的内部事务，让东欧国家的对外政策服务于自己的对外战略利益，这是导致之后苏南分裂的根本原因。苏联背着有关国家同英美等国在战时达成了秘密交易，如 1944 年 10 月斯大林同丘吉尔在莫斯科达成的关于瓜分巴尔干势力范围的“百分比协议”[28]；1945 年春雅尔塔协定中附有关于远东问题的秘密条款，苏联以损害中国的利益和割占日本的领土作为参加对日作战的先决条件[29]，等等。苏联还试图向雅尔塔势力范围以外的地区扩展势力，追求沙俄传统的南下政策目标。例如，斯大林向土耳其提出在黑海海峡建立军事基地、修改关于该海峡的国际公约，以获得自由进出黑海海峡的权利。又如，苏军在 1946 年春未按战时同英国达成的协定如期撤出伊朗，反而支持该国北部建立亲苏政权，并试图控制该国的石油生产。再如，苏联曾想托管意大利在北非的殖民地的黎波里塔尼亚，以便在地中海获得立足点。苏联上述严重的民族利己主义和大国沙文主义的倾向以后逐渐演变为霸权主义。

战后美国所追求的国家利益是什么呢？无疑，政治和军事安全是美国国家利益的重要组成部分，它包括避免危及美国生存的新的一次世界大战爆发、保证西方世界不受来自苏联的政治和军事威胁等。这是防御性和维持现状的一面。另外，美国国家利益中还有进攻性和扩张性的一面，即在全世界扩张其影响和势力，主导国际政治舞台。这是因为战后美国作为世界头号强国的实力地位，使得美国领导人产生美国“无所不能”和“领导世界”的意识。早在二战结束前罗斯福就表露了这种思想。1944 年 10 月 21 日，他在美国外交协会发表的关于美国外交政策的演讲中说道：“吾国因拥有道义、政治、经济及军事各方面之力量，固自然负有领导国际社会之责任，且随之亦有领导国际社会之机会。吾国为本身之最大利益以及为和平与人道计，对于此种责任，不能畏缩，不应畏缩，且在事实上亦未畏缩。”[30]杜鲁门就说得更露骨了，如1946年4月6日他在芝加哥所作的讲演中声称：“美国今天是一个最大的国家，没有任何一个国家比它更强大的了。这不是自吹自擂。……这意味着，我们拥有这样的力量，就得挑起领导的担子并承担责任。”[31]笔者认为，相对说来，充当自由世界的领导者和在全世界扩展自己的影响是比维护自身安全更为重要的国家利益。这不仅是由美国独一无而二的实力所决定的，而且是同美国历史所孕育的使命观和大国梦相适应的。

为了实现上述国家利益，美国领导人彻底抛弃传统的孤立主义政策，广泛卷入世界事务中。具体说来，二战后期及战后初期美国的政策有以下三点。

第一，填补真空，尽力扩大自己的势力范围。1944年夏，当苏联红军在战场上取得节节胜利并向东欧挺进时，美英急忙实施拖延了两年之久的诺曼底登陆计划，开辟第二战场，以便抢占地盘，避免整个欧洲大陆落入苏联之手。[32]为了约束苏联的行动，1944年10月，丘吉尔匆忙飞赴莫斯科，和斯大林达成了瓜分巴尔干的“百分比协定”，其主要目的是“希望以纸上的协议限制斯大林的行动”[33]。罗斯福虽然对此没有表态支持，但是也没有提出异议。[34]美英只让苏联参加盟国在意大利组成的纯属咨询性的机构。在远东，当1945年8月苏军向日本宣战并进军朝鲜半岛后，杜鲁门急忙给麦克阿瑟下达总命令第一号，并将之告知苏联，划分了远东受降区，包括以北纬38度线为界将朝鲜半岛划为两个受降区，以阻止苏军占领整个朝鲜和染指日本；[35]美国独占了日本及其太平洋属地，拒绝斯大林提出的对日实施类似对德的分区占领之要求；[36]美国以牺牲中国的利益，换取苏联承认中国为美国势力范围。美国还将势力渗入伊朗、土耳其、希腊等具有重大战略意义的地区。美国通过经济援助和军事性条约，牢牢控制了拉美，使之成为支持它在全世界扩张的稳固后院。这样，美国在战后初期所控制的势力范围远离其国境数千英里。

第二，创建联合国、国际货币基金组织和世界银行等国际制度，以此主导战后的国际政治、经济舞台。罗斯福在战时倡议建立广泛的普遍安全制度，促成1945年10月联合国的成立。罗斯福筹建联合国的基本思想是“大国合作”控制世界，而美国在其中起主导作用。[37]同时，美国积极制定建立战后国际经济秩序的方案，促使世界经济自由化，以适应美国和西方经济发展的要求。其结果是在1945年底成立了国际货币基金组织和世界银行。这两个机构按资金份额决定各国投票权的大小,实际上为美国所控制,在很大程度上成为美国推行其对外政策的工具。

第三,遏制苏联。美国视苏联为西方安全的最大威胁和美国主导世界的最大阻力。苏联在战后成为仅次于美国的世界大国,在其周围有一批新兴的人民民主国家,是能对美国构成挑战的唯一国家。同时在美国领导人看来,苏联所代表的世界共产主义力量也对西方世界的安全构成威胁。因此,战后美国努力阻止苏联力量的扩展,缩小其"势力范围",乃至削弱苏联本身的力量,使之"逐步瓦解和软化"。用乔治·凯南的话来说,就是"遏制"苏联。[38]因此,杜鲁门接任总统之后,特别是在二战结束以后,美国政府对苏联采取越来越强硬的政策。这突出表现在对东欧政策上。美国坚持东欧国家"民族自决"和"自由选举",长时间不承认当地亲苏政府。杜鲁门政府中一些人如陆军部长亨利·史汀生(Henry Stimson)和商务部长亨利·华莱士(Henry Wallace)等人主张承认苏联在东欧的"势力范围"。但是这种观点在政府中不占上风。他们先后辞职。[39]1945年12月,国务卿詹姆斯·弗朗西斯·伯恩斯(James Francis Byrnes,又译"贝尔纳斯")在莫斯科外长会议期间,同苏联达成一项妥协:苏联支持美国的国际原子能计划,美国承认罗马尼亚和保加利亚政府。杜鲁门获悉后,极为恼火,指责伯恩斯姑息苏联,并且在次年1月5日当着伯恩斯的面斥责他对苏联不够"强硬"[40],迫使伯恩斯在以后的许多场合中改变态度。

因此,美苏两家所追求的国家利益是相悖的,双方为实现国家利益而采取的政策是相抵触的。苏联要建立和维护一个"势力范围",以确保国家安全,并努力扩展自己的势力范围,而美国为了抵制"共产主义威胁"和"领导"世界,则努力削弱乃至击垮苏联。

总之,如果说战后初期的国际环境为两国乃至它们为首的两大国家集团或阵营之间的对抗创造了必要条件的话,那么意识形态对立和国家利益相悖使美苏两国在战后初期国际环境中不可避免地产生对抗,导致冷战的出现。

有必要指出的是,意识形态和国家利益的冲突在促成冷战产生过程中何者所起作用更大是一个难以衡量清楚的问题,而且两者之间的关系亦是错综复杂的。从政治现实主义的角度来看,国家利益是一国对外行为的主要动机。[41]根据这个逻辑，从根本上说，国家利益相悖是最基本的原因，冷战之所以产生，不是“一家属共，一家属资”[42]。因为美苏对外行为最基本的动机是国家利益，而不是意识形态，后者在很大程度上是为实现前者服务的。这样的论断的确有不少依据。

有些历史事实表明，斯大林对外政策的主要动机是国家利益，意识形态是次要的。这里试举二例。1944 年 10 月，斯大林和丘吉尔曾达成“百分比协定”，其中规定希腊为英国的势力范围。斯大林坚守了他的诺言，乃至当 1944 年底英军在希腊登陆，血腥镇压希腊共产党领导的武装力量时，美国大多数报纸猛烈抨击英国的行为，但是“斯大林却严格遵守苏英十月协定，在雅典对共产党作巷战的好几个星期中，《真理报》和《消息报》都始终不曾有一字的谴责”[43]。希腊共产党及其领导的武装力量在孤立无援的情况下，不得不停止武装斗争。当几年以后希共再次领导起义，乃至希腊全面内战时，希共仍然没有从苏联得到道义和物质上的支持。[44]苏联领导人之所以这样做，是因为怕同英美发生军事冲突，把抛弃希共的事业服务于自己对外政策的需要。[45]又如众所周知的，斯大林在战时同美国达成交易，支持中国国民党当局，未给中国共产党以应有的支持。乃至战后初期，苏联为了避免同美国发生冲突，希望中国共产党人同蒋介石达成某种妥协。斯大林后来为此还作了自我检讨。[46]简言之，用南斯拉夫共产党领导人的话来说，斯大林总是“把苏联直接的国家利益和策略上的利益放在首位”[47]。

同样地，在一些场合，美国领导人虽然发表激烈的反共言论和宣传在全世界推广美国的制度，但是意识形态宣传往往是政治烟幕，充当了实现国家利益的工具。在 1946 年春伊朗危机、1947 年春决定援助希腊和土耳其时，美国领导人都宣传这些国家正在遭受共产主义的威胁，以掩盖美国将势力渗入这些地区、填补战后权力真空地带、实现战略利益的目的。

尽管如此，意识形态在促使冷战产生中所起的作用也是不可低估的，不能认为冷战只是国家利益冲突的结果。况且意识形态和国家利益常常交织在一起，不易截然分开。例如，意识形态目标和国家利益常常是相一致的。苏联在东欧帮助当地共产党建立政权，既实现了意识形态目标，也在西部建立安全地带，从而实现了国家利益。美国反苏反共政策同削弱苏联的力量、以便称霸世界的目标亦是相吻合的。

第三节　个人因素

前面从国际环境和国家行为动机两个层次分析了冷战的起源。诠释和解释冷战起源这一历史现象，只进行上述分析是不够的，还需进行第三个层次的分析，即对美苏两国领导人或决策者个人行为的分析。因为一国对外政策的决策是由决策者个人作出的，必然带着个人色彩。我认为，美苏两国领导人对对方的认识和处理外交的方式，扩大和加深了两国之间的冲突，加快了冷战的进程。

美国一位学者在研究美国冷战时期对苏政策决策时说过这样的话："认知(perception)总是这样一种活动，它一部分是现实，一部分是认知者(perceptioner)的思想形式。"[48]这是符合战后初期美苏关系现实的。两国领导人对对方的认识有主观、不符合事实的成分，从而导致相互不信任和猜疑。虽然不能说冷战只是相互不信任和猜疑的产物，但是心理认知因素无疑加剧了两国的冲突。[49]

如前所述，由于意识形态信仰，苏联努力将自己的制度推广到势力所及的地区，帮助当地共产党建立人民民主政权，而且苏联亦表露出一些大国沙文主义倾向。但是苏联的基本行为动机是维护国家安全，首先是确保西部有一个稳定的边境，为战后恢复和发展求得一个和平的国际环境。然而，在战后初期，美国统治集团中大多数人并不是这样认知苏联国际行为动机的，他们或者夸大苏联意识形态动机，认为苏联要在全世界扩展共产主义影响；或者夸大历史传统对苏联的影响，认为苏联继承沙皇俄国的扩张主义政策。

杜鲁门的几个主要对外政策顾问认为，苏联的力量不会仅仅限于东欧，它会向西欧推进。如驻苏大使哈里曼在罗斯福去世后不久回华盛顿述职时，在国务院和国防部陈述对苏看法，认为斯大林坚持要有一个孱弱而易于控制的邻国组成的地带，这可能不限于东欧。他说，一旦苏联控制了与其接壤的地区，它就可能随后向与之毗邻的国家进一步渗透。[50]陆军部长史汀生就说得更明确了，他认为东欧是苏联"西进的跳板"[51]。杜鲁门被认为是外交上的"一个新手"，他在担任罗斯福的副手时只见过总统本人三次，他自己在1948年也承认罗斯福从来不和他谈战事、外交以及战后世界安排。因此,杜鲁门在对外政策上严重依赖顾问的指导,上述官员的观点显然对他影响很大。[52]

苏联的一些行为被认为是推行沙俄传统的扩张主义政策。如前所述,苏联战后初期曾拖延撤走在伊朗的驻军、提出在黑海海峡建立军事基地,以及要求托管前意大利殖民地的黎波里塔尼亚,等等。苏联上述行为有维护南部安全、控制中东石油等动机,当然也不排除其具有获得南下战略通道、实现俄国传统战略目标的考虑。但是,就战后初期苏联在国际上所处的地位和战后百废待兴的局面而言,苏联的这些行为应该主要还是出于安全的考虑,尚无周密的南下战略。而美国政府中不少人则从苏联继承沙俄传统扩张主义政策这个角度来看待苏联的上述行为。因此杜鲁门政府在伊朗问题上对苏采取强硬的政策,支持土耳其政府拒绝苏联的要求,反对苏联托管意大利在北非的殖民地,等等。

战后初期美国领导人将各国共产党都视为莫斯科的仆从。在希腊内战中,美国认为希共背后有苏联支持。事实上,苏联在此问题上采取旁观态度,甚至劝说希共停止武装斗争。南斯拉夫和英美在的里雅斯特地区发生冲突,杜鲁门及其顾问亦认为南共游击队得到苏联的支持,表明共产主义要尽力扩张自己的势力,而实际上苏联是要求铁托在这个问题上同西方妥协的。[53]

更为严重的是,在战后初期,美国政府中不少人认为苏联很可能会对西欧发动军事进攻,第三次世界大战的危险迫在眉睫。[54]

同样地,苏联领导人对美国行为的认识,也有主观的、偏离事实的地方,由此产生对美国的不信任感和猜疑。赫鲁晓夫(Nikita Khrushchev)在回忆录中说,斯大林十分害怕美国的侵略,1945 年他就担心美国军队跨过德国军事分界线,担心美国可能派军队到捷克并恢复资产阶级政府,也担心在美国扶植下而兴起的西德会带来新的一场毁灭性的灾难,等等。[55]赫鲁晓夫的话或许言过其实,但是可以肯定的是,它说明斯大林在战后对西方特别是美国是不信任的。下面几个事例证明苏联领导人对美国的不信任和猜疑是存在的。早在二战结束前夕的 1945 年 2 月下旬,美国战略服务署(Office of Strategic Service, OSS,又译“战略情报局”,是中央情报局的前身)获悉纳粹德国党卫军驻意大利高级军官卡尔·沃尔夫(Karl Wolff)将军试图与盟国接触,以便终止所有北意大利德军的抵抗活动。美英邀请沃尔夫前来苏黎世，与当地战略服务署驻瑞士负责人艾伦·杜勒斯（Allen Dulles）会晤，并且将此事通知苏联，说明这不是关于停战的正式谈判，而是预备性会晤，旨在安排盟军代表（包括苏联代表）同德驻北意军队总司令的正式会谈。杜勒斯和沃尔夫的会晤在伯尔尼举行，这个事件故称"伯尔尼事件"。斯大林怀疑美国同德国签订秘密协定，让德国把军队调向东线。因而苏联向美英提出抗议，反对把苏联排挤在伯尔尼会晤之外。罗斯福几次致函斯大林，澄清事实，才使风波逐渐平息。"伯尔尼事件"在一段时间内使罗斯福和斯大林都承认"目前的局势处于令人遗憾的不安和不信任的气氛中"[56]。

又如，1945 年 5 月 27 日晚，斯大林对杜鲁门总统的特使霍普金斯提出，美国政府最近的几个行为引起了苏联政府的不安，认为美国这些行为给人的印象是"德国的战败一经变得明显时就察觉出美国对苏联的态度'冷淡'下来，这好像说是不要我们了"。斯大林所说的美国的几个行为是：阿根廷被邀请参加联合国旧金山成立大会，美国坚持让法国参加赔偿委员会，美国对雅尔塔协定有关波兰问题条款的不同解释，以及美国在欧战一结束就突然削减租借法案物资，等等。斯大林所说的基本属实，也有误解之处，经与霍普金斯交谈，一些误解得以消除。[57]

苏联领导人对美国的不信任和猜疑主要是因为苏联战后在国际力量对比中处于较弱的一方，苏联领导人从意识形态框框看问题，以及美国咄咄逼人的态势等，我想不是由于一些美国学者所说的斯大林是"偏执狂"。[58]

到 1946 年，美苏两国领导人对对方行为的认知已形成一个定式，都视另一方为自己最主要的敌人。1946 年 2 月 22 日美国驻苏使馆代办乔治·凯南的"长电报"和同年 9 月 27 日苏联驻美国大使诺维科夫的长电文，便是对这种认识的集中表述。

1946 年 2 月 22 日，美国驻苏使馆代办凯南给美国国务院发了一封长达 5 540 字的电报。该电报在分析苏联的行为动机（极度的不安全感）之基础上，得出这么一个结论，即美国所面对的苏联是这样一个"政治力量"，"它狂热地坚信，它同美国之间不可能有永久的妥协。它坚信，如果苏联政权要得到巩固，那么搞乱我国社会的内部和谐，破坏我国传统的生活方式，以及损害我国在国际舞台上的权威，这种做法是可取和必要的"。[59]凯南在电文中所提出的美国对策，实际上包含了他以后多次阐述的“遏制”思想的基本内容，尽管尚未使用“遏制”这个词。也就是说，凯南的电报已把苏联视为美国面对的最大威胁，是美国必须加以“遏制”的对象。凯南的电报同当时美国决策者的对苏认识和对苏政策主张是相吻合的，因而在华盛顿备受青睐，几乎传到所有杜鲁门政府的军政要员和高级外交官的手中，实际上成了他们认识苏联的权威教材。它客观上促成了美国统治集团形成基本一致的对苏认识，并且激起了不少人对苏联和共产主义“威胁”的恐惧。[60]

冷战后解密的苏联驻美国大使诺维科夫（Alexander Novikov）的长电文，同凯南的“长电报”有点类似。这封给苏联外交部长莫洛托夫（Vyacheslav Molotov）的电报指出，杜鲁门继任总统、伯恩斯出任国务卿以及商务部长华莱士辞职等一系列事件，标志着民主党内“最反动的集团”逐步控制了美国对外政策决策。诺维科夫声称，战后美国对外政策的基本特征就是争夺世界霸权（world supremacy），苏联是美国通往世界霸权道路上“最主要障碍”，美国正积极扩充军备，准备针对苏联的战争。[61]目前还不知道这封电报对当时苏联决策者有多大的影响。但是有一点可以肯定，诺维科夫是在莫洛托夫的要求下发这封电报的，而且根据1989年诺维科夫发表的回忆录，莫洛托夫曾阅读了该电文的初稿，并且提出了修改意见。[62]也就是说诺维科夫的电报反映了莫洛托夫的看法。

凯南的“长电报”和诺维科夫的长电文，分别对苏联和美国在战后的对外行为作了分析和解释。这两封电报的重要意义在于，它们表达了战后初期美国和苏联对对方的基本认识。而这种认识有偏离事实的地方，比如夸大了对方对自己的威胁。

另外，美苏领导人处理外交的方式或外交风格，也在一定程度上加剧了两国间的紧张关系。

1945年4月罗斯福逝世，副总统杜鲁门接任总统之职。杜鲁门处理外交的方式不同于罗斯福。罗斯福喜欢搞个人外交，在整个二战期间，他总是绕过国务院和职业外交官处理外交事务。罗斯福与苏联领导人会晤频繁，来往函件不断，建立了良好的私人关系，从而消除了两国间许多误会和猜疑，促进了两国间的关系。而杜鲁门就职总统后不久，第一次与苏联领导人会晤就发生争吵。1945年4月23日，苏联外长莫洛托夫赴旧金山参加联合国制宪大会，途经华盛顿时拜会杜鲁门。杜鲁门对来访的客人粗暴地指责苏联违反雅尔塔协定，以至于苏联外长愤然说道："有生以来还没有人对我这样说过话。"而杜鲁门竟答道："履行你们的协议，就没有人对你这样说话了。"[63]结果是双方不欢而散。1945年7—8月，杜鲁门作为总统参加战时最后一次三巨头会议，即波茨坦会议，首次会晤斯大林。会议结束后他袒露自己同斯大林的关系极不协调。在回国的船上，他对周围的官员说："斯大林是'狗娘养的'。我想他也这么看待我。"[64]但是，也有一位美国外交史学家在著作中提到，杜鲁门在波茨坦会议与斯大林共事几天之后给其夫人的信中说"我喜欢斯大林"[65]。波茨坦会议后，杜鲁门再也没有见过斯大林，两人间只是在对日作战胜利前有一些通信。这样，美苏首脑直接接触的渠道在战后就被封堵了。

相对而言，罗斯福在追求美国的利益时所采取的策略也较灵活，善于通过协商、妥协来解决问题，对于一时解决不了的问题，则暂时搁置。罗斯福政府为了尽快结束对法西斯国家的战争，在一系列问题如新波兰的边界、苏对日参战的条件、联合国的代表权与安理会常任理事国的否决权等问题上，同苏联反复协商并作了一些让步，双方达成了共识。而在一些较为棘手、长时间未得到根本解决的问题如波兰政府的组成等事情上，罗斯福则通过发表语言含糊的宣言之类的方式，将之暂时搁置。杜鲁门则显得僵硬、不善妥协。例如前面提到的，在1945年12月莫斯科外长会议上，国务卿伯恩斯就东欧问题作了一些让步，杜鲁门对此极为恼火。而且杜鲁门为了迫使苏联让步，所采取的方式也是简单粗暴的。如战争尚未结束，杜鲁门就倾向于对苏"强硬"，他在上台后没几天就对来访的哈里曼说："我不怕俄国人，我准备采取坚定的态度。"[66]德国刚投降，杜鲁门未事先通知就停止向苏联运输租借物资，以至于使开往苏联的船只中途返航，装船的物资被卸下。美国还故意拖延关于向苏联提供贷款的谈判，等等。杜鲁门处理外交方式的不同，给苏联的印象是杜鲁门推行同罗斯福截然不同的对外政策。正如1945年底莫洛托夫所说的："杜鲁门不同于罗斯福，对苏联采取了不友好的态度。"[67]事实上，在冷战结束后，原苏联驻美国大使多勃雷宁（Anatoly Dobrynin）依然坚信："哈里・杜鲁门继富兰克林・D.罗斯福担任总统后完全改变了对苏政策。"[68]

同样地，苏联领导人在战后初期处理外交的方式亦有僵硬之处。如在东欧问题，特别是波兰临时政府组成、德国赔款、国际货币基金组织和世界银行等问题上，苏联不够灵活，缺乏妥协精神。对于美国战后采取的对苏敌对行为，苏联针锋相对，以牙还牙，美苏相互敌视愈演愈烈。现在看来，以牙还牙并不是解决问题的最好办法，它会进一步加剧紧张关系。

总之，美苏两国领导人对对方的认知和处理外交的方式，加剧了两国间的冲突与对抗，加速了冷战的爆发。但是个人因素并不是冷战起源的决定性因素，它只是加快了其产生的过程。

第四节　冷战：多因素的产物

综上所述，战后初期的国际环境，为美苏间的冲突与对抗创造了必要条件；美苏意识形态信仰对立和国家利益相悖，使得两国在上述国际环境中迎头相撞，冲突与对抗不可避免；两国领导人或者决策者对对方的认知与处理外交的方式加剧了双方的对立，加速了全面对抗的爆发和冷战的到来。

前文分别从国际环境、国家行为动机和领导人个人三个层次分析冷战的起源。事实上，三者有着内在的联系，不可孤立起来看待。首先，战后国际环境与美苏意识形态对立及国家利益相悖密切相连。战后和平政治取代战争政治，联结美苏战时同盟的纽带不复存在，从而使两国之间的意识形态斗争重新表面化和尖锐化。二战当中，意识形态信仰和社会制度不同的两个国家为了共同反对法西斯的需要，结成了同盟，意识形态因素在战时两国关系中所起的作用较小，从属于反对共同的敌人这一事业。随着法西斯国家的崩溃，美苏意识形态对立逐步表面化和尖锐化。两个超级大国都努力在权力真空地区推进自己的社会制度，使得填补真空的斗争在很大程度上表现为意识形态的对峙。战后动荡和混乱的国际局势，为两国插手地区冲突，扩展自己的意识形态影响提供了机会。从某种程度上说，战后初期美苏之间激烈的意识形态对抗，是当时国际环境下的产物。同样地，战后国际环境与美苏国家利益冲突的产生也是密不可分的。战后美国在国际力量对比中处于首屈一指的地位，从而使它追求“领导”世界的目标。而苏联在力量对比中处于相对弱的一方，这不能不使它把维持战后的现状以确保安全，在可能的条件下最大限度地扩展自己的势力范围作为努力追求的国家利益，这同美国的国家利益是相悖的。战后权力真空的存在以及动荡的国际局势也为两大国追求相互对立的国家利益提供了机会。反过来，由于意识形态和国家利益的对立，美苏两国都努力加强自身的力量和各自组织以自己为中心的集团或阵营，这也就进一步推动了国际力量对比两极化的发展并加剧了国际局势的紧张状态。

其次，战后国际环境同美苏两国领导人对对方的认知及处理外交的方式之间亦有很大的关系。在一个“两极化”的力量格局中，相互对峙的两大强国之间更容易产生相互猜疑和不信任，一方所得被另一方视为自己所失，一方的防御行为往往被另一方看作进攻的举动。动荡和混乱的国际局势也是导致美苏相互猜疑和不信任一个原因。罗斯福和杜鲁门的外交风格不同，固然和两人性格不同、经历各异等因素有关，但从根本上说，那是因为他们所处的国际环境不同。罗斯福在位时，正处二战进行阶段，当时美国对外关系的首要任务是尽早结束对法西斯的战争。为此，加强和巩固与盟国特别是同苏联的合作是美国战时外交之中心环节。为了维护和促进美苏关系，罗斯福对苏政策较灵活，和苏联领导人保持较为密切的关系。尽管二战中美苏在一系列重大问题上（如开辟第二战场问题、波兰问题和伯尔尼事件）已产生分歧，有时分歧甚至达到很激烈的程度，但维护战时同盟的需要使得罗斯福采取较为灵活与和解的态度。苏联方面亦如此。而杜鲁门上台后，二战已接近尾声，战争政治开始向和平政治转化。这使得美国领导人认为不再有求于苏联。而且战后美国实力地位也使美国领导人觉得自己国家无所不能，产生“领导”世界的意识。这反映在对外行为上就是，杜鲁门时期的美国政府显得咄咄逼人，试图以压力迫使他国就范。杜鲁门的外交风格和策略从根本上说是美国国际地位的反映。在战后国际力量对比中，苏联处于相对弱的一方，更具有不安全感，因而它在对外行为上较为谨慎，有时则很僵硬，缺乏妥协精神。

最后，意识形态信仰影响了美苏领导人对对方的认识。战后两国领导人对对方的认识，在很大程度上受各自意识形态信仰的影响。换句话说，意识形态是他们看待外部世界的一副有色眼镜。戴着这副有色镜看待对方，必然有不符合现实的地方，使双方产生相互猜疑和不信任。

总之，国际、国家和个人三方面因素相互联系，共同导致了战后初期冷战的开始。也就是说，冷战是战后特殊国际环境的产物，是美苏两国意识形态对立和国家利益相悖的结果，领导人对对方的认识和处理外交的方式加速了其形成过程。单单从一个方面不足以解释冷战的起源。

应当指出的是,导致冷战发生的原因是错综复杂的,上述三个层次的分析不可能论及冷战起源的方方面面。还应当注意其他方面的因素,其中包括冷战缘起时的国际政治思潮。战后初期的国际政治思潮同冷战缘起的关系是不容忽视的。虽然本书前面分析导致冷战产生的三个层次原因时并没有涉及该问题,但是实际上战后初期的国际政治思潮同三个层次因素都有着一定的关联,它是在当时的国际环境中产生的,而且影响着政治家对外部世界的认识和对国家利益的判断。因此,笔者在这里补充论述该问题,以期理解冷战产生的国际政治文化背景。

冷战缘起时的国际政治思潮本身是一个很大的研究题目,笔者自认为无力对其面面俱到,只是在这里论及几个侧面,供读者进一步思考用。在我看来,战后初期的国际政治思潮有着如下几方面的表现。

(1) 对避免一场新的世界大战的渴望。第二次世界大战是人类历史上最为惨重的一场战祸,它对战后政治家的观念产生了很大影响,避免一场新的世界大战成了他们的共同愿望。其结果是,一方面它促使大国领导人寻找合作途径、避免战祸重起,联合国的成立便是此种努力的成果之一;另一方面避免重蹈历史覆辙的信念也促成了大国特别是美苏两个大国之间的相互不信任和争斗。苏联是第二次世界大战中受法西斯侵略危害最大的国家之一,其 2 000 多万人口丧生,大片国土被占领,物质和精神损失难以计算。为此,防止外敌大规模入侵和新的世界大战爆发自然成为战争后期和战后初期斯大林外交优先考虑的问题。这个时期苏联的领土扩张和输出革命的动机很复杂,但是其中重要的一点是为自己建立缓冲地带,为今后可能发生的大战作准备。也就是说,二战的经验使得苏联领导人产生这样一个很强烈而且持久的观念,即从可以想象得到的最坏情景来考虑问题,让 1941 年发生的事情永远不再重演。[69]同样地,美国及其西方盟国的这种观念也是十分强烈的。随着二战的结束、苏联红军占领欧洲和远东的一些国家和地区、苏联和西方国家在东欧政权组成等问题上产生严重分歧,西方政治家逐渐把苏联视为同法西斯国家相类似的威胁,主张尽早采取强硬的手段阻止此种威胁,认为“绥靖政策”只会鼓励侵略行径。从这个意义上说,美国及其西方盟友在战后初期采取对苏强硬政策和挑起冷战与防止新的世界大战爆发之考虑并非毫无关联。[70]

(2) 对两种制度、两种观念斗争的极大关注。第二次世界大战的重要结果是，共产主义的影响在世界上得到极大的扩展。这是因为社会主义国家苏联经受了战争的考验，战后成为世界性大国，其政治威望大大提高；一系列国家的共产党建立了自己的政权或将要夺取政权；西方发达国家的共产党及其他左翼力量得到壮大。在战后初期，世界上的共产党和进步力量都团结在苏联的周围，形成一股强大的政治势力。其后果是，国际共产主义运动出现了前所未有的大好态势，社会主义对资本主义构成了极大的挑战。与此同时，用意识形态的有色眼镜看待外部世界和处理国与国之间的关系也成了东西方政治家的一个共同的思维方式。战后初期发生的一系列冲突事件强化了这种思想意识。因此，战后初期政治家对意识形态斗争的极大关注无疑是冷战发生的重要原因之一。

(3) "黑白分明"观念盛行。同战后出现的两极力量格局和两大意识形态对峙相适应的是，战后初期的政治家也习惯于从好与坏、进步与保守、自由与专制、民主与暴政两大力量对立的角度来分析和判断出现的国际冲突。1947 年的"杜鲁门主义"演说和日丹诺夫演说都是这种观念的集中表述，杜鲁门声称世界正面临着两种生活方式的选择，而日丹诺夫(A. A. Zhdanov)则认为世界已经分裂为两大阵营。这种简单化的认识框架严重毒化了战后初期的国际关系，促成了冲突和对抗的产生和深化。实际上这种观念在整个冷战时期都十分盛行。

上述国际政治思潮主要是通过影响领导人对外部世界和竞争对手的认识和判断，来促成美苏两国从战时同盟走向冷战的。这里应当指出的是，战后初期的国际政治思潮同东西方冷战是相互作用、相互影响的，战后初期的国际政治思潮影响了美苏两国决策者对对方的认识和处理相互关系的方式，从而促成冲突和对抗的出现，同时战后初期两国在一些问题上发生分歧和矛盾乃至最后走入冷战也为上述思潮深入人心起了推动作用。由此我们可以看出，一个特定历史时期的对外关系同当时的国际政治思潮有着千丝万缕的联系，这种联系尽管很难确定和把握，仍然需要研究者的深入观察和判断。冷战结束前后盛行过一阵子的"历史终结论"和"大失败论"，以及冷战后激起强烈反响的"文明冲突论"，都是历史大变动时期的国际政治思潮。对这些国际政治思潮的研究或许有助于我们理解冷战后世界主要大国的对外行为。

另外值得注意的是，也有学者从经济视角探索冷战的起源。比如，中国冷战史学者沈志华认为，从二战结束到战后初期，冷战的发生过程大致在两个领域展开，一个是国际政治领域，另一个是世界经济领域。他指出，在世界经济领域，“美苏经济体制之间的本质性差异，只有在两国建立战略互信且认同国际经济秩序统一的游戏规则的条件下才能逐渐弥合。苏联对美国主导的‘布雷顿森林体系’虽感到有利可图，但也心存疑虑。在美苏关系不断恶化的情况下，苏联首先放弃了加入布雷顿森林体系的机会，进而断然拒绝参与欧洲经济援助计划，使得战时的美苏经济合作关系无法在战后国际经济秩序的重构中延续下去。所以冷战本质的制度对抗首先是在经济领域显化的，冷战的发生也是从经济领域的脱钩开始的。当苏联拒绝加入布雷顿森林体系时，雅尔塔体系的经济基础实际上已经开始动摇；当苏联和东欧拒绝加入马歇尔计划、决心与西方世界做彻底的经济切割时，冷战便发生了”[71]。因此，在沈志华看来，“说到底，战后世界的分裂首先在于未能建立起一体化的国际经济组织，美苏关系陷入经济漩涡，而不是安全困境。所以，冷战发生的真正原因不是安全问题，而是经济问题”[72]。

第五节　冷战的宣言

有关冷战起源的一个重要问题是，谁挑起或发动了冷战，冷战的宣言是什么？换句话说，冷战起源的标志是什么？学者对此并没有一致的看法，相关争论较多。

美国学者威廉·海兰(William G. Hyland)认为，冷战是“斯大林的战争”，是苏联发动了冷战。他认为1939年苏联和纳粹德国签订的条约，即《莫洛托夫—里宾特洛甫协定》，是冷战的宣言。[73]我认为这种看法失之偏颇。冷战只是二战结束以后国际关系中的现象，它不是始于1939年。冷战是东西方之间的紧张对抗，谈不上是斯大林一手发动的，更不能将苏德条约称作冷战的宣言。

在西方学者中，还有一个很普遍的看法，即认为1946年2月9日斯大林的讲演是冷战的宣言。[74]我对此也不敢苟同。1946年2月9日，斯大林在最高苏维埃莫斯科选区选民大会上发表一个讲演。在这个讲演中，斯大林总结了第二次世界大战的历史教训，指出“战争是世界各种经济和政治势力在现代垄断资本主义基础上发展的必然结果”，因此，战争是不可避免的。斯大林号召苏联人民努力恢复和发展国民经济，特别是大大提高钢、铁、煤的产量，以防不测。[75]我认为，斯大林的这个演说，主要是针对苏联战后的恢复和发展，也反映了战后苏联担心西方可能发动新的一次世界大战，不能说是苏联对西方发动冷战的宣言书。

那么，丘吉尔著名的“富尔敦演说”或“铁幕演说”能否说是冷战的宣言呢？有美国历史学家认为，丘吉尔的“铁幕演说”同之前的斯大林在莫斯科选民大会的讲演，属于“两个冷战宣言”。[76]1946 年 3 月 5 日，英国前首相温斯顿·丘吉尔在美国密苏里州的富尔敦发表了一个讲演。丘吉尔声称，一个“铁幕”已把欧洲划成两半，一半生活在自由之中，另一半则屈服于极权统治之下。他号召英美联合起来，抵制“极权主义”的威胁。[77]的确，丘吉尔的演说公开主张英美联盟以对抗苏联，极具敌意和挑衅性。但是在当时，杜鲁门政府尚未决定和苏联最后摊牌，因此美国政府没有公开响应丘吉尔的号召。尽管杜鲁门本人陪同丘吉尔赴富尔敦，并且亲聆“铁幕演说”，然而杜鲁门对丘吉尔的主张不加公开评论。正如一位美国历史学家所指出的：“在 1945—1946 年这两年内，杜鲁门都在和苏联对峙，但是，他还没有形成一个一致的方针，也还没有凝聚起国内共识来支持一个如此广泛而重大的政策。”[78]所以，丘吉尔的演说也不是冷战的宣言。

我认为，1947 年 3 月 12 日的“杜鲁门主义”演说是冷战的宣言，是美国挑起了冷战。1947 年 2 月 21 日，英国外交部致信美国国务卿，宣布英国将结束对希腊和土耳其的援助，并希望由美国填补英国留下的空白。这封信以及英国人发出的后续信件，透露出一种印象：如果美国不能接过英国的位置，那么整个中东和希腊就会很快落入苏联人之手。[79]美国总统杜鲁门应英国政府的请求，制定了援助希腊和土耳其的计划。1947 年 3 月 12 日，杜鲁门在美国国会参众两院联席会议上发表了一个演说。杜鲁门在该演说中公开提出在全世界范围内对苏联和共产主义力量进行反击，并提出向希腊和土耳其提供军事和经济援助。[80]这即“杜鲁门主义”。“杜鲁门主义”出笼的意义在于，它表明美国已经公开放弃同苏联合作的政策，开始和苏联及世界共产主义进行全面对抗。紧接着，美国政府又提出援助西欧的“马歇尔计划”。[81]美国国内也出现了反苏反共的歇斯底里。

苏联随之采取反击措施，如拒绝参加“马歇尔计划”，并且不允许东欧国家参加；同东欧国家签订友好互助条约；成立共产党和工人党情报局以及经互会；对东欧采取比较严厉的政策，包括清除东欧政府中的反对党人士，等等。因此，以“杜鲁门主义”出笼为标志，美苏及其为首的两大阵营走向公开、全面的对抗，冷战正式开始。正是在这个意义上说，“杜鲁门主义”演说是“美国历史上最重要的演说之一”[82]。

也有人认为美国的冷战宣言不止一个，而是有两纸美国的冷战宣言。[83]除了杜鲁门主义演说之外，美国的冷战宣言还有马歇尔计划。1947年6月5日，美国国务卿乔治·马歇尔(George Marshall)在出席哈佛大学毕业典礼的时候发表演讲。在这个演讲中，马歇尔提出复兴欧洲的计划，这个复兴欧洲的计划后来也被称为马歇尔计划。马歇尔要求欧洲国家首先就自己的需要和各自的义务达成某种协议，然后联合起来向美国提出受援计划，美国给这些国家提供经济援助。用他的话来说就是：“在美国政府能够尽力缓和局势，协助欧洲走上复兴道路之前，显然地，欧洲国家，对于个别需要，各国应尽的努力，以期美国政府的行动，不至于失效各点，事先应该获致若干协议。倘使仅由美国单独草拟一个欧洲经济自立的计划，无论如何这是既不恰当，又不见得有效。这是欧洲人的事情，最初的意见应该由欧洲提出。美国的任务是以友好态度协助草拟欧洲计划，而在这个计划实施后，就吾人能力所及，予以全力支持。这个计划必须是联合性质的，假使不能商得所有欧洲国家的同意，也得商得一部分国家的同意。”[84]马歇尔计划的出台，意味着美国已经下定决心采取优先恢复西欧国家(包括德国西方占领区)经济以遏制苏联在欧洲进一步扩张其势力的政策。从这个意义上说，我们的确可以把马歇尔计划视为美国的另外一个冷战宣言。美国历史学家沃尔特·拉费伯尔(Walter LaFeber，又译“沃尔特·拉弗贝”)称杜鲁门主义和马歇尔计划是“同一个核桃的两半”[85]。

日丹诺夫的演说则可以说是苏联接受美国的挑战、加入冷战的宣言。1947年9月，在共产党和工人党情报局成立大会上，苏共中央政治局委员日丹诺夫发表了一个重要讲话。日丹诺夫宣称，战后国际政策中两条路线的区分日益明显，与此相适应的是在国际舞台上活动的政治力量划分而形成了两大阵营，一方是美国为首的帝国主义反民主阵营，另一方是苏联为首的反帝国主义民主阵营。[86]这即两个阵营的理论，它成了战后苏联对外政策的一个理论依据。日丹诺夫的这个演讲标志着苏联和美国公开对抗的政策。这通常被称为苏联的冷战宣言，日丹诺夫也被称为“苏联领导层中的一个冷战号手”[87]。因此，如果说“杜鲁门主义”演说和“马歇尔计划”演说是美国的冷战宣言，那么日丹诺夫关于两个阵营的讲演就是苏联的冷战宣言。

小　结

通过对冷战起源的分析，我们可以得出一些结论或值得进一步思考的推论。

第一，从上面的分析中我们可以看出，战后东西方冷战的产生是多种因素的产物，它既有国际层次的原因，也有国家和个人层次的原因。从这三个分析层次思考问题，可以使我们比较全面地理解冷战起源这个历史现象。单从某一个层面来断言冷战是历史的必然或偶然，无疑有失偏颇。国际关系理论学者提出的国际、国家和个人三个分析层次这一认识框架的确有助于我们对冷战起源的研究，它表明理论研究和历史研究可以找到结合点。跨学科研究不应只是一个空洞的口号，它需要在具体的研究工作中得到运用和检验。另外，从国际、国家和个人三个层次分析冷战的起源无疑可以帮助我们理解冷战产生的复杂原因及其过程，展现一个比较清晰的图景。但是这种分析也存在着一个很大的局限性，即缺少对国际、国家和个人三个层次之间的相互联系或互动关系之分析。笔者注意到了这个问题并且在前面试图解释这种关系，以便更清楚地理解冷战起源的复杂性，但是上述分析只是极为初步的。由此看来，研究者所提出的分析框架不可能是完美无缺、无可挑剔的。这或许正是社会科学研究的一个局限性，也是学无止境的重要原因。

第二，冷战是特殊历史条件的产物。在冷战结束以后，特别是在进入21世纪之后，有人谈论美俄和美中“新冷战”问题。但是迄今为止，重新发生像二战之后美苏之间的那种冷战之条件并不存在。我们从前面的论述中也可以看出，国际层次因素中的“两极化”国际格局是冷战得以发生和存在的基本前提条件。也就是说，如果没有战后“两极化”的国际格局，就不可能发生冷战，“两极化”格局结束之日便是冷战彻底退出历史舞台之时。冷战结束之后,还不断有一些人发表有关一场新的“冷战”已经或正在出现的言论。我认为,这种观点是值得商榷的。因为冷战结束后,导致冷战的基本前提条件即“两极化”的国际力量格局已不复存在,难以出现苏联解体之前那样的以两个超级大国为首的两大政治、军事和经济集团之间的冷战,类似冷战时期那样的两种政治观念和制度之间的斗争虽然还会继续下去,但是它不足以导致新的一场东西方之间的冷战。从冷战结束直至今天,国际力量格局一直处于大变动、大调整之中,其前景还很不确定。有人认为现在国际力量格局的特征是“多极化”,有人认为是政治上一极、军事上两极、经济上多极,也有人认为应当是“一超多强”。不管怎么样,目前很少有人认为世界已经出现类似冷战时期的那种“两极化”力量格局。但是,这并不是说,冷战后不会爆发类似冷战时期东西方斗争那样的国际冲突和国际危机。历史常常会出现相似之处,发生“新冷战”并非绝不可能。这也正是我们今天要研究冷战包括冷战起源的重要原因之一。

第三,尽管决策者个人的心理认知和个性不是导致冷战起源的根本和决定性因素,但是不可否认,从一定意义上说,冷战之所以在战后初期发生,也有美苏两国领导人个人的因素,包括相互猜疑和误解。对外政策是由个人作出的,它不可避免地带有领导人的主观因素。由此我们也可以得到这样一个结论,主要国家领导人之间经常会晤,沟通思想,无疑会大大增进双方之间的关系,冷战时期如此,冷战之后也是如此。同战后初期的情况不同,今天由于交通和通信手段的日益发展和不断完善,一国领导人已经可以很容易地同其他国家的政治家进行交流。如何通过加强对话促进世界的和平与稳定,理应是冷战后政治家必须认真对待的问题,也是他们可以从冷战中得到的一个启示。

注释

1. [美]塞缪尔・沃克:《历史学家和冷战的起源》,《世界史研究动态》1985 年第 2 期。

2. Richard Dean Burns, ed., *Guide to American Foreign Relations Since 1700*, Santa Barbara, CA: ABC-Clio, 1983, pp.701-702;陈兼、余伟民:《“冷战史新研究”:源起、学术特征及其批判》,《历史研究》2003 年第 3 期。从 20 世纪 80 年代中期至今,中国学者发表的有关冷战起源的著述包括竺培芬:《试论冷战的起源》,《世界史研究动态》1985 年第 2 期;潘光、邓新裕:《战后初期苏美英在中东北部的抗争——兼论“冷战”开始问题》,《西亚非洲》1986 年第 6 期;汤季芳:《冷战的起源与战后欧洲》,兰州:兰州大学出版社 1987 年版;时殷弘:《美苏从合作到冷战》,北京:华夏出版社 1988 年版;张盛发:《斯大林与冷战》,北京:中国社会科学出版社 2000 年版;李春放:《伊朗危机与冷战的起源(1941—1947 年)》,北京:社会科学文献出版社 2001 年版;张曙光:《美国遏制战略与冷战起源再探》,上海:上海外语教学出版社 2007 年版。

3. J.L. Black, ed., *Origins, Evolution, and Nature of the Cold War: Annotated Bibliographic Guide*, Santa Barbara, CA: ABC-Clio, 1986;戴超武:《新冷战史与当代美国外交史学思潮》,《美国研究》1999 年第 1 期;白建才:《近年来美国的冷战史研究》,《历史研究》2002 年第 1 期;陈兼、余伟民:《"冷战史新研究":源起、学术特征及其批判》,《历史研究》2003 年第 3 期。

4. 笔者对冷战起源的分析,受到以下著作的启发:Kenneth N. Waltz, *Man, the State and War*, New York: Columbia University Press, 1959; K. J. Holsti, *International Politics: Framework for Analysis*, Princeton, NJ: Princeton University Press, 1977; James E. Dougherty and Robert L. Pfaltgraff, Jr., eds., *Contending Theories of International Relations: A Comprehensive Survey*, New York: Harper & Row, Publishers, 1981; Thomas G. Paterson, *On Every Front: The Making of the Cold War*, New York: W.W. Norton & Company, 1979。

5. [美]A.W.德波特:《欧洲与超级大国》,唐雪葆等译,北京:中国社会科学出版社 1986 年版,第 78 页。

6.《战后世界历史长编》编委会:《战后世界历史长编》(1947 年分册),上海:上海人民出版社 1977 年版,第 1 页。

7. [英]保罗·肯尼迪:《大国的兴衰:1500—2000 年的经济变革与军事冲突》(下卷),王宝存等译,北京:中信出版社 2013 年版,第 92 页。

8. [美]戴维·霍罗维茨:《美国冷战时期的外交政策》,上海市"五七"干校六连翻译组译,上海:上海人民出版社 1974 年版,第 63—64 页;[苏]乔治·马立昂:《美帝国主义的扩张》,邝平章译,北京:世界知识出版社 1951 年版,第 16—17 页。

9. Thomas G. Paterson, *Soviet-American Confrontation*, Baltimore, MD: The John Hopkins University Press, 1973, pp.10 - 11.

10. Raymond Aron, *The Imperial Republic: The US and the World, 1945 - 1973*, Cambridge, MA: Winthrop Publishers, Inc., 1974, p.9.

11. George F. Kennan, "After the Cold War: American Foreign Policy in the 1970s," *Foreign Affairs*, Vol.51, No.2, October 1972, pp.210 - 227.

12. [南斯拉夫]密洛凡·德热拉斯:《同斯大林的谈话》,司徒协译,北京:世界知识出版社 1963 年版,第 81 页。

13. 曲星:《苏联在新中国建立前后的对华政策》,《国际共运》1986 年第 6 期;牛军:《战后初期美苏国共在中国东北地区的斗争》,《近代史研究》1987 年第 1 期;[美]费正清:《美国与中国》(第四版),张理京译,北京:商务印书馆 1987 年版,第 246 页;薛衔天:《战后东北问题与中苏关系的走向》,《近代史研究》1996 年第 1 期。

14. Thomas T. Hammond, ed., *Witnesses to the Origins of the Cold War*, Seattle, WA: University of Washington Press, 1982, p.13.

15. [加]安德烈·耶罗利马托斯:《希腊内战:一场国际内战》,阙建容译,上海:格致出版社 2021 年版,第 28—30、127—164 页。

16. 同上书,第 280—281 页。

17. 同上书,第 324 页。

18. [美]罗伯特·达莱克:《罗斯福与美国对外政策:1932—1945》(上册),伊伟译,北京:商务印书馆 1984 年版,第 1—2 页。

19. Lynn Etheridge Davis, *The Cold War Begins*, Princeton, NJ: Princeton University Press, 1974, pp.386 - 387.

20. Henry H. Adams, *Harry Hopkins: A Biography*, New York: Putnam, 1977, p.398.

21. [美]沃尔特·拉弗贝:《美苏冷战史话(1945—1975)》,刘燮庭、徐复、陶朔玉译,北京:商务印书馆1980年版,第13页。

22. 何春超主编:《国际关系史》(下册),武汉:武汉大学出版社1983年版,第42页。

23. 陈汉文:《在国际舞台上》,成都:四川人民出版社1985年版,第18—46页。

24. Arthur Schlesinger, Jr., "Origins of the Cold War," *Foreign Affairs*, Vol.46, October 1967.

25. [苏]波诺马寥夫主编:《苏联共产党历史》(下册),上海:上海人民出版社1974年版,第623页。

26. 本书编译组编:《德黑兰、雅尔塔、波茨坦会议记录摘编》,上海:上海人民出版社1974年版,第141页。

27. [苏]斯大林:《斯大林文选》(下册),中央编译局编译,北京:人民出版社1962年版,第413—414页。

28. [英]温斯顿·丘吉尔:《第二次世界大战回忆录》(第6卷上部第二分册),福建师大外语系翻译组等译,北京:商务印书馆1975年版,第336—339页。

29. 本书编译组编:《德黑兰、雅尔塔、波茨坦会议记录摘编》,第231—253页。

30. 何春超等编:《国际关系史资料选编》(下册),武汉:武汉大学出版社1983年版,第67—68页。

31. *Keesing's Contemporary Archives 1946 - 1948*, p.7826.

32. John Lewis Gaddis, *United States and the Origins of the Cold War*, New York: Columbia University Press, 1972, p.72.

33. Colin Bown and Peter J. Mooney, *Cold War to Detente 1945 - 1980*, London: Heinemann Educational Books, 1981, p.17.

34. [美]罗伯特·舍伍德:《罗斯福与霍普金斯》(下册),福建师范大学外语系编译室译,北京:商务印书馆1980年版,第487—490页。

35. [美]哈里·杜鲁门:《杜鲁门回忆录》(上卷),李石译,北京:三联书店1974年版,第380—386页。

36. [美]罗伯特·舍伍德:《罗斯福与霍普金斯》(下册),第572页。

37. 何春超主编:《国际关系史》(下册),第18—40页。

38. George F. Kennan, "The Sources of Soviet Conduct," *Foreign Affairs*, Vol.25, No.4, July 1947.

39. 史汀生的观点见 Arthur Schlesinger, Jr., "Origins of the Cold War," *Foreign Affairs*, Vol.46, October 1967;华莱士的演说见 Thomas G. Paterson, ed., *Major Problems in American Foreign Policy*, Vol.II, Lexinton, MA: Heath, 1978, pp.284 - 289。

40. [美]哈里·杜鲁门:《杜鲁门回忆录》(上卷),第510—520页。

41. Hans J. Morgenthau and Kenneth W. Thompson, *Politics Among Nations: The Struggle for Power and Peace*, sixth edition, New York: Knopf, 1985, p.10.

42. [美]沃尔特·拉弗贝:《美苏冷战史话(1945—1975)》,第7页。

43. [英]温斯顿·丘吉尔:《第二次世界大战回忆录》(第6卷上部第二分册),第431页。

44. [苏]罗·亚·麦德维杰夫:《让历史来审判》下册,赵洵、林英译,北京:人民出版社1981年版,第808页。

45. [加]安德烈·耶罗利马托斯:《希腊内战:一场国际内战》,第240页。

46. [南斯拉夫]密洛凡·德热拉斯:《同斯大林的谈话》,第131页。

47. [南斯拉夫]弗拉迪米尔·德迪耶尔:《苏南冲突经历(1948—1953)》,达洲译,北京:三联书店 1977 年版,第 72 页。

48. Ernest May, "The Cold War," in Joseph S. Nye, Jr., ed., *The Making of America's Soviet Policy*, New Haven, CT: Yale University Press, 1984, p.226.

49. William Taubman, *Stalin's American Policy: From Entente to Detente to Cold War*, New York: W.W. Norton & Company, 1982, p.9.

50. [美]艾夫里尔·哈里曼、伊利·艾贝尔:《特使——与丘吉尔、斯大林周旋记》,北京:生活·读书·新知三联书店 1978 年版,第 498 页。

51. [美]A.W.德波特:《欧洲与超级大国》,第 115 页。

52. Thomas G. Paterson, *On Every Front: The Making of the Cold War*, New York: W. W. Norton & Company, 1979, p.147.

53. Roberto Rabel, "Prologue to Containment: The Truman Administration's Response to the Trieste Crisis of May of 1945," *Diplomatic History*, Vol.10, Spring 1986.

54. George F. Kennan, "Containment: Then and Now," *Foreign Affairs*, Vol.65, No.4, Spring 1987.

55. William Taubman, *Stalin's American Policy: From Entente to Detente to Cold War*, p.196.

56. 苏联外交部编:《1942—1945 苏联伟大卫国战争期间苏联部长会议主席同美国总统和英国首相通信集》(第二卷),宗伊译,北京:世界知识出版社 1963 年版,第 206 页。

57. [美]罗伯特·舍伍德:《罗斯福与霍普金斯》下册,第 559—571 页。

58. Arthur Schlesinger, Jr., "Origins of the Cold War," *Foreign Affairs*, Vol. 46, October 1967.

59. Moscow Embassy Telegram No.511, "The Chargé in the Soviet Union (Kennan) to Secretary of State," February 22, 1946, *Foreign Relations of the United States (FRUS)*, 1946, Vol.VI: Eastern Europe and Soviet Union, Washington, DC: US Government Printing Office, 1969, pp.696-709.

60. 张小明:《乔治·凯南遏制思想研究》,北京:北京语言学院出版社 1994 年版,第 113 页。

61. Kenneth M. Jensen, ed., *Origins of the Cold War: The Novikov, Kennan, and Roberts "Long Telegrams" of 1946*, revised edition, Washington, DC: United States Institute of Peace Press, 1993, pp.3-16.

62. Ibid., pp.75-76.

63. [美]哈里·杜鲁门:《杜鲁门回忆录》(上卷),第 61 页;[美]查尔斯·波伦:《历史的见证》,刘裘、金胡译,北京:商务印书馆 1975 年版,第 264—266 页。

64. Daniel Yergin, *Shattered Peace: The Origins of the Cold War and the National Security State*, Boston, MA: Houghton Mifflin Company, 1977, p.119.

65. [美]梅尔文·P.莱夫勒:《人心之争:美国、苏联与冷战》,孙闵欣等译,上海:华东师范大学出版社 2012 年版,第 34 页。

66. [美]哈里·杜鲁门:《杜鲁门回忆录》(上卷),第 61 页。

67. Thomas G. Paterson, *On Every Front: The Making of the Cold War*, p.56.

68. [俄]阿纳托利·多勃雷宁:《信赖——多勃雷宁回忆录》,肖敏、王为等译,北京:世界知识出版社 1997 年版,第 370 页。

69. 同上书,第 597 页。

70. Ernest R. May, *"Lessons" of the Past: The Use and Misuse of History in American Foreign Policy*, New York: Oxford University Press, 1973, pp.19-51.

71. 沈志华:《经济漩涡:观察冷战发生的新视角》,香港:开明书店 2022 年版,“前言”第 ix 页。

72. 同上书,第 xii 页。

73. William G. Hyland, *The Cold War: Fifty Years of Conflict*, New York: Random House, Inc., 1991.

74. [美]沃尔特·拉费伯尔:《美国、俄国和冷战:1945—2006》(第 10 版),牛可、翟韬、张静译,北京:世界图书出版公司 2011 年版,第 32—37 页。

75. [苏]斯大林:《斯大林文选》(下册),第 441—454 页。

76. [美]沃尔特·拉费伯尔:《美国、俄国和冷战:1945—2006》(第 10 版),第 32—37 页。

77. 何春超等编:《国际关系史资料选编》(下册),第 83—88 页。

78. [美]沃尔特·拉费伯尔:《美国、俄国和冷战:1945—2006》(第 10 版),第 39 页。

79. [加]安德烈·耶罗利马托斯:《希腊内战:一场国际内战》,第 292 页。

80. 何春超等编:《国际关系史资料选编》(下册),第 88—93 页。

81. 同上书,第 93—96 页。

82. John Spanier, *American Foreign Policy since World War II*, 12th edition, Washington, DC: Congressional Quarterly Inc., 1991, p.41.

83. [美]沃尔特·拉费伯尔:《美国、俄国和冷战:1945—2006》(第 10 版),第 45—55 页;沈志华:《经济漩涡:观察冷战发生的新视角》,第 428—461 页。

84.《美国国务卿马歇尔在哈佛大学的演说》,载何春超等编:《国际关系史参考资料》(下册),第 93—96 页。

85. [美]沃尔特·拉费伯尔:《美国、俄国和冷战:1945—2006》(第 10 版),第 45—55 页。

86.《共产党情报局会议文件集》,北京:人民出版社 1954 年版。

87. Vladislav M. Zubok and Constantine Pleshakov, *Inside the Kremlin's Cold War: From Stalin to Khrushchev*, Cambridge, MA: Harvard University Press, 1996, p.112.

第二章

冷战中的东西方冲突——个案分析

以1947年3月12日“杜鲁门主义”演说为标志，东西方之间的冷战全面展开。冷战前后持续了四十多年，其间出现好几个阶段，不断发展和变化。但是前面提到的冷战那种既是战争也是和平的基本特征却贯穿着整个东西方冷战的始终。冷战的这个基本特征在不同时期的东西方冲突事件中得到体现。在四十多年的冷战时期，东西方冲突事件很多，不可能在本书中对它们逐个进行分析。本章将选取几个我认为最为重要、最为典型的东西方冲突事例进行分析，以期总结冷战时期东西方冲突的性质，从而理解冷战的基本特征以及大国处理相互关系的基本行为方式。这里所采用的研究方法就是我们通常说的“抓典型”“解剖麻雀”，或者是西方学人习惯说的“个案分析”。

在我看来，下面几个东西方冲突事例最为重要、最为典型。它们是：柏林封锁和柏林危机、古巴导弹危机、朝鲜战争、越南战争、安哥拉战争以及阿富汗战争。这些东西方之间的冲突大体上可以分为两大类，第一类是美苏两个超级大国直接的紧张对抗，柏林封锁和柏林危机、古巴导弹危机属于这一类；第二类是两个超级大国间接的紧张对抗，或者说是一个超级大国同另一个超级大国的盟友之间的紧张较量，朝鲜战争、越南战争、安哥拉战争以及阿富汗战争都属于这一类。第一类冲突发生在对美苏利益攸关的核心地区，属于真正的“冷战”；而第二类冲突发生在对美苏来说相对不那么重要的边缘地区，属于真正的战争或者“热战”。

第一节　柏林封锁和柏林危机

从二战结束到柏林墙的倒塌，一分为二的柏林一直是东西方对抗的焦点和冷战的象征。美苏两国围绕着西柏林的地位，多次发生严重的冲突，由此引发紧张的国际危机。

1948—1949年的柏林封锁，是美苏之间在柏林发生的第一次严重对抗。柏林封锁也被称为第一次柏林危机。

众所周知，纳粹德国是第二次世界大战欧洲战场的罪魁祸首。在战时，盟国领导人就已达成共识，即严厉惩罚德国，使之不再发动侵略战争。惩罚的方式之一就是由战胜国分区占领德国。1944年9月，苏、美、英就在伦敦签署了《关于德国占领区和大柏林地区管制议定书》。同年11月，这三个国家的代表又在伦敦签署了《关于对德国实施管制》的协定，规定战后德国“将被划分为三个占领区，以及一个由三国共同占领的特殊的柏林地区”[1]。在1945年2月的雅尔塔会议上，苏、美、英三国正式确定战后对德国实行分区占领，并且邀请法国参加占领，决定由美英两个占领区各划出一部分组成法国占领区。1945年5月纳粹德国投降以后，苏、美、英、法四国签署了《关于击败德国并在德国承担最高权力的宣言》《关于德国管制机构的声明》《关于德国占领区的声明》等三个协议。根据以上协议，四国分区占领德国及其首都柏林市，并且在各自的占领区内行使最高权力；由四国占领军司令组成盟国管制委员会，保证各个占领区采取适当一致的行动，并且在完全一致同意的基础上，作出涉及整个德国问题的决定。由于在盟国管制委员会内各国代表都有否决权，这个管制德国的最高权力机关实际上难以作出协调四国行动的决定，该机构名存实亡，各国在自己的管辖区内自行其是。随着二战的结束和美苏为首的东西方矛盾的产生与激化，美苏两国都把德国当成力量角逐的重要场所与筹码，这样德国和柏林便处于冷战的前线。此乃柏林封锁之基本背景。

为了使德国成为抵御东方“威胁”的防线和向东方进行政治、经济力量渗透的桥头堡，美国为首的西方盟国执行帮助德国战后恢复、发展的政策。为此，美英主张四个占领区首先实现“经济统一”，复兴德国的经济，再讨论如何实现“政治统一”。而对德国军国主义威胁深有余悸的苏联，则提出必须先建立全德政府，实现“政治统一”，其后才可考虑其他问题。[2]于是，美英开始考虑合并西方占领区为一个经济单位的计划。1946年9月，美英就两国占领区合并问题达成协议。同年12月，两国外长正式签署了这项协议，西方占领区合并计划被付诸实践。此后主要由于美国的压力，法国逐渐转变态度，由反对西方占领区的合并转而向美英政策靠拢，同意三个西方占领区合并。美英还商量在西方占领区成立德国人的政府。根据美英的倡议，1948 年 2 月 23 日，美、英、法三国副外长在伦敦举行会议，从 2 月 26 日起又邀请比利时、荷兰、卢森堡参加会议。这次伦敦会议的中心议题就是讨论合并西方三个占领区、实现德国西部地区的经济与政治统一。1948 年 6 月 5 日发表的会议公报宣布：英美双占区和法占区之间将采取协调经济政策的措施，共同管制它们之间的对外贸易；召开德境西占区的制宪会议，由各州派代表参加，起草基本法，以便成立西德政府；在德国西占区实行货币改革，等等。[3]伦敦会议及其最后公报表明，美国同其西欧盟国完成了德国西方占领区的合并，并且公开实行在经济和政治上分裂德国的政策。

在苏联看来，美国为首的西方已经结成统一战线反对苏联。[4]在伦敦会议期间，捷克发生了“二月事件”，即捷克共产党在面对联合政府中非共产党人挑战的时候转而完全掌控政权，而且包括东德在内的东欧政治局势并不稳定。因此，苏联对西方公然分裂德国的举措作出了较为强硬的反应。苏联抗议西方三国片面召开伦敦会议，在 1948 年 3 月 20 日宣布退出盟国对德管制委员会，并且于 3 月 30 日通知美方，从 4 月 1 日起，苏方将检查所有通过苏占区的美国人的证件，而且检查所有货运和除了私人行李以外的一切物品。6 月 18 日，美、英、法占领当局宣布 3 天以后在西占区实行币制改革，发行“B”记马克。次日，苏联发表声明，为了防止对苏占区货币流通的破坏和保护苏占区居民及该区经济利益，决定对西方国家进入柏林的通道实施交通管制，封锁了西方通往柏林西占区或西柏林的全部陆上交通。这便是柏林封锁的开始。6 月 21 日，西方三国如期在西占区实施币制改革，6 月 23 日又将新币发行的区域扩展到柏林的西占区。6 月 23 日，苏联宣布在整个柏林发行东德马克，即“D”记马克。西方三国拒绝接受东德马克适用于西柏林。于是，苏联从 24 日起封锁通往柏林的一切陆上和水上交通。柏林封锁全面展开。

姑且不论苏联封锁柏林水陆交通的真正动机是什么，美国及其西方盟国的领导人普遍认为，苏联的行为是进攻性的，是要把西方赶出西柏林。不仅如此，在美国领导人看来，苏联的行动还旨在迫使美国让步，从而破坏作为“欧洲保护神”的美国的信誉：既然美国人维护不了西柏林的安全,那么西德、英国、法国以及美国在欧洲的其他盟友还能信赖美国吗?因此美国针对柏林封锁,作出了强硬的反应。杜鲁门政府明确表示,西方必须留在柏林。在讨论几种可供选择的对策后,美国政府决定立即派出大量的飞机对西柏林持续空运燃料、粮食以及各种日用品。英国和法国也派少量的飞机参加空运。在长达 11 个月的柏林封锁中,西方空运 140 多万吨各种生活物资,飞行航次达到 195 000 余架次,平均日空运量 13 000 吨。[5]为了保障当地居民的基本生活,美国参与空投的飞机大概是每间隔不到 4 分钟一个架次[6],飞机起飞降落非常频繁,当然在此过程中也出过问题,比如飞机失事,空投物资偏离空投位置等。美国飞机主要是从三个机场起飞,在空投完再回到那三个机场。英法也参与空运。这便是著名的柏林空运。另外,西方国家还对苏占区和东柏林实施反封锁,不让苏占区的车辆通过西占区,也禁止向苏占区运送煤、钢及其他物资。不仅如此,美国还把曾经向日本投掷过原子弹的 B-29 轰炸机派往英国和德国,在欧洲建立战略空军基地。美苏两国都摆出准备战争的姿态。一时之间,柏林上空战云密布,似乎战争一触即发。

柏林封锁是冷战时期东西方之间最严重的冲突事件之一,两个超级大国都直接卷入了这场斗争。两个大国对这场冲突的处理方式十分耐人寻味。苏联和美国一方面在德国和西柏林问题上紧张对抗,另一方面又都留有余地,努力寻求解决冲突的途径,避免冲突的升级。苏联对西柏林的封锁始终仅限于水陆交通,对西方的空运不加干扰。美国也没有采取武力手段,强行逼迫苏联解除水陆交通的封锁。双方还通过外交等渠道试探妥协的可能性。1949 年 1 月 31 日,苏联最高领导人在接受美国国际新闻社记者金斯伯里·史密斯的采访时暗示,苏联解除封锁的前提条件只是西方三大国推迟成立西德政府。斯大林只字未提直接引发柏林封锁的币制改革问题。[7]美国政府亦作出积极的反应。通过双方代表较长时间的秘密谈判,终于达成谅解:只要确定讨论德国问题的四国外长会议的日期,苏联即可取消封锁,西方则推迟西德政府的筹建工作。1949 年 5 月 5 日,苏、美、英、法四国同时发表公报,宣布从当年 5 月 12 日始解除一切有关交通运输的限制,于 5 月 23 日在巴黎召开四国外长会议。至此,将近一年的柏林封锁终告结束。柏林封锁是以苏联的退让而结束的,西方也给苏联的让步提供了台阶。在当时,苏联的力量明显弱于美国,后者还垄断核武器。因此苏联在这场较量中处于劣势，不得不在美国强硬的压力之下退却。

柏林封锁的影响是深远的。它加剧了东西方之间的相互敌视，深化了欧洲的分裂，加速了欧洲两大军事集团的形成。在柏林封锁期间，西方和苏联都加紧在各自的德国占领区内成立政府。1949 年 5 月 12 日，即柏林封锁正式解除的当天，西占区的三国军事长官在法兰克福批准了“基本法”，公布了“占领法规”，为西德政府的成立铺平了道路。在 1948 年底，德国苏占区也制定了宪法，为即将成立的国家定名。其结果是，德意志联邦共和国与德意志民主共和国分别于 1949 年 5 月 23 日和 10 月 7 日宣告成立。东西德之间有着 1 378 千米的边界，东西柏林之间还有 161 千米的边界线，苏联和美国分别在东西德国驻扎重兵。[8]至此，德国的分裂已成为难以改变的现实。东西两个德国分属不同的阵营，分裂的德国和柏林一直是导致东西方紧张关系的重要因素。同时，柏林封锁也加速了欧洲两大军事集团的形成。苏联对西柏林水陆交通的封锁及其导致的危机，加剧了西方国家对所谓来自东方的“威胁”之恐惧，因而加快缔结北大西洋公约组织条约的步伐。1949 年 3 月 11 日，美、加、英、法、荷、比、卢、挪八国代表在华盛顿一致达成了关于成立北大西洋公约组织的协议。4 月 4 日，正式举行签字仪式成立北大西洋公约组织(以下简称“北约”)。由于冰岛、葡萄牙、意大利和丹麦宣布加入，条约的最初签字国变为 12 个。同年 8 月 24 日该条约正式生效。北约的成立标志着美国在历史上第一次在和平时期同欧洲国家缔结军事同盟。另外，柏林封锁解除之后，苏联加强对东欧国家的控制，首先在东德驻军。苏联也帮助东欧国家组建和训练自己的军队，到 1950 年，东欧各国均已经按照苏联模式建立起自己的武装部队。1955 年 5 月 14 日，继西方国家把西德拉入北约后不久，苏、波、罗、保、匈、捷、阿和东德等八国，在华沙缔结了友好合作互助条约，成立了同北约相对立的华沙条约组织。至此，欧洲两大军事集团对立的局面终于形成。

就在柏林封锁结束 10 年以后，美苏两个超级大国之间又围绕着西柏林的地位，再次发生了一场严重的直接冲突，这就是柏林危机或第二次柏林危机。[9]对于柏林危机的严重程度，一位历史学家指出，围绕柏林发生的一系列危机“把世界带到核战争边缘”[10]。柏林危机的持续时间比柏林封锁要长得多,但两者的性质和两个超级大国处理冲突的方式却是类似的。

同柏林封锁一样,也是苏联挑起了柏林危机,试图迫使美国和英法退出西柏林,而美国及其欧洲盟国则固守阵地,决不退让。

由于美国通过“马歇尔计划”给西欧以大量的经济援助,战后西欧国家的经济得到迅速恢复和发展。西德战后经济复兴步伐尤其迅速,当地居民生活水平比其东德同胞要高得多。位于德国东部地区的西柏林,正像苏联领导人赫鲁晓夫所说的,成了“西方生活方式的镜子,资本主义世界的橱窗”,对东柏林乃至整个东德的居民产生了很大的吸引力。[11]正如民主德国原财政部长在冷战结束后所写道的:“尽管(民主德国)取得了很大进步,但是还存在着许多发展瓶颈。与联邦德国生活环境的差距继续扩大。联邦德国的商店琳琅满目。那里发展的是‘经济奇迹’! 而在民主德国,仍然使用食品限购卡,供应量十分紧缺。其后果是出走公民的潮流不断增大。”[12]据估计,1958 年,民主德国的人均经济成就只相当于联邦德国水平的约 50%。[13]赫鲁晓夫在回忆录中说得很清楚:“柏林是一个开放城市,这就产生了两个问题:第一是有人从东柏林流向西柏林去的问题。民主德国不得不对付一个经济上十分强大因而对民主德国的公民富有吸引力的敌人。由于使用同一种语言,西德对民主德国有更大的诱惑力。一个具有相当专长条件的东德人如果迁居西德是不难找到工作的。工人外流的结果给民主德国造成了简直是灾难性的局势,因为民主德国本来就缺乏劳动力,更不用提有专门技能的劳动力了。”[14]其结果是,大量东德居民逃往西德,给东德经济带来很大的损害。据估计,从 1948 年到 1960 年,先后有 250 万的东德人迁往西德,这个数字大约相当于当时东德人口总数的 20%! 仅 1961 年一年之间,就有 20 万的东德人逃往西德。[15]另外据统计,1949 年两个德国建立到 1961 年柏林墙建成之间,一共有 270 万东德居民逃到西德。[16]自东德逃往西德的人大部分是从东柏林进入西柏林的,其中很多是专业技术人员。除此之外,西方国家还把西柏林当作对苏联和东欧国家开展隐蔽行动和宣传战的重要基地。因此,对苏联来说,西柏林成了卡在其咽喉里的一根刺。苏联希望尽快把西方的势力逐出该城市,拔掉这根刺。1961 年 8 月 4 日,赫鲁晓夫在一次秘密讲话中明确指出:“(西方大国)从西柏林撤退将意味着,关闭它们开展针对我们的颠覆活动之渠道。”[17]在 20 世纪 50 年代末期,苏联已经拥有了可以同美国较量的原子弹和氢弹。更为重要的是,1957 年苏联早于美国用远程导弹将人造卫星送上轨道,令世界瞩目,更让美国人震惊,认为美苏之间存在"导弹差距"。苏联领导人赫鲁晓夫为苏联在核武器及其运载系统方面所取得的成就而得意洋洋,他希望借此时机采取进攻性行动,在柏林试探西方的反应,力争把西方大国的势力赶出西柏林。

1958 年 11 月 10 日,苏联部长会议主席赫鲁晓夫在莫斯科体育宫的苏波友好集会上发表了一个讲话。在这个讲话中赫鲁晓夫指出,西方大国正在利用西柏林作为前哨,对德意志民主共和国以及其他社会主义国家实施侵略行动,而西方国家积极准备在西德部署核武器,进一步加剧了这种紧张局势。他声称,不能让此形势任意继续发展下去,"德意志民主共和国的首都"柏林的局势必须"正常化"。[18] 11 月 27 日,苏联给西方主要国家发了一个很长的照会,解释了赫鲁晓夫所说的柏林"正常化"的含义。照会声称,苏联准备就移交柏林权力问题和东德进行谈判,与东德签订一项和约。苏联建议美、英、法三国从西柏林撤走其驻军,结束西柏林的占领状态,使西柏林成为一个非军事的、中立的自由城市。这个中立、自由的西柏林,作为一个独立的政治实体,将被置于联合国的监督之下。为此,西方三国要与东德谈判,从西柏林撤兵。赫鲁晓夫在同一天还表示,如果 6 个月内未能就德国和西柏林问题达成协议,那么苏联将单独采取行动。

美国及其西方盟国把苏联的照会和赫鲁晓夫的讲话视为"最后通牒",并作出强硬的、毫不退让的反应。美国政府明确表示,在德国统一之前,西方三国在西柏林的权利不容侵犯。美国总统艾森豪威尔(Dwight Eisenhower)声称,美国必须"寸步不让",要让赫鲁晓夫知道,"当我们决定行动时,我们将压上全部筹码"。[19] 美、英、法三国在 1958 年 12 月 31 日答复苏联的照会,拒绝了苏联的建议,并表示苏联必须履行有关西柏林地位的协议。这样,以 1958 年 11 月 27 日苏联的照会和赫鲁晓夫当天的讲话为标志,柏林危机或第二次柏林危机便拉开了序幕。

同处理柏林封锁一样,两个超级大国都心照不宣,坚持下面原则:为对抗留有余地,避免冲突失去控制而引发战争。就在苏联的"最后通牒"发布不久后,苏联克格勃驻华盛顿官员尤里·格瓦茨杰夫(Yuri Gvozdev)便向美国副总统尼克松(Richard Nixon)传递信息:"不要担心柏林,柏林不会有战争。”[20]这位克格勃官员还在1958年12月传递如下信息：赫鲁晓夫希望尼克松能访问莫斯科。美国政府对此的反应是积极的。艾森豪威尔政府没有使危机进一步升级。尼克松在得到访问苏联的邀请后，立刻同总统及国务卿商量，然后答复苏联：尼克松愿意访苏，但有一个条件，即美苏两国之间，特别是在西柏林问题上，必须有“一段比较平静的时期”。苏联同意了尼克松的条件。[21]1959年1月，艾森豪威尔政府确定一个方针，即美国在西德和西柏林悄悄进行军事准备，而且要让苏联人发觉；如果东德官员对进入西柏林的通道进行检查，就派武装保护车队前往，如果车队受阻，就停止前进，只有受到攻击时才能开火；争取4月中旬召开一次外长会议，等等。[22]1959年1月底，赫鲁晓夫对来访的英国首相说，关于柏林的6个月期限不是最后通牒。同年3月底，美、英、法三国和苏联达成举行四国外长会议的协议。同年5—6月间召开的日内瓦四国外长会议虽然没能就德国和柏林问题达成协议，但是使柏林危机得到一些缓解。

1959年9月，赫鲁晓夫访美，艾森豪威尔以不参加四国首脑会议为要挟，迫使赫鲁晓夫取消“最后通牒”。这样，柏林危机暂告一个段落。但是，1960年5月1日发生的U-2飞机事件，即一架美国U-2高空侦察飞机在苏联领空被导弹击落，致使巴黎四国最高首脑会议流产，苏联领导人期待着同美国新总统打交道，寻找解决德国和柏林问题的途径。

1961年1月，约翰·肯尼迪(John Kennedy)就任美国总统，赫鲁晓夫对他寄予很大的希望。因为肯尼迪在竞选中一再表述避免核战争、缓和美苏关系的观点，而且赫鲁晓夫也得到有关肯尼迪会在西柏林问题上作出某种妥协的消息。[23]另外，赫鲁晓夫也想估量一下这位年轻的新总统的决心。[24]1961年6月3—4日，肯尼迪和赫鲁晓夫在维也纳进行了两天的首脑会谈。赫鲁晓夫重申如果西方不同意缔结对德和约，苏联将单独与东德签订条约，结束现有的占领权，西柏林将成为自由城市。肯尼迪的态度极为强硬，他明确表示，由于西柏林对美国的安全至关重要，美国一定寸步不让。他指责赫鲁晓夫的建议将在一夜之间使世界局势发生根本变化。赫鲁晓夫则以战争相威胁，声称如果美国要为西柏林而战，苏联只好奉陪，并且说明最后的期限是当年年底。也就是说，赫鲁晓夫给美国领导人又一个最后通牒。柏林危机从此掀起一个新高潮。

赫鲁晓夫决心在柏林问题上同肯尼迪较量一番。1961年7月初，他宣布暂停苏联红军复员，并且将苏联军费增加三分之一。肯尼迪针锋相对，要求国会授权总统随时可以动用后备军，追加 35 亿美元的国防预算。1961 年 7 月 25 日晚，肯尼迪就柏林问题发表电视讲话。他指出，柏林已成为“西方的勇气和意志的试金石”，美国决不能允许“共产党人把我们赶出柏林”。[25]在赫鲁晓夫看来，肯尼迪的电视讲话对苏联提出了美国的最后通牒。[26]肯尼迪的讲话发表不久，赫鲁晓夫会见了肯尼迪的特使约翰·麦克洛伊(John McCloy)。赫鲁晓夫对他说，肯尼迪是在向苏联“宣战”，苏联一定以战争相迎。他还声称，如果肯尼迪胆敢发动战争，那么“他很可能成为美国历史上最后一个总统”[27]。赫鲁晓夫在 8 月 7 日的电视讲话中对肯尼迪的上述讲话作了公开答复，调子同样十分强硬，苏联也增加军费和征召后备役。

但是，同第一阶段的柏林危机一样，美苏两国的行为都很谨慎，努力避免发生军事对抗，并寻找谈判解决的机会。肯尼迪政府没有宣布进入紧急状态和立即召集后备役力量，肯尼迪在 7 月 25 日的电视讲话中也表示随时准备谈判。赫鲁晓夫在电视讲话中同样希望“依靠理性”解决问题。作为一种妥协的办法，赫鲁晓夫在 1961 年 8 月同意东德领导人提出的封锁东西柏林的边界、阻止东德人继续西逃的建议，而不是坚持同东德缔结和约和改变西柏林的地位。1961 年 8 月 13 日，华约组织发表声明，建议东德在西柏林边界“可靠地堵塞对社会主义阵营各国进行破坏活动的道路”[28]。当天午夜，东德沿着东西柏林分界线设置了路障和铁丝网，到 8 月 17 日又树立起一道混凝土墙，这也就是著名的“柏林墙”。美国和西方其他大国虽然大声抗议和谴责构筑“柏林墙”，但是没有采取措施推倒这堵墙，实际上默认了它的存在。因为西方的基本目标是维持西柏林的现状，不愿意同苏联发生直接军事对抗。在肯尼迪看来，一堵柏林墙总比一场战争要好很多。[29]肯尼迪只是派副总统约翰逊(Lyndon Johnson)访问西柏林和命令一支 1 500 人的战斗部队从西德乘装甲车开到柏林墙前，这仅仅是表示美国保护西柏林的决心而已。从这个意义上说，构筑“柏林墙”成为最后解决柏林危机的有效方式。1961 年 9 月，赫鲁晓夫致函肯尼迪，希望通过他们个人之间的沟通解决这场危机。两个多星期之后，即 10 月 16 日，肯尼迪也在给赫鲁晓夫的秘密信件中说，“寻找(解决问题)办法的任务十分紧迫”[30]。1961 年 10 月 10 日，赫鲁晓夫在苏共二十二大的讲话中指出,苏联将不坚持一定要在当年年底缔结对德和约。前后持续三年之久的柏林危机或第二次柏林危机至此终于结束。

通过围绕西柏林地位的对抗,美苏相互摸清对方的意图和底线,达成了维持西柏林现状的共识。从某种意义上说,柏林危机的结束是美苏在欧洲冷战的一个转折点,此后两国乃至两大阵营都放弃了以压力手段改变欧洲战后现状的企图,东西方之间没有在欧洲,更没有再次因为柏林问题,产生类似的严重冲突。如果说柏林封锁加剧了东西方冷战的话,那么柏林危机的后果则是促成了 20 世纪 60 年代东西方缓和的到来。这可以说是两个性质类似的冲突事件却有着不同的后果与影响。但是,直到 1989 年柏林墙的倒塌,柏林一直处于东西方冷战的前沿,西柏林成为西方对东欧进行政治战和隐蔽行动的前哨阵地。

从上面对柏林封锁和柏林危机的分析中,我们可以得出这么一个结论,即美苏之间在西柏林问题上的对抗虽然十分紧张、激烈,但是最终都没有发展到直接军事冲突的程度,双方在处理冲突时显得十分默契,都努力避免危机的升级,寻求妥协的途径。美苏冲突的此种性质,也在古巴导弹危机中表现出来。

第二节　古巴导弹危机

1962 年的古巴导弹危机,可以说是冷战时期美苏之间最严重的一次直接对抗。两个超级大国继在欧洲的紧张对抗之后,又在加勒比海地区走到了战争的边缘。冷战结束以后,美国和俄罗斯已经把大批有关古巴导弹危机的秘密档案文件解密,据有的学者估计,美国已把大约 80%的有关这场危机的秘密文件公之于世。[31]古巴领导人菲德尔·卡斯特罗(Fidel Castro)也在 1992 年 1 月就该事件发表了自己的看法,而且古巴在冷战结束以后还将苏联和古巴之间关于苏联在古巴部署中程导弹的秘密协定、危机期间赫鲁晓夫给卡斯特罗的两封信以及 1968 年卡斯特罗关于古巴导弹危机的秘密讲话等文件解密,供学者研究。这些都使得今天的冷战史学者,可以比较清楚、全面和客观地分析发生在三十多年前的古巴导弹危机,也引起学者就一些重要问题产生很多分歧与争论。[32]

古巴是加勒比海中的一个岛国,离美国本土很近,对美国来说有着重要的战略意义。古巴独立后，长期为美国所控制，美国在古巴的关塔那摩湾设有海军基地。因此，美国不能容忍古巴为敌视美国的政权所统治。1959年1月卡斯特罗领导的古巴革命取得胜利，推翻了亲美的巴蒂斯塔(Fulgencio Batista)独裁政权，建立了包括共产党人在内的左翼政府。美国政府对卡斯特罗政权采取了敌视立场，这加深了古巴人民的反美民族主义情绪，促使卡斯特罗政府同美国艾森豪威尔政府分道扬镳，并且与苏联及其他社会主义国家建立起日渐密切的关系。1960年2月，苏联副总理米高扬(Anastas Mikoyan)访问古巴，同古巴签订贸易和援助协议。同年5月，古巴同苏联恢复外交关系。而美国则对古巴同"苏联集团国家"建立密切关系极为恼火，认为此举对自己的国家安全构成严重威胁，因而加快制订和执行颠覆卡斯特罗政府的秘密行动方案。1961年1月，艾森豪威尔总统宣布美国同古巴断绝外交关系。1961年4月，美国中央情报局开始实施入侵古巴的计划，但是这个行动在古巴的猪湾遭到失败。[33]经历了1961年4月猪湾事件的惨败，美国对古巴卡斯特罗政权的敌视更为强烈，并采取措施对其进行打压和孤立，包括在1962年1月由美国主导的美洲国家组织通过决议把古巴从该组织开除出去。在猪湾事件之后，古巴领导人卡斯特罗正式宣布古巴为美洲大陆第一个社会主义国家，而且宣布古巴完全倒向苏联。苏联则借此机会向古巴提供大量军事援助，支持古巴的反美斗争。这样，古巴这个加勒比海的岛国就成了东西方冷战的重要战场和两个超级大国力量角逐的筹码。或者说，古巴就由美国的战略"后院"变成了美苏对峙的"前沿"。[34]以上就是古巴导弹危机的基本背景。

1962年夏天，苏联开始在古巴秘密建立导弹基地，由此引发美苏之间的一场严重危机。赫鲁晓夫在回忆录中说，他是在1962年5月访问保加利亚的时候，想到了在古巴部署核导弹的主意。[35]而根据米高扬的儿子谢尔盖·米高扬(Sergo Mikoyan)的回忆，赫鲁晓夫在1962年4月底就曾向米高扬提出往古巴运送核导弹的想法。[36]尽管这两种说法有点小的出入，但可以肯定的是，赫鲁晓夫是在1962年4—5月间提出要向古巴运送导弹的，而且这也是他个人的一个念头，因为据有关当事人的回忆，米高扬反对这种想法，外交部长葛罗米柯(Andrei Gromyko)也担心这会引起美国的强烈反应。[37]赫鲁晓夫从保加利亚访问归国后，便召集了一次秘密会议，讨论他的这个想法，紧接着又派要员去哈瓦那征求卡斯特罗的意见。[38]

1962年7月，卡斯特罗访问苏联，苏古两国政府签署了苏联在古巴部署中程导弹的秘密协定。根据这个协定，苏联将向古巴运送42枚射程为2 000—4 000公里的中程导弹（SS-4和SS-5，载一枚核弹头）以及其他防卫武器，包括地空导弹（SAM）、海岸警戒巡航导弹、IL-28轰炸机、米格-21战斗机等。[39]

苏联向古巴运送中程导弹的动机是什么呢？赫鲁晓夫在其回忆录中一再宣称，苏联此举的基本动机是保卫古巴，阻止美国发动对该国的入侵。[40]同时他承认："除了保护古巴，我们的导弹也可在达到西方所谓的'均势'中起些作用。美国人用军事基地包围我们，用核武器威胁我们，而现在他们就会知道当敌人的导弹对准你的时候是什么滋味，我们干的也不过是让美国人知道自己的国土和人民遭受威胁是什么滋味的时候了。"[41]后一个动机实际上就是抵消美国的核战略优势。对于苏联的动机，古巴领导人卡斯特罗在1992年1月的一次关于古巴导弹危机的研讨会上，提出自己的看法。他认为，当初古巴接受苏联在古巴部署中程导弹的建议，不是为了保护古巴，而是为了加强社会主义阵营在国际力量对比中的地位。卡斯特罗说，他现在相信，苏联的主要动机是为了改善自己当时在同美国的战略核力量对比中所处的不利地位。卡斯特罗还说，他当时过于相信苏联的宣传，即苏联在导弹技术方面比美国强，否则他会"谨慎从事"[42]。

学者对这个问题争论较多，有人认为苏联的主要动机是保护古巴不受美国的攻击，也有人强调苏联是为了改善自己的战略地位。[43]笔者认为，上面所说的两个动机是并行不悖的，尽管一个是利他，另一个是利己。但是，如果从美苏冷战的大背景来分析苏联的动机，那么应该说，改善苏联的战略地位是苏联在古巴部署导弹的首要动机。

从1962年8月开始，苏联把导弹及其有关设施用船只运往古巴。苏联运送导弹和修建导弹基地的行动都是秘密进行的，在苏联高层领导人中，除了赫鲁晓夫，只有5人知道这个秘密。赫鲁晓夫当时估计，美国情报机构不会很快发现苏联的这个行动；即使肯尼迪知道了这个秘密，他也很可能不会在当年11月选举之前将此公之于世，而且可能不会采取太强硬的反应措施，甚至承认既成事实。[44]事实表明，赫鲁晓夫错误估计了形势。

大量苏联船只驶向古巴这个不同寻常的现象，很快便引起美国情报部门的密切关注。从1962年8月起，美国一直对古巴进行空中侦察，并且在8月31日首次发现防空导弹、带导弹的海防鱼雷艇和大批军事人员，但在10月14日以前并没有发现中程导弹之类的“进攻性武器”。10月14日，美国U-2间谍飞机第一次拍摄到苏联在古巴修建中的中程导弹基地，接着美国情报部门很快又搞清了苏联运往古巴的中程导弹及其他武器、苏联军事人员的数目等具体情况：已经或正在部署的有24枚SS-4导弹和16枚SS-5导弹；4个苏联摩托化步兵团；4个海岸警戒巡航导弹基地（共8个发射器、32枚导弹）；12艘带导弹的护卫舰只；24个地对空导弹发射场（共144个发射器）；42架米格-21战斗机，42架IL-28轻型轰炸机。上述情报尤其是关于中程导弹数目的估计，是比较准确的，尽管在今天看来，美国人还是低估了苏联部署在古巴的军事力量。当时美国情报部门还不能确定核弹头是否已经运到古巴，而当年参与此事的两位苏联将军证实了苏联已经把部分弹头运到那里，但对其数目多少说法不一。其中一位将军还回忆说，苏联在古巴也部署了战术核武器，而美国人当时并没有察觉。苏联派往古巴的陆海空军事人员是42 000人，为美国情报部门估计数目之4倍。美国情报部门也没有发现带有80个常规弹头的20个巡航导弹发射器。[45]更为严重的是，美国情报部门一直没有发现苏联已经在古巴部署了战术核武器。在1992年1月有美、俄、古三国学者与官员参加的哈瓦那古巴导弹危机学术研讨会上，苏联负责在古巴秘密部署核导弹的高级军官阿纳托利·格里布科夫（Anatoly Gribkov）将军说，苏联在古巴部署有6个短程战术核武器发射器、9枚战术核弹头。美国情报机构虽然曾经在古巴发现既可发射常规弹头、又可发射核弹头的两用战术导弹发射器，但是没有察觉到它们配备有核弹头。[46]

肯尼迪政府反应之迅速、强烈是赫鲁晓夫始料未及的。1962年10月14日是星期天，肯尼迪不在华盛顿。当获悉U-2飞机在古巴的重要发现之后，肯尼迪临时改变行程，于当天夜里赶忙从纽约飞回首都。10月15日专家分析鉴定由U-2飞机拍摄的照片，肯定了苏联在古巴部署中程导弹的情况。次日凌晨肯尼迪得到被证实了的情报，他很快就指定成立一个专门小组，秘密商讨对策。参加这个专门小组的有正副国务卿、正副国防部长、中央情报局局长、总检察长、财政部长、白宫国家安全事务助理、新闻总署署长等有关高级官员。从10月16日至22日，这个小组日夜紧张开会,肯尼迪每天听取该小组的汇报。10 月 22 日晚上,肯尼迪发表电视讲话。他宣布美国发现苏联在古巴秘密部署进攻性武器——中程导弹,这是对整个美洲地区和平与安全的“公然威胁”,也是对美国的有意挑衅,美国决不能容忍苏联的此种行为。他提出美国的对策如下:对所有正在运往古巴的进攻性军事装备实行严密的海上“隔离”;进一步加强对古巴的监视;宣布从古巴发射的任何攻击西半球国家的导弹,都将引起对苏联的“全面报复”;要求苏联领导人停止在古巴建立导弹基地,并从当地撤走进攻性武器,等等。[47]为了建立“隔离”线,美国向古巴附近海域出动了 1 艘航空母舰、16 艘驱逐舰、3 艘巡洋舰以及 6 艘补给舰只,另外还有 150 艘备用舰只,准备拦截和检查苏联的舰只。美国三军都进入战备状态,作好战争爆发的准备。与此同时,美国代表在联合国指控苏联。苏联对美国的反应有点措手不及。苏联和古巴政府都抗议美国的“隔离”政策,声称在古巴的武器是防御性的,不是“进攻性武器”,与此同时加紧建设导弹基地,在大西洋上行驶的苏联船只继续向古巴驶去。以肯尼迪的电视讲话为标志,古巴导弹危机全面展开,美苏都摆出准备在加勒比海大动干戈的架势。

虽然美苏两国都对对方展开激烈的语言攻击,也摆出了不惜以武力决一雌雄的姿态,但是实际上,两国最高决策人都以十分谨慎的态度处理这场危机,避免危机升级。当发现苏联在古巴部署中程导弹之后,肯尼迪政府曾经考虑过轰炸古巴的导弹基地或直接入侵古巴之类的强硬手段,但最后都因为担心促使危机升级、美苏战场上兵戎相见,而没有将它们列为可行的政策。最后讨论的结果是,肯尼迪政府采取了风险较小的海上“隔离”或封锁的办法。[48]苏联也没有硬闯“隔离”线,装载武器的苏联船只陆续停驶或改航,甚至到 10 月 26 日苏联船只全部调头返航。最重要的是,在危机期间,美苏两国领导人通过秘密渠道寻求协商解决问题的途径。从 1962 年 10 月 22 日到 12 月 14 日,肯尼迪和赫鲁晓夫之间来往的信件就有 25 封,其中有大约一半信件在 1992 年 1 月以前是绝密的。在这些信件中,两人虽然相互指责对方的行为,但是都明确表达了避免世界因为这场危机陷入核大战、通过和平谈判的途径解决危机的强烈愿望。另外,通过这些信件以及其他秘密渠道,两国达成了如下协议:苏联从古巴撤走中程导弹、IL-28 轰炸机及其附属设施,并且保证今后不再将进攻性武器运进古巴;美国承诺不侵犯古巴,并且同意今后拆除部署在土耳其的“木星”导弹等。[49]

为了避免危机升级,苏联领导人严格保证自己的行为不受古巴领导人的影响。就在美苏寻求和平解决危机的过程中,古巴领导人曾经鼓动赫鲁晓夫,如果美国入侵古巴,苏联就对美国发动先发制人的核攻击。苏联领导人对此予以断然拒绝。另外,在 1962 年 10 月 27 日,苏联在古巴防空部队的地空导弹击落了一架美国的 U-2 飞机,并且击毙该机驾驶员。这一事件使危机到了十分紧张并有可能失控的地步,因而令苏联领导人十分紧张。赫鲁晓夫以为是卡斯特罗命令苏联驻古导弹部队向美机开火,所以致函古巴领导人,指责这一行为,并且命令苏联驻古巴最高军事长官“只能听从莫斯科的指令”,以免类似事件再次发生。[50]苏联不顾卡斯特罗的反对,不仅撤走中程导弹,而且撤走被美国人称为“进攻性武器”的 IL-28 轻型轰炸机。苏联的上述行为激怒了古巴领导人,但保证了美苏之间达成协议。

1962 年 11 月 20 日,美国解除海上“隔离”,古巴导弹危机结束。美苏双方都宣称自己一方是胜利者,实际上双方各有得失。在美国的压力下,苏联从古巴撤走导弹,在世人面前丢了面子。而美国则承诺不侵略古巴和同意从土耳其撤走导弹,也使苏联达到了在古巴部署导弹的部分目的。危机结束之后直至今天,古巴这个加勒比海上的岛国,依然让美国决策者感到头疼。更重要的是,美苏之间的一场战争(很可能是核大战)得以避免。也就是说,在这场危机中,两国同时既是赢家,也是输家。

古巴导弹危机的重要后果是,一方面,它使美苏两个超级大国充分认识到核时代两国直接对抗的危险。古巴导弹危机结束后不久,美苏就部分禁止核试验达成了协议,这是冷战时期第一个有关核军备控制的重要协定,并且两国还建立了“热线”联系。所以,从一定意义上说,古巴导弹危机是冷战中的一个重要分水岭或转折点。在这场危机之后,美苏没有发生类似柏林封锁、柏林危机和古巴导弹危机那样的严重的直接对抗,而采取较为和缓的较量方式,两国在地区冲突中更多地以支持第三方反对对方的方式相互斗争。另一方面,古巴导弹危机也使苏联认清自己的战略核力量落后于美国的现实。因此,在古巴导弹危机之后,苏联加快了发展战略核武器的步伐,努力赶超美国,从而促使了以后美苏军备竞赛的步步升级。

从古巴导弹危机中，我们再次看到冷战时期美苏直接冲突的特点：紧张、激烈，而又不越过一个界限，冲突没有变成战争。因为现代战争的巨大毁灭性，使得避免两国间的战争成为美苏心照不宣、严格遵守的原则，这是两个超级大国的共同利益。美苏两国都自觉或不自觉地，“在防止军事冲突的问题上，找到了共同的立场和共同的语言”[51]。

第三节 朝鲜战争

朝鲜战争(1950—1953 年)是冷战时期东西方之间的第一场热战，也是东西方之间最严重的冲突之一。一个很值得人们思索的现象是，这场战争以及后来发生的另外两场冷战中的东西方热战——越南战争和阿富汗战争，都发生在亚洲，而且朝鲜半岛、越南所处的印度支那半岛以及阿富汗皆非美国权势集团所说的战略“重点地区”，而是战略“边缘地区”。[52] 另外，美苏两个超级大国都卷入了这三场战争，其中美国直接派兵参加朝鲜战争和越南战争，以隐蔽活动方式间接介入阿富汗战争，而苏联则在朝鲜战争和越南战争中以军事上支持其盟友的方式间接同美国较量，在阿富汗则直接出兵，但是两个超级大国之间在亚洲的三场战争中都没有在战场上直接和公开地兵刃相见。在非洲的安哥拉战争也是如此。因此，亚洲的这三场战争，即朝鲜战争、越南战争和阿富汗战争，以及在非洲的安哥拉战争，都是我们分析冷战时期东西方冲突的最高形式——热战的特点以及美苏两个超级大国处理此类冲突的方式之重要事例。这一节分析朝鲜战争，后面几节还将从比较分析的角度分别探讨越南战争、安哥拉战争和阿富汗战争。

从第二次世界大战后期开始，朝鲜半岛即成为美苏角逐的场所，战后该半岛的政治现实就是两个超级大国力量对比的一种反映。1945 年 8 月日本宣布投降之后，由杜鲁门提议、斯大林同意，美苏两国商定以北纬 38 度线为界，把朝鲜半岛划分为两个接受日军投降的区域，苏军和美军分别进驻北半部和南半部。同年 12 月，苏、美、英三国外长在莫斯科举行会议，决定“重建朝鲜成一独立国家”和“设立一临时朝鲜民主政府”，并商定由苏、美两国军事代表组成联合委员会就此问题讨论具体实施方案，尔后提请苏、美、中、英四国政府审议。但是，同德国的情形类似，在冷战缘起的过程之中，苏美两国都为了各自的战略利益，在自己的占领区内帮助建立政权。这使得建立统一朝鲜政府的计划难以实现，朝鲜半岛的政治分裂很快便成为难以改变的现实。1946 年 2 月，在苏联的支持之下，北朝鲜成立了以金日成为委员长的临时人民委员会，1947 年 2 月朝鲜人民委员会取代临时人民委员会，1948 年 9 月召开第一届最高人民会议，通过《朝鲜民主主义人民共和国宪法》，9 月 9 日朝鲜民主主义人民共和国（DPRK，以下简称“朝鲜”）宣告成立。而美国控制的南朝鲜，则在 1948 年 5 月举行所谓“在联合国监督下的选举”，组成议会、通过宪法，成立大韩民国（ROK，以下简称“韩国”）。就是说，在冷战爆发之后，在朝鲜半岛南北两半部先后建立了独立的国家，并分属冷战中不同的政治阵营，朝鲜半岛的政治分裂成为现实。苏军和美军分别于 1948 年底和 1949 年 6 月撤离朝鲜半岛，但是两个超级大国在该地区的影响并没有因此消失，事实上，苏联和美国在撤军之后继续分别向朝鲜和韩国提供军事和经济援助，尽管它们并不希望在半岛发生战争。朝鲜半岛政治分裂的局面，反映了东西方尤其是美苏之间在东北亚地区的力量对峙，也是朝鲜半岛南北政治对立的产物。苏联和美国军队全部从朝鲜半岛撤走，也客观上为后来战争的爆发创造了条件。这是 1950 年 6 月 25 日朝鲜战争爆发的基本背景。

朝鲜战争始于半岛北方和南方两个国家之间的战争，但它从一开始就有大国插手的因素，而且很快便发展为东西方之间一场严重的军事冲突。自朝鲜半岛政治分裂伊始，南、北双方都希望按自己的方式统一朝鲜。在东西方冷战的基本背景之中，和平统一的可能性很小。这样，以武力统一祖国，便被提上议事日程。有关朝鲜战争起源的许多细节问题尚不清楚，有待进一步分析和有关国家充分公布档案文件，目前学者主要使用苏联解密档案，其中一部分已经被翻译为中文并正式出版。[53]西方学者普遍认为，朝鲜发动进攻，挑起了战争。冷战结束之后俄罗斯公布的有关朝鲜战争的苏联秘密官方档案，似乎证实了这种判断。从这些文件可以看出，自从 1948 年 9 月建国开始，朝鲜领导人就考虑武力统一朝鲜半岛的问题，并且向苏联领导人斯大林提出这个设想。斯大林由于担心美国因此出兵干涉和可能导致美苏之间的军事冲突，在很长一段时间里并不同意这么做，金日成对此也很不满。[54]大约在 1950 年 1 月底，斯大林的态度开始有所改变。斯大林在1950年1月30日给苏联驻平壤大使的一份机密电报中表示,他理解金日成的不满,可以同他就军事进攻问题进行讨论,并且在这件事上"准备给予支持"[55]。于是,金日成在1950年4月秘密抵达莫斯科,专门就这个问题会晤斯大林。斯大林最后同意了金日成以军事手段统一祖国的计划,并且答应提供必要的帮助。[56]

斯大林在1950年1月底突然改变态度的原因到底是什么呢?目前已解密的苏联档案尚不足以解释这个问题。斯大林在1950年5月14日给毛泽东的电报中解释说,鉴于"国际形势已经变化",朝鲜可以采取统一祖国的行动。[57]但是斯大林没有解释"国际形势已经变化"具体指的是什么。不少研究冷战史的学者认为,它同美国国务卿艾奇逊(Dean Acheson)在此前不久发表的一个演说密切相关。1950年1月12日,艾奇逊在华盛顿全国新闻俱乐部发表讲演,指出阿留申群岛—日本—琉球群岛—菲律宾为美国在东亚的"防御线"(defensive perimeter)。[58]显然,根据这个讲演,朝鲜半岛是在美国的"防御线"之外的。这可能打消了斯大林担心美国出兵干涉朝鲜事务的疑虑。[59]这样的解释尽管依据不足,但是有一定的道理。纵观战后斯大林时期的苏联外交,避免同美国发生军事冲突,可以说是苏联对外政策的一个重要目标。出于共同的意识形态纽带以及保障苏联远东地区的安全,苏联无疑希望朝鲜半岛能按北方的模式实现统一,特别是在1949年10月中华人民共和国成立后,斯大林关于统一朝鲜半岛的愿望就更为强烈。但是斯大林决不希望因此同美国发生军事冲突,艾奇逊把朝鲜半岛排除在美国的"防御线"之外的演说,可能使得他估计美国不会出兵干涉朝鲜。值得注意的是,中国学者沈志华的解读有所不同。他认为,1950年1月斯大林同意和中国签订新条约(《中苏友好同盟互助条约》)、放弃根据1945年《中苏友好同盟条约》在中国东北所获得的权益之后,这意味着苏联即将失去在太平洋的出海口和不冻港,为了保证苏联战后远东战略得以继续维持下去,斯大林可能开始考虑重新建立苏联在亚洲的战略基地,而朝鲜半岛就是他选中的目标。正好在这个时候,美国政府表明了朝鲜半岛不在美国远东防御线之内的立场,加之金日成速战速决的作战方针,从而除却了斯大林内心的最大忌惮,并下决心支持朝鲜领导人武力统一半岛的设想。[60]

1950年6月25日凌晨,朝鲜战争正式爆发。朝鲜人民军迅速向南推进，势如破竹。美国政府对战争的爆发始料未及。美驻汉城使馆在1950年5月4日给华盛顿的一份电文分析说，苏联不大可能支持朝鲜发动对南方的进攻。该电文认为，苏联的终极目标无疑是要控制整个朝鲜半岛，但是目前对于克里姆林宫来说，占领韩国弊大于利。[61]尽管如此，同斯大林的估计相反，杜鲁门政府对朝鲜战争的反应是十分迅速和强烈的。美国决定派兵干涉，使得这场战争在爆发后不久，就从内战演变为国际战争。杜鲁门政府认为，朝鲜的进攻是莫斯科更大规模的侵略行动之前奏，因此美国必须坚决予以抵制。[62]很显然，在美国政府看来，斯大林是这场战争的幕后发起者与操纵者，朝鲜的进攻是“苏联的战争计划”，根本不是内战。很长时间以来，美国学者也普遍持这一看法。[63]在今天看来，美国人当时夸大了所谓“苏联的因素”，这无疑是冷战思维使然。根据这种思路，杜鲁门政府当即采取一系列反应措施，包括命令美国海、空、陆三军全力支持韩国李承晚部队并且直接参战；操纵联合国安理会通过决议，认定朝鲜为“侵略者”，并授权组织以美军为主体、有16个国家参加的“联合国军”进行干涉，使美国的武装干涉披上合法外衣；命令美国第七舰队进驻台湾海峡，以阻止中国人民解放军解放台湾等。

1950年9月15日，美军在仁川登陆，扭转了战局，并且向“三八线”以北进犯，扩大了战争，试图以武力和按美国的模式统一朝鲜半岛。美国把战火引到中国边境的事实，不能不引起中国的严重关注。同年10月18日，毛泽东主席命令中国人民志愿军自10月19日夜开始渡过鸭绿江，入朝参战，支持金日成主席领导的朝鲜人民军抗美救国斗争。[64]中国人民志愿军的参战，使得朝鲜战争的国际性质更为明显。至此，朝鲜战争已经完全从内战转化为东西方之间一场严重的军事较量。中国人民志愿军和朝鲜人民军并肩战斗、浴血奋战，很快把战线推回“三八线”附近。苏联虽然没有直接和公开地派兵参战，但是给予朝鲜民主主义人民共和国、中华人民共和国以军事援助，并且在政治斗争和外交战线上，三国密切合作，体现了无产阶级国际主义精神。

但是苏联在这场战争中，始终努力避免直接和公开卷入同美国的军事较量中去。如前所述，斯大林在1950年初同意朝鲜的军事进攻计划，就是因为他当时估计美国不会出兵干涉，不会导致美苏之间的军事冲突。在美国宣布出兵干涉后，苏联行为更为谨慎。1950年7月8日，金日成希望斯大林允许苏联的军事顾问到前线去。斯大林同意这个请求,但是要求这些苏军顾问以《真理报》记者的身份去前线,以免他们落入敌手后被当作苏联派兵参战的证据。美军仁川登陆后,金日成要求斯大林给予“直接的军事支持”,遭到斯大林的拒绝。相反,斯大林建议朝鲜领导人向中国领导人求援,并且亲自向中国领导人表达他希望中国能出兵的愿望。[65]在中国领导人同苏联领导人商讨中国出兵事宜时,斯大林曾经同意派空军入朝,支援中国人民志愿军,但是在中国人民志愿军即将出征前夕,斯大林动摇了,苏方突然通知中方说,苏联空军还没有准备好,要暂缓出动,而且只能部署在中国边境。[66]但是,在中国人民志愿军入朝参战之后不久,苏联空军陆续抵达中国东北地区的机场,在保护中方重要城市、机场和交通线以及培训中国飞行员的同时,也在朝鲜西北部空域参加作战,以保护中朝之间的桥梁、铁路等设施。据统计,从1950年11月1日到1953年7月27日朝鲜停战协定签署,先后有12个苏联空军师轮番投入空战,参战的人数总计为72 000人,1952年最多时达到25 000—26 000人。[67]根据苏联方面的统计,在战斗中,苏联空军的歼击机击落了1 097架敌机,高射炮兵击落了212架敌机,苏联航空兵损失了355架飞机和120名飞行员。[68]从现已公布的苏联外交档案来看,虽然苏联飞行员参加了朝鲜半岛的空战,但是为了避免苏联同美国发生军事冲突,苏联空军行动是极为秘密的,作战空域也是有限定的。苏联的飞机涂有朝鲜的标志,其驾驶员着中国制服和被要求用汉语或朝语进行通信联络(但这实际上做不到),在整个战争中,苏联飞机避免在敌占区上空飞行,防止驾驶员在飞机被击落后落入敌人手中。[69]事实上,苏联空军是在鸭绿江和清川江之间的空域作战,该空域因此被称为“米格走廊”(MiG Alley),在整个朝鲜战争期间也没有苏联飞行员被俘虏。

美国方面也很谨慎。美国在决定进行军事干涉以抵制苏联在该地区“侵略扩张”的同时,努力避免卷入同苏联的战争之中。为此美国政府要求在朝鲜的美军必须避免给苏联以公开卷入冲突的借口,并且在外交上也不刺激苏联,以免苏联冒险出兵参战。在战线被推回到“三八线”之后,杜鲁门政府放弃了以武力统一朝鲜半岛的目标,转而追求恢复战前现状这一有限目标,以及试探通过外交途径解决问题。杜鲁门政府中有人提出轰炸中国战略要地、使用核武器和让蒋介石军队参战等扩大战争的方案，其代表人物是"联合国军"司令麦克阿瑟将军。但是，杜鲁门总统没有采纳这样的政策，而且在1951年初解除了麦克阿瑟的职务。[70]

自1951年春始，美国政府寻求各种机会同苏联对话，以便打破朝鲜的僵局。[71]同年5月，国务卿艾奇逊让"苏联通"乔治·凯南同苏联驻联合国大使马立克(Jacob Malik)秘密接触，传递美方愿意与苏联、中国和朝鲜进行对话以解决朝鲜问题的信息：美国和苏联都不希望两国在朝鲜发生冲突，在朝鲜实现停火比继续交火更为可取。同时艾奇逊也希望他了解苏联的想法。在当年6月初，凯南同马立克会晤了两次，原则上达成了举行朝鲜停战谈判的谅解。[72]其结果是，经过有关各方的协商，由中朝为一方、"联合国军"为另一方的朝鲜停战谈判于1951年7月10日正式开始。谈判中争论最激烈的事项之一是有关遣返战俘的问题，它是达成停战协议的最后障碍。中朝双方主张按国际惯例遣返所有的战俘，而美国则坚持"自愿遣返"。1953年3月斯大林去世后，苏联新领导希望早日实现朝鲜停战，以便缓和与西方的关系。于是，在中国总理周恩来赴莫斯科参加斯大林葬礼之际，苏联新领导人向中国领导人表示，朝鲜战争继续拖下去对苏联和中国都不利，应当在战俘问题上作出妥协。朝中双方经过反复考虑，同意了苏联的建议，从而使得朝鲜停战在该年7月27日得以实现。[73]

从以上对朝鲜战争的分析，我们可以得出以下几点结论。

第一，朝鲜半岛战后政治分裂的局面，是美苏在该地区划分势力范围的结果，反映了两个超级大国在东北亚地区的力量对比状况。因此，自半岛政治分裂开始，朝鲜北、南双方就被纳入东西两个对立的阵营之中，任何改变朝鲜半岛现状的行动，都可能导致东西方之间的严重对抗与冲突。这种状况使得朝鲜战争一开始就不可避免地带有大国斗争的色彩，并且很快演变为东西方之间的军事冲突。

第二，朝鲜战争的爆发及其演变为国际战争，同美苏两国对形势估计不甚准确有着密切的关系。斯大林在1950年初开始认为，美国已把朝鲜半岛排除在其"防御线"之外，不会干涉该地区的军事冲突。他的这个估计缺乏充分的依据，对美国的行为动机作了错误的判断。杜鲁门政府则把朝鲜的军事行动看成苏联一手操纵的，因而迅速出兵干预，把它当作遏制苏联扩张的重要步骤。现在看来，美国政府当初无疑夸大了导致朝鲜战争爆发的"苏联因素"。更重要的是，美国政府在美军仁川登陆得手后，被胜利冲昏了头脑,下令“联合国军”跨越“三八线”。其依据是,美国政府决策圈中的大多数人估计,苏联和中国不会出兵干涉。这显然也是错误估计了形势,致使中国派遣志愿军赴朝参战,把战线推回到“三八线”附近。

第三,美苏在处理朝鲜半岛的军事冲突时,都以避免双方的直接军事对抗为基本原则,这使得朝鲜战争具有一个很大的特点,即两个超级大国都卷入了这场冲突,但是没有发生直接和公开的军事对抗。在朝鲜战争转入拉锯战的阶段之后,美苏都采取积极的态度,寻找和平解决问题的途径,这是导致朝鲜停战的重要因素。两个超级大国处理冷战中的东西方冲突的特点,再次在朝鲜战争中体现出来。

朝鲜战争的影响是多方面和极其深远的。一方面,这场战争加强了苏、中、朝的政治和军事同盟。美国在朝鲜战争爆发后派第七舰队进入台湾海峡、支持台湾国民党当局,把战火烧到中国边境,这是对新中国的极大挑衅和威胁。中国出兵朝鲜,加深了新中国同美国的对立,也促使它同社会主义国家,尤其是苏联,建立起密切、合作的关系。当然,苏联在朝鲜战争的一些利己主义行为,也为后来的苏中关系分裂埋下了种子。另一方面,美国政府把朝鲜战争看作苏联的扩张步骤,因此采取了一系列抵制苏联和社会主义阵营“威胁”的措施,促使冷战军事化的进一步加剧。朝鲜战争爆发后不久,杜鲁门总统签署了国家安全委员会第 68 号文件(NSC 68),以此作为其对外政策的指导性文件。而该文件的要旨是强调以军事手段抵制苏联的威胁。也就是在朝鲜战争爆发后,美国向欧洲派遣军队,正式组建了北约军事指挥机关,同时加紧实施重新武装西德和把它拉入北约的计划。另外,朝鲜战争爆发后,杜鲁门政府下令美国第七舰队进驻台湾海峡,阻止中国人民解放台湾,朝鲜停战后又同蒋介石当局缔结了“共同防御条约”,与中国公然为敌。同时,美国还在朝鲜战争爆发后,公开支持法国在印度支那的侵略行动,以抵制所谓共产党在该地区的扩张,开始了美国逐步卷入印度支那的过程。此外,美国还在朝鲜战争期间,同日本缔结军事同盟条约,并取得在日本驻扎军队的权利。总之,朝鲜战争加剧了东西方冷战的军事化,使冷战进入了十分紧张、激烈的阶段。在整个冷战时期,朝鲜半岛一直是东西方斗争的一个重要场所。冷战结束以后,冷战的产物——朝鲜半岛的政治分裂局面依然存在,该地区新的一场战争的阴影还没有消除。

第四节　越 南 战 争

越南战争是冷战时期东西方之间另外一场十分重要、影响持久的热战。这场战争同朝鲜战争有着某些共同之处。首先，越南战争同朝鲜战争一样，都发生在亚洲的战略边缘地区。另外，越南战争和朝鲜战争还有一个最重要的相似之处，即美国直接卷入了越南战争，而另外一个超级大国——苏联，则通过中国支持越南人民的抗法、抗美斗争以及后来直接给北越提供军事援助等方式，间接地同美国较量。这使得越南战争自始至终是一场有限范围和有限规模的战争，没有引发美苏两个超级大国的直接冲突。相反，美苏两国为了实现印度支那的和平，还进行过合作。换句话说，同朝鲜战争一样，越南战争也没有使美苏之间的冷战变成热战。

但是，越南战争在很多方面不同于朝鲜战争。首先，越南战争比朝鲜战争持续的时间要长。关于越南战争始于何时，目前学者并无一致的看法。有人认为，越南战争始于日本投降以后越南人民抵制法国恢复在该地区殖民统治的斗争。如果从 1945 年越南开始抗法战争算起，那么越南战争就先后持续了 30 年。也有人把美国在 1950 年朝鲜战争爆发后公开支持法国重返印度支那，作为越南战争开始的标志。按这个说法，越南战争打了 25 年。还有人认为，越南战争始于 1954 年。因为在这一年，召开了关于朝鲜和印度支那问题的日内瓦会议。根据有关国家在这次会议上签署的协议，包括法国军队在内的所有外国军队撤离印度支那，以实现该地区的停战和政治解决；以北纬 17 度线为界，越南分为南北两个部分，越南民主共和国对北部的控制得到了承认；1956 年 7 月举行全越大选。美国并没有签署日内瓦协议，它在这个协议签署后不久，便开始向越南南部提供大量援助，包括派遣军事顾问，取代法国成为越南人民的主要敌人，越南人民从此开始了抗美救国斗争。所以，如果以此为越战开始的标志的话，越南战争就进行了大约 20 年。还有一个比较普遍的看法是，越南战争开始于 1959 年南越爆发有组织的、较大规模的和得到北越支持与指导的游击战争。这样算来，越南战争持续大约 16 年。最后一种关于越南战争起点的说法最为普遍，也是美国人通常的理解，即越南战争始于 1965 年美国轰炸北越和派遣地面部队直接参加越南的冲突，一直到 1975 年最终结束，前后打了10年。不管是按照上述哪一种说法，越南战争持续的时间都比朝鲜战争要长得多。这场战争曾经是美国所参加的最长的战争，正因为如此，美国著名外交史学家乔治·赫尔林（George C. Herring）在1979年出版的一本关于越南战争的经典著作中，把越南战争称为“美国最漫长的战争”[74]。当然，现在我们已经知道，越南战争并不是美国历史上参加的最漫长的战争了，美国2001—2021年在阿富汗打的那场战争才是迄今为止美国参加的最漫长的战争。

其次，从战争的形式和战场的范围来看，越南战争也不同于朝鲜战争。朝鲜战争表现为典型的阵地战，而越南战争则主要表现为游击战和反游击战。其原因显然包括朝鲜半岛和中南半岛的不同地理环境，多山和热带雨林气候使得中南半岛不适于大规模的阵地战，而适于游击战。但是，最重要的原因是，在敌对双方力量对比中，越南人民在武器装备上逊于敌人，而且没有自己盟友的军队直接参战，属于较弱的一方，不能不主要依靠游击战以逐步扩大战果。这同朝鲜的情况很不相同。朝鲜战争开始时，北方在力量对比上处于优势的地位，在美国参战和把战线推到中朝边境后，中国人民志愿军赴朝参战，给朝鲜人民军以极大的帮助，很快就把战线推回“三八线”附近。越南战争的游击战形式可能是导致它的持续时间大大长于朝鲜战争的重要原因。从战争的区域来说，朝鲜战争是以整个朝鲜半岛为战场的，越南战争则发生在越南的部分区域。越南人民的抗法战争基本上是在靠近中国边境的越南北部山区进行的，而抗美救国战争的地面战场则一直在北纬17度线以南的越南南部地区。尽管自1965年2月开始美国对越南北部进行长时间的战略轰炸（“滚雷行动”），美国及南越的地面部队始终没有把战线推到北纬17度线以北的地区。其原因恐怕是美国从朝鲜战争中得出教训：扩大越南战争，可能会导致中国参战。

最后，也是最重要的是，越南战争在起因、过程、苏联的卷入程度以及围绕战争有关东西方大国的相互关系等方面，显得比朝鲜战争要复杂得多。虽然从本质上说，越南战争和朝鲜战争都是冷战时期东西方之间的热战，但是前者所反映的东西方关系比后者更为错综复杂。这是本书在下面要着重分析的问题。

前面提到关于越南战争始于何时的问题有着很多说法。我认为，如果从冷战中东西方冲突的角度来考察这场战争，那么可以说越南战争大约开始于1950年，而且是逐步升级的。因为在1950年以前，越南人民是在印度支那共产党（1951年改名为越南劳动党）和越南民主共和国（成立于1945年9月）领导人胡志明的领导下，进行抗击法国殖民统治者的民族解放斗争，这个时期的越南武装冲突尚无东西方冲突的色彩，或者说东西方冲突的色彩不明显。越南民主共和国没有得到社会主义阵营国家的援助。这个时期美国对印度支那的政策还处于举棋不定的阶段。一方面，美国政府标榜反对法国殖民主义，主张国际托管印度支那，最后实现该地区的民族独立。另一方面，美国为了使法国成为自己在战后抵制苏联共产主义“威胁”中的坚强盟友，又不愿意在印度支那问题上得罪法国。而且在1950年以前，美国政府在对外关系方面的主要关注点是欧洲，亚洲的大部分地区，包括中国和中南半岛，都属于美国的战略边缘地区，美国没有给予足够的关注。由于上述原因，美国政府在1950年前对印度支那的政策表现为默许法国恢复对该地区的殖民统治，努力保持“中立”的立场，不直接卷入那里的冲突中。

但是大约从1950年起，越南武装冲突的性质就有了很大变化，从反殖民统治的斗争发展成东西方的军事冲突。主要是两个重要的事件促成了越南冲突性质的转化。一个是中国共产党在1949年推翻了美国多年支持的蒋介石国民党政权，建立了人民民主政权。新中国成立后，执行向苏联和社会主义阵营“一边倒”的对外政策。毛泽东于1949年12月至1950年2月访问苏联，中苏两国在1950年2月签订了《中苏友好同盟互助条约》。同时，新中国积极支持胡志明为首的越南民主共和国的抗法救国斗争。1950年1月越南民主共和国承认中华人民共和国，并且希望两国建立外交关系。毛泽东很快便从莫斯科致电国内，指示有关方面立即答复越南民主共和国，同意建立外交关系。两国于是在1950年1月18日正式建立外交关系，中国是世界上第一个承认越南民主共和国并与之建交的国家。[75]1950年1月下旬，越南民主共和国主席胡志明秘密步行抵达中国，成为中华人民共和国成立后到访的第一位国家元首。[76]他在北京与刘少奇等中国党政领导人会谈后，又在毛泽东提议和斯大林邀请之下前往苏联，与正在莫斯科的毛泽东、周恩来以及苏联领导人斯大林会晤。胡志明代表越南党和政府向中国领导人提出，希望中国对越南抗法战争提供全面援助,包括军事物资援助和派军事顾问团。新中国虽然面临种种困难,但毅然决定援越抗法。中国从1950年1月开始先后向越南派出了中共中央联络代表罗贵波(后来担任中国政治顾问团团长)、中共中央代表陈赓和韦国清率领的中国军事顾问团,还向越南提供了大量武器装备、粮食等物资,并帮助越南人民军部分主力部队进行了整训和换装。1950年6月,中国西南军区副司令员兼第4兵团司令员陈赓受命代表中共中央前往越南,与随后抵达越南的军事顾问团一道帮助越南人民军成功组织、实施"边界战役"(高平-谅山战役),扫清了中越边界地区的法军据点,为中国援越抗法创造了有利条件。[77]新中国的成立和它对越南民主共和国抗法战争的援助,标志着越南人民的抗法斗争得到了社会主义阵营国家的积极支持,越南民主共和国有了可靠的战略后方。第二个导致越南冲突性质产生变化的重要事件是1950年6月爆发的朝鲜战争。正如上一节所述,这场战争使得美国政府坚信,"苏中集团"正在使用包括军事进攻在内的手段努力扩张其势力,对美国及整个西方构成威胁。

新中国的成立、中苏结成军事同盟以及新中国积极支持越南民主共和国的抗法救国斗争,使得美国政府重新认识越南的战略地位,把它视为抵制所谓共产主义扩张的重要战线。在1949年10月1日新中国成立后,美国国家安全委员会的一份重要文件指出,东南亚对美国的安全极为重要,如果它落入共产党人的手中,其产生的影响将会是世界性的。[78]战后美国遏制战略的重要设计师乔治·凯南领导的美国国务院政策规划室,也在1949年底的一份报告中声称,尽管东南亚本身只具有次要的战略意义,但是它在整个美国的亚洲政策中已成为"遏制线上的重要组成部分",因为美国在中国"令人可悲的失败"之后,再丢失该地区将会在世界其他地区产生"政治骚动"。[79]1950年2月,美国国家安全委员会第64号文件(NSC 64)则把印度支那看作"东南亚的关键地区"[80]。1950年4月,美国参谋长联席会议明确提出:"印度支那的陷落无疑会导致东南亚其他大陆国家的陷落。"[81]也就是说,在1950年前后,中国共产党取得政权和支持越南民主共和国的抗法战争,已经使得美国政府认为包括越南在内的中南半岛是抵制苏联领导的世界共产主义"侵略扩张"的重要战线,因为它的"陷落"会在世界上产生不良影响,导致共产主义影响不断扩大。这实际上便是后来美国领导人一再阐述的"多米诺骨牌"理论的要旨,它成为美国干涉越南的指导思想。1950 年 6 月朝鲜战争爆发，更使美国政府相信苏联共产主义不惜以武力扩展其影响，印度支那的战略地位日益重要。美国政府担心会在越南发生类似中国出兵朝鲜的事件，迫使法国从印度支那撤退，从而使该地区落入共产党人的手中。[82]在这种观念的指导下，美国政府大约从 1950 年初起，放弃了“中立”的政策，开始公开支持法国及其扶植的南越政权。1950 年 2 月杜鲁门政府正式承认南越保大政权，并且向它提供经济和技术援助。与此同时，杜鲁门政府也向法国提供军事援助。1950 年 6 月朝鲜战争爆发后的第二天，杜鲁门政府决定向印度支那地区增加军事援助和加强在菲律宾的美军力量，开始了美国在军事和经济上积极支持法国及其扶植的保大政权的过程。当年 9 月，美国也应法国的请求，向越南派遣军事援助顾问团，帮助法军训练南越军队和提供咨询。所以，在 1950 年 2 月美国决定积极支持法国及其傀儡保大政权后，越南乃至整个印度支那的冲突开始明显地带有东西方对抗的性质。

由于越南没有发生像朝鲜战争那样的大规模战争，美国的军事卷入是逐步深入的，越南战争也是逐步升级的。这样一来，越南战争的过程比朝鲜战争要复杂得多，出现了好几个阶段。

1950—1954 年间，美国对越政策表现为：美国出枪、出钱帮助法国和保大政权打仗。在这几年里，光美国给法国提供的军事援助就达 26 亿美元。[83]到 1952 年，美国政府即已承担越战大约三分之一的费用。[84]另据统计，在 1954 年以前，美国承担了法国从事印度支那战争大约 75％的开支，这占美国当时对外军事援助的三分之一。[85]但是，此时的美国政府并没有派兵去越南参战，美国在越南的军事顾问团人数（MAAG，1950 年开始派往越南）较少，作用也不太明显。[86]在进行抗美援朝斗争的同时，新中国继续给予越南民主共和国以物质援助。在中国军事顾问团的协助下，越南人民军取得了一系列战役的重大胜利，特别是在 1954 年 5 月打赢了具有重大历史意义的“奠边府战役”，为该年 7 月日内瓦会议达成关于恢复印度支那和平的协议铺平了道路。根据《日内瓦协议》，北纬 17 度线以北的越南得到解放，法国从印度支那撤走其军队，越南人民的抗法救国斗争取得胜利。

美国参加了日内瓦会议，但是拒绝在会议的最后协议上签字，只是表示自己将不使用威胁或武力去妨碍《日内瓦协议》的实施，同时声称，“美国将充分关切地注视违反上述协定的任何侵略的再起，并认为这是严重威胁国际和平和安全的"[87]。但是，在日内瓦会议后不久，美国便背弃诺言，在南越取代法国，扶植吴庭艳政权，直接插手和干涉南越的事务。艾森豪威尔政府的目标是，通过大量物资援助，把南越建成一个"强有力的、稳定和实现宪政的"国家，以抵抗"颠覆企图或通过军事手段实行的侵略"，并且吸引北越、削弱共产党，最终实现越南的统一，成立一个"自由和独立的越南"。[88]在美国的支持下，1954 年被保大帝阮福晪任命为总理的吴庭艳公然违背《日内瓦协议》关于在 1956 年 7 月进行全越选举的条款，提前在 1955 年 10 月举行"公民投票"，废黜保大帝，成立以他自己为总统的越南共和国，并且在次年颁布南越宪法。为了实现美国在越南的目标，艾森豪威尔在 1955—1961 年间给吴庭艳政府提供 10 亿多美元的经济和军事援助，其中大部分为军援。可是，美国的援助并没有使南越成为一个政治民主、经济繁荣的样板。相反，吴庭艳政权的专制统治引发了民众的普遍不满。越南劳动党基层组织、党员和群众从 1957 年起自发开展武装斗争，以求生存和实现统一，斗争的主要形式为游击战。1959—1960 年间，越南劳动党中央逐渐放弃以政治斗争实现统一的温和路线，转向认可、继而大力支持和领导南方的武装斗争。由越南劳动党领导的越南南方民族解放阵线宣告成立，越南南方的武装斗争由自发的斗争变为有组织、有领导的斗争。越南民主共和国通过老挝境内的"胡志明小道"，向南方游击队运送武器等物资以及人员。中国和苏联则向越南民主共和国提供援助。随着南方武装斗争的兴起，美国的干涉不断升级，越南战争逐步扩大。

艾森豪威尔政府大约从 1959 年开始，帮助南越政权进行"反游击战"。在 1959 年以前，美国在南越的军事顾问并不参与制订西贡政府军的具体作战计划，也不随军作战地咨询。但是，1959 年 5 月美国政府授权扩大驻越军事顾问的职能：可以参与南越步兵下至团级，炮兵、海军和海军陆战队下至营级的作战计划之制订，并且在上述部队同游击队作战时随军作咨询。[89]次年 9 月，美国军事顾问战地指导的范围进一步扩大到步兵部队营级。到 1960 年，美国在越南的军事顾问团的人数增加了一倍（700 多人）。1960 年 4 月，美国政府又决定派 3 个特种战争小组去南越，负责吴庭艳军队的反游击战训练。尽管艾森豪威尔政府不允许美国军事顾问直接参加“作战行动”，艾森豪威尔关于干涉印度支那的理由（即“多米诺骨牌”理论）以及增加军事顾问和扩大其职能的干涉行动，为此后美国扩大越南战争和深陷越战的泥潭，种下了恶果。[90] 1961年1月就任美国总统的约翰·肯尼迪，在干涉越南的道路上走得更远。“多米诺骨牌”理论依然是肯尼迪对越政策的指导思想，同时维护美国在亚洲的信誉以及在柏林危机后向苏联显示力量和决心等动机，也影响了他的对越政策，使得美国在越南问题上越走越远。肯尼迪政府大大增加了对南越政权的军事和经济援助，增派美国的军事顾问，向南越派遣数百名特种兵，帮助南越军队制订和实施“反游击战”和“反叛乱”的“特种战争”，准许美国军人以飞机驾驶员等身份参加战斗。美国驻越军事人员的数目急剧增加，从1961年肯尼迪就任时的875人增加到1963年肯尼迪遇刺身亡时的16 000多人。也就是说，肯尼迪已经使越南战争升级，美国在越南陷得更深。林登·约翰逊从接任总统的第一天起就把自己看作肯尼迪对外政策的继承人，明确表示美国要继续承担“从南越到柏林”的义务。[91]约翰逊干涉越南的理由同其前任类似，而且他本人还有一个很深的观念，即作为总统，他不愿意在越南问题上被国人视为“胆小鬼”。[92]这些因素使得他扩大特种战争的规模，继而在1965年决定对北越实施战略轰炸以及直接派美国的地面部队参战，从而扩大了越南战争。1965年3月2日，美军发动“滚雷行动”，开始大规模轰炸北越军事设施。5天之后，3 500名美国海军陆战队在岘港登陆，拉开了美国大规模参战的序幕。这通常被认为是越南战争的开始。与此同时，越南北方加强了对南方武装斗争的援助，大量苏联和中国的武器弹药被运往南方。实际上从1964年底起，越南民主共和国已经开始向南方派遣正规部队并参加战斗。[93]

总之，经过十几年的逐步升级，到约翰逊当政时，越南战争才全面展开。越南战争这种逐步升级的过程，显然不同于朝鲜战争。我想其原因包括：在越南没有发生类似朝鲜战争开始时那样的由一方对另外一方发动的大规模进攻；美国从朝鲜战争中吸取了教训，深怕美国直接出兵干涉会导致中国派军到越南参战，从而使美国再次陷入另一场难以取胜的战争之中。

苏联在越南的卷入程度也不像在朝鲜那么深，而且有一个过程，从不插手发展到积极为越南民主共和国提供军事和经济援助。胡志明于20世纪20年代在共产国际工作过,也曾就学于苏联的东方劳动者共产主义大学,是著名的无产阶级政治活动家。在越南民主共和国成立后,他曾于1950年2月到莫斯科并会见苏联领导人斯大林,希望苏联向越南民主共和国的抗法救国战争提供援助,包括派遣顾问。但是,斯大林不相信胡志明领导的越南民主共和国能够取得胜利,也担心胡志明不是一个马克思主义者,没有答应直接向越南提供援助,他对来访的胡志明态度也比较冷淡。[94]苏联甚至一度不公开承认越南民主共和国,直至1950年1月新中国承认越南民主共和国并同它建立外交关系后,苏联才采取类似的行动,但是仍然不向它提供军事和经济援助。斯大林于1950年2月在莫斯科会见胡志明时,希望后者向中国求援,因为斯大林希望中国担负支援胡志明革命的主要责任。[95]所以,越南人民的抗法救国斗争以及前一个时期的抗美救国斗争,并没有得到苏联的物资援助。在20世纪50年代,由于中苏同盟和社会主义国家在国际舞台上密切合作,苏联实际上是通过中国支持越南人民的斗争而同美国及其盟国在越南进行较量的。但是,大约在20世纪60年代中期,或者说是1964年10月赫鲁晓夫下台之后,苏联的对越政策有了根本性转变。尤其是在1965年,美国扩大越南战争,苏联领导人勃列日涅夫(Leonid Brezhnev)放弃了长期以来苏联所坚持的不介入越南战争的立场,开始向越南民主共和国提供大量的经济和军事援助,包括提供重武器。其原因大概是,到20世纪60年代初,中苏关系已完全破裂,中国不断批评赫鲁晓夫为了同美国搞缓和,不积极支持民族解放运动和主张和平过渡。赫鲁晓夫下台后,苏联新领导人为了改变苏联的形象,在第三世界扩展其势力,采取了某些积极支持民族解放运动的措施,其中包括向越南民主共和国提供军事援助。与此同时,越南民主共和国为了越南的独立和统一,一直在寻求尽可能多的外来援助,特别是希望苏联能给予援助。1965年美国开始轰炸北越和扩大越南战争,使得北越迫切需要先进的武器装备和大量的援助,为苏联开始向北越提供大量的军事援助创造了良好的条件和时机。

所以从1965年始,苏联以向北越提供援助的方式卷入越南的冲突之中,从而使得这场战争的东西方对抗的性质更加突出。苏联的卷入也造成越南战争出现一个奇怪的现象,即两个相互对立的社会主义国家同时向越南民主共和国提供援助,但是两国却各行其是,因为中国拒绝苏联提出的“共同行动”建议。[96]中国继续向北越提供大量物资援助，而且在1965年4月还应越南的要求同越方签订了向越南派出支援部队的有关协定，先后派出的地空导弹、高炮、工程、铁道、扫雷、后勤等部队总计32万余人，在越南北方担负防空作战，沿海扫雷，以及修建和维护铁路、公路、机场、通信设备和国防工程等任务。虽然从1968年底(越南开始与美国进行谈判之后)开始，中国与北越的关系开始降温，中国的援越部队从1969年2月起到1970年7月陆续全部撤回中国，但是中国对北越的援助一直延续到1975年越南民族解放战争获得完全胜利为止。[97]苏联则提供了战斗机、防空导弹以及坦克等被北越认为更有效的重武器，并且拉近苏越两国的关系，促使中越关系降温。据估计，1965—1968年间，苏联和中国对北越的援助超过20亿美元。[98]

越南战争中所体现出来的大国关系比朝鲜战争要复杂得多。在朝鲜战争中苏联、中国和朝鲜民主主义人民共和国基本上可以说是密切合作，同美国为首的西方国家进行军事和政治上的斗争。在这场战争中，以两个超级大国为首的两大阵营对立的形势比较明朗。而越南战争则不然。在20世纪50年代，社会主义阵营尚存，中苏两国保持着友好同盟的关系。所以在这个时期，中苏两个国家在印度支那问题上是相互配合的，尤其是在外交斗争上共同对敌，支持越南民主共和国。这突出反映在1954年日内瓦会议上。在讨论印度支那问题和朝鲜问题的日内瓦会议的整个过程中，中苏自始至终密切联系、互通情报、协同步调，互相配合得很好。在斗争激烈、形势紧张的日子里，中苏两国代表团团长几乎天天都要会面。在讨论印度支那问题时，中苏两国代表经常同越南民主共和国代表协商、调整步骤。中国、苏联及越南民主共和国的团结合作是促成日内瓦会议达成有关印度支那停火和政治解决协议的重要因素。[99]20世纪60年代初中苏关系破裂，两国已从盟友变成敌人。虽然在20世纪60—70年代苏联和中国都向越南民主共和国提供援助，但是两国已无法在越南问题上相互配合，相反，苏联从1965年始向越南民主共和国提供大量军事和经济援助，其中一个重要目的就是同中国较量，在该地区渗透自己的势力。

在西方阵营方面，美国同其西方盟国在越南战争期间，一直存在着矛盾，难以协调行动。法国希望美国支持它在印度支那发动的战争，以恢复在该地区的殖民统治，但是不愿意美国因此将自己的势力排挤出印度支那。在奠边府战役期间,美国则希望同英国及其他西方盟国采取“联合行动”,出兵干涉。但是,英国明确表示不愿意介入印支冲突,反对“联合行动”。法国只希望美国对北越实施战略轰炸,解除法军的重围,而不赞成“联合行动”,因为美国同意干涉的一个条件是法国放弃在印度支那的殖民统治。[100]这样一来,美国倡议的联合干涉计划就未能实现,法军在奠边府遭到惨败。在朝鲜战争中,美国还能得到其盟国的支持,美国在朝鲜半岛的军队指挥官可以打着联合国的旗号,率领由16国军队组成的“联合国军”。而在越南战争中,美国没有得到很多盟友的积极支持。在美国扩大越南战争后,西欧国家拒绝派兵到越南,澳大利亚、新西兰、泰国等国家象征性地往南越派出一些军队,只有韩国是例外,先后派出了总共数十万的军队以支持美军。

在这场漫长的战争中,美国、苏联和中国三个国家的相互关系是比较复杂的。在20世纪50年代上半期是苏中联手支持越南民主共和国同美国支持的法国及南越政权进行斗争。从50年代后半期始至60年代中期,苏联基本上没有介入印度支那,美国把中国视为比苏联还危险的敌人,美国对越南政策在很大程度上是针对中国的,与此同时中苏关系逐渐破裂。1965年越战扩大和苏联开始大规模援助越南民主共和国,三国的关系变得更为错综复杂。苏联和中国已处于互相敌视状态,在越南问题上无合作可言,但是两国又同时援助越南民主共和国抗击美国的武装干涉。1969年1月尼克松就任美国总统后,推行同苏联缓和的政策,包括在实现越南和平问题上同苏联合作。同时,美国为了在同苏联的力量对比中处于较有利的地位以及尽早从越南脱身,又努力寻找机会打开对华关系,这样美国和中国在对付苏联这个共同利益的基础上很快便缓和了关系。于是,从60年代末开始的美苏中三角关系,便在越南战争中反映出来。

总之,越南战争是一场比朝鲜战争更为复杂的、东西方之间的热战,它所反映出来的东西方对抗没有朝鲜战争那么明朗。

以1975年5月越南人民军占领南越首都西贡为标志,越南战争结束。越南战争对战后东西方冷战的影响是深远的。这场战争使得美国耗费了大量的人力和物力,导致美国实力地位相对衰落。而苏联却在美国深陷越南战争的时候,大大增强了自己的实力,尤其是迅速发展了军事实力。到20世纪60年代末70年代初,苏联终于取得了与美国旗鼓相当的地位,美苏力量对比发生了不利于美国的变化。这种力量对比关系影响了20世纪70年代的美苏关系，美国为了保持在世界上的超级大国地位和抵制苏联的威胁，对其对外战略作了重大的调整，推行缓和政策，并且通过打开对华关系，以中国力量抵制苏联，以使美国在全球力量对比中处于有利地位。苏联则利用美国力量的削弱，大大加强了其在中东、非洲、南亚、中美洲等地区的影响和渗透。越南战争结束后，苏联在越南的影响力增大，越南成为它在亚洲的重要盟友。苏联利用越南军事基地，改善了自己在远东的战略地位。苏联还支持越南在70年代末入侵柬埔寨。因此，苏联被有的历史学家称为“主要的、可能也是唯一的受益于美国干涉越南的国家”[101]。但是，南越政权被推翻，并没有发生美国人长期以来所担心的多米诺骨牌的坍塌。这实在是一个历史的嘲讽。美国努力使南越成为遏制苏联和共产主义威胁的重要战线，但是费了九牛二虎之力，还是未能保住南越政权。相反，美国从越南脱身后，并没有发生所谓丢失越南的“政治骚动”。

第五节　安哥拉战争

安哥拉战争和阿富汗战争，都是苏联干涉第三世界的内部冲突、从而导致美苏两个超级大国的政治冲突之典型事例。它们都发生在20世纪70年代美苏缓和时期，对促成缓和时代的终结起了很大的作用。两者有所不同的是，安哥拉战争表现为苏联通过古巴的军事干涉，插手该地区的事务；而阿富汗战争则表现为苏联向第三世界国家直接派遣军队，干预那里的事态发展。后者显然比前者要严重得多，对东西方关系的影响也更大。这一节先分析安哥拉战争。

安哥拉曾经是葡萄牙在非洲的殖民地之一。漫长的海岸线和优良的海港，加上丰富的石油和战略矿产资源，使得安哥拉成为“葡萄牙非洲的宝石”[102]。其重要的战略地位显而易见。20世纪60年代，欧洲国家在非洲的殖民地大多获得独立，到20世纪70年代中期非洲只有几块殖民地，其中绝大多数是葡属殖民地，仍然没有摆脱殖民统治。1974年4月，葡萄牙发生左派领导的革命，新政府同意给予其在非洲的殖民地包括安哥拉、莫桑比克、几内亚比绍和佛得角等以独立地位。由于不同的政治信仰和族群背景，在安哥拉存在着三大民族解放运动组织，它们分别是：阿戈什蒂纽·内图（Agostinho Neto）领导的安哥拉人民解放运动（Popular Movement of the Liberation of Angola，MPLA，简称“人运”）；奥尔登·罗伯托（Holden Roberto）为首的安哥拉民族解放阵线（National Front of the Liberation of Angola，FNLA，简称“解阵”）；若纳斯·萨文比（Jonas Savimbi）领导的争取安哥拉彻底独立全国联盟（National Union for the Total Liberation of Angola，UNITA，简称“安盟”）。这三大派别都想取得政权，并且寻求外部力量的支持。苏联和古巴一直支持人运，解阵得到美国、扎伊尔和中国的支持，支持安盟的主要有南非和中国，后来美国和扎伊尔等国也支持安盟。[103]这样就决定了安哥拉的派别冲突不可摆脱大国争斗和东西方对抗的色彩，由此酿成严重的国际危机。

葡萄牙政府从1974年5月起便停止了镇压安哥拉游击队的军事行动，并且在该年6月和10月先后同安盟、人运和解阵达成停火协议，三个民族解放运动组织于同年11月在安哥拉首府卢安达设立办事机构。在非洲统一组织的成员国（特别是肯尼亚总统肯雅塔）的调停和促成下，三派领导人于1975年1月在肯尼亚的阿伏尔城会晤并且达成如下协议：立即成立三方联合过渡政府，在1975年11月11日宣布正式独立。在阿伏尔协议达成之日，三派的力量对比形势是这样的：解阵拥有大约1万人的武装人员，而人运和安盟的部队人数大约分别为6 000人和2 000人。[104]也就是说，解阵拥有比较大的军事优势。早在1974年7月，美国中央情报局就开始增加用于支持解阵的经费，阿伏尔协议签署后不久，美国的秘密情报机构又向解阵提供30万美元的资助。[105]在1975年1月，即葡萄牙与安哥拉三个民族解放运动组织签署协议后不久，美国中央情报局就向白宫申请一笔资金，帮助奥尔顿·罗伯托的解阵实施政治组织建设。美国国家安全委员会负责评估和监督秘密活动的40委员会（40 Committee）分析了中情局的申请，同意拨付30万美元向解阵提供非军事援助——一台印刷机和一些宣传材料，通过扎伊尔运送到他们手中。[106]美国的支持使得解阵的领导人增强了打败对手、独掌政权的信心。

1975年2月，解阵对人运发动军事进攻，导致安哥拉内战的全面爆发和外部势力大规模插手该地区的军事冲突。从当年3月起，苏联大大增加对人运的军事援助，支持它同解阵对抗。4月，人运招募了3 000—6 000

名从扎伊尔逃到安哥拉的加丹加军队，增强自己的军事实力。人运同时还向古巴求援，古巴很快派遣230名的军事顾问前往安哥拉。人运也希望苏联向它提供军事顾问和专家，但是苏联不同意这么做，只是建议人运向古巴求助，因为苏联不愿意直接卷入冲突中。[107] 7月上旬，解阵在扎伊尔正规军队的支持下，再次向人运发动进攻。紧接着，安盟也参与进攻人运，并且得到南非军事援助，南非后来甚至派军队进入安哥拉，同安盟和解阵一道作战。这样一来，安盟和解阵实际上结成了反对人运的同盟。战争爆发后，从1975年7月开始起，在福特总统的批准下，美国增加对解阵的援助。7月18日，美国向解阵提供600万美元的援助，7月27日800万美元，8月1 100万美元，11月700万美元。另外，美国还向解阵提供价值1 600万美元的武器，这些武器在1975年7月底通过扎伊尔运送到解阵的手中。[108]美国的盟友扎伊尔总统蒙博托(Mobutu Sese Seko)同意在扎伊尔建立后勤基地，将军事装备转运给解阵。同时，美国也向安盟提供小规模的援助。[109]由于外部力量的支持和解阵、安盟的结盟，战场的形势开始不利于人运。在美国和南非的支持下，解阵和安盟向首都罗安达进军，人运向苏联和古巴求援。1975年9—10月间，古巴向人运增派数百名的军事专家和顾问，并且还运送一支700人的军队到安哥拉。[110]古巴的行动至少得到了莫斯科的同意，因为如前所述，苏联一直希望人运向古巴求助。至此，安哥拉战争的东西方冲突性质已经十分明显，美苏两个超级大国在该地区进行力量的角逐，它们各自支持冲突的一方，但是都不直接卷入冲突中。

1975年11月，古巴军队大规模进入安哥拉，使得安哥拉战争发展为一场严重的国际冲突。11月7日，古巴开始向安哥拉空运军队，12月底古巴在安哥拉的军队人数达到7 000人，次年1月底增加到10 000—12 000人，1976年2月和3月分别上升到14 000和17 000人。[111]古巴出兵安哥拉旨在扭转安哥拉战场不利于人运的形势。因为长期以来，古巴是人运最坚定的支持者，它从1965年起就一直帮助训练人运的军队，古巴领导人菲德尔·卡斯特罗和切·格瓦拉(Che Guevara)同人运领导人阿戈什蒂纽·内图保持着密切的关系。可以肯定的是，古巴大规模出兵干涉安哥拉内战是其自觉、自愿的行动，不管它的动机是推进社会主义事业，还是“罗宾汉式的民族主义”，或是扩大在第三世界的影响。[112]问题是，苏联同古巴出兵有多大的关系？有一种很普遍的看法是，古巴的行为是受苏联所指使的。[113]但是，这种说法看来是没有足够根据的。古巴领导人卡斯特罗是位极具个性的政治家，不可能为莫斯科所控制，古巴出兵安哥拉的决定乃卡斯特罗主动作出的，而非听从苏联领导人的指令。卡斯特罗本人就一直声称，出兵安哥拉的决定完全是古巴独立作出的。冷战结束以后，一些前苏联的学者和官员提出一个与此截然相反的观点，即苏联不仅同古巴出兵安哥拉没有关系，而且它是在古巴的压力下默许这个行动的。例如苏联拉美问题专家谢尔盖·米高扬声称："就安哥拉来说，那是卡斯特罗自己要(出兵)干涉，卡斯特罗没有就此问题同莫斯科协商，因为他怕莫斯科反对这个想法。所以他先派军队进去，然后再告诉莫斯科。在这件事中，我们成了他的走卒。"[114]苏联驻美国大使阿纳托利·多勃雷宁在其发表的回忆录中也表达了类似观点。他说："苏联领导人从未考虑过在任何第三国使用古巴部队，但是古巴人以国际团结为借口迅速设法把我们卷进了安哥拉内战。"[115]这种说法也照样难以令人信服。苏联虽然不愿意直接卷入安哥拉的冲突中，但是它以军事援助支持人运，并且建议人运向古巴求援，在支持人运的问题上苏联和古巴早就站在一条战线上。古巴愿意出兵，这不仅可以实现苏联在安哥拉的政治目的，而且不会使苏联自己直接卷入那里的军事冲突中，此乃莫斯科求之不得的事情。所以比较合理的解释是，古巴主动派兵去安哥拉，苏联给予积极支持。事实也证明了这一点。刚开始古巴是用自己的飞机和船只运送军队的，但是在1975年11—12月间苏联向古巴提供IL-62远程运输机，次年1月苏联亲自运送古巴的军队。另外，自1975年11月中旬始，苏联也向安哥拉派遣少量军事顾问。[116]在1975年11月至1976年1月之间，苏联通过海路和空路从古巴向非洲运送了超过1.2万名士兵。在同一时期内，苏联还向安哥拉人民解放军和古巴军队提供了成百上千吨的重武器，包括T-34和T-54坦克、萨姆-7导弹、反坦克导弹，以及一批米格-21战斗机。后来，古巴领导人卡斯特罗承认，到1976年底，古巴在安哥拉的军队人数为36 000人左右。另外，据美国中情局估计，到1976年2月，苏联向安哥拉运送了38 000吨军事物资和武器装备，价值约为3亿美元。[117]由于古巴和苏联在安哥拉问题上的合作，1962年古巴导弹危机而导致的苏古紧张关系得到了很大改善，卡斯特罗在1976年2月参加了苏共二十五大，苏联也增加对古巴的经济援助。[118]这也从一个方面表明苏联和古巴在安哥拉问题上具有一致的战略利益。

古巴军队参战，迅速改变了安哥拉战场形势，人运取得节节胜利。到1976年2月底，人运几乎控制了安哥拉所有重要地区，在军事上完全掌握了主动权。在1975年11月11日，即预定的安哥拉独立日那一天，冲突双方都宣布安哥拉独立，各自成立政府。人运宣布成立安哥拉人民共和国，解阵和安盟一起宣布成立安哥拉人民民主共和国。苏联立即宣布承认人运的安哥拉人民共和国，并且在次年10月同它缔结为期20年的友好条约。解阵和安盟在战场上很快就被人运给击溃了，解阵领导人罗伯托流亡扎伊尔，而萨文比领导的安盟约2 000游击队员则在靠近南非的山区地带开展游击战。1976年初，大多数非洲国家都承认了安哥拉人民共和国。同年2月11日，非洲统一组织承认安哥拉人民共和国并且接受它为该组织的成员国。葡萄牙政府也在1976年2月22日对安哥拉人民共和国给予外交承认。1976年2月，安哥拉总统内图同扎伊尔总统蒙博托达成协议，双方同意不再支持对方的反对派，同年3月底安哥拉人民共和国同南非签署协定，南非从安哥拉撤走其军队。于是，安哥拉战争以人运的胜利而告一个段落。

古巴向安哥拉大规模派遣军队以及苏联支持古巴的行动，引起美国政府的极大关注。在美国国务卿基辛格(Henry Kissinger)看来，古巴是苏联的“仆从国”，古巴是“在苏联指导下”向安哥拉出兵的。[119]也就是说基辛格把古巴出兵看作苏联的行为。这实际上是美国政府对古巴在安哥拉军事干涉行为的普遍看法，美国总是从对付苏联在第三世界扩张的角度来认识安哥拉战争和决定其对策。正如美国中央情报局局长威廉・科尔比(William Colby)在1975年12月所说的，安哥拉各个派别区别并不大，美国之所以支持一方就是“因为苏联支持人运”[120]。由此认识出发，虽然美国政府认为美国在安哥拉并没有真正的国家利益，但是它不能容忍苏联以军事援助和盟国的军事干涉的手段，在安哥拉扩张其势力。在基辛格看来，如果美国不能阻止此种行为，那么将鼓励苏联采取类似的行动和助长其侵略扩张的气焰。[121]此种认识同战后美国领导人所信奉的“多米诺骨牌”理论是相吻合的。为此，福特政府一方面加紧支持解阵和安盟，另一方面警告苏联，安哥拉事件会威胁到美苏关系的其他方面，无助于缓和的继续，要求苏联在安哥拉的行为要克制。因此，在古巴出兵安哥拉后，安哥拉内战已经发展成一场严重的国际冲突事件。但是美国国会生怕美国再次卷入一场类似越南战争的地区冲突中，因而不支持政府对安哥拉的政策。在1975年底和1976年初，美国国会参众两院先后通过禁止援助安哥拉的提案（即《克拉克修正案》），使得美国政府不能以秘密支持的手段影响安哥拉的事态发展。美国政府更不愿意冒同古巴和苏联发生军事冲突的危险，为了对自己没有重大战略利益的安哥拉而出兵干涉。所以在一段时间里，美国政府除了不承认安哥拉人民共和国、要求停止干涉安哥拉内政和古巴撤军，以及在安理会行使否决权阻止安哥拉加入联合国外，并没有采取更多的措施。由于美国政府没有作出过激的反应，安哥拉危机逐渐平息下来。

这里有必要特别提一下中国因素。众所周知，中国一直对第三世界的民族解放运动持积极支持的态度，对安哥拉争取民族独立的态度也不例外。中国向解阵和安盟提供援助，也支持人运中的一个派别（后来这一派并入解阵），并支持三个派别团结一致。比如，在安哥拉战争爆发之前，中国通过扎伊尔向解阵提供武器和派遣教官。[122] 1975年5—7月间，安盟、人运和解阵代表团先后访问中国，受到中国领导人的接见。[123]虽然还没有足够的档案材料来分析中国对安哥拉的政策，但是可以肯定的是，在安哥拉大规模内战爆发后不久，中国便停止了对安哥拉各个民族解放运动组织的援助。早在1975年6月，中国通知解阵，中国将停止对它的财政支持，并且将在该年11月11日即安哥拉的独立日以后，撤走军事顾问。1975年9月，中国外交部长乔冠华指出，一旦决定独立日，中国就停止运送武器。1975年10月27日，所有的中国军事顾问都撤离扎伊尔。中国也停止对安盟的支持。所以在古巴出兵安哥拉之前，中国已经停止对安哥拉内部冲突的介入。[124]在安哥拉人民共和国宣布成立和得到大多数非洲国家的承认后，中国也给予其外交承认，并且在1983年同安哥拉建立外交关系。中国的这个做法无疑是十分明智的，因为它不仅同中国一再声明的“不干涉他国内政”的外交原则相一致，而且也使中国免于介入美苏两个超级大国在安哥拉的争斗和政治纠葛，有助于维护中国在东西方冲突中保持独立自主的地位。

安哥拉事件反映了美苏两个超级大国在第三世界的政治冲突，也暴露出它们对“缓和”的不同认识。美国认为苏联不应利用20世纪70年代开始的东西方缓和，而在第三世界扩张其势力，苏联则坚持东西方缓和同苏联支持民族解放运动并行不悖。安哥拉战争是缓和时期美苏之间在第三世界的一次严重的政治较量，促使美国朝野反对缓和的力量不断增长，美国政府对苏联逐步采取了强硬政策，从而导致缓和的消亡。这可以说是安哥拉战争对东西方冷战的重要影响。安哥拉人民共和国成立之后，美国始终不给予外交承认。安哥拉其他派别反政府抵抗运动从未停止过，安哥拉同邻国的冲突不断发生，古巴不仅没有从安哥拉撤出军队，而且增加驻在那里的武装人员。卡特政府在一段时间内采取不介入安哥拉冲突的政策，但是随着20世纪70年代末美苏在一系列地区冲突问题上的对抗加剧和缓和的结束，美国政府重新积极介入安哥拉冲突。特别是在里根(Ronald Reagan)当政时期，美国政府向安哥拉反政府武装提供大量军事援助，试图迫使古巴撤军和苏联停止干涉该国事务。1985年7月，美国国会撤销了《克拉克修正案》，允许政府恢复对安哥拉反政府组织运送武器。1986年1月，安盟领导人萨文比访问美国，美国国务卿舒尔茨(George Shultz)和国防部长温伯格(Caspar Weinberger)分别会见了他。里根总统也在白宫高调会晤萨文比，并且称他是“自由战士”，表明美国决心要在安哥拉问题上与苏联和古巴进行强硬对抗。[125]同年3月，美国政府又决定向安盟提供“毒刺式”导弹。[126]

20世纪80年代后半期，美苏关系进入一个新的时期，东西方关系得到大大的缓解，冷战逐步走向消亡。正是在这种背景下，安哥拉战争也逐步摆脱东西方斗争的影响，有了政治解决的可能。1988年2月，在美国和苏联的调解下，安哥拉、古巴和南非达成古巴分阶段撤军、南非停止对安盟的支持以及使纳米比亚独立的协议。次年6月，安哥拉总统和安盟领导人通过了以双方停火、安盟成员以个人的身份参加人运控制的党、政、军组织为主要内容的《巴多利特宣言》。1991年5月，古巴完全从安哥拉撤军。1992年，安哥拉举行大选，成立由人运和安盟双方武装力量组成的武装部队，从而使长达16年的战争得以结束。此后安哥拉又发生内战，直到2002年初，安哥拉政府宣布安盟领导人萨文比被打死，安哥拉内战彻底结束。

第六节 阿富汗战争

1979年12月苏联武装入侵阿富汗，是缓和时期苏联干涉第三世界事务、进行政治扩张的又一个典型事例。美国对此作出了强烈的反应，联合盟友和伙伴秘密支持当地反苏和反政府的伊斯兰抵抗组织，间接介入阿富汗战争中，阿富汗因此成了"冷战的重要战场"[127]。以阿富汗战争为标志，20世纪70年代初开始的美苏缓和走向终结。所以，作为战后东西方冷战的一个分水岭，阿富汗战争在冷战中占据十分重要的地位。

阿富汗是亚洲内陆的一个多山国家，其绝大多数人口信奉伊斯兰教，属于一个传统的伊斯兰国家，它与同样绝大多数人口信奉伊斯兰教的苏联三个中亚加盟共和国（即塔吉克斯坦、乌兹别克斯坦和土库曼斯坦）为邻，是苏联和伊斯兰世界之间的重要缓冲地区，也被某些西方战略家（比如美国总统卡特[Jimmy Carter]的国家安全事务助理布热津斯基[Zbigniew Brzezinski]）认为是苏联通往中东石油产区和南下印度洋的一条重要通道。阿富汗对于苏联来说，显然有着重大的战略意义，苏联难以容忍阿富汗被敌视苏联的势力所控制和成为外部大国反对苏联的工具。阿富汗于1747建立王国，并从19世纪开始成为沙皇俄国与大英帝国的角逐场所，俄英双方在该国曾经进行过激烈的较量，但最后都未能兼并阿富汗或使之成为自己的殖民地，阿富汗在1919年摆脱英国的控制，成为具有独立主权的国家。从1919年开始，苏联一直十分重视发展和加强同阿富汗的关系，并取得了重要成效，包括1921年苏阿双方签订友好条约以及阿富汗成为苏联的重要援助对象国，苏联几乎是阿富汗军事和经济援助的唯一提供国，阿富汗同苏联长期保持着睦邻友好关系。

在冷战爆发之后，阿富汗试图在东西方斗争中保持中立，在继续接受苏联的军事和经济援助的同时，也寻求美国的援助和支持，但是美国政府在很长时间里都把注意力集中在阿富汗的邻国巴基斯坦和伊朗上，并且不赞赏阿富汗试图在冷战中保持中立的做法，所以对阿富汗政府的态度比较冷淡，阿富汗于是只能向苏联"一边倒"，苏联则向该国提供大量的军事和经济援助。[128]然而，从20世纪70年代末开始，阿富汗国内的不同政治势力的矛盾与斗争，使得苏联和美国都深深介入阿富汗政治之中，阿富汗也因此逐渐成为冷战的重要战场。

20 世纪 70 年代阿富汗国内政局的重大变化，与阿富汗人民民主党（People's Democratic Party of Afghanistan，PDPA）的兴起及其派别斗争密切相关。阿富汗人民民主党成立于 1965 年，由两个左翼学习小组“旗帜”和“群众”一起创立，党的总书记为阿富汗左翼记者努尔·穆罕默德·塔拉基（Nur Mohammad Taraki）。其成员有半数来自普什图族城市家庭，半数出身普什图族农村家庭，很快便在党内形成两个派别——温和派和激进派。温和派也被称为“旗帜派”（Parcham），以巴布拉克·卡尔迈勒（Babrak Karmal）为代表，卡尔迈勒出身于普什图族贵族家庭，其成员主要是城市技术官僚，受教育程度比较高，主张阿富汗以渐进的方式进入社会主义。激进派也被称为“群众派”或“人民派”（Khalq），主要成员来自普什图族农村家庭，以塔拉基及其助手哈菲祖拉·阿明（Hafizullah Amin）为代表，主张激进的社会主义改革。对于邻国阿富汗这个具有共产党性质的人民民主党，苏联领导人比较喜欢温和派，也努力促成两个派别团结一致。1973 年 7 月 17 日，阿富汗普什图族民族主义者、阿富汗王室成员、曾经在 1953—1963 年担任首相的穆罕默德·达乌德（Mohammad Daoud）发动政变，推翻统治阿富汗长达 40 年的查希尔国王（King Zahir Shah）政权，建立阿富汗共和国，并出任该国总统。苏联是世界上第一个承认阿富汗共和国的国家。达乌德在发动政变中得到阿富汗人民民主党旗帜派的支持，作为一种报答，达乌德任命几位来自“旗帜派”或同情“旗帜派”的人士担任内阁部长和其他重要政府官员，并在施政中选择苏联的现代化模式，与苏联保持比较密切的关系。但是，达乌德在巩固政权之后，试图建立起一个以自己为中心的中央集权制，因而在 1976 年开始排挤人民民主党的政府成员，并宣布该党为非法组织。1977 年，阿富汗通过了宪法，确认了总统制和一党专政的政治体制。1978 年 4 月 17 日，阿富汗人民民主党“旗帜派”一位重要领导人被暗杀，这引起大批群众上街游行示威。紧接着在 1978 年 4 月 25 日，达乌德发动了针对左翼政治势力的大清洗，逮捕了塔拉基、卡尔迈勒、阿明等多位人民民主党主要领导人，试图独揽政权。与此同时，达乌德也调整阿富汗的外交政策，在同苏联继续保持友好关系的同时，试图广交朋友，减轻对苏联的依赖。达乌德努力改善同中国、巴基斯坦和伊朗等邻国的关系，同时寻求沙特阿拉伯、科威特等中东伊斯兰国家的经济援助。达乌德还宣布将于1978年6月飞赴华盛顿同美国总统卡特会晤。达乌德公开声称，阿富汗要执行“真正的不结盟”政策。达乌德的所作所为，促使人民民主党的“群众派”和“旗帜派”联合起来，主要在“群众派”的领导下，于1978年4月27日发动政变，并且以“革命军事委员会”的名义接管政权，将国名改为阿富汗民主共和国。达乌德及其家族全部成员死于这场政变。这被称为阿富汗“四月革命”。

这样一来，从1978年4月27日开始，阿富汗就由人民民主党掌权。1978年4月30日，革命军事委员会被解散，同时成立由塔拉基领导的“革命委员会”，该委员会成员包括人民民主党“旗帜派”和“群众派”的主要领导人。人民民主党总书记、“群众派”塔拉基为革命委员会主席和总理，“旗帜派”卡尔迈勒任革命委员会副主席和副总理，“群众派”阿明任副总理兼外交部长。人民民主党政权改变了原先阿富汗政府的内外政策，特别是进行社会主义性质的国内改革，包括进行土地改革、主张男女平等、更改国旗等。在对外政策上，阿富汗新政权虽然在政策宣示中依然坚持奉行积极的不结盟政策，忠于不结盟原则和目标，拒绝参加军事集团，愿意同包括美国在内的世界上所有国家友好共处，但是采取了比较明显的偏向苏联的政策。从有关当事人的回忆和冷战后解密的苏联档案来看，苏联事先并不知道人民民主党发动政变的计划，也没有参与此事。[129]但是这场政变无疑是苏联所欢迎的，因为它符合苏联的国家利益。苏联第一时间承认了阿富汗新政权，并给予政治、军事和经济援助。阿富汗新政权虽然宣布坚持不结盟的政策，但是强调要进一步增强同苏联的友好关系和全面的合作。[130]1978年7月11日，塔拉基在会见来拜访的苏联大使时声称：“阿富汗的革命所以能胜利和发展，是因为有苏联、苏联共产党和苏联政府的帮助和支持。作为苏联的邻邦，阿富汗民主共和国希望能成为社会主义大家庭自然的参加者和成员。”[131]所以，阿富汗人民民主党取得政权，从某种意义上说，也是苏联的胜利。苏联的军事顾问和武器装备大量涌进阿富汗，1978年12月，阿富汗和苏联签订了具有军事同盟性质的《苏联和阿富汗友好睦邻合作条约》。[132]实际上阿富汗这样的行为已经偏离了不结盟原则，尽管阿富汗政府坚持认为该条约没有改变不结盟政策，阿富汗“对不结盟运动的忠诚是不可动摇的”[133]。

然而，人民民主党执政后不久，党内派别纷争很快又表面化和尖锐化,“群众派”极力排挤“旗帜派”并逐渐占上风。1978 年 11 月,“旗帜派”领导人卡尔迈勒等人以“反对四月革命”“反对阿富汗民主共和国”和“反对阿富汗人民民主党”的罪名被开除党籍,并被解除在政府中担任的重要职务,其中有 6 人(包括卡尔迈勒)被派到国外当大使。还有一些“旗帜派”的人士或同情该派的人士,被指控为参加“反革命阴谋”而被捕入狱。在排挤“旗帜派”之后,“群众派”独掌阿富汗政权,阿明上升为仅次于塔拉基的阿富汗执政党和政府的第二号人物。阿明不断加强自己的实力地位,并且鼓动采取更为激进的改革措施,包括土地改革、教育改革、妇女解放以及削弱宗教的影响等。在阿富汗,红旗取代了代表伊斯兰教的绿、黑、红相间的旗帜,女子在男人面前可以不戴面罩等。人民民主党政权的激进改革措施对具有浓厚伊斯兰教色彩的阿富汗社会构成了强大冲击,因而遭到来自多方面的反对。早在 1978 年夏天,阿富汗的东部就发生了反政府武装暴动。1978 年底到 1979 年初,反政府武装抵抗运动扩展到全国大部分地区。政府军倒戈的事件也频频发生。1979 年 3 月,在阿富汗三大城市之一的赫拉特市发生大规模武装暴动,驻扎在该地区的阿富汗政府军第 17 步兵师中的大部分官兵投靠起义者,一些苏联的军事顾问及其家属被杀,许多当地“群众派”干部与官员也丧命。虽然政府军最后经过激战夺回了对赫拉特市的控制权,但是反政府起义并没有停止,继续向各地发展,军队也不断倒戈。阿富汗的政治局势变得非常动荡,并逐渐形成了反对苏联支持的阿富汗人民民主党政权的伊斯兰反叛联盟,即“阿富汗伊斯兰圣战者组织”,阿富汗第三股政治势力因而登上该国的政治舞台。与此同时,阿富汗领导层内部的斗争还在进一步加剧,主要表现为阿明的地位越来越高。1979 年 7 月,阿明取代塔拉基成为阿富汗总理,但塔拉基继续担任人民民主党总书记和革命委员会主席。

阿富汗政治局势的动荡不定,引起了苏联领导人的关注和焦虑。苏联领导人担心丢掉阿富汗这个苏联南面的友好邻国,两国已经维持了长达 60 年的友好关系。阿富汗的几个邻国,包括巴基斯坦和伊朗都采取敌视苏联的政策,维持阿富汗作为苏联友好邻邦的地位,对于抵制外来威胁、维护苏联几个穆斯林居民为主体的中亚加盟共和国的安全极为重要。正如在 1979 年 3 月 17—19 日苏共中央政治局召开的讨论阿富汗局势的紧急会议上,苏共中央政治局委员、外长葛罗米柯指出:“我们在任何情况下都不能失去阿富汗。我们同它和平睦邻相处已经60年,一旦它离开苏联,必将对我们的政策带来沉重的打击。"[134]苏联领导人对"群众派"塔拉基和阿明排挤亲苏的"旗帜派"并推行激进的改革措施表示不满,但是出于维护苏联在阿富汗的优势地位,又努力帮助人民民主党巩固政权,并且希望该党能采取较为温和的政策。虽然阿富汗人民民主党派系斗争比较激烈,但是该党对外政策的基本路线是进一步加强同苏联的关系,这符合苏联的国家利益。与此同时,苏联领导人认为,阿富汗的反政府抵抗运动有外部大国包括美国插手的因素,阿富汗正被用作反对苏联的工具,这是苏联所不能容忍的。[135]苏联情报部门甚至不信任阿明,认为他是美国中央情报局的特工,他也许会转而向美国人求助,理由是阿明曾经在美国哥伦比亚大学学习过。[136]这样一来,苏联领导人便把阿富汗问题同美国的阴谋联系起来。事实上,如本书后面将提到的,美国政府在1979年2月之后,的确在阿富汗策划和实施隐蔽行动。

在1979年3月苏共中央政治局讨论阿富汗局势的紧急会议上,苏联领导人虽然讨论过出兵干预的可能性,但是拒绝阿富汗领导人塔拉基的请求,不主张苏联出兵帮助阿富汗政府平息叛乱,只同意向阿富汗提供军事和经济援助,包括派遣军事顾问和运送武器,并希望阿富汗政府纠正错误的政策。克格勃主席尤里·安德罗波夫(Yuri Andropov)在这次会议上明确指出:"我们必须非常非常严肃认真地考虑我们为了什么要出兵阿富汗的问题。对我们来说非常清楚的是,阿富汗对现在以社会主义方式解决一切问题尚未作好准备。那里宗教势力很强大,本村居民几乎都是文盲,经济落后,等等。我们知道列宁关于革命形势的学说。阿富汗的形势尚不具备(社会主义革命的)形势。因此我认为,我们只有借助我们的刺刀才能拯救阿富汗的革命,而这对我们来说是完全不容许的。我们不能去冒这样的险。"[137]外长葛罗米柯明确表示赞同安德罗波夫的看法。[138]此后,苏共中央政治局成立"阿富汗问题委员会",专门讨论阿富汗局势和决定苏联的对策。该委员会最重要的成员是外交部长葛罗米柯、中央书记处书记和克格勃主席安德罗波夫、国防部长德米特里·乌斯季诺夫(Dmitri Ustinov)。为了帮助阿富汗人民民主党政权平息叛乱,苏联向阿富汗增派军事顾问和运送更多的武器装备,以加强政府军的战斗力。1979年6月底,苏共中央政治局甚至决定向阿富汗秘密派遣一支600人的空降营以保护阿富汗重要空军基地的安全。大约与此同时，克格勃在政治局的授权下向喀布尔苏联使馆派遣125—150名的特别保安人员。苏联也向阿富汗派出军事和政治要员，一方面了解那里的情况，另一方面给阿富汗领导人一些指导，希望通过调整政策、扩大政权的政治基础来稳定该国的政治局势。但是，苏联领导人拒绝阿富汗政府一再提出的苏联派军队到阿富汗、帮助平息叛乱和稳定局势的要求，因为担心这么做会导致阿富汗人民的强烈抵制和国际上的政治压力。[139]然而，后来阿富汗人民民主党"群众派"领导人之间的内讧，使得阿富汗政治局势进一步恶化，这加剧了苏联领导人对阿富汗可能落入敌手的恐惧，使它如同当年美国决定出兵越南一样，最后作出了派兵干涉的决定。从已公布的苏联有关秘密档案可以看出，苏联最高领导层尤其是政治局的"阿富汗问题委员会"成员有一个共识，即苏联不能"丢失"阿富汗。[140]

为了不"丢失"阿富汗，苏联努力调解阿富汗人民民主党两大派别的关系，并且希望阿政府采取温和的政治改革措施。此种努力失败后，苏联领导人对阿明越来越不满，开始有了换掉阿明的想法。阿明本人意识到这一点，他及时更换了政府中的一些部长，包括国防部长和内务部长，以加强自己对政府的控制。[141]1979年9月，塔拉基参加在古巴哈瓦那举行的不结盟国家首脑会议。他在归国途中，特意在莫斯科停留了两天，会晤勃列日涅夫及其他苏联领导人。在会谈中，塔拉基同意让"旗帜派"重新参加政府，勃列日涅夫则希望他提防阿明，据说塔拉基也表示要除掉阿明。9月14日，即塔拉基回国3天之后，塔拉基的卫队刺杀阿明未遂。阿明则在9月16日拘捕塔拉基，免去其革命委员会主席和人民民主党总书记的职务，由阿明自己接任，然后又将塔拉基处死（阿富汗官方宣布塔拉基10月9日病死）。[142]苏联领导人对此始料未及，十分恼火。[143]同时，阿明对苏联的不信任感也在加强。苏联同阿富汗的关系由于阿明除掉塔拉基而有所冷淡。苏联总理阿列克谢·柯西金（Alexei Kosygin）1979年9月底访问印度，没有按惯例在喀布尔停留和在飞机上给阿富汗领导人发电报。苏联驻喀布尔大使也很反常，不参加那里举行的一些活动。阿明也拒绝出席苏联大使馆举办的十月革命胜利62周年纪念招待会。1979年10月初，苏联驻阿富汗大使被阿明政府指责参加阴谋反对阿明的行动，苏联政府被迫将他召回，并且在11月初任命新大使。阿明独掌政权后，阿富汗的局势不仅没有好转,而且日益恶化。同时,在对外政策上,阿明一方面继续坚持加强同苏联友好关系的原则,接受苏联的军事和经济援助,甚至仍然一再要求苏联向阿富汗派军队以帮助平息叛乱。另一方面,阿明也努力同其他国家,包括巴基斯坦和伊朗两个邻国,发展友好关系。他在一些场合还表示了改善同美国关系的愿望,对美国驻阿富汗大使馆代办作出友好的姿态。[144]这些事态的发展,令苏联感到担忧。

自从阿明逮捕塔拉基后,苏联领导人便开始认真考虑出兵干涉和除掉阿明的方案。经过一段时间的紧张讨论和犹豫不决之后,在 1979 年 12 月 12 日,由苏共中央总书记勃列日涅夫主持的、有 11 位政治局委员参加的会议通过《苏共中央关于阿富汗形势的决议》,决定出兵阿富汗,并且决定由乌斯季诺夫、安德罗波夫和葛罗米柯三人承办实施。[145]从 1979 年 12 月 24 日始,苏联大批军队开进阿富汗,实施"风暴行动"。阿明事先知道苏军的到来,也很高兴苏联能出兵,因为他一直要求苏联派军队到阿富汗,帮助其政府平息武装起义和稳定局势。因此,进入阿富汗的苏军几乎没有遭受抵抗。12 月 27 日,苏联空降兵和摩托化部队开进首都喀布尔,控制了当地的政治和军事要地。当天夜里,苏军攻占了阿富汗总理府,阿明被杀。次日早上,苏军控制的喀布尔电台宣布卡尔迈勒为阿富汗革命委员会主席、政府总理和人民民主党总书记。在苏军刺刀的帮助下,亲苏的阿富汗人民党"旗帜派"领导人卡尔迈勒取代阿明,成为阿富汗的最高统治者。此后,苏联军队很快控制了阿富汗其他重要城市和战略要地,阿富汗实际上开始处于苏联的军事占领之下。

阿富汗战争是冷战时期苏联第一次,也是最后一次出兵干涉除东欧国家外的其他国家的内部事务,扶持亲苏政权。它发生在 20 世纪 70 年代末,当时正值美苏在第三世界冲突、人权等一系列问题上产生了严重分歧和对立,东西方缓和遇到了重重困难,1979 年底在伊朗还发生霍梅尼革命,亲美政权被推翻,大批美国人质被扣押。因此,美国不可避免地对苏联武装入侵阿富汗的行为作出十分强烈的反应,主要以隐蔽行动的方式间接介入阿富汗战争之中,努力使阿富汗成为"苏联的越南"。于是,阿富汗成了冷战的重要战场。

第二次世界大战结束以后,美国长期采取不介入阿富汗的政策,从某种程度上说默认了阿富汗同苏联的特殊关系,视推行中立和不结盟政策的阿富汗为苏联同西亚、中东亲美国家之间的一个缓冲地带。在20世纪70年代后期，达乌德政府试图减轻对苏联的依赖，发展同其他国家包括美国的关系，美国对此表示欢迎。美国驻阿富汗大使馆提出，美国在阿富汗的基本政策目标就是支持该国争取对苏联最大限度的独立。因此，卡特政府向阿富汗提供一些经济援助和军事援助，也邀请达乌德访问美国。但是，美国政府无意、也无力终止苏联同阿富汗的特殊关系，其对阿富汗政策目标是有限度的。[146]这可以解释美国政府为什么对1978年4月人民民主党推翻达乌德的政变所持的态度比较冷淡。在人民民主党上台执政后，卡特政府承认了阿富汗新政权，并继续向阿富汗提供经济援助。只是1979年2月美国驻喀布尔大使被绑架和杀害后，美国责怪阿富汗政府未作出应有的营救努力，因而大大减少对它的经济援助，并且终止军事训练计划和撤走和平队。特别是1979年3月的赫拉特市起义及后来阿富汗政局持续动荡和苏联军事顾问、军事装备大量涌进阿富汗，开始引起美国对该地区日益增多的关注。卡特政府虽然正式承认阿富汗民主共和国，但是判定原属于苏联中亚地区南面缓冲地带的阿富汗已经落入苏联的势力范围，因此联合巴基斯坦、沙特阿拉伯等盟友和伙伴国对阿富汗采取一些隐蔽行动，由美国中央情报局来具体实施。早在1979年2月底，美国中央情报局就提交了一份关于在阿富汗进行针对阿富汗人民民主党政权及其支持者苏联的隐蔽行动选项的报告，该报告中所提出的隐蔽行动选项包括在阿富汗境内外发动宣传战，向阿富汗叛乱分子提供资金和武器装备，策划阿富汗反政府的政变行动等。[147]此后不久，中央情报局在此基础上制订了更为详尽的隐蔽行动方案，主要通过美国盟友巴基斯坦来实施。[148]美国总统国家安全事务助理布热津斯基在1979年3月指示中央情报局局长特纳(Stansfield Turner)研究苏联介入阿富汗的程度和性质。[149]布热津斯基还向卡特指出，苏联企图通过控制阿富汗，实现其南下印度洋的战略。[150]所以卡特政府通过一系列渠道，向苏联表达美国对外部大国插手阿富汗事务的严重关切和谴责。[151]1979年4月6日，美国副总统沃尔特·蒙代尔(Walter Mondale)在一个讨论美国在阿富汗从事隐蔽行动的会议上指出："阿富汗问题给我们在那里提供了一个好机会。我们让苏联人很深地卷入另外一个国家的内部事务中……他们在那里支持一个极不得人心的政府，也同整个伊斯兰世界作对。这让他们很难受。我们应该站在他们的对立面。”[152]布热津斯基在这次会议上说道，蒙代尔副总统所言也就是总统的意思，阿富汗反政府叛乱行动持续进行下去符合美国的国家利益，美国应该通过巴基斯坦或者直接向阿富汗的叛乱分子提供秘密支持。他还表示美国国会不会反对在阿富汗从事隐蔽行动，也可以让沙特阿拉伯给巴基斯坦提供资金。[153]1979 年 7 月初，卡特总统签署了美国支持阿富汗圣战者组织的第一项秘密行动计划，授权中央情报局支持阿富汗反政府武装的宣传活动，在阿境内开展其他心理战项目；通过第三国设施建立针对阿富汗群众的无线电广播，单独或通过第三国向阿富汗反政府武装提供支持，包括现金和非军事物资的支持。[154]按美国中情局局长特纳后来的说法，美国中央情报局在阿富汗的隐蔽行动计划于 1979 年 7 月 3 日正式开始实施，“得到授权向阿富汗叛乱分子提供人道主义援助”，同年 11 月 7 日得到第二个总统授权，为阿富汗叛乱分子提供“采购咨询和通信设备”。[155]也就是说，在苏联武装入侵阿富汗之前，美国就已经策划和实施针对阿富汗的隐蔽行动。

美国这么做无疑是要给支持塔拉基政权的苏联施加压力，甚至也有中国学者认为，由于担心阿富汗倒向苏联，以及为了削弱苏联在阿富汗的“过度”影响，美国政府逐渐决定通过隐蔽行动为苏联“制造泥潭”，援助和支持伊斯兰政治势力对抗苏联支持的共产主义势力，以诱使苏联出兵干预，从而使得阿富汗成为“苏联的越南”。[156]从已经解密的美国政府档案文件看，大多数美国情报部门和驻外使馆的报告虽然认为阿富汗塔拉基政府面临极大困难，甚至可能垮台，但是都估计苏联不太可能以出兵阿富汗的方式来解救塔拉基政府，因为这样做的代价太大。[157]只是在 1979 年 12 月苏联出兵前夕，美国政府有关部门依据靠近阿富汗边界的苏联军队调动等情况，才开始认为苏联有可能出兵干涉。比如，在 1979 年 12 月 13 日，即苏共中央政治局决定出兵的第二天，中情局的一份报告认为苏联可能出兵阿富汗。[158]再比如，在 1979 年 12 月 21 日，国家安全委员会的一个工作人员给布热津斯基等人的一份备忘录中，提醒美国政府作好应对苏联出兵干涉阿富汗的准备。[159]卡特总统本人后来表示他对苏联出兵感到意外，没有获得苏联出兵阿富汗的准确情报，当时他本人的关注点是伊朗学生占领美国驻德黑兰大使馆和扣押美国人质。[160]不管美国卡特政府是否真的有诱使苏联出兵干预的想法，毫无疑问 1979 年 12 月 27 日苏军进入喀布尔、开始大规模军事入侵阿富汗的战争，正是给美国创造了一个这样的好机会，让阿富汗成为“苏联的越南”。

当苏联军队进驻喀布尔和阿明被杀后，卡特政府迅速作出强硬反应。1979 年 12 月 27 日，由副总统、国务卿、国防部长、参谋长联席会主席、中央情报局局长、总统国家安全事务助理等人参加的总统评估委员会会议(Presidential Review Committee)十分详尽和具体地讨论了苏联入侵阿富汗问题以及美国的各项应对措施。[161]次日，由总统、副总统、国务卿、国防部长、参谋长联席会议主席、中央情报局局长、总统国家安全事务助理等人参加的国家安全委员会会议继续讨论美国的应对措施，重点是讨论如何让苏联付出尽可能大的代价，最后迫使苏联从阿富汗撤军。[162]卡特在1979 年 12 月 28 日的记者招待会上，指责苏联“粗暴违背公认的国际行为准则”[163]。他还通过热线给勃列日涅夫送去了他就任总统以来“最强硬的信息”。卡特对苏联领导人指出，入侵阿富汗是“对和平的明显威胁”，“可能标志着我们两国关系上的一个根本的、长期的转折点”。[164]在卡特政府看来，苏联入侵阿富汗表明苏联在第三世界的干涉行动有了升级，即采取赤裸裸的军事侵略，这是美国所不能容忍的。另外，苏联武装入侵阿富汗，威胁着波斯湾地区富饶的油田和世界所需要的大量能源运输必经的重要海上通道，不仅对西亚、中东，而且对整个西方的安全都构成严重的挑战。[165]于是，美国政府决定采取措施，让苏联在阿富汗的行动“付出尽可能高昂的代价”[166]。

美国卡特政府所作出的反应措施包括：带头在联合国谴责苏联；抵制1980 年莫斯科奥运会；召回美国驻苏联大使；要求参议院停止审议美苏第二阶段限制战略武器协定；对苏联实施经济制裁包括实行谷物禁运；提升隐蔽行动计划，向阿富汗反政府组织秘密提供军事援助，以打击苏联占领军；主动提出向阿富汗的邻国巴基斯坦提供军事和其他援助，并且加强同中国的关系。卡特在 1980 年 1 月 23 日的国情咨文中明确表示任何外部势力想控制波斯湾地区的任何企图，都将被视为对美利坚合众国切身利益的侵犯，对这种侵犯，将用包括军事力量在内的一切必要手段予以击退(这后来被舆论界称作“卡特主义”)。[167]

苏联武装入侵阿富汗的结果是，它不仅使阿富汗成为美苏争斗的重要战场，而且促使美国对其对外战略进行了重大的调整，以新的“遏制”战略取代了"缓和"战略,20 世纪 70 年代初开始的东西方缓和从此结束,美苏关系进入了"新冷战"时期。从这个意义上说,苏联入侵阿富汗的确是战后东西方冷战的一个重要分水岭。

苏联出兵阿富汗,扶持了亲苏政权,可以说是苏联的一个胜利。但是,苏联为此所付出的代价也是沉重的,阿富汗从此成了它难以摆脱的一个巨大包袱。因为苏联的武装干涉,"阿富汗伊斯兰圣战者组织"团结起来,把斗争的矛头指向苏联占领军,苏军面临着越来越强大的武装抵抗。同时,美国带头在国际社会强烈谴责苏联,对苏联实行制裁,并且通过其他国家,为"阿富汗伊斯兰圣战者组织"提供军事援助,打击苏联占领军及其扶持的阿富汗政府军,使得苏联在国际舞台和阿富汗战场上都面临着极大压力。但是,美国主要是以隐蔽行动的方式间接地介入阿富汗战争,避免与苏联发生直接的军事冲突。1979 年 12 月 28 日,即苏联出兵占领喀布尔的第二天,中央情报局马上得到第三个总统授权,"向阿富汗叛乱分子提供可致命军事装备"。在 1980 年 2 月 15 日的国家安全委员会会议上,卡特总统又授权"在 1980 年剩下的时间里继续实施隐蔽行动计划"[168]。1981 年 1 月就任美国总统的里根继续授权中情局在阿富汗执行隐蔽行动计划。这种秘密行动主要由美国出钱和出物,由中央情报局实施,通过与巴基斯坦、沙特阿拉伯、埃及等国合作,秘密支持阿富汗反政府武装,即所谓"圣战者组织"(Mujahedin),并把那些人称为"自由斗士"(freedom fighters)。美国刚开始的时候只是秘密向阿富汗反政府组织提供援助,而且援助数量较少,但是 1984 年 7 月美国国会公开拨款 5 000 万美元用于支持阿富汗抵抗组织。当年 8 月,国会甚至埋怨中央情报局没有向阿富汗反政府组织提供应有的援助。这样一来,美国政府已经是不加掩饰地支持"阿富汗伊斯兰圣战者组织"。1985 年 3 月,里根总统签署了国家安全决策文件(National Security Decision Document, NSDD)第 166 号文件,提出美国在阿富汗的目标是"以一切可以利用的手段"把苏联军队赶出阿富汗。这比卡特的政策更进一步,因为卡特政府在阿富汗的目标被认为只是"骚扰"苏联在当地的军队。[169] 1985 年,美国对"阿富汗伊斯兰圣战者组织"的援助达到 2.5 亿美元,这在中央情报局的秘密活动预算中占有很大的比例。次年 9 月,美国又增加同样数目的援助。[170] 1986 年 3 月,美国决定把大量毒刺式防空导弹通过巴基斯坦运到"阿富汗伊斯兰圣战者组织"手中。这种导弹于该年9月进入阿富汗,它打破了苏军的制空权,对苏联直升机构成极大威胁。据美国国务院1987年11月的估计,自从毒刺式防空导弹进入阿富汗以后,平均每天就有一架直升机被击落。[171]从1979年开始到阿富汗战争结束前,美国总共投入超过20亿美元,支持"阿富汗伊斯兰圣战者组织"与苏联军队作战。[172]另外,巴基斯坦、沙特阿拉伯等国也对"阿富汗伊斯兰圣战者组织"提供援助。

随着时间的推移,苏军在阿富汗的处境越来越困难,苏联为武装干涉阿富汗所背的包袱越来越沉重。根据一个统计数据,苏军在阿富汗的死亡人数不断增加,1979年仅为86人,1980年迅速上升到1 484人,此后一直到1987年,每年死亡人数都超过1 000人,其中1984年最多,达到2 343人。从苏联出兵阿富汗到1989年初苏军全部撤退,苏联在阿富汗的死亡人数总共达到13 833人。[173]根据另外一个统计数据,苏联每年在阿富汗的死亡的人数平均超过2 000人,10年一共有26 000多人死亡,还有50 000人受伤。[174]与此同时,这场前后持续十年的漫长战争也使身在异国他乡的苏联军人的士气变得越来越低。[175]完全可以说,阿富汗的确成了"苏联的越南",是苏联的一个沉重包袱。[176]

1985年3月戈尔巴乔夫(Mikhail Gorbachev)接任苏共中央总书记后,苏联的内外政策逐步开始了重大调整。苏联在一系列地区冲突问题上,都表现出收缩力量、寻求政治解决的意向。在阿富汗问题上也不例外,苏联希望早日卸掉身上的包袱。苏联领导人鼓动喀布尔政权执行民族和解政策,以扩大其政权的政治基础和解决国内冲突,为苏联最后从那里体面脱身创造条件。为此,苏联领导人帮助喀布尔政权进行领导人的大换班,以适应苏联新的对外政策。1986年5月,卡尔迈勒被解除人民民主党总书记职务,由穆罕默德·纳吉布拉(Mohammad Najibullah)接任。同年11月,卡尔迈勒再被免去革命委员会主席职务,完全从政坛消失。纳吉布拉独揽党、政、军大权。阿富汗在1986年底通过新宪法,选举纳吉布拉为总统,把国名再改为阿富汗共和国。纳吉布拉在1986年12月底提出实行半年停战、组成以人民民主党为主体的民族和解政府的建议。但是,反政府抵抗组织拒绝接受政治和解的建议。1987年12月,里根和戈尔巴乔夫在华盛顿举行美苏首脑会晤,讨论了政治解决阿富汗问题和苏联撤军的日程表。次年2月8日,戈尔巴乔夫宣布苏军将在10个月内从阿富汗撤走。

1988年5月15日，苏联开始从阿富汗撤军。1989年2月15日，最后一批苏军离开阿富汗，阿富汗战争结束。从此阿富汗冲突成为真正的内战。尽管美苏在此后一段时期内仍然向阿富汗交战双方提供武器，但是两国努力合作，希望早日解决阿富汗问题。1991年底，苏联解体，独联体继续为政治解决阿富汗问题而努力。1992年3月，纳吉布拉宣布准备移交政权。同年4月，在联合国、巴基斯坦和伊朗斡旋下，阿富汗反政府抵抗组织各个派别，在白沙瓦达成接管政权的协议。此后，阿富汗冲突并没有结束，但其性质同冷战时期相比已经有了重大变化。

总之，阿富汗在20世纪70年代末成为东西方冷战的重要战场，而在20世纪80年代末90年代初阿富汗问题随着冷战的结束而丧失了东西方争斗的色彩，尽管阿富汗的内战并没有因为冷战的结束而终结。

小　　结

这一章分析了冷战中的几场东西方冲突。这些只是冷战中的几个比较典型的东西方冲突而已，它们不能包容整个冷战时期东西方冲突的所有内涵。但是，从上述几个东西方冲突事例，我们可以看出冷战的基本特征，即它既是战争也是和平。

在冷战期间，东西方之间的冲突事件不断，其中不少是热战，美苏多次走到战争边缘，冷战是一场地地道道的战争。但是，不管是在直接还是间接的对抗中，美苏两个超级大国之间都没有发生战争。从这个意义上说，冷战从总体上说又不是真正的战争，而是和平的较量，因为它始终没有演变为美苏两国同时直接(和公开)参加的热战。在柏林封锁、柏林危机以及古巴导弹危机中，美苏两国走到了战争的边缘，但是最后它们都达成妥协，避免了战争的爆发。朝鲜战争和越南战争都是冷战中东西方之间的“热战”，美苏两国虽然都卷入这两场战争中，而且在朝鲜战争中苏联空军还参加了空战，但是双方没有在战场上直接和公开交战。在安哥拉战争和阿富汗战争两个事例中，两国也只是进行间接的军事较量，即一方通过向盟友提供军事援助，而同另外一方进行斗争。由此，我们可以这样来理解冷战的含义，即美苏两国及其为首的两大政治、军事和经济集团紧张对立，东西方之间也发生过热战，但是两个超级大国始终努力避免在战场上迎头相撞。或者说冷战之所以是冷的，就是因为冷战的两个最主要参加者之间没有发生热战。

冷战时期两个超级大国对东西方冲突事件的处理方式，证实了传统现实主义的一个基本观点，即国家安全或生存是国家的首要目标。上述冷战中的东西方冲突事例体现了两种政治观念和战略利益之间的紧张较量，但是为了避免直接的军事对抗使双方承担难以忍受的损害，两个超级大国都心照不宣，共同遵守一个游戏规则，努力把冲突控制在一定限度内，防止双方兵戎相见。由此我们可以看出，冷战时期两个超级大国的行为方式，同传统的大国处理相互关系的行为方式并没有根本区别。大国的这种行为方式还会在今后的国际舞台中不断表现出来。

本书所选择的几个个案尽管具有上述这个共同点，体现着冷战的基本特征，但它们也反映出美苏对不同类型冲突的具体处理方式有所区别。在战略重点或与自己国家安全攸关的地区，两国间的对抗最为激烈，斗争的方式是直接对峙。处于欧洲中心的德国是冷战的主战场，西柏林则处于这一冷战战场的最前沿。因此苏联任何改变西柏林政治地位的举动，必然招致美国的强烈反应。围绕西柏林地位问题，美苏多次发生对抗便是明证。古巴所具有的重要战略地位也使得美国绝不会容忍其对手苏联在那里部署战略武器从而直接威胁美国本土安全，正因为如此，两国在加勒比海走到战争边缘便是顺理成章的事。然而，两个国家在柏林和古巴的对抗最终都没有演变为直接的战争，或者说热战没有发生，而且古巴导弹危机之后，美苏两国就再也没有发生过类似的直接冲突，被东西方国家视为战略重点的地区（首先是欧洲）处于相对平静状态。在我看来，之所以出现这种表面上看似矛盾的现象，正是因为战略重点地区和国家安全攸关的地区所处的地位极为重要，双方在那里所下的赌注越多，冲突升级的可能性也就越大，而且后果不堪设想。所以，在这类冲突事件中，美苏两国行为都十分谨慎，导致危机最终得以控制，没有爆发战争。边缘地区的冲突正好与此相反。朝鲜、越南、安哥拉和阿富汗均属于战略边缘地带，这些地区发生的政治、军事冲突便没有直接危及两个超级大国的国家安全。也正因为如此，两个超级大国不会冒世界大战的危险，为了争夺这些地区而发生战争。在这四个冲突事例中，虽然其中一个超级大国已经成为战场上交战的一方，但是另外一个超级大国始终保持不直接介入战争的态度,因而冲突没有升级。这可以帮助我们理解冷战时期的一个突出现象,即东西方热战或带有东西方斗争色彩的热战都无一例外地发生在战略边缘地区,战略重点地区则相对处于和平状态。这也说明在国际政治中大国斗争的自私性,在危及自身安全的情况下,大国行为往往很谨慎,怯于步入战争;而在不值得大国为之大动干戈的地区,战祸却往往被挑起。

美苏介入某些地区冲突的动机和逻辑也是十分耐人寻味的。两个超级大国之所以作出卷入像越南、阿富汗这类地区冲突的决定,似乎并不是(至少不完全是)理性选择的结果,在很大程度上是某种思维定式引导的结果。支持美国卷入越南冲突的逻辑是"多米诺骨牌"理论。依据这种逻辑,美国领导人在很长一段时间里深信,如果美国不干涉越南,"共产党霸权"将会在东南亚进一步扩张,包括控制印度尼西亚、泰国,甚至可能还有印度。一些人甚至认为,如果美国不在印度支那采取强硬行动,苏联会冒更大的风险在世界各地扩大它的影响,特别是中东。[177]历史已经证明,这种逻辑并无坚实的根据,因为美国"丢失"越南并没有导致所谓多米诺骨牌的坍塌。正因为如此,当时美国卷入越南战争的决策人之一、美国前国防部长罗伯特·麦克纳马拉(Robert McNamara)在其有关越战的回忆录中极力让后人理解,当时美国政府的决策是"错了,彻底地错了"[178]。苏联入侵阿富汗同美国卷入越南也有类似的地方。苏联这样做似乎并不是因为布热津斯基所说的莫斯科有一个宏大的"南下战略",试图建立通向中东石油富国的新的立足点和由此获得对美国的全球优势。苏联出兵的原因很复杂,其中之一是观念性的,即防止阿富汗成为美国反对苏联的另一个前哨基地,因为其地理位置正好处于可以攻击苏联中亚共和国"柔软的下腹部",而且该地区不断上升的伊斯兰原教旨主义势力也对苏联穆斯林人口集中的边境地区构成挑战。[179]后来,苏联领导人也认识到苏联出兵阿富汗是个"严重的估计失误"[180]。因此,在分析大国行为动机时,不可忽视思维方式的作用。

许多地区内部的政治冲突,由于超级大国的插手而发展成为东西方之间的冲突。这是冷战时期地区冲突的一个基本特点,它反映在本章所分析的一些事例中,如安哥拉战争、阿富汗战争。美苏关系的好与坏,在很大程度上决定了这类地区冲突的发展进程。不少东西方对抗色彩明显的世界热点地区如柏林的对抗在20世纪80年代末90年代初因美苏关系的发展以及冷战的结束得到政治解决。但是,在某些地区,冷战所造成的冲突并没有因为冷战的结束而自行得到解决。

冷战结束以后不久,冷战时期东西方地区冲突所遗留下来的问题便开始显露。朝鲜半岛就是一个重要的例子。冷战时期,东西方之间在朝鲜半岛的斗争十分激烈,东西方之间的第一场热战就是发生在这个地区。冷战的结束曾经促使朝鲜半岛的紧张局势得到一定程度的缓和,但是它没有导致该地区冲突的彻底解决。在今天的朝鲜半岛,南北分裂的局面依然如故,该地区两种政治观念和社会制度之间的斗争还没有结束,冲突事件和危机一再发生。古巴问题也是冷战遗留下来的。曾经使美苏两国走到战争边缘的古巴,至今仍然处于美国的封锁和压力之下,冷战后的美古关系同冷战时期相差无几。另外,冷战时期的不少地区冲突的根源是来自地区内部的种族、民族、宗教之间的纷争,东西方冷战和超级大国的插手导致冲突升级和国际化。冷战的结束并不能消除冲突的内部根源,相反,大国势力的撤出却为这些地区内部政治势力的争斗提供了舞台,从而导致战乱不止。在冷战结束后,阿富汗内战持续了很长时间,2001年美国又以反恐为由发动了持续二十年的入侵阿富汗的战争。安哥拉在战争结束后不久,也曾重新爆发武装冲突,直到2002年该国内战才彻底结束。东西方冷战所留下的一些政治遗产,还在威胁着冷战后世界的和平与安宁。所以,认真研究和分析冷战时期的东西方冲突事件,对我们理解冷战后的一些国际冲突不无帮助。

注释

1. 沈志华主编:《冷战国际史二十四讲》,北京:世界知识出版社2018年版,第72页。

2. 陈乐民:《战后西欧国际关系1945—1984》,北京:中国社会科学出版社1987年版,第36页。

3. 何春超主编:《国际关系史1945—1980》(下册),武汉:武汉大学出版社1983年版,第26页。

4. 资中筠主编:《战后美国外交史——从杜鲁门到里根》,北京:世界知识出版社1994年版,第93页。

5. John Spanier, *American Foreign Policy since World War II*, 12th edition, Washington, DC: Congressional Quarterly, Inc., 1991, p.58.

6. [美]沃尔特·艾萨克森、埃文·托马斯:《美国智囊六人传》,王观生等译,北京:世界知识出版社1991年版,第473页。

7. [苏]斯大林:《斯大林文选》(下册),中央编译局编译,北京:人民出版社 1962 年版,第 514—515 页。

8. [德]埃贡・克伦茨主编:《柏林墙倒塌 30 年记——原民主德国方面的回顾与反思》,王建政译,北京:社会科学文献出版社 2021 年版,第 61 页。

9. 有人把柏林封锁称为第一次柏林危机,将 1958—1961 年柏林危机的两个阶段称为第二和第三次柏林危机。本书把 1958—1962 年的危机统称为“柏林危机”,以区别于 1948—1949 年的“柏林封锁”。

10. Frank Costigliola, *Kennan: A Life between Worlds*, Princeton, NJ: Princeton University Press, 2023, p.410.

11. Nikita Khrushchev, *Khrushchev Remembers: The Glanost Tapes*, Boston, MA: Little, Brown and Company, 1990, p.164.

12. [德]埃贡・克伦茨主编:《柏林墙倒塌 30 年记——原民主德国方面的回顾与反思》,第 88 页。

13. 同上书,第 92 页。

14. [苏]赫鲁晓夫:《赫鲁晓夫回忆录》,张岱云等译,北京:东方出版社 1988 年版,第 649 页。

15. John Spanier, *American Foreign Policy since World War II*, 12th edition, p.122.

16. [德]贝恩德・施特弗尔:《冷战 1947—1991:一个极端时代的历史》,钟孟捷译,桂林:漓江出版社 2017 年版,第 210 页。也有的人说是 250 万人,其中 1958 年为 216 000 人,1959 年为 144 000 人,1960 年则是 203 000 人。参见[德]埃贡・克伦茨主编:《柏林墙倒塌 30 年记——原民主德国方面的回顾与反思》,第 88、93 页。

17. “Khrushchev's Secret Speech on the Berlin Crisis, August 1961,” *Cold War International History Project Bulletin*, Issue 3, Fall 1993, p.59.

18. “New Evidence on Khrushchev's 1958 Berlin Ultimatum,” *Cold War International History Project Bulletin*, Issue 4, Fall 1994, pp.35 - 36.

19. 资中筠主编:《战后美国外交史——从杜鲁门到里根》,第 203 页。

20. Michael R. Beschloss, *The Crisis Years: Kennedy and Khrushchev 1960 - 1963*, New York: Harper Collins Publishers, 1991, p.154.

21. Ibid.

22. [美]德怀特・艾森豪威尔:《艾森豪威尔回忆录——白宫岁月(1956—1961)》,静海译,北京:生活・读书・新知三联书店 1977 年版,第 381—383 页。

23. Vladislav M. Zubok, “Khrushchev and the Berlin Crisis(1958 - 1962),” Working Paper No.6, Cold War International History Project, Woodrow Wilson International Center for Scholars, Washington, DC, May 1993, pp.16 - 17.

24. [俄]阿纳托利・多勃雷宁:《信赖》,北京:世界知识出版社 1997 年版,第 47 页。

25. Michael R. Beschloss, *The Crisis Years: Kennedy and Khrushchev 1960 - 1963*, pp.256 - 261.

26. Vladislav M. Zubok, “Khrushchev and the Berlin Crisis(1958 - 1962),” p.20; William Burr, “New Sources on the Berlin Crisis, 1958 - 1962,” *Cold War International History Project Bulletin*, Issue 2, Fall 1992, p.23.

27. *Cold War International History Project Bulletin*, Issue 3, Fall 1993, pp.58 - 61.

28. 资中筠主编:《战后美国外交史——从杜鲁门到里根》,第 387 页。

29. George C. Herring, *From Colony to Superpower: American Foreign Relations since 1776*, New York: Oxford University Press, 2008, p.710.

30. *Cold War International History Project Bulletin*, Issue 2, Fall 1992, p.23.

31. Laurence Chang, "The View from Washington and the View from Nowhere: Cuban Missile Crisis Historiography and the Epistemology of Decision Making," in James A. Nathan, ed., *The Cuban Missile Crisis Revisited*, New York: St. Martin's Press, 1992, p.134.

32. Robert A. Divine, "Alive and Well: The Continuing Cuban Missile Crisis Controversy," *Diplomatic History*, Fall 1994, pp.551 - 560.

33. George C. Herring, *From Colony to Superpower: American Foreign Relations since 1776*, p.706.

34. 崔建树:《折戟沉沙:美国"猪湾行动"始末》,南京:南京大学出版社 2018 年版,第 7—8 页。

35. [苏]尼基塔・赫鲁晓夫:《赫鲁晓夫回忆录》,第 698 页。

36. Michael R. Beschloss, *The Crisis Years: Kennedy and Khrushchev 1960 -1963*, p.382.

37. Ibid., pp.386 - 387.

38. Ibid., pp.388 - 391.

39. Nikita Khrushchev, *Khrushchev Remembers: The Glasnost Tapes*, pp.170 - 171; Raymond L. Garthoff, "The Havana Conference on the Cuban Missile Crisis," *Cold War International History Project Bulletin*, Issue 1, Spring 1992, pp.2 - 3.

40. Nikita Khrushchev, *Khrushchev Remembers: The Glasnost Tapes*, pp.170 - 171; [苏]尼基塔・赫鲁晓夫:《赫鲁晓夫回忆录》,第 696—699 页;[苏]尼基塔・赫鲁晓夫:《最后的遗言——赫鲁晓夫回忆录续集》,上海国际问题研究所和上海市政协编译组译,北京:东方出版社 1988 年版,第 757—761 页。

41. [苏]尼基塔・赫鲁晓夫:《赫鲁晓夫回忆录》,第 698—699 页。

42. *Cold War International History Project Bulletin*, Issue 1, Spring 1992, pp.2 - 3.

43. *Diplomatic History*, Fall 1994, pp.551 - 560.

44. Michael R. Beschloss, *The Crisis Years: Kennedy and Khrushchev 1960 - 1963*, pp.382 - 385.

45. *Cold War International History Project Bulletin*, Issue 1, Spring 1992, pp.2 - 3.

46. Ibid.

47. Michael R. Beschloss, *The Crisis Years: Kennedy and Khrushchev 1960 - 1963*, pp.482- 485.

48. [美]罗伯特・肯尼迪:《十三天:古巴导弹危机回忆录》,贾令仪、贾文渊译,北京:北京大学出版社 2016 年版,第 1—31 页。

49.《1962 年古巴导弹危机期间赫鲁晓夫与肯尼迪的二十五封通信》,韩兵等译,《世界史研究动态》1993 年第 2—4 期。

50. Nikita Khrushchev, *Khrushchev Remembers: The Glasnost Tapes*, pp.176 - 178.

51. [苏]尼基塔・赫鲁晓夫:《最后的遗言——赫鲁晓夫回忆录续集》,第 765 页。

52. 美国有的学者认为,冷战时期亚洲两极对抗的态势同欧洲相比显得较为"宽松"(loose),这导致在亚洲发生一个超级大国同另外一个超级大国的盟友之间的战争,如朝鲜战争与越南战争。见 Robert Ross, *East Asia in Transition: Toward a New Regional Order*, New York: M. E. Sharpe, 1995, pp.328 - 329。

53. 沈志华编:《朝鲜战争:俄国档案馆的解密文件》,台北:"中央研究院"近代史研究所 2003 年版;沈志华主编:《俄罗斯解密档案选编:中苏关系》,北京:东方出版中心 2015 年版。

54. 沈志华:《毛泽东、斯大林与朝鲜战争》,广州:广东人民出版社 2003 年版,第 165—173 页。

55. "Ciphered Telegram from Stalin to Shtykov," 30 January 1950, *Cold War International History Project Bulletin*, Issue 5, Spring 1995, p.9.

56. Kathryn Weathersby, "Soviet Aims in Korea and the Origins of the Korean War, 1945 - 1950: New Evidence from Russian Archives," Working Paper No.8, Cold War International History Project, Woodrow Wilson International Center for Scholars, Washington, DC, 1993, p.24.

57. "More Documents from the Russian Archives," *Cold War International History Project Bulletin*, Issue 4, Fall 1994, pp.60 - 61.

58. Dean Acheson, "Speech on the Far East," January 12, 1950, *China and US Far East Policy 1945 - 1966* (Washington, DC: Congressional Quarterly Inc., 1967), pp.157 - 162.

59. Segei N. Goncharov, John W. Lewis, Xue Litai, *Uncertain Partners: Stalin, Mao, and the Korean War*, Stanford: Stanford University Press, 1993, p. 142; Kathryn Weathersby, "The Soviet Role in the Early Phase of the Korean War: New Documents Evidence," *The Journal of American-East Asian Relations*, Winter 1993, p.433.

60. 沈志华:《毛泽东、斯大林与朝鲜战争》,第 173—180 页;沈志华:《冷战在亚洲:朝鲜战争与中国出兵朝鲜》,北京:九州出版社 2012 年版,第 27—49 页,第 68—72 页;沈志华:"序言:中苏关系史研究与俄罗斯档案利用",载沈志华主编:《俄罗斯解密档案选编:中苏关系》第一卷(1945.1—1949.2),北京:东方出版中心 2015 年版,第 1—18 页;沈志华主编:《中苏关系史纲:1919—1991 年中苏关系若干问题再探讨》(第三版)上册,北京:社会科学文献出版社 2016 年版,第 163—170 页。

61. Drumright to Department of State, "Estimate of Soviet Intentions toward South Korea," 5/4/50, 7956.00/5450, CIA Murphy Papers, Box 70, National Archives (NA), Washington, DC.

62. Working Paper No.8, Cold War International History Project, Woodrow Wilson International Center for Scholars, Washington, DC, 1993, p.2.

63. Ibid., note 5; [美]哈里·杜鲁门:《杜鲁门回忆录》(第二卷),李石译,北京:三联书店 1974 年版,第 393—394 页。

64. 裴坚章主编:《中华人民共和国外交史(1949—1956)》,北京:世界知识出版社 1994 年版,第 190 页。

65. Kathryn Weathersby, "The Soviet Role in the Early Phase of the Korean War: New Documents Evidence," *The Journal of American-East Asian Relations*, Winter 1993, pp.434 - 436; 师哲:《在历史巨人的身边——师哲回忆录》,北京:中央文献出版社 1991 年版,第 492—499 页。

66. 刘杰诚:《毛泽东与斯大林》,北京:中央党校出版社 1993 年版,第 561—569 页。

67. Xiaoming Zhang, *Red Wings over the Yalu China: the Soviet Union, and the Air War in Korea*, College Station, TX: Texas A&M University Press, 2002, pp.137 - 157, 234 - 238; 沈志华主编:《中苏关系史纲:1919—1991 年中苏关系若干问题再探讨》(第三版)上册,北京:社会科学文献出版社 2016 年版,第 178—181 页。

68. 沈志华主编:《中苏关系史纲:1919—1991 年中苏关系若干问题再探讨》(第三版)上册,第 178—181 页。

69. *The Journal of American-East Asian Relations*, Winter 1993, pp.437 - 438.

70. 资中筠主编:《战后美国外交——从杜鲁门到里根》,第 208—222 页。

71. Dean Acheson, *Present at the Creation* (New York: W.W. Norton & Company, 1969), p.532.

72. George F. Kennan, *Memoirs 1950 - 63* (Boston: Little, Brown and Company, 1972), p.36.

73. 资中筠主编:《战后美国外交——从杜鲁门到里根》,第 31—32 页;牛军:《战后东亚秩序》,北京:世界知识出版社 2021 年版,第 42—43 页。

74. George C. Herring, *America's Longest War: The United States and Vietnam 1950 - 1975*, New York: John Wiley & Sons, 1979.

75. 裴坚章主编:《中华人民共和国外交史(1949—1956)》,北京:世界知识出版社 1994 年版,第 89 页。

76. 钱江:《越南密战:1950—1954 中国援越战争纪实》,成都:天地出版社 2019 年版,第 22—27 页;牛军:《战后东亚秩序》,北京:世界知识出版社 2021 年版,第 158 页。

77. 裴坚章主编:《中华人民共和国外交史(1949—1956)》,第 220—221 页;周毅之、曲爱国:《秘密使命——陈赓在 1950 年越南边界战役中》,《人物》1993 年第 2—3 期;钱江:《越南密战:1950—1954 中国援越战争纪实》,第 84—155 页。

78. NSC 48/1, "The Position of the United States with Respect to Asia," December 23, 1949, cited in George C. Herring, *America's Longest War*, pp.10 - 11.

79. PPS 51, "United States Policy toward Southeast Asia," in Anna Nelson, ed., *Department of State Policy Planning Staff Papers, 1947 - 1949*, Vol.III, New York: Garland Publishing, 1983, pp.38 - 40.

80. Henry Kissinger, *Diplomacy*, New York: Simon & Shuster, 1994, pp.623 - 624.

81. Gregg A. Brazinsky, *Winning the Third World: Sino-American rivalry during the Cold War*, Chapel Hill, NC: The University of North Carolina Press, 2017, p.58.

82. George C. Herring, *America's Longest War*, p.15.

83. Ibid., p.41.

84. Ibid., p.18.

85. [美]德瑞克·李波厄特:《五十年伤痕:美国的冷战史观与世界》,郭学堂等译,上海:上海三联书店 2008 年版,第 204 页。

86. George C. Herring, *America's Longest War*, pp.18 - 19.

87. 韩念龙主编:《当代中国外交》,北京:中国社会科学出版社 1988 年版,第 64 页。

88. 时殷弘:《美国在越南的干涉和战争(1954—1968)》,北京:世界知识出版社 1993 年版,第 3 页。

89. *FRUS*, 1958 - 1960, Vol.I, pp.178 - 179.

90. James R. Arnold, *First Domino: Eisenhower, the Military, and the America's Intervention in Vietnam*, New York: William Morrow and Co., Inc., 1991, p.377.

91. Lyndon B. Johnson, *The Vantage Point: Perspectives of the Presidency 1963 - 1969*, New York: Holt, Rinehart and Winston, 1971, p.19, p.23.

92. Doris Kearns, *Lyndon Johnson and the American Dream*, New York: St. Martin's Press, 1991, pp.252 - 253.

93. 时殷弘:《美国在越南的干涉和战争(1954—1968)》,第 199 页。

94. Chen Jian, "China and the First Indo-China War, 1950 - 1954," *The China Quarterly*, March 1993, p.88;[苏]赫鲁晓夫:《赫鲁晓夫回忆录》,张岱云等译,北京:东方出版社 1988 年版,第 681—682 页;钱江:《越南密战:1950—1954 中国援越战争纪实》,第 29—31 页,第 77 页。

95. Chen Jian, "China and the First Indo-China War, 1950 - 1954," *The China Quarterly*, March 1993, p.88; 钱江:《越南密战:1950—1954 中国援越战争纪实》,第 29—31 页;牛军:《战后东亚秩序》,第 151—181 页。

96. George C. Herring, *America's Longest War*, p.149;沈志华主编:《中苏关系史纲:1919—1991 年中苏关系若干问题再探讨》(第三版)下册,北京:社会科学文献出版社 2016 年版,第 568—576 页。

97. 韩念龙主编:《当代中国外交》,第 161—162 页。

98. George C. Herring, *America's Longest War*, p.150.

99. 师哲:《在历史巨人的身边——师哲回忆录》,第 536—565 页。

100. George C. Herring, *America's Longest War*, pp.34 - 35.

101. [美]沃尔特·拉费伯尔:《美国、俄国和冷战:1945—2006》(第 10 版),牛可、翟韬、张静译,北京:世界图书出版公司 2011 年版,第 203 页。

102. Michael Wolfers, Jane Bergerol, *Angola in the Front Line*, London: Zed Press, 1983, p.1.

103. John Barratt, *The Angola Conflict: Internal and External Aspects*, Capetown: The South African Institute of International Affairs, 1976, pp.4 - 8; Ernest Harsch and Tony Thomas, *Angola: The Hidden History of Washington's War*, New York: Pathfinder Press, Inc., 1976, pp.25 - 48.

104. Arthur Jay Klinghoffer, *The Angolan War: A Study in Soviet Policy in the Third World*, Boulder, CO: Westview Press, 1980, p.15.

105. John Stockwell, *In Search of Enemies: A CIA Story*, New York: W. W. Norton & Company, 1978, pp.66 - 67; Nathaniel Davies, "The Angola Decision of 1975: A Personal Memoirs," *Foreign Affairs*, Fall 1978, p.110.

106. [美]罗伯特·盖茨:《亲历者:五任美国总统赢得冷战的内幕》,刘海青、吴春玲译,南京:江苏凤凰文艺出版社 2014 年版,第 37 页。

107. Raymond L. Garthoff, *Detente and Confrontation: American-Soviet Relations from Nixon to Reagan*, Washington, DC: The Brookings Institution, 1985, pp.506 - 508.

108. Ibid., pp.509 - 510.

109. [美]罗伯特·盖茨:《亲历者:五任美国总统赢得冷战的内幕》,第 38 页;[挪]文安立:《全球冷战:美苏对第三世界的干涉与当代世界的形成》,牛可等译,北京:世界图书出版公司 2012 年版,第 225 页。

110. Raymond L. Garthoff, *Detente and Confrontation: American-Soviet Relations from Nixon to Reagan*, p.511.

111. Arthur Jay Klinghoffer, *The Angolan War: A Study in Soviet Policy in the Third World*, pp.112 - 114; *Foreign Affairs*, Fall, 1978, p.122.

112. Arthur Jay Klinghoffer, *The Angolan War: A Study in Soviet Policy in the Third World*, pp.115 - 116; Gabriel Partos, *The World that Came in from the Cold: Perspectives from the East and West on the Cold War*, London: Royal Institute of International Affairs, 1993, p.175.

113. Arthur Jay Klinghoffer, *The Angolan War: A Study in Soviet Policy in the Third World*, p.118.

114. Gabriel Partos, *The World that Came in from the Cold*, p.175.

115. [俄]阿纳托利·多勃雷宁:《信赖》,北京:世界知识出版社 1997 年版,第 415 页。

116. Arthur Jay Klinghoffer, *The Angolan War: A Study in Soviet Policy in the Third World*, p.512.

117. [美]罗伯特·盖茨:《亲历者:五任美国总统赢得冷战的内幕》,第 38—39 页;[挪]文安立:《全球冷战:美苏对第三世界的干涉与当代世界的形成》,第 239—240 页。

118. Arthur Jay Klinghoffer, *The Angolan War: A Study in Soviet Policy in the Third World*, p.118.

119. Ibid.

120. Raymond L. Garthoff, *Detente and Confrontation: American-Soviet Relations from Nixon to Reagan*, pp.520 - 521.

121. Ibid., pp.519 - 525.

122. [挪]文安立:《全球冷战:美苏对第三世界的干涉与当代世界的形成》,第 227—230 页。

123. Gregg A. Brazinsky, *Winning the Third World: Sino-American rivalry during the Cold War*, Chapel Hill, NC: The University of North Carolina Press, 2017, pp.332 - 333.

124. Raymond L. Garthoff, *Detente and Confrontation: American-Soviet Relations from Nixon to Reagan*, pp.514 - 515.

125. [美] 德瑞克·李波厄特:《五十年伤痕:美国的冷战历史观与世界》,第 688 页。

126. Raymond L. Garthoff, *The Great Transition: American-Soviet Relations and the End of the Cold War*, revised edition, p.714.

127. Kurt Lonbeck, *Holy War, Unholy Victory: Eyewitness to the CIA's Secret War in Afghanistan*, Washington, DC: Regnery Gateway, 1993, pp.xi、xiii.

128. Raymond L. Garthoff, *Detente and Confrontation: American-Soviet Relations from Nixon to Reagan*, revised edition, Washington, DC: The Brookings Institution, 1994, pp.977 - 982.

129. Ibid., pp.987 - 988.

130. Thomas T. Hammond, *Red Flag over Afghanistan: The Communist Coup, the Soviet Invasion and the Consequences*, Boulder, CO: Westview Press, 1984, pp.59 - 62.

131. 沈志华主编:《苏联历史档案选编》(第 32 卷),北京:中国社会科学文献出版社 2002 年版,第 16 页。

132. 李琼:《苏联、阿富汗、美国:1979—1989 年三国四方在阿富汗的博弈研究》,北京:中国社会科学出版社 2016 年版,第 38—39 页。

133. 沈志华主编:《苏联历史档案选编》(第 32 卷),第 80 页。

134. 同上书,第 93 页。

135. Raymond L. Garthoff, *Detente and Confrontation: American-Soviet Relations from Nixon to Reagan*, revised edition, pp.995 - 996.

136. [俄]阿纳托利·多勃雷宁:《信赖》,第 499 页。

137. 沈志华主编:《苏联历史档案选编》(第 32 卷),第 103 页。

138. 同上书,第 103—104 页。

139. [俄]阿纳托利·多勃雷宁:《信赖》,第 991—999 页;Odd Arne Westad, "Prelude to Invasion: The Soviet Union and the Afghan Communists, 1978 - 1979," *International History Review*, Feb. 1994, pp.49 - 69。

140. *Cold War International History Project Bulletin*, Issue 4, Fall 1994, pp.70 - 76.

141. Raymond L. Garthoff, *Detente and Confrontation: American-Soviet Relations from Nixon to Reagan*, revised edition, pp.996 - 1004.

142. Ibid., pp.1004 - 1005.

143. Bruce Riedel, *What We Won: America's secret war in Afghanistan, 1979 -89*, Washington, DC: The Brookings Institution Press, 2014, p.19.

144. Thomas T. Hammond, *Red Flag over Afghanistan: The Communist Coup, the Soviet Invasion and the Consequences*, pp.86 - 88; Henry S. Bradshev, *Afghanistan and the Soviet Union*, 2nd ed., Durham, NC: Duke University Press, 1985, p.123.

145. *Cold War International History Project Bulletin*, Issue 4, Fall 1994, pp.75 - 76; Raymond L. Garthoff, *Detente and Confrontation: American-Soviet Relations from Nixon to Reagan*, revised edition, pp.1016 - 1017;沈志华主编:《苏联历史档案选编》(第 32 卷),第 273 页。

146. Raymond L. Garthoff, *Detente and Confrontation*: *American-Soviet Relations from Nixon to Reagan*, revised edition, pp.1046 - 1047.

147. "Memorandum Prepared in the Central Intelligence Agency for Members of the Special Coordination Committee," Washington, February 28, 1979, and attachment: "Paper Prepared in the Central Intelligence Agency," Washington, undated, *Foreign Relations of the United States*(*FRUS*), 1977 - 1980, Vol.VII: Afghanistan, Washington, DC: US Government Printing Office, 2018, pp.105 - 111.

148. "Paper Prepared in the Central Intelligence Agency: Afghanistan," Washington, undated, *FRUS*, 1977 - 1980, Vol.VII, pp.124 - 130; "Memorandum from Director of Central Intelligence Turner to the President's Assistant for National Security Affairs(Brzezinski), Washington, April 26, 1979, *FRUS*, 1977 - 1980, Vol.VII, pp.152 - 154; "Report Prepared in the Central Intelligence Agency: CIA Covert Action Activities in Afghanistan," *FRUS*, 1977 - 1980, Vol.VI, pp.172 - 174; "Summary of Conclusions of a Special Coordination Committee Meeting," Washintton, October 23, 1979, *FRUS*, 1977 - 1980, Vol.VII, pp.206 - 213.

149. Zbigniew Brzezinski, *Power and Principle*: *Memoirs of the National Security Advisor*, *1977 - 1981*, New York: Farrar, Straus, Giroux, 1983, p.343.

150. Ibid., p.427.

151. [美]吉米·卡特:《忠于信仰——一位美国总统的回忆录》,卢君甫等译,北京:新华出版社 1985 年版,第 550 页;Raymond L. Garthoff, *Detente and Confrontation*: *American-Soviet Relations from Nixon to Reagan*, revised edition, pp.1051 - 1052。

152. "Minutes of a Special Coordination Committee Meeting," Washington, April 6, 1979, *FRUS*, 1977 - 1980, Vol.VII, p.140.

153. Ibid., pp.141 - 146.

154. [美]罗伯特·盖茨:《亲历者:五任美国总统赢得冷战的内幕》,第 109 页;*FRUS*, 1977—1980, Vol.VII, p.208。

155. "Memorandum From Director of Central Intelligence Turner to the Chairman of the Special Coordination Committee," Washington, February 21, 1980, *FRUS*, 1977 - 1980, Vol.VII, pp.593 - 594.

156. 陈晔:《制造泥潭:美国在阿富汗的秘密战争》,南京:南京大学出版社 2020 年版,第 95—231 页。

157. "Memorandum Prepared in the Central Intelligence Agency for Members of the Special Coordination Committee," Washington, February 28, 1979, and attachment: "Paper Prepared in the Central Intelligence Agency," Washington, undated, *FRUS*, 1977 - 1980, Vol. VII, pp.105- 111; "Paper Prepared in the Central Intelligence Agency: Afghanistan," Washington, undated, *FRUS*, 1977 - 1980, Vol.VII, pp.124 - 130; "Telegram from the Embassy in the Soviet Union to the Department of State," Moscow, April 5, 1979, *FRUS*, 1977 - 1980, Vol.VII, pp.130 - 134; "Paper Prepared in the Central Intelligence Agency: Afghanistan: A Regime Besiged," Washington, July 1979, *FRUS*, 1977 - 1980, Vol.VII, pp.158 - 159; "Alert Memorandum Prepared in the Central Intelligence Agency," Washington, September 14, 1979, *FRUS*, 1977 - 1980, Vol.VII, pp.178 - 180; "Interagency Intelligence Memorandum Prepared in the Central Intelligence Agency," Washington, September 28, 1979, *FRUS*, 1977 - 1980, Vol.VII, pp.188 - 190.

158. "Memorandum from the Director of the Strategic Warning Staff, Central Intelligence Agency(MacEachin) to the National Intelligence Officer for Warning, Central Intelligence Agency (Lehman)," Washington, December 13, 1979, *FRUS*, 1977 - 1980, Vol.VII, pp.237 - 239.

159. "Memorandum from Marchall Brement of the National Security Council Staff to the President's Assistant for National Security Affairs(Brezezinski) and the President's Deputy Assistant for National Security Affairs(Aaron)," Washington, December 21, 1979, *FRUS*, 1977 - 1980, Vol.VII, pp.254 - 257.

160. Bruce Riedel, *What We Won: America's secret war in Afghanistan, 1979 -89*, Washington, DC: The Brookings Institution Press, 2014, pp.21 - 22, p.102.

161. "Minutes of a Presidential Review Committee Meeting," Washington, December 27, 1979, *FRUS*, 1977 - 1980, Vol.VII, pp.279 - 290; "Summary of Conclusions of a Presidential Review Committee Meeting," Washington, December 27, 1979, *FRUS*, 1977 - 1980, Vol.VII, pp.291 - 292.

162. "Minutes of a National Security Council Meeting," Washington, December 28, 1979, *FRUS*, 1977 - 1980, Vol.VII, pp.298 - 305.

163. "American Hostages in Iran and Soviet Intervention in Afghanistan: Remarks by the Presidents, Dec. 28, 1979," *Presidential Documents*, Vol.15(Dec. 31, 1979), p.2287.

164. [美]吉米·卡特:《忠于信仰——一位美国总统的回忆录》,第 552 页。

165. 同上书,第 551—552 页;Cyrus Vance, *Hard Choices: Critical Years in America's Foreign Policy*(New York: Simon and Schuster, 1983), p.391.

166. [美]吉米·卡特:《忠于信仰——一位美国总统的回忆录》,第 552 页。

167. 同上书,第 552—566 页;Raymond Garthoff, *Detente and Confrontation: American-Soviet Relations and the End of the Cold War*, revised edition, pp.1054 - 1075.

168. "Memorandum From Director of Central Intelligence Turner to the Chairman of the Special Coordination Committee," Washington, February 21, 1980, *FRUS*, 1977 - 1980, Vol.VII, pp.593 - 594.

169. Raymond Garthoff, *The Great Transition: American-Soviet Relations and the End of the Cold War*, revised edition, p.712.

170. Edgar O'Ballance, *Afghan Wars 1839 -1992: What Britain Gave Up and the Soviet Union Lost*, London: Brassey's, 1993, p.137.

171. Ibid., pp.162 - 164.

172. [美]沃尔特·拉费伯尔:《美国、俄国和冷战:1945—2006》(第 10 版),第 267 页。

173. Oleg Sarin and Lev Dvoretsky, *The Afghan Syndrome: The Soviet Union's Vietnam*, Novato, CA: Presidio Press, 1993, p.187. 也有学者在书中提到,苏联在阿富汗战争中的死亡人数为 15 000 人,参见[美]沃尔特·拉费伯尔:《美国、俄国和冷战:1945—2006》(第 10 版),第 267 页。

174. 陈晔:《制造泥潭:美国在阿富汗的秘密战争》,第 393 页。

175. Edgar O'Ballance, *Afghan Wars 1839 -1992: What Britain Gave Up and the Soviet Union Lost*, pp.135 - 136.

176. Vladislav Tamarov, *Afghanistan: Soviet Vietnam*, San Francisco, CA: Mercury House, 1992; Oleg Sarin and Lev Dvoretsky, *The Afghan Syndrome: The Soviet Union's Vietnam*.

177. [美]罗伯特·S.麦克纳马拉:《回顾——越战的悲剧与教训》,北京:作家出版社 1996 年版,第 328—329 页。

178. 同上书,第 2 页。

179. [俄]阿纳托利·多勃雷宁:《信赖》,第 504—505 页。

180. 同上书,第 505—506 页。

第三章
核武器和冷战

东西方之间的冷战是在核时代进行的。核武器的问世是20世纪中叶发生的一个革命性事件，它对传统的关于战争与和平的理论产生了强大冲击，给第二次世界大战以后的整个国际关系带来了极为重大的影响。日益升级的核军备竞赛是东西方斗争的重要内容和方式，两个超级大国也都把核武器当作同对手进行斗争、追求政治目的的重要工具。其结果是，在整个冷战时期，世界爆发核大战的危险一直存在。但是，在四十多年的东西方较量中，世界大战一直没有发生，全面或有限核战争的危险从未变成现实，世界保持了一个相对和平的时期。核武器在战后四十多年的东西方冷战中扮演着一个什么样的角色？核武器同冷战没有变成热战有多大的关系？这些都是学者一直在热烈探讨的问题。本章通过分析核武器同冷战之间的关系，来探讨导致冷战既是战争也是和平之深层原因，理解核时代的战争与和平。

第一节　核　革　命

人类历史上战争连绵不断，战争的工具或手段——武器也在不停地更新换代。20世纪中叶核武器的问世，乃武器发展史上的一个里程碑，它对传统的关于战争与和平的观念产生了强大的冲击，对国际政治产生了意义深远的影响。说核武器的出现是20世纪的一个革命性事件，一点都不过分。

核武器的问世是科学技术发展的结果，也是第二次世界大战的产物。20世纪上半叶，核物理研究取得了突飞猛进的发展，它在第二次世界大战爆发之前，已经为人类利用核能和制造核武器，提供了理论依据。1939年第二次世界大战的爆发，使得核物理研究同政治密切结合起来，世界上的几大国都投入一定的人力、物力研制核武器，以使得自己在战争中处于有利的地位。法国、英国、美国、苏联和纳粹德国在战争中的核计划早已为人们所熟知。[1]根据冷战后披露的材料，日本在二战中也曾积极研制核武器。1995 年 7 月曝光的一份由日本防卫厅防卫研究所保存的秘密文件记载，1943 年春，日本内阁首相东条英机说，美德都在研制原子弹，而且已经取得相当程度的进展；原子弹将成为决定未来战争胜败的关键。他下令以陆军航空本部为中心研制原子弹。但是，日本研制工作由于铀 235 提炼试验失败而告终。接着研制中心在东京大空袭中被美国人炸毁。当年参加研制工作的日本科学家证实了这个说法。[2]但是，法国、英国、苏联、德国、日本都由于各种原因，在第二次世界大战期间没能研制出核武器，只有美国在二战结束前夕制造出原子弹。因为同其他国家相比，美国在研制核武器方面，有着比较优越的条件。在战争中，法国和苏联遭到占领或入侵，英国、德国、日本经常遭受严重的空袭，缺乏研制核武器所需要的环境。仅有美国的本土没有成为战场，一直处于和平之中。美国拥有一批杰出的核物理学家，在第二次世界大战爆发前及战时，很多世界一流的物理学家为了躲避纳粹迫害和战祸，从欧洲（主要是德国和奥地利）移居美国，成为美国宝贵的科学财富，促进了美国的核物理研究，为美国核武器的研制作出了独特的贡献。美国的一些著名科学家，包括爱因斯坦，积极鼓动政府组织和投资研制武器，罗斯福总统给予大力支持，美国在研制核武器方面的人力、物力投入，比任何一个国家都要多得多。这些因素都保证了美国在核武器研制方面，走在其他国家的前面。

1941 年 10 月 9 日，美国总统富兰克林·罗斯福作出研制原子弹的决定。也就是说，在珍珠港事件发生两个月前，美国就已经踏上了研制和生产核武器的道路。美国研制原子弹的计划，代号为“曼哈顿工程”，是在极为秘密的情况下付诸实施的，包括副总统哈里·杜鲁门在内的许多政府高级官员长期以来对此毫无所知。美国政府决定研制原子弹的基本动机很简单，就是不允许希特勒第一个掌握原子弹，美国要抢在纳粹德国之前制造出原子弹。[3]1945 年 7 月 16 日，美国第一颗原子弹在新墨西哥州的阿拉莫戈多爆炸成功，同年 8 月 6 日和 9 日，美军轰炸机在日本广岛和长崎先后各投掷一颗原子弹，向世人宣布原子弹的问世和核时代的到来。

第二次世界大战以后，世界核武库不断扩大，核武器的数量、种类在迅速增加，其技术水平日新月异。美国一家垄断核武器的局面也很快被打破，很多国家加入了核俱乐部。1949 年 8 月，苏联研制的原子弹爆炸成功，使得“美国对核武器的垄断仅仅是一闪而过的阶段”[4]。1952 年和 1953 年，美国和苏联先后成功地爆炸了比原子弹更具威力的热核武器，即氢弹。此后，在 20 世纪 50 年代和 60 年代，英国、法国以及中国先后制造了自己的原子弹和氢弹，成为核国家。印度、巴基斯坦、以色列、朝鲜等国也在发展核武器，核扩散已经成为世界各国普遍关注的重要问题之一。核运载工具发展速度更快，不断更新换代。核运载工具主要由战略轰炸机、洲际弹道导弹和战略核潜艇构成，相关武器技术的发展十分迅速。

我们通常所说的核武器，不仅包括原子弹和氢弹，也包括核运载工具。核武器是一种很不同于传统武器或常规武器的军事手段，其威力之大，是任何常规武器所无法比拟的。美国在新墨西哥州的阿拉莫戈多爆炸的第一颗原子弹相当于 15 000—20 000 吨的 TNT 炸药，其发出的强光犹如“若干个正午的太阳”，爆炸冲击波使 125 英里外的玻璃窗震破。1945 年 8 月 6 日和 9 日美国投在广岛和长崎的两颗原子弹相当于 12 500 吨和 22 000 吨的 TNT 炸药，当场导致 20 余万人丧生(其中广岛 140 000 人，长崎 70 000 人)，随后又有很多人因为核辐射的缘故而死去。这两颗原子弹的威力，相当于第二次世界大战期间投到德国城市中的所有炸弹之总和。[5]氢弹的威力比原子弹还要大得多，一颗氢弹可以相当于几十万吨直至几千万吨的常规炸药，或者数十枚原子弹。核运载工具战略轰炸机、洲际弹道导弹、战略核潜艇可以把核弹头送到数千上万公里外的目标。携带核弹头的多弹头导弹、潜射导弹、机动导弹、巡航导弹等，不仅可以很精确地击中目标，而且防不胜防。核爆炸及其产生的核辐射，会导致大量居民的死亡，仅仅是冷战时期世界上所有的核弹头的一部分，就足以灭绝地球上的人类。不仅如此，根据 20 世纪 80 年代初一些科学家提出的“核冬天理论”，大规模核爆炸所掀起的尘埃和火灾的烟雾，将长久不散，逐渐迷漫到整个地球的上空，遮住太阳光对地面的照射，但是却挡不住地面的热能以红外线的形式向宇宙空间扩散。这样，整个地球将处于黑暗和严寒的笼罩之中，地球气温下降几十度，水源冻结，大地冰封，草木不生，动植物死亡，人类也不能幸免。这种状况将持续数月之久，形成恐怖的“核冬天”。[6]虽然这种理论无法得到证实，但是它至少可以帮助我们理解核武器的性质及核战争的可怕后果。总之，核武器不同于常规武器，它是一种毁灭性武器，会导致难以计算的人员和财产的损失，甚至人类文明的毁灭。

由于核武器的毁灭性，核武器的出现对国际政治产生了极为重大的影响。最重要的是，核武器对传统的战争理论产生了强大的冲击。普鲁士军事家克劳塞维茨(Karl Clausewitz)提出，战争是实现政治目的工具，是政治通过另一种形式的继续。[7]克氏的“战争是政治的继续”这个命题，长期以来被政治家、军事家和理论家视为圭臬。列宁也称之为“至理名言”和马克思主义者考察战争的“理论基础”。[8]但是，核武器的发展，对这一传统的关于战争的概念提出了挑战，因为核战争的结果很可能是使交战双方同归于尽，核战争难以成为实现政治目的的手段。因此，战后西方早就有人开始认为战争是政治的继续这个传统命题在核时代已不能适用，核战争不能成为实现政治目的的手段。[9]随着核武器的发展，越来越多的人接受了应该重新认识核时代的战争与和平问题的观点，以此为出发点，分析、理解和处理核时代的国际政治和国际关系。核时代战争与和平理论同传统的战争与和平理论之最大区别在于：前者主张避免核国家间爆发全面战争，利用和平手段或有限战争，而不是通过大规模的战争来追求某种政治目的。正是核武器的毁灭性和对国际政治的影响，使得人们把核武器的问世看作20世纪的一个革命性事件。

核武器的问世及其发展，同战后以美苏为首的东西方两大政治、军事和经济集团的对立和斗争密切相联，也就是说核革命所带来的影响充分体现在战后四十多年的东西方冷战之中。这便是本书下面几节所要探讨的问题。

第二节　核　外　交

核革命使得以战争作为追求某种政治目的的手段之传统战争理论受到很大挑战，核战争尤其是全面的核大战会导致交战双方的毁灭，难以成为追求某种政治目标的手段。但是，这并不是说核武器本身没有用途，不能成为追求一些政治目的的手段。恰恰相反，从核武器问世起，东西双方，尤其是美国，就努力以核威胁限制对方的行为，从而达到自己的政治目的。在冷战时期，美苏双方试图利用核威胁作为外交手段限制对方行为的例子很多，使得核外交成为东西方冷战的一个重要内容。由于战后一段时期美国一家垄断核武器，此后又在很长一段时间内保持着核优势，美国利用这种有利地位，频频使用核威胁。因此，同苏联相比，美国更多地使用核威胁作为外交手段。

如前所述，美国在1945年7月爆炸了第一颗原子弹。当时第二次世界大战欧洲战场的战争已经结束，制造原子弹的初衷，即对付纳粹德国，已经没有实施的必要。美国决策者面临的问题是：是否对日本使用原子弹以及如何利用原子弹使得美国在业已开始的美苏斗争中处于有利地位，从而实现美国的战略利益。有一些迹象表明，杜鲁门政府在原子弹问世后，试图通过展示原子弹的巨大威力和毁灭性，限制苏联的行为，首先是限制苏联势力在远东的扩展。

战时，美国一直希望苏联在欧战结束后参加远东的对日作战，为此不惜牺牲第三国的利益，说服苏联作出对日作战的决定。早在1945年初的雅尔塔会议上，苏联答应以收复日俄战争中俄国在远东所丧失的一些领土以及保证其在中国东北的特权为条件，在德国投降三个月后出兵参加对日作战。由于美国对日本的战斗力估计过高，认为日本至少要在德国投降18个月后才会放下武器，而且如果苏联不参战，美军的伤亡人数要达到100万人，同时美国在中国问题上也有求于苏联，需要苏联的合作，因此美国同意了苏联参加对日作战的条件。但是，到1945年夏，随着美军在太平洋战场上节节胜利，美国希望苏联参战的愿望开始不像当初那么强烈了。核武器的研制成功，更使美国决策者相信美国可以单独击败日本，而不需要苏联参战。为此，杜鲁门总统在原子弹试验成功后，便下令对日本使用原子弹。1945年7月24日，杜鲁门在波茨坦会议期间，向斯大林透露美国研制出一种威力异常大的炸弹，并且打算对日本使用。美军在1945年8月6日，即苏联宣布对日作战的前两天，向广岛投掷了一颗原子弹，三天以后又对长崎投掷了另外一颗原子弹。杜鲁门下令对日使用原子弹的动机，学者看法不一，众说纷纭。比较传统的看法是，美国政府决定对日使用原子弹的动机纯粹是军事性的，即把原子弹当作战争武器，用来减少美军的伤亡。杜鲁门总统本人也是这么认为的。[10]但是，1965年，美国学者加尔·阿尔佩罗维茨(Gar Alperovitz)出版《原子外交》一书,对这一看法提出了质疑,努力证明美国决定使用原子弹的基本动机不是减少美军的损失和击败日本,而是阻止苏联参战,从而避免苏联在远东扩展其势力,同时美国通过向苏联展示原子弹的强大威力,来迫使苏联在战后一些国际问题上作出让步。[11]此后他又利用新披露的材料,在《原子外交》的修订本和其他著述中论证他的这种看法。[12]阿尔佩罗维茨的观点,曾经遭受不少人的批评。随着越来越多有关材料的解密,现在有很多学者开始承认他的看法有可取之处,杜鲁门政府在决定使用原子弹时,的确有政治考虑,尽管目前占主导地位的观点是,军事方面的考虑是第一位的,而政治动机则是第二位的。[13]

我认为,最后一种解释是比较容易让人接受的,因而我同意这种看法。虽然不能说美国决定对日使用原子弹是经过深思熟虑的对苏战略,但是杜鲁门政府无疑希望原子弹的使用,能达到除减少美军损失和击败日本之外的政治目的,即阻止苏联在远东扩展其势力,以及通过向苏联展示美国的核力量,使苏联在战后国际问题上有所让步。[14]也就是说,美国在日本使用原子弹,从一定意义上说,是美国推行核外交的一种表现。但是,美国并没有达到其目的。苏联在1945年8月8日,即美国在广岛投掷原子弹的第三天,毅然宣布对日作战,苏联红军向中国的东北挺进,击败日本关东军,紧接着又进入朝鲜半岛。苏联的参战,实现了其在远东的利益,而且帮助朝鲜半岛北半部建立人民民主政权,也有助于中国共产党在东北发展自己的力量,为日后同国民党当局的斗争创造有利的条件。而这正是美国远东政策所要努力避免发生的事。更重要的是,杜鲁门在波茨坦就美国核武器研制成功的事实,先是严守秘密然后是以"顺便提到"的口气向斯大林夸耀美国"拥有一种破坏力巨大的新武器"的做法,以及美国抢在苏联宣布对日作战前向日本投掷原子弹的事实,加深了斯大林对美国领导人的不信任和猜疑。苏联领导人不仅没有因为美国显示核威力而在美苏有争端的问题上对美国让步,而且下令加快苏联的核武器研制工作,与美国较量。[15]可以说,美国的在二战结束前夕的核外交深化了美苏在战后初期的对抗,是加快战后东西方冷战到来的一个不容忽视的因素。正因为如此,美国有学者认为,冷战始于美国在广岛和长崎使用原子弹。[16]

冷战开始后,美国政府频繁使用核威胁,试图在东西方斗争中实现自己的政治目的。如本书第二章所述,在战后四十多年的冷战中,东西方冲突接连发生。从 20 世纪 40 年代末至 70 年代初,美国凭借核垄断和核优势,多次在东西方危机中使用核外交。

1948 年 6 月,苏联封锁西柏林的陆上和水上交通,导致东西方在西柏林问题上发生了一场严重的危机。为了迫使苏联尽早解除对西柏林的封锁,美国在危机最紧张的阶段,于 1948 年 7 月中旬把 60 架可以携带原子弹的 B-29 轰炸机派到英国的空军基地。此举的意图是很明显的,即对苏联进行核威胁。因为美国在 1945 年 8 月就是利用 B-29 轰炸机把两颗原子弹投掷到日本的广岛和长崎的,作为当时唯一核运载工具,B-29 轰炸机几乎与核武器等同。虽然今天我们已经知道,美国派往英国的 B-29 轰炸机实际上并没有携带原子弹,也未经改装,不可能携带原子弹。不仅如此,那时美国总共才有 50 枚原子弹,只有大约 30 架改装好的 B-29 轰炸机可以运载原子弹。[17]但是,当时外界并不知道底细,而美国就是有意要让苏联相信这些飞机上有原子弹,以核威胁迫使苏联解除柏林封锁。[18]目前还不清楚苏联是否注意到美国的行动以及是否受到美国核威胁的影响。但是,美国国务卿马歇尔、总统杜鲁门以及英国外交大臣都坚信,美国的核威胁在柏林封锁中起了作用,它迫使苏联不敢阻止西方对西柏林的空运,并且最后解除了封锁,没有发动对西方的军事进攻。[19]这是美国在冷战开始后第一次施展核外交。

20 世纪 50 年代上半期,美国在几次发生在亚洲的东西方冲突中,频频使用核外交,特别是艾森豪威尔政府更把核威胁上升到战略的高度。1950 年 6 月朝鲜战争爆发,杜鲁门政府不能肯定苏联是否出兵朝鲜。为了打消苏联出兵的念头,杜鲁门政府向苏联显示美国的核威力。1950 年 11 月,杜鲁门批准了向英国派遣 B-29(实际上没有携带核武器)的决定,这是美国政府重演柏林封锁时的把戏。[20]当年 10 月中国人民志愿军赴朝参战,很快便把战线推回到"三八线"附近,给美军为首的联合国军以沉重打击。在这个时候,杜鲁门政府再次使用核威胁,试图阻止中国人民志愿军和朝鲜人民军向南推进。1950 年 11 月 30 日,杜鲁门在记者招待会上说,美国政府一直在"认真考虑"在朝鲜使用原子弹。他甚至声称,朝鲜战场的美国指挥官可以决定什么时候使用原子弹。[21]这是赤裸裸的核威胁,尽管几天以后杜鲁门在会见来访的英国首相艾德礼(Clement Attlee)的时候向后者保证美国并没有打算使用原子弹。[22]美国国务卿迪安·艾奇逊认为,美国的核威胁促使北京和平壤坐到停战的谈判桌前。[23]

1953 年 1 月艾森豪威尔接任美国总统,其国务卿约翰·杜勒斯(John Dulles)不断鼓吹美国以核战争威胁为手段,阻止苏联共产主义“侵略扩张”。这便是后来艾森豪威尔政府所执行的、杜勒斯所说的“大规模报复战略”和“战争边缘政策”的主旨,它在朝鲜战争、印度支那战争以及第一次台湾海峡危机中得到运用。艾森豪威尔就任总统后,美国政府为了打破朝鲜谈判的僵局,通过一些渠道向中国暗示,美国准备使用核武器。例如,1953 年 5 月,杜勒斯在印度首都新德里对印度总理尼赫鲁(Jawaharlal Nehru)说:“如果不能实现停战,美国就不必对使用核武器的后果负责。”[24]杜勒斯和艾森豪威尔都认为,1953 年 7 月 27 日达成朝鲜停战协议,主要便是由于美国威胁使用原子弹,促使中国和朝鲜在战俘问题作出让步。[25]但是,并没有证据表明,中国得到美国威胁要在朝鲜使用原子弹的信息以及中国是在美国核威胁的压力之下而让步的。1954 年春,法国军队在越南北部的奠边府陷入重围,艾森豪威尔政府也暗示,如果中国公开干涉,美国空军将对中国华南的战略要地进行攻击,而且不排除使用原子弹。杜勒斯认为,虽然日内瓦协议的结果不算西方的胜利,但是它保证南越、老挝、柬埔寨没有落入共产党政权的手中,这是因为美国战争威胁的结果。[26]1954 年 9 月 3 日始,中国人民解放军福建前线部队炮轰金门,第一次台湾海峡危机从此开始。1955 年初,中国人民解放军解放了包括一江山岛和大陈岛在内的一些浙江沿海岛屿。为了阻止中国人民解放军解放福建沿海岛屿金门、马祖,1955 年 3 月,艾森豪威尔以及副总统尼克松都在公开场合向中国暗示,如果金门、马祖遭受攻击,美国准备使用核武器。[27]1955 年 4 月,中国总理周恩来在万隆出席亚非会议时发表声明,中国愿意就缓和台湾海峡紧张局势同美国坐下来谈判。接着,他又于同年 5 月在人大常委会的一个报告中指出,中国希望以和平手段解决台湾问题。美国作出了积极的反应,中美大使级谈判在 1955 年 8 月举行,第一次台湾海峡危机也得以平息。杜勒斯认为,美国的核威胁又起了作用。[28]在 1958 年第二次台湾海峡危机期间,美国参谋长联席会议曾经计划,如果中国决定夺取金门、马祖等沿海岛屿,那么美国将使用低当量原子弹(相当于投在日本广岛和长崎的原子弹的当量)对中国进行核打击,预计在上海、南京和广州将有数百万平民伤亡。[29]美国国务卿杜勒斯也宣布,金门"更加密切地"关系着台湾的安全,美国海军陆战队将可以发射原子弹的榴弹炮运进金门。[30]尽管艾森豪威尔被称为第一位把核武器视为"常规"武器的美国总统[31],但是有研究者指出:虽然他同意美国出于威慑的目的对对手使用核威胁,但他始终拒绝使用核武器。[32]

在20世纪60年代初至70年代初期间,美国政府曾经三次在同苏联的严重冲突中,宣布进入核战备状态,以此影响苏联的行为。这也是美国核外交的表现形式。宣布进入核战备状态,有双重目的。一个是军事目的,即准备万一发生美苏间的全面战争而使用核武器;另外一个是政治目的,以核威胁向对手显示自己的决心,从而达到迫使对手让步的目标。[33]由于核时代美苏间战争的巨大毁灭性,两个超级大国都努力避免核战争,因此宣布核战备状态的政治目的就显得更为重要。

1960年5月1日,即巴黎四国首脑会议召开前夕,苏联的防空导弹在苏联领空击落了一架美国U-2高空间谍飞机,该机驾驶员弗朗西斯·鲍尔斯(Francis Powers)当场被俘。苏联领导人对美国长期以来派间谍飞机侵犯苏联领空的行径极为恼火,所以利用这一事件对美国进行谴责。但是,赫鲁晓夫不希望因此使拟议中的巴黎首脑会议流产,仍按原计划出席首脑会议,只是要求美国领导人对U-2事件公开表示道歉。5月15日晚,抵达巴黎的美国总统艾森豪威尔、国防部长托马斯·盖茨(Thomas Gates)得到情报说,赫鲁晓夫在次日早晨召开的四国首脑会议开幕式上,可能因为U-2事件对美国领导人发难。盖茨征得总统的同意,于当天夜里给美国军方发布命令,让美军进入战备状态。次日凌晨,美国参谋长联席会议下令包括核战略部队(战略空军司令部)在内的美国三军进入三级战备状态。虽然盖茨命令美军秘密进入战备状态,但是像进入战备状态这样的大规模军事行动是难以不透风声的。美国报纸和电视很快就报道了这个行动。[34]16日上午,赫鲁晓夫在首脑会议上指责美国间谍飞机侵犯苏联领空,要求艾森豪威尔公开表示道歉。但是,艾森豪威尔拒绝这么做,赫鲁晓夫于是提出艾森豪威尔访苏日期应推迟,并且率领苏联代表团走出会场,以示抗议。巴黎首脑会议因为U-2飞机事件而"流产"。[35]美国这次宣布的核战备状态只持续24小时,没有证据表明它对苏联领导人的行为产生了影响。

接着在1962年10月古巴导弹危机中，美国再次以宣布进入核战备状态对苏联进行核威胁。这次宣布进入核战备状态比上一次要严重得多，而且目的十分清楚，就是要让苏联感觉到美国的核威胁，迫使苏联从古巴撤走导弹。1962年10月22日晚，肯尼迪在电视讲话中，宣布美国对古巴进行海上封锁。他明确提出，从古巴发射的任何攻击西半球国家的导弹都将引起美国对苏联的“全面报复”。与此同时，美国三军进入二级战备状态，战略轰炸机和洲际弹道导弹作好了核攻击准备。根据美国战略空军司令部司令托马斯·鲍尔(Thomas Power)将军的回忆，美国故意要让苏联知道美国进入核战备状态。[36]如上一章所述，美苏在古巴导弹危机中走到了核战争的边缘，两国最后达成了妥协，平息了危机。美国的核外交在古巴导弹危机中表现得最为充分。

美国在1973年10月的第四次中东战争中，再次也是冷战中最后一次宣布进入核战备状态。战后以来，中东地区多次爆发战争，导致严重的国际危机。1973年10月6日，埃及和叙利亚对以色列发动突然袭击，第四次中东战争爆发。美国的政策是保证其盟友以色列的安全，同时避免埃及和叙利亚在军事上获胜，从而阻止苏联扩大在中东的影响。在战争中，美苏两国都出面干涉，希望各自支持的一方处于有利的地位。在美苏和联合国的干预下，交战双方于10月22日达成了停火协议。但是，10月24日，以色列违反协议，继续对埃及发动进攻，埃及第三军处于以军的重围下。埃及总统要求苏联和美国派军队出面干涉。苏联向美国提出由两国共同向中东派兵，来确保中东停火协议的执行，同时苏联七个空降师奉命进入戒备状态，准备开赴中东。美国政府予以断然拒绝，因为在尼克松的国家安全事务助理基辛格看来，允许苏联出兵中东，会导致今后苏联对中东事态发展的严重干涉，有损美国的利益。[37]美国政府一方面向苏联政府明确表示，美国不能容忍苏联向中东派兵的举动，另一方面命令包括战略核部队在内的美国武装部队处于三级战备状态。美苏两国在古巴导弹危机之后，又一次面临着直接对抗的危险。10月25日下午，苏联领导人勃列日涅夫通过苏联驻美国大使多勃雷宁，给尼克松转交一封信。信中说，苏联将同美国一道派70名代表(而不是军队)去中东观察停火协议的执行。基辛格认为，苏联在危机中“缩回去了”，避免了美苏军事对抗。[38]当天安理会通过决议，呼吁交战双方遵守22日的停火协议。次日，美国取消战备状态。美国的核威胁是否对苏联的行为起了作用？这是目前还难以回答的问题。有学者认为，勃列日涅夫本来就没有真的打算向埃及派军队，因此美国的核威胁是无效的，相反它激怒了苏联领导人，损害了两国的关系。[39]

上面谈的是美国在东西方对抗中开展核外交的实例。由于在战后初期美国一家垄断核武器，而且在1949年8月苏联成功试验原子弹、打破美国核垄断后的很长一段时间，苏联在同美国的核力量对比中处于劣势，它不可能像美国那样频繁使用核威胁来达到政治目的。但是，当苏联的核力量有了较大发展之后，苏联领导人赫鲁晓夫也运用了核外交，尽管这样的例子比美国少。1956年7月，埃及纳赛尔政府宣布收回苏伊士运河主权。英国和法国决定用武力收回对运河区的控制，因而联合埃及的宿敌以色列，对埃及发动军事入侵。赫鲁晓夫向艾森豪威尔建议，美苏采取联合行动，阻止对埃及的侵略。虽然美国反对英法的行为，但是它不同意与苏联一起采取行动。赫鲁晓夫又致信英国首相，提醒英国领导人，苏联的导弹可以对英国进行毁灭性攻击。苏联还照会英、法、以三国，它准备在必要的时候进行干涉。[40]这是赫鲁晓夫进行核威胁的一个典型事例。由于美国的反对以及苏联的威胁，英、法、以很快就停火，并且从埃及撤军。再如1958年美军在黎巴嫩登陆，赫鲁晓夫对美、英发出警告，提请注意苏联的原子武器力量，并在私下向美国传递信息："如果美军向伊拉克移动，那么美国第六舰队将变成一堆废铁。"[41]又如1961年赫鲁晓夫在柏林危机中向美国发出这样的信息："如果摊牌，英、法、意都是人质。"[42]

1973年第四次中东战争之后，美苏再也没有进行类似的核威胁。其原因大概是，从20世纪70年代初起，苏联取得了与美国的核战略力量的大致平衡，而且随着两个超级大国核武库的迅速扩大，两国对核战争的危险也有了更深的认识，避免因为各种因素而导致两国的核冲突已成为美苏两国的共识。可能引起紧张冲突的核威胁，自然不再成为它们热衷使用的外交手段。

总之，在冷战时期，美苏两个超级大国频繁使用核威胁追求政治目的。核威胁是否在冷战中达到了预期目的？这是一个难以准确回答的问题。但是有一点可以肯定的是，冷战时期发生的一系列冲突事件，特别是

1962年的古巴导弹危机，使得两个超级大国领导人充分认识到了核外交的危险性，从此两国实施核外交的事例日趋减少。

第三节　核军备竞赛和控制

长期、紧张和愈演愈烈的美苏核军备竞赛，可以说是核武器对东西方冷战最大、最明显的影响之一，它本身构成东西方冷战的一个重要方面。苏联驻美国大使多勃雷宁甚至说：在整个战后历史时期，军备（主要是核军备）控制问题“构成了苏美关系的核心”[43]。可见军备竞赛和控制在东西方冷战中所占据的重要地位。

核武器的问世是革命性事件，对国际政治产生了意义深远的影响。但是，核武器并没有改变国际体系的基本性质，即国际体系的无政府状态。无政府状态决定了国际体系同国内社会有着本质的区别，前者是一个“自助系统”。[44]国际体系的这个基本特点或性质，决定了主权国家，特别是大国，只有依靠自己的力量，或增强军事实力，或与他国结盟，或保持中立，来维护本国的安全。在战后两极国际体系中，美苏两国互为对手，为了抵制对方的威胁，两国竞相发展自己的军事实力，首先是增强核军备力量。这是导致东西方核军备竞赛的基本动因，它是贯串于冷战中的一根主线。[45]

如前所述，美国在第二次世界大战结束前夕先于他国，成功地研制出原子弹，并且在战后最初几年，一家垄断核武器。美国政府知道苏联也在研制核武器，并且估计苏联大约于1951年中期也会造出一颗原子弹来。[46]但是，苏联制造出原子弹的时间，比美国政府估计得要早，使战后东西方的核军备竞赛提前到来。

如果说美国研制核武器，主要是因为怕纳粹德国先于自己造出这种武器的话，那么苏联研制核武器则主要是因为美国的刺激，是为了同美国竞争。根据冷战后披露的材料，斯大林战时获知美国在研制原子弹之后，便下令组织苏联的核武器研制班子。苏联的情报机关大约从1943年起，陆续得到其他国家的一些有关研制原子弹的机密材料，从而加快了苏联的研制过程。[47]但是，在战时，苏联在这方面投入的人力、物力较少，研究规模不大，没能取得令人满意的成果。[48]1945年7月，美国总统杜鲁门在波茨坦告诉斯大林美国造出一种全新的武器之后，斯大林表面上无动于衷，实际上私下火急催促苏联的原子弹研制工作。他从柏林一回到莫斯科，就召见负责研制工作的库尔恰托夫(Igor Vasilyevich Kurchatov)，要他加快速度工作，并且让拉夫连季·贝利亚(Lavrentij Beria)主抓这项工作。[49] 1946年1月25日，斯大林下令核武器研制工作要以“俄国的规模”进行，不能再花时间从事“小规模”的研制工作，为此要为研制班子提供“最广泛、最需要的帮助”。[50] 1946年12月，苏联第一座原子反应堆投入运转，1949年8月29日，苏联终于成功地爆炸了第一颗原子弹。有关苏联研制第一颗原子弹的许多材料已经公开，现在人们可以比较清楚地了解这个过程。[51]但是，有些问题目前还没有答案，其中包括参加美国曼哈顿工程的科学家是否曾经向苏联提供过制造原子弹的秘密。前克格勃高级官员帕维尔·苏多普拉托夫(Pavel Sudoplatov)在1994年发表的回忆录中声称，参加曼哈顿工程的几位杰出科学家，包括曼哈顿工程的负责人、美国“原子弹之父”罗伯特·奥本海默(Robert Oppenheimer)在内，曾向苏联情报人员提供了制造原子弹的机密。[52]但是，该书有很多明显的史实上的错误，他关于参加曼哈顿工程的科学家向苏联提供机密材料的说法也没有足够的证据，因此受到很多人的批评。但是，从已有的材料可以肯定的是，苏联情报部门的确积极寻求曼哈顿工程的机密材料，为苏联研制原子弹作出了一定的贡献。[53]

也就是说，美国研究和制造出原子弹的事实促使苏联开始秘密地同美国进行核军备竞赛。所以，从某种意义上说，美苏核军备竞赛始于二战期间，特别是在美国爆炸第一颗原子弹和在日本使用原子弹之后。但是，由于美国不清楚苏联的核研究计划，并估计苏联不会很快造出原子弹，在美国的核垄断被苏联打破之前，美国还没有同苏联进行核竞赛的计划和准备，说美苏之间的核军备竞赛开始于1949年8月苏联爆炸第一颗原子弹更为准确。苏联原子弹的爆炸，给美国以极大的震动，正如麦乔治·邦迪(McGeorge Bundy)所说的：“苏联的首次核试验不啻是对华盛顿的当头一击。”[54]这不仅是因为苏联获得原子弹的时间比美国估计得要早，也由于苏联爆炸原子弹的时候，以美苏为首的东西方冷战已经全面展开，两国在1948年夏至1949年春在西柏林严重对峙之后，苏联核武器研制成功，这无疑增强了它同美国斗争的力量。杜鲁门总统的最主要反应措施是决定研制比原子弹威力更大的热核武器——氢弹。1950年1月31日，杜鲁门总统正式批准了制造热核武器的报告。[55]美国政府作出这个决定的原因很清楚，即不能让苏联先于美国拥有氢弹。[56]在杜鲁门决定制造氢弹的第二天，即1950年2月1日，《纽约时报》就披露了这个决定，美国制造氢弹于是成了公开的新闻。而苏联在爆炸第一颗原子弹之后，很快又开始研制热核武器。美国和苏联分别在1952年10月和1953年8月成功进行了氢弹爆炸试验。总之，自1949年8月苏联爆炸第一颗原子弹、打破美国的核垄断起，美苏核军备竞赛全面展开，核军备竞赛从此成了战后东西方冷战的重要内容。

在美苏双方都研制出原子弹和氢弹之后，东西方核军备竞赛除了改进核弹头和增加核弹头储备外，主要表现为核运载工具的竞争。从20世纪50年代中期到60年代末70年代初，主要是竞相发展战略轰炸机、洲际弹道导弹、战略核潜艇等远程战略核运载工具。美国在很长一段时间在核军备竞赛中处于有利的地位，拥有核优势。但是，苏联不甘落后，奋力追赶，甚至在发展洲际导弹等方面一度领先于美国。特别是在1957年10月，苏联用一枚洲际弹道导弹将世界第一颗人造地球卫星送上轨道，这让美国人受到极大震动。于是，美国政府投入大量资源发展洲际弹道导弹，以便缩短与苏联的所谓"导弹差距"。到20世纪70年代初，美苏两国的战略核力量对比开始大致平衡。20世纪70年代以后，美苏核军备竞赛的主要特点是，由数量竞争转向质量竞争，并且发展新型的核运载系统。其表现在：提高核武器的命中精确度，使核弹头轻型化，发展和部署多弹头分导式导弹、机动导弹、巡航导弹以及潜射导弹等。美苏还投入力量发展反导弹系统，尤其是美国总统里根在1983年提出"星球大战"计划，开始研制多层次阻截导弹的战略防御系统。

美苏核军备竞赛愈演愈烈，成为东西方冷战的一大特征。据统计，从1945年到1990年间，美国核试验次数为929次，苏联为671次。[57]世界核武库因此迅速扩大。到20世纪90年代初，世界已拥5万枚以上的核弹头，爆炸力相当于130亿—160亿吨炸药，等于二战中所用炸药的5 000倍，其破坏力为投掷在广岛原子弹的100万倍。在世界核武库中，美国和苏联两家生产与储存的核武器，包括核弹头和运载工具，占世界的96%以上。[58]

美苏核军备竞赛的影响是巨大和深远的。随着核武库的迅速扩大，爆发核大战的危险也在增长，这是美苏两个超级大国不能不正视的问题。美苏两国都投入大量的人力、物力资源，用于生产和储备核武器，两国的经济发展无疑因此受到极大的影响。另外，随着美苏核军备竞赛的展开和深化，核扩散成了世界上的一大问题。这些因素，尤其是核战争的威胁，使得美苏两国认真考虑如何防止核大战的爆发和消除核军备竞赛的诸多不良后果，于是东西方的核军备控制就应运而生了。从某种意义上说，核军备控制是核军备竞赛的产儿。其最基本的目的就是减少以至消除核战争的危险，当然也有减低军费开支、改善政治关系、限制对方和第三国的核军备发展等目的。本书所说的核军备控制，包括三个方面的内容：通过改进双方的通信联络和增强信任措施，以防止因为判断失误而发动核攻击；限制核武器的试验、种类、数量、质量和部署；部分裁减乃至全面销毁核武器。[59]最后一方面内容，即核裁军，属于核军备控制中最高层次的内容。东西方核军备控制的过程，受制于东西方冷战的发展。总的来说，在20世纪80年代中期以前，东西方核军备控制基本只限于建立防止发生核战争的信任措施以及限制核武器的试验、种类、数量、质量和部署等，在20世纪80年代中期以后，东西方才开始认真谈判和实施核军备的裁减。

冷战中东西方核军备控制的谈判大致可分为三个阶段，各个阶段都达成了一些协议。二战结束到20世纪60年代末为第一个阶段。早在1946年6月美国就提出了建立国际原子能管制的计划，即“巴鲁克计划”，它因杜鲁门总统任命的美国在联合国原子能委员会的首位代表巴鲁克而得名。这可以说是世界上第一个核军备控制计划。按照这个计划，世界上的原子能发展与使用的所有方面都由一个国际原子能发展机构来管制，任何把核燃料用于武器发展的违约行为都将受到严惩，在该机构建立起管制后，终止制造原子武器，销毁所有现存储备。由于美国当时已经研制出原子弹，“巴鲁克计划”显然有助于美国垄断核武器生产技术。苏联正在积极研制原子弹以打破美国的核垄断，所以坚决反对该方案，提出完全禁止拥有、生产和使用原子武器，而不是达成一项国际控制协定。[60]虽然美国操纵联合国表决机器，于1948年11月通过了“巴鲁克计划”，但是该计划并未能付诸实施。1949年8月，苏联爆炸了自己的原子弹，从此东西方核军备竞赛全面展开。此后，虽然美苏都提出了一些核军备限制和裁减的建议,苏联还在1958年3月决定单方面停止核试验,但是在20世纪60年代初期以前,双方没有达成有关核军备控制的实质性协议。1962年10月古巴导弹危机使得美苏充分感受到了核对抗的危险,促使它们开始认真考虑防止核战争的措施。1963年6月20日,美苏达成了《热线协定》,在莫斯科和华盛顿之间建立了直接的无线电和电话联系,以便两国领导人在危机期间能够保持联系,防止因事态失控而导致双方的核对抗。[61]这可以说是冷战期间东西方之间第一个减少核战争危险的核军备控制协定。此后不久,苏联、美国和英国于1963年8月5日签署了《禁止在大气层、外层空间和水下进行核武器试验的条约》,即《部分核禁试条约》。《部分核禁试条约》有助于减少核试验对人类的威胁,显然有积极的意义。但是在当时的条件下,美苏达成这个协议,也是为了阻止其他国家拥有核武器。因此,正在研制核武器的中国坚决反对。1968年7月1日,包括美苏在内的115个国家签署了《不扩散核武器条约》,旨在阻止核俱乐部成员国的扩大和减少核战争的危险。

20世纪70年代初期到80年代中期为第二个阶段。20世纪60年代末70年代初,苏联取得了同美国战略核力量的大致平衡,与此同时,东西方关系得到了较大的改善,进入了"缓和"时期。受政治关系的改善和战略核平衡的事实之影响,东西方核军备控制在70年代取得了较大的成果。这个时期核军备控制谈判的重点是限制战略武器。这项谈判开始于1969年11月,分为两个阶段。美苏在1969年11月17日至1972年5月27日进行第一阶段限制战略武器的谈判,即SALT-I。其结果是1972年5月双方签署的《美苏关于限制进攻性武器的某些措施的临时协定》和《美苏关于限制反弹道导弹系统条约》。前者规定了其后5年美苏战略核导弹的数量,但是对导弹质量的发展以及核弹头的数量未加任何限制;后者规定两国只在首都以及另外一个地点部署反弹道导弹系统,1973年签署的《美苏关于限制反弹道导弹系统条约议定书》对此作了补充,将部署地点限定为一个。1972年11月21日至1979年6月18日,美苏进行了第二阶段限制战略武器的谈判,即SALT-II,主要目标就是把双方业已达成的临时协定变成永久性协议。1979年6月18日,美苏签署了《关于限制进攻性战略武器条约》,将每一方的核武器运载工具的数量上限规定为2 400枚,其中多弹头分导重返大气层运载工具(MIRV)不超过1 320枚。由于1979年底苏联入侵阿富汗，美国国会没有批准这项条约，它成了一纸空文。在20世纪70年代，美苏还达成了其他一些核军备控制的协议，如《减少核战争爆发危险的若干措施的协定》（1971年9月30日）、《美苏防止核战争协定》（1973年6月22日）、《关于限制核武器试验条约》（1974年7月3日）、《关于和平利用地下核爆炸条约》（1976年）等。[62]从1979年12月底苏联入侵阿富汗到80年代上半期，美苏关系进入"新冷战"阶段，东西方核军备控制谈判没有取得任何实质性成果。

20世纪80年代中期以后，随着苏联领导人戈尔巴乔夫提出和实施"新的政治思维"以及东西方冷战逐步走向结束，东西方核军备控制也进入了一个崭新的阶段。东西方之间不仅增强了防止爆发核战争的信任措施，而且部分裁减和销毁已有的核武器。经过双方的积极谈判，1987年9月17日，美苏就销毁两国的中程和中短程导弹达成原则性协议。双方同意销毁的核导弹主要包括：美国部署在西欧的256枚巡航导弹和108枚潘兴II式导弹；苏联部署在欧洲和亚洲的441枚SS-20导弹和112枚SS-4导弹，以及130枚中短程导弹。1987年12月8日，美苏首脑正式签署了《美苏消除两国中程和中短程导弹条约》。根据这个条约，美国和苏联分别销毁859和1 752枚中程和中短程导弹（它们到1991年5月已全部销毁），其在两国核武库中所占的比例大约为4%。1991年7月31日，美苏两国又签署了《美苏削减战略武器条约》，规定双方各自削减大约三分之一的战略核武器，限定了各方战略核力量的数量及弹道导弹的总能力，并就核查方式、条约期限等方面作了规定。这是冷战时期东西方核军备谈判所取得的最大成果。除了核裁军，东西方在这个时期还就减少核战争的危险，达成了一些协议，如1987年9月15日签署的《美国苏联减少核危险中心协定》，该协议规定，在两国首都建立减少核危险中心，通过卫星传真线路彼此通报向对方方向发射弹道导弹的情况。其目的是便于双方在国际局势紧张时加强联系，减少误会，从而降低爆发核战争的可能性。[63]

第四节　核武器与"长和平"

战后东西方关系之所以被称为冷战，就是因为冷战两个最主要参加国——美国和苏联之间始终没有发生直接和公开的军事对抗。在战后四十多年冷战期间，尽管世界上的政治、经济和军事冲突不断，但是人类一直没有经受像第一次世界大战和第二次世界大战那样的灾难。冷战于是成了世界历史上一个相对稳定、没有世界大战的“和平时期”。[64] 正是由于这个原因，美国著名冷战史学者约翰・刘易斯・加迪斯(John Lewis Gaddis)教授在 20 世纪 80 年代后期，把冷战称为“长和平”(Long Peace)。[65] 从此，“长和平”这个词几乎同“冷战”一样，被人们广为使用，它成了“冷战”的代名词。冷战最终没有变成热战，这已经是不容争辩的历史事实。问题是，核武器的问世和发展，同冷战没有变成热战、世界上没有爆发大战是否有联系，或者说核武器与“长和平”有多大的关系？这是一个已经引起人们激烈争论的重要学术问题。[66]

一部分学者认为，核武器的巨大毁灭性消除了发动战争的欲望，因而维持了世界和平。例如，美国防务分析专家爱德华・鲁特瓦克(Edward N. Luttwak)指出：“我们自 1945 年以来没有再遭受另外一次世界大战，正是因为健全的理智……它在核恐怖之下保证了长期的和平。”[67] 又如，美国著名国际政治理论家肯尼思・华尔兹(Kenneth N. Waltz，又译“肯尼思・沃尔兹”)声称：“美国和苏联或者北约和华约之间发生战争的可能性实际上为零，这是双方军事计划和部署连同害怕冲突升级为全面核大战的结果。”[68] 再如，英国历史学家罗伯特・瑟维斯(Robert Service)认为：“美苏之所以能够避免‘热战’——不仅是在 20 世纪 80 年代初，而且在整个冷战时期——是因为双方都确切地知道，对方拥有足以发起一场毁灭性反攻的武器。”[69] 也就是说，核武器是“长和平”的关键因素。

与上述观点截然相反的是，有的学者认为，核武器同“长和平”几乎没有什么关系。其主要代表人物是罗彻斯特大学教授约翰・米勒(John Mueller)。米勒教授在 1988 年发表的一篇很有争议的论文中努力论证下面一个观点，即“尽管核武器可能对政治辩论、公众思想以及国防预算和计划产生了极大的影响，但是不能肯定它对第二次世界大战以后的世界事务施加了重大的影响。核武器似乎并不是防止第三次世界大战、决定联盟模式或者导致美国和苏联行为谨慎的不可缺少的因素”。米勒声称：“……如果没有核武器，战后世界大概也会是这样的。即使没有核武器，人们对二战的记忆、超级大国对战后世界现状的满足、苏联意识形态的性质以及害怕冲突升级的心理等因素，也会阻止世界大战的爆发。核武器看来并不是影响冷战的发展、联盟的模式或者大国行为方式的决定性因素。”[70]

如果没有核武器，冷战是否会变成热战？这是一个永远也不可能得到准确回答的问题。历史的进程同自然科学的实验过程不一样，不能得到反复和精确的论证，它导致历史研究具有无法摆脱的局限性。历史学家所能做到的至多只是对某个历史进程或事件作出接近客观事实的判断和分析。

我认为，核武器是促成“长和平”的重要因素，但不是唯一的因素。[71]如前所述，核武器的问世是20世纪的一个革命性事件，它的毁灭性对传统的战争观念产生了强大的冲击，越来越多的人接受这样一个观点，即核战争只会使交战双方毁灭，因而不能成为追求某种政治目的的手段。在整个冷战时期，美国和苏联这两个国家的领导人对此都有比较清醒的认识，尤其是在双方核武库迅速扩大和核大战危险日益增大之后。杜鲁门总统在美国核垄断时期，就很清楚核武器是一种同常规武器具有根本性区别的武器，除非迫不得已，它不可用于实战。例如，杜鲁门在1948年谈到核武器时这么说道：“除非迫不得已，我认为我们不应使用这玩艺。它不是军事武器……它是用来消灭妇女、儿童和手无寸铁的平民的工具……所以，我们必须把它同步枪、大炮这类东西区别对待。”[72]正是这种对核武器性质的认识，使得杜鲁门总统在冷战中确立了下面使用核武器的原则：把核武器当作阻止苏联“威胁”的威慑手段；在威慑失效和发生同苏联的全面战争的情况下，把核武器当作战争的工具。其后美国政府都遵循了上述原则。[73]虽然美国政府在冷战中频繁使用核威胁，但是最后都仅仅是走到核战争的边缘而已，广岛和长崎悲剧始终没有重演。苏联在战后努力打破美国的核垄断和不断扩充自己的核武库，但是其领导人也清楚核武器的独特性和核大战的后果。例如苏联领导人赫鲁晓夫一再声称，在核时代，战争是莫大的灾难，热核战争意味着全世界的毁灭，因此人类在面临核战争的毁灭时，应当遵循“自己活也让别人活的原则”[74]。换句话说，在赫鲁晓夫看来，生存是核时代至高无上的目的。戈尔巴乔夫更是明确指出，“战争是政治的继续”这个原则在核时代已经完全不适用，在核时代，全人类的利益高于一切。[75]1985年11月，美国总统里根和苏共中央总书记戈尔巴乔夫在两国最高级会晤后的联合声明中，向世界宣布“核战争没有胜利者，绝不能进行核战争”[76]。由于这种对核战争威胁的共识，美苏两个超级大国在冷战的紧张对抗中，双方都心照不宣，避免发生直接的军事对抗，这成了美苏共同遵循的处理东西方冲突的一个重要原则。换句话说，冷战时期，美苏之间存在着战略相互依赖，因为“双方都面临对方造成的核毁灭威胁”[77]。因此，尽管冷战时期东西方冲突不断，美苏两国多次走到战争的边缘，但是为了避免核战争，两国最后都达成了妥协，使危机得以平息。尤其是自美苏核战略力量基本平衡之后，两国间再也没有发生类似古巴导弹危机那样的严重冲突。总之，核战争的毁灭性使得美国和苏联在冷战期间都行为谨慎，避免发生直接的军事对抗，从而使冷战没有变成热战。这可以说是核武器对冷战乃至战后整个国际政治最为重大的影响。[78]

但是，我们并不能因此说，冷战之所以是“长和平”，只是由于核武器和核恐怖的存在。首先，冷战是以美苏两国为首的东西方之间严重的地缘政治和意识形态冲突，此种冲突的性质是政治性的，不以一方在军事上征服另外一方为解决冲突的标志。所以在冷战期间，美苏双方基本上以防备对方的军事威胁为其政策的重要基础，而不是积极制订和实施对对方发动先发制人的进攻计划。也就是说，在冷战期间，美苏双方都没有军事上对对方发动主动进攻的动机。其次，由于科学技术的迅猛发展与武器的现代化，第二次世界大战以后美苏之间的常规战争的毁灭性就是巨大的，双方难以忍受。即使没有核武器，美苏两国也不敢轻易发动战争。再次，战后国际力量对比的特点是“两极化”，美苏两家为世界上最强国，其他任何国家无法与之匹敌。这种两极力量格局容易形成两强间的紧张关系，产生冲突和对抗。但是它也使得一方要消灭另一方是不大可能的，即使是借助盟友的力量也难以做到。[79]最后，世界人民包括美苏两国人民在二战之后都有厌恶战争、渴望和平的强烈愿望。第二次世界大战给人民的印象是不可磨灭的，战后人们对避免新的世界大战的渴求是压倒一切的。这也是美苏努力避免战争的一个因素。这些因素同核武器一道，保证了冷战没有变成热战，使得冷战不是“真正的战争”。[80]

小　　结

综上所述，冷战发生在核时代，核武器的问世和发展对东西方冷战产生了重大的影响。核武器的巨大毁灭性,使得美苏两个超级大国在处理相互间的冲突时都行为谨慎,避免发生直接的军事冲突。从这个意义上说,核武器同冷战没有转变为热战有着一定的关系。按照新现实主义理论家肯尼思·华尔兹的观点,生存是一国至高无上的目的。也就是说,除了生存动机,国家的目标可能是无限多样的,但是生存是实现国家其他目标的先决条件。[81]这个结论同冷战时期两个超级大国的行为特征是基本相吻合的,它可以解释为什么两国努力避免发生直接的军事冲突,特别是防止发生核冲突,因为核时代两大国之间的战争很可能是两败俱伤,甚至导致双方的毁灭。

但是,我们又不可过分夸大核武器同"长和平"之间的关系,不能说冷战之所以没有演变成热战只是因为核威慑的结果,因为核武器仅仅是导致"长和平"的众多因素之一。同时,通过分析冷战时期东西方之间的核外交以及核军备竞赛与控制的历史,我们也可以看出,建立在核威慑基础上的和平是不稳定和脆弱的,人类总是面临着核战争的危险。核武库急剧膨胀的结果并不是国家安全程度的提高,而且核军备竞赛还使有关国家背上了沉重的包袱。20 世纪 80 年代末 90 年代初,东西方核军备控制取得了突破性进展,这在很大程度上正是因为双方的政治家总结了数十年核对峙、核竞赛的教训。我想,四十多年的东西方冷战可以给冷战后的政治家提供的一个启示是,核时代战争的代价太高,世界上的国家特别是核大国应该努力以和平的手段解决相互间的冲突和矛盾。我们不应该因核威慑与"长和平"之间的关系而得出如下可能把人们引入歧途的结论:既然核武器阻止了冷战演变为热战,那么冷战后的核军备控制就没有必要,因为核武库越庞大,战争的代价也就越高,世界和平越容易维持。

冷战时期东西方之间的政治对立和长期的核军备竞赛,使得地球上存在着数量极大、毁灭性极强的核武器及其运载工具。这可以说是四十多年的东西方冷战给今天政治家留下的一份难以应对的遗产。冷战的结束和东西方对峙的消失,大大减少了爆发世界核大战的危险,也给进一步控制和销毁核武器创造了良机。然而,冷战的结束并没有导致核时代的消失。冷战后世界上的核武库仍然十分庞大,而且核扩散的危险在增加。在处理这份冷战的核遗产方面,冷战后的世界给人们带来的信息可以说是喜忧参半。

冷战后的核军备控制取得了令人瞩目的成就,但是离人们预期的目标还很远。冷战后期美苏两国签署的核裁军协议继续得到执行,不仅如此,苏联的继承者——俄罗斯在冷战结束后继续同美国就进一步大幅度裁减核武器进行谈判,并且已经取得了实质性成果。如前所述,1991 年 7 月 31 日美苏达成了第一阶段削减战略武器条约,即《削减和限制进攻性战略武器条约》(START-I)。条约规定,双方把各自拥有的核弹头削减至不超过 6 000 枚,运载工具减至不超过 1 600 件。该条约于 1994 年 12 月正式生效,有效期 15 年,于 2009 年 12 月 5 日到期。1993 年 1 月美俄又签署第二阶段削减战略武器条约,即 START-II,该条约规定:美俄各自将部署的战略核武器的弹头数在 START-I 协议所规定限额的基础上再削减约 40%,到 2003 年,每方部署的战略核弹头总数不得超过 3 000—3 500 个;完全撤除分导式多弹头洲际弹道导弹;潜艇发射的弹道导弹弹头不超过 1 750 个。这项协议使得美俄双方实际部署的战略核弹头各自削减了约三分之二,把双方极具威胁性的分导式多弹头导弹全部解除了部署,并且对潜射弹道导弹的弹头数也进行了必要的限制,它表明冷战后的核裁军迈出了一大步,对降低核战争危险和促进世界范围的核军备控制,无疑起了极大的作用。1996 年 1 月美国参议院批准该条约。由于俄罗斯与美国在北约东扩、北约干涉南斯拉夫内战等问题上的矛盾与分歧,俄罗斯杜马没有批准该条约。2002 年 12 月美国正式退出 1972 年美苏反导条约,俄罗斯随即在次年 1 月宣布不再接受第二阶段削减和限制战略武器条约的约束,导致该条约事实上被废除了。2010 年 3 月,美国和俄罗斯就新的核裁军条约达成一致,这一新条约将替代已到期的 START-I,当年 4 月 8 日,美国总统奥巴马与俄罗斯总统梅德韦杰夫在捷克首都布拉格签署新的《削减和限制进攻性战略武器条约》(New START),有效期 10 年,可以延期 5 年。美国国务卿希拉里・克林顿(Hillary Clinton)和俄罗斯外长拉夫罗夫(Sergey Lavrov)于当地时间 2011 年 2 月 5 日在德国慕尼黑交换了新的《削减和限制进攻性战略武器条约》签署文本,美俄新的核裁军条约正式生效。根据新的削减和限制进攻性战略武器条约,美俄各自部署的核弹头数量不得超过 1 550 枚,所部署陆基、海基、空基战略核导弹数量不超过 700 枚,现役和预备役发射装置不超过 800 个。从数量上看,双方可部署核弹头数量减少了约三分之一,运载工具减少了近一半。条约规定,削减目标须在生效后7年内完成。新削减战略武器条约在2021年到期，2021年1月就任美国总统的拜登同意延期该条约5年。即便是按照第二阶段削减战略武器协定美俄实现了战略核武器裁减，美俄双方仍可保留3 000—3 500枚核弹头，它还占全世界核弹头总数的绝大部分，照旧可以给世界以毁灭性的打击。不仅如此，该协议只涉及实际部署的核弹头，不涉及两国大量库存的核弹头，也没要求一定销毁裁减下来的核弹头。[82]到目前为止，世界上的其他核大国还没有加入核裁减的行列。因此，今天的世界离全面核裁军的目标还很远，冷战时期所具有的核威胁虽然已经大大下降，但是远没有最终消失。

冷战后的核扩散问题已经成为世人关注的焦点。由于苏联的解体，原苏联一个核大国分解成俄罗斯、乌克兰、白俄罗斯、哈萨克斯坦等4个有核国家，它们都拥有战略和战术核武器。1992年5月，美国与独联体领导人曾在葡萄牙首都里斯本签署关于苏联国家内原子武器的条约，规定由俄罗斯全权控制苏联境内的核武器，各有核国家境内的核武器均应交由俄罗斯负责销毁。然而，乌克兰、白俄罗斯和哈萨克斯坦三国关于销毁其境内包括战略和战术核武器在内的所有核武器的承诺，遇到了不少阻力。比如乌克兰议会中就有很多人表示，在获得有效的安全保证和足够的其他方面补偿之前不应放弃核武器。[83]到1997年初，只有哈萨克斯坦一国成为前苏联加盟共和国中放弃了核武器的国家。除此之外，冷战后的核扩散问题还表现在：苏联的核材料、核人才流出境外；许多非核国家把拥有核武器视为增强自身实力和国际地位的重要手段，因而努力研制自己的核武器。美国国防部1991年国防报告估计，到2000年，将有8个发展中国家拥有核能力。[84]1998年之后，印度、巴基斯坦和朝鲜也进行了核试验，成为事实上的核国家。核扩散问题已经引起国际社会的普遍关注，防止核扩散的机制（包括《不扩散核武器条约》和联合国原子能机构）得到进一步完善。但是目前还不能说，核扩散已经得到有效的控制。

彻底消除冷战后的核威胁，有待于人们完全改变冷战时所具有的那种关于核武器功效的观念，然而这又是一个很难实现的目标。在冷战时期，核武器被人们视为可以达到某种政治和军事目的的重要工具，那时批评夸大核武器政治、军事功效的声音也有，但是和者甚寡。冷战结束以后，认为核武器由于其巨大毁灭性无助于实现政治、军事目标的人越来越多，出现了一个贬低核武器效用的倾向(主要是在非政府组织和学术界内)。[85]甚至有人主张，我们应当退回到无核世界中去。[86]然而，今天尽管没人怀疑核武器的毁灭性和运用核威慑的危险性，主张继续保持足够核威慑力量的还大有人在，核威慑观念似乎已经深入人心、难以改变。大致说来，学术界里认为核武器政治、军事效用很少的人相对较多，但是也不乏持反对意见的人士。在后一类人中，肯尼思・华尔兹是最著名的代表人物。他至今坚信，核武器可以维持和平。正如1996年华尔兹在北京大学国际关系学院讲学期间接受学术专访时所说的："核武器是世界上最具有防御优势的武器。它可以赋予一个国家的重大利益以巨大的保护力量。拥有核武器的国家及其盟国无疑将受到它的保护，如美国、日本、俄国等。而且，核武器的出现也使得战争的爆发变得极其困难。无论意识形态多么不同的国家，也不敢轻易发动战争。……核武器能维持和平，因为核武器破坏力是如此之大，妄图发动核战争无疑是自杀之举。"[87]实际上，目前世界主要核大国仍然把维持核威慑力量作为自己的重要政策目标。美国前国防部长威廉・佩里(William Perry)1994年9月在史汀生中心的一个讲话表明，今天美国的战争计划与20世纪60年代一样，规定在必要的情况下可以使用核武器。[88]根据1997年3月11日路透社报道，美国能源部已经批准耗资12亿美元建立一个激光中心，用于在不爆炸的情况下试验核武器。俄罗斯总理维克托・切尔诺梅尔金(Viktor Chernomyrdin)和国防部长伊戈尔・罗季奥诺夫(Igor Rodionov)也在1997年2月发表讲话，明确表示俄罗斯一定要保持核遏制能力，要保证俄战略核力量的战斗力。

总之，冷战遗留下来的核问题是今天世界政治家面对的一个难题，它不可能轻而易举地得到解决。回归无核世界还是一个很遥远的目标，保持一个最低水平威慑力量或许是在可见的将来能够实现的目标。无论如何，在今后很长一段时间里，人们还将面对着和冷战时期既相似又略有不同的核威胁。

注释

1. David E. Lilienthal, *The Journals of David E. Lilienthal*, New York: Harper & Row, 1964; Anthony Brown and Charles McDonald, eds., *The Secret History of the Atomic Bomb*, New York: Dial, 1977; David Holloway, *Stalin and the Bomb: The Soviet Union and Atomic*

Energy, *1939 - 1956*, New Haven, CT: Yale University Press, 1994; [美]麦乔治・邦迪:《美国核战略》,褚广友等译,北京:世界知识出版社 1991 年版,第 7—75 页。

2.《日新闻媒介和学者披露证实:日本曾在二战中研制原子弹》,《人民日报》1995 年 7 月 22 日,第三版。

3. [美]麦乔治・邦迪:《美国核战略》,第 68—71 页。

4. [英]保罗・肯尼迪:《大国的兴衰:1500—2000 年的经济变革与军事冲突》(下卷),王宝存等译,北京:中信出版社 2013 年版,第 104 页。

5. William Gay and Michael Pearson, *The Nuclear Arms Race*: *A Digest with Bibliographies*, Chicago, IL: American Library Association, 1987, pp.22 - 23;念渝:《原子弹是这样扔下去的》,《国际展望》1995 年第 17 期,第 20—22 页。

6. 刘金质、梁守德、杨淮生主编:《国际政治大词典》,北京:中国社会科学出版社 1994 年版,第 580 页。

7. [德]克劳塞维茨:《战争论》,北京:总参出版局 1964 年版,第 50、1221 页。

8.《列宁论战争、和平的三篇文章》,北京:人民出版社 1971 年版,第 8 页。

9. [苏]米洛维多夫主编:《列宁的哲学遗产与现代战争问题》,北京:中国对外翻译出版公司 1984 年版,第 49—50 页。

10. [美]麦乔治・邦迪:《美国核战略》,第 122 页;[美]杜鲁门:《杜鲁门回忆录》(第一卷),李石译,北京:生活・读书・新知三联书店 1974 年版,第 35 页;Henry L. Stimson and McGeorge Bundy, *On Active Service in Peace and War*, New York: Octagon Books, 1948; Samuel Walker, "The Decision to Use the Bomb: A Historiographical Update," *Diplomatic History*, Winter 1990, pp.97 - 114.

11. Gar Alperovitz, *Atomic Diplomacy*: *Hiroshima and Potzdam*, *the Use of the Atomic Bomb and American Confrontation with Soviet Power*, New York: Simon and Schuster, 1965.

12. Gar Alperovitz, *Atomic Diplomacy*: *Hiroshima and Potzdam*, *the Use of the Atomic Bomb and American Confrontation with Soviet Power*, revised edition, New York: Simon and Schuster, 1985; Gar Alperovitz and F. Bird, "The Centrality of the Bomb," *Foreign Policy*, Spring 1994, pp.3 - 20.

13. Samuel Walker, "The Decision to Use the Bomb: A Historiographical Update."

14. 在这一点上,我同国内某些学者的看法有所不同。参见戴超武:《美国结束太平洋战争的战略与原子弹的使用》,《世界历史》1995 年第 4 期。

15. [苏]安・安・葛罗米柯:《永志不忘——葛罗米柯回忆录》,北京:世界知识出版社 1989 年版,第 279—281 页;[苏]朱可夫:《朱可夫元帅回忆录》,北京:中国对外翻译出版公司 1985 年版,第 854—855 页。

16. Thomas Paterson, Garry Clifford and Kenneth Hagan, *American Foreign Policy*: *A History since 1900*, 2nd ed., Lexington, MA: D. C. Heath and Company, 1983, pp.429 - 435.

17. [美]约翰・加迪斯:《长和平:冷战史考察》,潘亚玲译,上海:上海人民出版社 2019 年版,第 145 页。

18. Avi Shlaim, *The U. S. and the Berlin Blockade*, *1948 - 1949*: *A Study in Crisis Decision-Making*, Berkeley, CA: University of California Press, 1983, pp.234 - 240.

19. John L. Gaddis, *The Long Peace*: *Inquiries into the History of the Cold War*, Oxford and New York: Oxford University Press, 1987, p.110.

20. Roger Dingman, "Atomic Diplomacy during the Korean War," *International Security*, Winter 1988/89.

21. Dean Acheson, *Present at the Creation*: *My Years in the State Department*, New York: W. W. Norton and Company, 1969, pp.478 - 479.

22. [美]沃尔特·拉费伯尔:《美国、俄国和冷战:1945—2006》(第10版),牛可、翟韬、张静译,北京:世界图书出版公司2011年版,第100页。

23. *FRUS*, 1951, Vol.7, pp.897 - 898.

24. [美]约翰·刘易斯、薛理泰:《中国原子弹的制造》(修订本),李丁等译,北京:原子能出版社1991年版,第13页。

25. *FRUS*, 1952 - 1954, Vol.V, p.1811.

26.《杜勒斯言论选辑》,北京:世界知识出版社1959年版,第221页。

27. Thomas E. Stopler, *China, Taiwan, and the Offshore Islands*, Armonk, New York: M. E. Sharpe, Inc., 1985, pp.89 - 90; Gordon H. Chang, "The Nuclear Brink: Eisenhower, Dulles, and the Quemoy-Matsu Crisis," *International Security*, Spring 1988.

28. John L. Gaddis, *The Long Peace: Inquiries into the History of the Cold War*, p.140;《杜勒斯言论选辑》,第221页。

29. [美]德瑞克·李波厄特:《五十年伤痕:美国的冷战历史观与世界》,郭学堂、潘忠岐、孙小林译,上海:上海三联书店2008年版,第263页。

30. [美]沃尔特·拉费伯尔:《美国、俄国和冷战:1945—2006》(第10版),第162页。

31. 同上书,第126页。

32. [美]约瑟夫·奈:《美国总统及其外交政策》,安刚译,北京:金城出版社2022年版,第76页。

33. Scott D. Sagan, "Nuclear Alerts and Crisis Management," in Sean M. Lynn-Jones, Steven E. Miller and Stephen Van Evera, eds., *Nuclear Diplomacy and Crisis Management*, Cambridge, MA: The MIT Press, 1990, pp.159 - 199.

34. Ibid.

35. [苏]赫鲁晓夫:《最后的遗言——赫鲁晓夫回忆录续集》,上海国际问题研究所和上海市政协编译组译,上海:东方出版社1988年版,第678—680页。

36. Thomas S. Power, *Design for Survival*, New York: Coward-McCann, 1964, p.22.

37. Henry Kissinger, *Years of Upheaval*, Boston, MA: Little, Brown, and Company, 1983, pp.579 - 580.

38. Ibid., p.597.

39. Scott D. Sagan, "Nuclear Alerts and Crisis Management," in Sean M. Lynn-Jones, Steven E. Miller and Stephen Van Evera, eds., *Nuclear Diplomacy and Crisis Management*, pp.159- 199; Richard Ned Lebw, Jamice Gross Stein, "Deterrence and the Cold War," *Political Science Quarterly*, Spring, 1995, pp.157 - 181.

40. [苏]赫鲁晓夫:《赫鲁晓夫回忆录》,张岱云等译,北京:东方出版社1988年版,第621—624页。

41. Gordon Craig and Alexander George, *Force and Statecraft*, New York: Oxford University Press, 1983, p.122.

42. Ibid., p.124.

43. [俄]阿纳托利·多勃雷宁:《信赖——多勃雷宁回忆录》,肖敏、王为等译,北京:世界知识出版社1997年版,第41页。

44. [美]肯尼思·沃尔兹:《国际政治理论》,胡少华、王红缨译,王缉思校,北京:中国人民公安大学出版社1992年版,第122页。

45. Michael Mandelbaum, *The Nuclear Revolution: International Politics before and after Hiroshima*, Cambridge and New York: Cambridge University Press, 1981, p.12, p.88.

46. *FRUS*, 1949, Vol.I, p.491.

47. "Molotov on the Atomic Bomb," *Cold War International History Project Bulletin*,

issue 1, Spring 1992, p.20;《环球》1988 年第 11 期。

48. "Stalin's Secret Order: Build the Bomb on A Russian Scale," *Cold War International History Project Bulletin*, issue 4, Fall, 1994, p.5.

49. [苏]安·安·葛罗米柯:《永志不忘——葛罗米柯回忆录》,第 279—281 页;[苏]朱可夫:《朱可夫元帅回忆录》,第 854—855 页。

50. "Stalin's Secret Order: Build the Bomb on A Russian Scale," *Cold War International History Project Bulletin*, issue 4, Fall, 1994, p.5.

51. David Holloway, *Stalin and the Bomb*.

52. Pavel Sudoplatov, Jerrold L. and Leona P. Schecter, *Special Tasks: The Memoirs of An Unwanted Witness*, Boston, MA: Little, Brown, and Company, 1994.

53. Vladislav, Zubok, "Atomic Espionage and Its Soviet 'Witnesses'," *Cold War International History Project Bulletin*, issue 4, Fall, 1994, pp.50 - 53; Yuri N. Smirnov, "The KGB Mission to Niels Bohr: Its Real 'Success'," ibid., pp.51 - 57; "Beria's Cover Memo to Stalin," ibid., p.57; "The Interrogation of Niels Bohr," ibid., pp. 57 - 59; "Molotov on the Atomic Bomb."

54. [美]麦乔治·邦迪:《美国核战略》,第 274 页。

55. *FRUS*, 1950, Vol.I, p.517.

56. [美]麦乔治·邦迪:《美国核战略》,第 290—297 页。

57. [德]贝恩德·施特弗尔:《冷战 1947—1991:一个极端时代的历史》,钟孟捷译,桂林:漓江出版社 2017 年版,第 132 页。

58. 刘金质、梁守德、杨淮生主编:《国际政治大辞典》,第 537 页。

59. 本书在广义上使用"核军备控制"这个概念,参考了一些学者的提法,如 Michael D. Intriligator and Dagobert L. Brito, *Arms Control: Problems and Prospects*, IGCC Report, 1987; Lynn Eden and Steven E. Miller, ed., *Nuclear Arguments: Understanding the Strategic Nuclear Arms and Arms Control Debates*, Ithaca, NY: Cornell University Press, 1989。

60. 刘磊:《冷战时期美国的核武器政策与国家安全战略》,北京:北京大学出版社 2022 年版,第 30—31 页。

61. 1971 年 9 月 30 日,美苏签署了《关于改进两国直接通信联系的措施的协议》,两国各使用一个卫星通信系统,增设两条直接通信联系的线路。

62. William Gay and Michael Pearson, *The Nuclear Arms Race: A Digest with Bibliographies*, p.122.

63. Ramond L. Garthoff, *The Great Transition: American-Soviet Relations and the End of the Cold War*, Washington, DC: The Brookings Institution, 1994, pp.522 - 541.

64. Sean M. Lynn-Jones, "Preface," Sean M. Lynn-Jones, ed., *Cold War and After: Prospects for Peace*, Cambridge, MA: The MIT Press, 1991, p.ix.

65. John Lewis Gaddis, "Long Peace: Elements of Stability in the Postwar International System," *International Security*, Spring 1986; J. L. Gaddis, *The Long Peace: Inquiries into the History of the Cold War*, New York: Oxford University Press, 1987.

66. Richard Ned Lebw, Jamice Gross Stein, "Deterrence and the Cold War," *Political Science Quarterly*, Spring 1995.

67. Edward N. Luttwak, "Of Bombs and Men," *Commentary*, August 1983, p.82.

68. Robert J. Art and Kenneth N. Waltz, "Technology, Strategy, and the Uses of Force," in Robert J. Art and Kenneth N. Waltz, ed., *The Use of Force*, Lanham, MD: University Press of America, 1983, p.28.

69. [英]罗伯特·瑟维斯:《冷战的终结》,周方茹译,北京:社会科学文献出版社 2021 年版,"导言"第 8 页。

70. John Mueller, "The Essential Irrelevance of Nuclear Weapons: Stability in the Postwar World," *International Security*, Fall 1988.

71. 我的这个判断深受加迪斯教授文章的影响。参见 John Lewis Gaddis, "Long Peace: Elements of Stability in the Postwar International System," *International Security*, Spring 1986。

72. *The Journals of David E. Lilienthal*, p.391.

73. Gaddis, *The Long Peace*, pp.104 - 146.

74. 张汉清、张康琴主编:《社会主义实践与马克思主义》,北京:北京大学出版社 1995 年版,第 266—267 页。

75. [苏]米・戈尔巴乔夫:《改革与新思维》,苏群译,北京:新华出版社 1987 年版,第 177 页。

76. *Nuclear Diplomacy and Crisis Management*, p.31.

77. [美]罗伯特・基欧汉、约瑟夫・奈:《权力与相互依赖——转变中的世界政治》,林茂辉等译,北京:中国人民公安大学出版社 1992 年版,第 9 页。

78. Michael Mandelbaum, *The Nuclear Revolution: International Politics before and after Hiroshima*, pp.9 - 10.

79. Jonathan Knight, "The Great Power Peace: The United States and the Soviet Union since 1945," *Diplomatic History*, Spring 1982, pp.169 - 174.

80. [西德]康拉德・阿登纳语,引自[美]赛・利・苏兹贝格:《七大洲风云四十年:回忆录萃编》(上册),蒋敬 、朱士清等译,天津:天津人民出版社 1979 年版,第 88 页。

81. [美]肯尼思・沃尔兹:《国际政治理论》,第 108 页。

82. 初源盛:《浅论美俄新的削减战略核武器协议和意义和局限性》,《世界经济与政治》1993 年第 1 期;夏立平:《冷战结束后国际裁军与军备控制的特点》,《世界经济与政治》1994 年第 5 期。

83. 陆宝生:《试论冷战后核扩散与防核扩散问题》,《世界经济与政治》1995 年第 6 期。

84. 同上文;吴鹏:《冷战结束后的核控制走向与前景》,《世界经济与政治》1994 年第 3 期;Graham T. Allison, Owen R. Cote, Jr., Richard A. Falkenrath, Steven E. Miller, *Avoiding Nuclear Anarchy: Containing the Threat of Loose Russian Nuclear Weapons and Fissile Material*, Cambridge, MA: The MIT Press, 1996.

85. Michael Krepon, "The Utility and Disutility of Nuclear Weapons: A Military and Poliltical Assessment," Paper presented at the ISODARCO Conference, Chengdu, China, November 11 - 15, 1996.本书作者在这里感谢美国史汀生中心主任迈克尔・克雷庞(Michael Krepon)先生和凯瑟琳・沃尔什(Kathleen Walsh)女士通过电子邮件提供这篇文章。

86. [美]罗伯特・麦克纳马拉:《回顾:越战的悲剧和教训》,陈丕西、杜继东、王丹妮等译,北京:作家出版社 1996 年版,第 347 页。

87. 谢鹏:《肯尼思・沃尔兹教授访谈录》,北京大学国际关系学院编:《国际政治研究》1997 年第 1 期。

88. [美]罗伯特・麦克纳马拉:《回顾:越战的悲剧和教训》,第 346 页。

第四章

冷战中的东西方经济关系

冷战时期的东西方经济关系，可以说是大多数冷战史研究者有意或无意加以忽视的问题。其原因很简单，即东西方之间的政治和军事关系一直是冷战的主导方面，或者说是压倒一切的方面，其他方面包括东西方经济关系就显得微不足道，自然不为研究者所重视。也就是说，在冷战时期，安全问题或者战争与和平问题是东西方关系的主旋律，它属于高级政治的范畴，支配着低级政治（经济关系）。[1]倒是 20 世纪 70 年代兴起的国际政治经济学的某些代表作，从分析国家和市场之间相互作用的角度出发，把东西方经济关系当作一个重要的研究课题。[2]

我认为，冷战时期的东西方经济关系是冷战史学者所不应忽视的一个问题。东西方经济关系包括贸易、技术转让、投资和信贷等，从一定意义上说，其本身就是冷战的一个重要方面。因为东西方经济关系体现了两大经济体制和观念的较量与斗争，它是冷战不可分割的组成部分。从某种意义上说，冷战也就是两个经济体系之间的竞争和优胜劣汰。因此，中国冷战史学者沈志华指出："考察冷战的起源、冷战发生乃至冷战结束的历史过程，不能离开'经济学'的研究，甚至可能首先需要从'经济学'的视角开始。"[3]沈志华在 2022 年出版了一部从经济视角观察冷战发生过程的研究专著。[4]另外一位中国冷战史学者张曙光也指出，作为美国发动对苏冷战宣言的杜鲁门主义演说和马歇尔计划，都是美国以"经济武器"实施遏制战略的开端，或者说是"以经济武器达到对外政策的目的"。[5]张曙光先后出版过论述冷战时期美国对华经济禁运以及中国对外经济政策的两部研究专著。[6]此外，还有其他中外学者出版了论述冷战时期的经济外交或者经济冷战的著作。[7]本章重点关注的是，在冷战全面爆发之后，一直到冷战结束前夕，东西方经济关系在很大程度上都受制于东西方政治和军事关系，政治和军事因素基本上左右着东西方经济关系的变化和发展，东西方经济关系于是成了冷战的一个重要领域和晴雨表。因此，分析和研究冷战时期东西方经济关系和政治关系之间的相互作用，尤其是探讨政治和军事因素如何影响经济关系，有助于我们全面地理解冷战史。这也是本章所要完成的主要任务。

冷战时期东西方经济关系与政治关系之间的相互作用集中体现为：政治和军事关系基本上主导了经济关系，经济关系对政治和军事关系的影响相对较少。而且两者之间的相互作用在不同时期有所区别，总的发展趋势是东西方政治和军事关系对东西方经济关系的影响日益减轻。为了便于着重分析政治和军事因素如何影响东西方经济关系，我把冷战时期的东西方经济关系大致分成四个时期，即冷战开始到20世纪60年代末的东西方紧张对立时期（或者说是紧张的冷战时期）、20世纪70年代初至70年代末的缓和时期、20世纪80年代上半期“新冷战”时期，以及20世纪80年代后半期到90年代初的“第二次缓和”与冷战逐步消亡的时期。

第一节　两大阵营紧张对抗与东西方经济关系

从冷战开始到20世纪60年代末，东西方政治和军事关系比较紧张。受政治和军事关系的影响，东西方经济关系也没有得到应有的发展。在冷战初期，东西方经济关系，除了少量的商业贷款，仅限于数额少、增长缓慢的贸易往来。当时东方阵营国家的对外贸易主要是在“经互会”国家内部进行，东西方经济往来主要表现为苏联同西方发达国家之间有限的贸易，其他形式的经济联系很少。苏联在1946年同发达资本主义国家的贸易总额为4.91亿卢布，4年以后，即到了1950年，不仅没有增加，反而下降到4.4亿卢布。同西方的贸易在苏联对外贸易总额中所占的比重一直很小，1950年约占15.17%，50年代基本维持了这一低水平，60年代略有上升，占20%左右。这个时期，苏联同美国之间的贸易情况更糟，直到60年代末，除了极个别年份，双方的年贸易额占苏联对外贸易总额不足1%，最低的年份即1953年只有1 800万卢布，仅仅相当于20年代的水平。1960年是7 600万卢布，比1940年还少20%。[8]

东西方经济关系发展如此缓慢，主要是受政治和军事因素的影响。

这种影响来自东西双方。

一方面,美国及其西方盟国把对社会主义国家的经济战,当作遏制苏联的重要手段。战后初期,以美国为首的西方发达资本主义国家对以苏联为首的社会主义阵营发动冷战。与政治和军事上的压力相配合,西方对社会主义国家实施强大的经济压力。这是一场经济战,它成了西方冷战政策的组成部分。[9]其中一个政策表现就是美国提出的恢复西欧经济的马歇尔计划。1947 年 5 月,美国政府提出了后来被人们称为“马歇尔计划”的欧洲复兴计划。正如该计划主要制订者之一乔治·凯南所说的,“马歇尔计划”的基本目的就是通过帮助西欧的经济复兴,抵制苏联对该地区的政治威胁。这个计划表面上是向包括苏联、东欧国家在内的整个欧洲提出的,但是美国决策者估计到苏联不会接受参加“马歇尔计划”的条件。事实上正是这样,苏联没有接受参加“马歇尔计划”的条件,也不允许波兰、捷克等东欧国家接受美国的援助。[10]因此,“马歇尔计划”成了美国抵制苏联“威胁”和孤立苏联的经济手段。

西方经济战的另外一个政策表现就是对以苏联为首的社会主义阵营国家进行经济封锁和禁运。1949 年 2 月,美国国会通过了《1949 年出口管制法》。该法案授予总统“禁止和限制”所有商业出口的权限,同时为了管理对共产党国家的出口,该法还授权总统在美国建立许可证制度。作为许可证制度的组成部分,美国商务部起草了一个禁运项目的商品清单,任何有军事意义或者有助于增强共产党国家军事和经济潜力的产品都被列入禁运范围。在朝鲜战争期间,东西方关系达到十分紧张的程度,美国对东方国家禁运的商品达到一千多种。1951 年,美国国会通过《贸易协定延长法案》,终止了除南斯拉夫外的所有其他社会主义国家的贸易优惠。这样一来,东方国家便不能享有根据 1934 年贸易协定法规定的关税减免。该法案的目的就是限制来自社会主义国家的进口。直到 1962 年,尽管美国的盟友都在放松对东方的进出口限制,美国国会修改的出口管制法中还禁止向对美国安全构成威胁的国家出口可能有助于这些国家军事和经济潜力的商品与技术,该年通过的贸易扩展法中甚至取消总统恢复东方国家最惠国待遇的决定权。不仅如此,美国还迫使其他西方国家也实施类似的经济封锁政策。1949 年 11 月,西方国家根据美国的提议,达成了成立“出口管制统筹委员会”(COCOM)的协议。该机构于 1950 年 1 月 1 日正式成立，因其总部设在巴黎，故称“巴黎统筹委员会”，简称“巴统”。参加国家有美、英、法、意、日、联邦德国等15个主要资本主义国家。其主要目标是协调西方国家对社会主义国家的战略物资禁运，削弱东方国家的军事和经济实力。当时被列入禁运清单的“战略商品”相当广泛，不仅有军事物资，而且有能够加强东方经济行为和经济发展的物资，占国际流通商品的二分之一左右。一些商品的出口必须征得全体成员国的一致同意，只要有一国反对就不能向社会主义国家出口。尽管后来随着东西方政治关系的改善，巴统的禁运项目有所减少，对不同的社会主义国家也采取了区别对待的做法，但是这个机构一直存在到冷战结束以后，是美国和西方国家在冷战期间对东方国家进行经济战的重要工具，严重地妨碍了东西方经济关系的正常发展。[11] 由于美国及其盟友在出口管制的严格程度上存在着矛盾和分歧，为了保证盟友严格执行出口管制，美国早在《1948年对外援助法》第117条D款(《穆德修正案》)中就规定：凡是向共产党国家输出禁运战略物资和技术的国家，美国就将对其停止提供马歇尔计划援助。在巴统成立之后的1951年，美国还通过法案《共同防卫援助控制法》(《巴特尔法》)，规定凡是违反巴统管制规定的国家，美国将停止对其提供经济和军事援助。[12] 由于战后初期西欧、日本严重依赖美国援助，这一法案成了美国迫使他国屈从自己的有效工具。

另一方面，东方国家所采取的对抗措施及其关于对外经济关系的指导思想也同样限制了东西方经济往来。针对西方的经济压力，苏联采取措施，加强同盟国间的经济联系，建立独立于资本主义经济体系之外的东方经济体系。苏联不参加“马歇尔计划”，也不允许东欧国家接受“马歇尔计划”的援助。针对“马歇尔计划”，在1947—1948年间，苏联分别同保、捷、匈、南、波签订了双边贸易协定，这也被称为“莫洛托夫计划”。1949年1月又成立“经济互助委员会”(Comecon，以下简称“经互会”)，以加强苏联同东欧国家的经济联系。经互会的职能最初主要是促进相互间的贸易，20世纪50年代中期以后，经互会国家的经济合作扩大到生产领域。经互会的成立标志着一个相对独立的东方经济集团的产生。在创立东方经济集团的同时，苏联拒绝参加战后新的国际经济组织。尽管苏联参加了布雷顿森林会议，但是它拒绝批准该会议达成的协定，不参加国际货币基金组织和世界银行。捷克和波兰虽然参加了国际货币基金组织和世界银行，但是它们分别于1950年和1954年退出这两个组织。这实际上是东方阵营国家经济上自我孤立的政策。这当然有西方发动冷战和对东方进行经济战的客观原因，同时它同当时苏联关于对外经济关系的主观认识也是密不可分的。

社会主义国家要发展对外经济关系，或者说是对外开放、参加国际分工，这在冷战结束以后已经成为人们的共识。但是在战后很长一段时间内，苏联、东欧及其他社会主义国家所遵循的对外经济关系理论正好与此相对立。1946年1月3日，斯大林在回答来访的蒋介石个人代表蒋经国有关如何看待门户开放政策这个问题的时候答道："外国想要苏联打开门户，但苏联政府让他们见鬼去。但中国是一个弱国，形式上只能同意门户开放政策。门户开放是外国对半殖民地国家的一贯要求。"[13]在此认识基础上，后来斯大林在1952年发表的《苏联社会主义经济问题》中集中阐述了著名的"两个平行市场"理论。斯大林指出："中国和欧洲各人民民主国家都脱离了资本主义经济体系，和苏联一起形成了统一和强大的社会主义阵营，而与资本主义阵营相对立。两个阵营的存在所造成的经济结果，就是统一、无所不包的世界市场瓦解了，因而现在就有了两个平行的也是互相对立的世界市场。"[14]在斯大林看来，由于社会主义国家的相互帮助和经济的共同高涨，这些国家很快就不仅不需要从资本主义国家输入商品，而且还会感到必须把自己生产的多余产品输往他国。不仅如此，斯大林还断定，由于社会主义市场的建立和统一、无所不包的世界市场的瓦解，世界资本主义国家的资源产地和商品市场将缩小，这些国家企业开工不足现象将会严重，从而导致世界资本主义体系总危机的加深。"两个平行市场"理论实际上是一种闭关自守的对外经济关系指导思想，它把社会主义国家对外经济活动限制在所谓社会主义世界市场之内，极大地妨碍了社会主义国家同西方的经济往来。在此思想的指导下，在冷战时期，特别是在冷战的初期，苏联和东欧国家的对外经济活动主要是在经互会成员国之间进行的。1950年到1960年间，苏联同经互会国家之间的贸易在其对外贸易总额中的比重都超过50%。[15]两次世界大战之间，东欧国家的主要贸易是同西方国家进行的，1938年时，苏联、东欧国家对西欧出口占其出口总额68.4%，对美国和加拿大出口占其总出口总额4.4%，但是到了1953年，相应的比重分别下降到14.4%和0.6%。[16]东方国家的技术转让、资金流动、投资等也主要是在东方经济集团内部进行。1958年2月，苏联领导人赫鲁晓夫在会见中国驻苏联大使刘晓的时候，也提出在社会主义阵营建立“卢布区”的设想，以对抗“美元区”。[17]值得指出的是，当时的中共领导人也对此表示欢迎。当年5月，在莫斯科举行了经济互助委员会成员国会议，讨论了社会主义各国在贯彻社会主义国际分工以及合理安排生产专业化和协作的基础上进一步发展经济合作的问题。中国虽然不是经互会成员，但是也派代表出席会议，并表示支持社会主义国家兄弟般的互助合作。[18]

第二节　缓和时期的东西方经济关系

与20世纪60年代末、70年代初开始的东西方政治和军事缓和相同步，东西方经济关系在20世纪70年代得到了很大的发展，其广度和深度都有明显的提高。

首先，这个时期东西方贸易增长速度很快。根据西方的统计，经互会同西方二十四国集团的贸易额，1961年仅有43亿美元，而1970年达到137亿美元，1979年更上升到731亿美元。根据苏联的统计，1970—1981年，经互会欧洲7个成员国同西方国家的贸易额，由132亿卢布增加到670亿卢布。[19]随着贸易额的增加，经互会欧洲七国同西方国家的贸易在其对外贸易总额中的比重也有很大的提高，出口由1970年的22%上升到1981年的27.5%，进口则由26.1%增加到30.2%。苏联同发达资本主义国家的贸易从1970年的46.9亿卢布增加到1979年的257.54亿卢布，年平均增长超过20%，它在苏联对外贸易总额中所占的比重从21.24%提高到32.07%。[20]

与此同时，东西方经济关系的形式也是多种多样的。除了贸易之外，还有贷款、补偿贸易、生产合作、联合企业、技术转让等，从而使东西方经济关系的进一步加深有了较为坚实的基础。

从20世纪70年代起，苏联、东欧国家与西方的信贷关系得到了迅速发展。大约有100多家西方银行参加对苏联、东欧国家贷款。这些贷款的条件比较优惠，放款利息低、偿还期长。到1977年，苏东国家累积欠的西方债务达500亿—600亿美元，其中美国银行的债权约占13%，即60亿美元。[21]这些贷款是建立在政府间的经济、工业和科技合作协定基础之上的，多数是通过补偿贸易的方式实现。

东西方普遍采取补偿贸易的方式来扩大双边贸易，即由西方提供贷款和设备，在苏联、东欧国家建立企业，然后用生产的产品来偿还贷款。20世纪70年代经互会国家同西方签订了400多项补偿贸易协议。苏联同英国、法国、意大利、联邦德国、日本、美国等主要资本主义国家都签订了这样的协定，利用补偿贸易建立了130多个工业项目，其中化工项目占三分之二。在此期间，以产品补偿方式同资本主义国家进行的贸易已占苏联对外贸易的四分之一。补偿贸易解决了东方国家资金和技术设备不足的问题，大大促进了东西方经济往来。

东西方还进行生产合作。即由西方企业直接同苏联、东欧国家的企业共同设计新工艺流程、制造先进的设备，在苏联、东欧企业进行总装配。在20世纪70年代，东西方之间的这种合作共有2 000多项，其中一半集中在匈牙利。同时苏联、东欧国家还重视从西方引进技术、购买专利。20世纪70年代，匈牙利每年购买专利500多项，在最多的年份即1972年，竟达1 280项。苏联在“九五”计划期间共从西方购买了133项专利，超过二战结束以来总数的4倍。苏联人自己认为，利用生产许可证生产的产品比自己研制生产同类产品节省90%的费用。

苏联、东欧国家同西方建立合营企业，这是20世纪70年代东西方经济关系的又一个重要方面。苏联、东欧国家允许西方企业在本国投资，建立合营企业。到1981年底，西方在经互会国家中投资的企业达400余家，其中三分之二的企业由苏联、东欧占有一半的资本，并享有实际控制权。这些企业主要是从事服务性工作，为苏联、东欧国家推销商品。但是，这些企业也可以从当地合法购买西方限制出口的产品，从而成为东方获得西方先进技术的一种可靠途径和渠道。

东西方经济关系在20世纪70年代得到较快发展的最主要原因是这个时期的东西方政治和军事关系得到较大改善、处于“缓和”时期，这为双方经济往来创造了良好的环境。当然，也有经济的因素，促进了东西方经济关系在这个时期得到较大的发展。但是，同政治和军事因素相比，经济因素是次要的，体现出冷战时期东西方经济关系的基本特色。具体来说，同前一个时期一样，导致东西方经济关系在20世纪70年代得到较快发展的因素，也来自东西方两个方面。

随着东西方政治和军事关系的不断缓和，发展国民经济、提高人民生活水平，自然成为苏联、东欧国家工作的重心。这不仅是为了满足国内消费者要求提高生活水平的需要，也是提高社会主义国家同资本主义国家进行和平竞赛能力、证明谁优谁劣的必然要求。随着政治、安全因素重要性下降，东西方两类不同制度国家间较量之更重要的形式就是社会发展水平和生活质量的竞赛，这主要体现在经济发展水平上面。从20世纪60年代中期开始，苏联、东欧国家由于经济增长速度下降和一系列经济问题的显露，先后提出由"粗放式"经营方针向"集约化"方针转变的发展战略。为了适应新的经济发展战略，这些国家必须加强同西方国家的经济往来，通过发展贸易、引进先进技术设备等方式，促进本国经济的迅速发展，以赶上西方发达国家。因此，大约从20世纪70年代初开始，苏联、东欧国家对发展同西方国家的经济关系采取了比较积极的态度，以弥补自己经济上的弱点，特别是解决技术落后和资金不足的问题。在发展同西方的经济关系上，苏联、东欧国家不仅态度积极主动，而且采取了一些有关的经济改革措施，如改革外贸体制，在保持国家对外贸易垄断的前提下，适当扩大生产企业的外贸经营权；通过贷款、补偿贸易、合资经营、购买专利等方式，大力引进西方的资金和先进技术等。[22]

同样地，西方国家在20世纪70年代对发展东西方经济关系也有很大兴趣，但其出发点与东方国家有着根本区别。如果说苏联、东欧国家扩大同西方经济交往的主要动机是弥补自己经济弱点、发展国内经济和增强社会主义经济竞争力的话，西方的主要考虑则是试图以扩大同东方的经济关系，获取政治上的好处。战后，西方国家的经济和科学技术得到了迅猛发展，遥遥领先于东方国家。西方国家坚信资本主义市场经济比社会主义计划经济优越，东方国家的经济弱点比西方国家多，西方在和平竞赛中占了上风。因此，虽然西方国家，特别是西欧国家也希望开辟东方的市场和从东方进口自己所需要的生产资料，但是相对来说西方在经济上不是特别有求于东方，对于发展同东方的经济往来的兴趣主要不是取对方经济和技术之长，来补自身之短。相反，西方的兴趣主要是政治性的。西方国家由于经济发展水平大大高于东方国家，拥有更多的资源和筹码，努力以经济手段获取政治影响。[23]比如，1977年8月卡特政府要员在一次关于美苏经济关系的会议中就指出，苏联需要美国给予最惠国待遇和提供贷款，美国可以以此为手段促使苏联在人权、对中东和非洲政策方面作出让步。[24]

与此同时，西方国家日益认识到对东方经济战不仅未能实现其政治目标，而且导致了一系列消极后果：

第一，战后初期开始的西方对东方的经济战效果并不太好。从短期来看，经济战无疑对苏联、东欧国家产生了不利的影响，抑制了这些国家的经济增长。但是，东方国家可以进行相互之间的贸易和其他形式的经济往来，这些国家的计划经济也能克服西方经济封锁所造成的不利后果。东方经济孤立虽然不利于经济的发展，但是也使东方国家经济不受世界经济危机的影响。因此，西方的经济战，并没有阻止战后东方国家的经济发展。

第二，苏联可以承受住巨大的压力，优先发展自己的重工业和军事工业，使得它迅速增强自己的军事实力，在同美国为首的西方阵营的军备竞赛中逐渐取得有利地位。也就是说，西方的经济战，特别是战略物资禁运，“并没有阻止苏联获得同美国的有效战略平衡”[25]。随着苏联军事力量的壮大，华约国家对西方的军事压力不断加大。

第三，西方的经济战，增强了东方国家在经济上的互助合作，促进了东方阵营的团结。这无疑不利于实现西方遏制战略的重要目标之一，即增加东欧国家对苏联的离心倾向，从而削弱苏联的力量。与此同时，它也加大了西方阵营内部的矛盾。因为西欧国家在历史上与东方国家有着较密切的经济关系，很希望打开东方的市场和获取东方的原材料；东西方相互孤立和敌对，造成欧洲局势紧张不安，危及西欧国家的自身安全，西欧国家希望加强东西方经济往来，缓和欧洲紧张局势。因此，同美国相比，西欧对发展同东方的经济联系，态度更为积极，倾向于放松对东方的经济禁运。西欧国家一直要求减少巴统的禁运项目，也不顾美国的反对，同东方国家发展经济关系。比如在20世纪50年代末至60年代初，除美国之外的主要资本主义国家都先后同苏联签订了期限为3至5年的长期贸易和支付协定。[26]这无疑为苏联利用矛盾、打破封锁创造了条件。西欧对经济战的消极态度，成了影响美国同其盟国关系、加大双方矛盾的一个重要因素。

随着东西方缓和的到来，西方国家在发展东西方经济关系上取得了一些共识。首先，是以改善经济关系来加强和巩固双方政治和军事关系的缓和。扩大东西方之间的经济交往，不仅可以创造一个友好的气氛，而且能够增加双方的相互依存，从而促进政治和军事关系的改善。其次，增加同苏联盟国的经济联系，向它们提供经济援助与贸易优惠，有助于减轻这些国家对苏联的依赖，从而鼓励东方阵营的多元化，削弱苏联的力量。正如美国国务卿迪安·腊斯克(Dean Rusk)在1966年所说的："健康的贸易增长将有助于减轻目前东欧国家相互之间的依赖和对苏联的依赖，鼓励它们重新建立起同西方的传统友好关系。独立行动将变得更有吸引力和现实可行。"[27]再次，可以把西方的经济让步用来交换苏联的政治让步。这也就是尼克松、基辛格所说的"联系"政策的要旨之一。正如基辛格所说的："我们的战略是要利用贸易让步作为政治工具，以便在苏联冒险时制约他们，在他们采取合作态度时奖励他们。"[28]1969年12月，美国国会通过了新的出口管制法，放宽了对贸易的限制，宣布美国政策是扩大对苏联和东欧国家的贸易。但是，尼克松政府为了促使苏联与美国在限制战略武器等重要问题上达成协议，开始时并不急于放松对苏联的贸易限制。只是在1971年5月两国达成了限制战略武器原则性协议后，美国政府才在对苏贸易问题上采取了一些松动措施。1971年11月，美国商务部长莫里斯·斯坦斯(Maurice Stans)率领美国代表团去苏联就扩大贸易及其他商务关系进行第一次官方会谈，美苏商务关系从此进入了一个新时期。在1972年5月美苏首脑会晤后不久，美国和苏联签订了一个谷物协定、一系列商务协定以及若干科学技术合作方面的协定。[29]最后，西方国家认为，与经济交往扩大伴随而来的将是西方进入东方国家的人士增加以及东西方价值观念的交流更为自由，其结果会促进东方国家的社会变革，或者说是导致这些国家向西方所希望的方向发生和平演变。

总之，尽管双方出发点不同，东西方国家在20世纪70年代对发展经济交往都表现出了极大的兴趣。这是该时期东西方经济取得较大发展的基本原因，也是东西方政治和军事缓和的一个表现。

然而，这个时期的东西方经济关系也面临难以克服的障碍，决定了东西方经济关系的发展不可能超过一个限度。实际上，这个时期同东方国家的经济往来在西方发达资本主义国家对外经济关系中所占的比重并不大，苏联、东欧国家对外贸易中的半数以上仍然是在经互会国家内部进行的。[30]这些障碍主要包括如下两点。

第一，东西方意识形态、社会制度根本对立。这是整个冷战时期，影响东西方经济关系的最主要因素，尽管随着时间的推移，它的影响有逐步减轻的趋势。由于这个原因，西方国家在20世纪70年代仍然对东方国家的商品和技术出口实行限制。虽然巴黎统筹委员会(以下简称“巴统”)的禁运清单项目有所减少，但是巴统的作用仍然很大，对东西方经济往来设置了很大的障碍。西方国家特别是美国努力以经济手段实现其政治目的，这也使得双方经济关系很脆弱，缺乏坚实的基础。政治因素对经济关系既会产生积极作用，也会造成消极的影响。比如美国国会在1973年12月通过《杰克逊-瓦尼克修正案》，把给予苏联最惠国待遇同苏联的犹太人移民政策联系起来。苏联认为美国试图以经济压力干涉苏联的内政，因而断然拒绝改变移民政策。美国最终没有给予苏联贸易最惠国待遇，这无疑对双方的经济关系产生了消极影响，也毒化了两国间的政治气氛，给美国和苏联都造成了持久的“创伤”。[31]与此同时，苏联、东欧国家由于担心经济上对西方的依赖加深会付出很大的政治代价，因而在发展同西方国家对外经济上也不敢迈出太大的步伐。

第二，东西方经济体制有着很大的区别。西方实行的是市场经济，其经济活动受国内和国际市场的制约。而苏联、东欧国家则实行计划经济体制，限制了它们同西方的经济交往。东方国家的产品生产是按中央计划进行的，而不是依据国际市场的需求生产的，这样的产品必然缺少国际竞争力。它们的对外贸易由国家垄断，而不是由生产企业经营，这也使得生产企业很难根据国外消费者的各种需要来调整和安排自己的生产，提高产品的国际竞争力。这样一来，东方国家在西方市场上缺乏具有竞争力的制成品，主要靠出口原材料来换取西方的硬通货和进口西方的产品，从而限制了双方贸易的扩大。东方国家的货币不能自由兑换成西方国家的货币，加上东方国家商品在国际市场上缺少竞争力，导致这些国家严重缺少发展对外经济交往所需要的硬通货，这也限制了它们同西方国家对外经济关系的发展。为了解决资金短缺问题，苏联、东欧国家只好大量利用外资，到1980年，它们对西方国家的净债务总额已经达到732亿美元，这无疑是一个很大的负担。[32]20世纪60年代后期以后，虽然苏联、东欧国家都采取了一定程度上的经济体制改革措施，包括改革外贸体制和实行经济对外开放政策，但是到20世纪70年代的时候，这种改革的步子并不大。比如，除个别国家，国家对对外贸易的高度垄断权仍然保持下来，只是适当扩大了企业的外贸经营权，作用是极其有限的。在对外经济交往的指导思想上，苏联、东欧国家在这个时期已经认识到国际分工的重要性，这相对于“两个平行市场”理论来说是一大进步。但是，在实践上，苏联、东欧国家并没有采取足够的经济开放措施，使自己加入国际劳动分工体系。它们还是把主要精力放在经互会国家内部的国际分工和实现经济一体化上面。

上述第一个障碍是政治性的，主要来自西方国家。第二个障碍既是经济的也是政治的，因为经济体制问题不单纯是个经济问题，也是政治问题，它来自东方国家。它们都限制了东西方经济关系在 20 世纪 70 年代的发展步伐，也是影响此后东西方经济关系的基本因素。

第三节　新冷战和东西方经济关系

1979 年底苏联入侵阿富汗，既是东西方政治和军事关系的一个转折点，也是东西方经济关系的一个分水岭。该事件标志着 20 世纪 70 年代的东西方缓和时期终结，东西方关系进入所谓“新冷战”时期。“新冷战”导致东西方经济关系在 20 世纪 80 年代上半期处于低落状态。比如东西方贸易总额在这个时期有较大的减少，1980 年东西方贸易额创历史最高纪录，达到 978 亿美元，以后逐年下降，1984 年只有 586 亿美元。

其主要原因是美国对苏联实施经济制裁。针对苏联入侵阿富汗，1980 年 1 月 4 日，卡特总统宣布对苏联实施一系列经济制裁措施，包括对苏联进行部分粮食禁运，即只提供协定中规定的 800 万吨的小麦和其他粮食，取消了额外增加的 1 700 万吨；对出售给苏联的高科技产品实行禁运；对向苏联出售用于石油和天然气开发与生产的设备加以严格限制；暂停苏联设在纽约的购买委员会办公室的工作，以及更多地限制苏联船只进入美国港口等。为了加强对苏联的粮食禁运，美国还同其他粮食出口国达成谅解，决定共同采取行动停止供货合同。其结果是，美国对苏联的出口急剧下降，从 1979 年的 36 亿美元减少到 1980 年的 15 亿美元，其中对苏联的粮食出口从 1979 年的 28 亿美元下降到 1980 年的 10 亿美元，占了美国对苏出口下降幅度的很大比重。[33] 1981 年 1 月里根出任总统后，美国政府对苏联采取了更为强硬的政策,它改变了以经济关系促进东西方政治关系缓和及东方内部变革的政策,倾向于把经济手段当作大棒而非胡萝卜使用。[34]里根政府继续对苏联入侵阿富汗的行动实施经济制裁,同时为了报复波兰的军管,他在1981年12月29日宣布对苏联进行新的经济制裁。美国全面禁运苏联迫切需要的天然气管道设备和技术。次年6月,里根政府宣布把这项禁运扩大到美国在国外的子公司和持美国公司许可证进行生产的外国公司。里根总统还威胁说,如果苏联在波兰加剧局势的紧张,美国将采取进一步的措施。1982年12月13日,里根重申要严格控制向苏联转让战略和高科技项目,以阻止苏联利用西方先进技术改进其武器系统。1983年9月1日,从纽约飞往汉城的韩国民航客机(KAL 007)偏航后误入苏联领空,被苏军战斗机击落,机上269名乘客和机组人员全部遇难。美国同许多西方国家一道因此对苏联采取了一些经济制裁措施,主要是阻止或限制苏联航空公司的活动,例如美国关闭了苏航在美国的办事机构。1984年3月23日,白宫还宣布要加强对西方12国出口高级技术的控制。美国列举的要审查、控制的项目有半导体设备、电子计算机、激光技术和数字控制机床等,美国准备对违反禁令者予以制裁。经过努力,美国于1984年7月终于促使巴统制定出了更严格地限制向苏联出口高科技产品的政策。1985年7月,美国政府批准的《出口管制法》修正案规定,除了美国公民以外,凡是违反美国参加的正式、非正式多国协定者,对其一律实行进口制裁。[35]与此同时,卡特和里根政府通过鼓励同中国的贸易,打"中国牌",对苏联施加压力。在卡特任内最后一年和里根第一届总统任期内,美国同中国的贸易额有较多增加。1979年美中贸易额为23亿美元,1980年上升到48亿美元,1980—1983年间,美中年度贸易额都保持在50亿美元左右。[36]

当然,影响这个时期东西方经济关系的也有经济因素。1980年至1982年,西方主要资本主义国家都经历着经济危机,生产下降,影响进出口贸易。而且由于能源涨价和经济危机的影响,各个资本主义国家都采取了贸易保护主义政策,如限制进口,发放进口许可证,规定严格的价格和技术要求等,给东西方经济关系设置了新的障碍。这个时期苏联、东欧经济也困难重重,生产率下降,外债太多,这也促使它们减少从西方的进口。

但是,这个时期经济关系对东西方政治和军事关系的影响主要表现在美国对苏联经济制裁上面所遇到的阻力。美国的西方盟友未能同美国一道采取有效的联合行动,而且美国的制裁措施,特别是粮食禁运,对美国自身利益造成了损害。在卡特宣布粮食禁运后,苏联马上转向其他粮食出口国,如阿根廷,而且美国的粮食还通过第三国源源不断地进入苏联。这样一来,美国的粮食禁运非但没有对苏联产生多大的影响,反而给美国的农民带来大约 20 亿美元的损失。禁运前美国提供了苏联进口粮食的 70%,尔后美国所占的比重下降到 20%—25%。为此,在美国农场主的压力之下,里根上台后不久便宣布解除粮食禁运,并且把原来的美苏粮食协定延长到 1982 年 9 月 30 日。1983 年 8 月 25 日,美苏双方又签订了为期五年的新粮食贸易协定,规定从 1983 年 10 月 1 日起,苏联每年向美国购买 900 万吨的小麦和玉米,另外还可以超额购买 300 万吨。因此,美国保守派专栏作家乔治·威尔(George Will)讥讽地称:"这个政府对于贸易的热爱远远大于对共产主义的厌恶。"[37]由此我们可以看出,经济关系对政治关系也有了一定的反作用!由于地缘经济的原因,西欧国家比美国更希望东西方保持良好的关系以维持欧洲的稳定,同时西欧在苏联、东欧有着重要的经济利益,需要东方的市场和能源。例如,西欧在同苏联的天然气管道设备交易中可以在较长时期内得到苏联的天然气,它可满足西欧国家天然气需要量的 30%—82%。另外,西欧国家对美国经济制裁的政治效果也表示怀疑。例如联邦德国总理赫尔穆特·施密特(Helmut Schmidt)就认为,通过经济制裁迫使苏联屈服,是一种一厢情愿的想法,相反,西方应当运用经济援助来遏制苏联。[38]因此,西欧国家坚决反对美国出台的、禁止向苏联出口使用美国技术的天然气管道设备的政策。英、法、西德、意的领导人都公开批评美国的政策,并且不顾禁令继续履行同苏联签订的管道设备合同。这导致美国同西欧盟国关系产生了某些裂缝,影响了西方同盟。1982 年 11 月 13 日,里根被迫宣布取消天然气管道制裁,使得从苏联西伯利亚通往西欧 6 个国家的输油管道得以顺利建成。[39]在 20 世纪 80 年代上半期,西欧、日本没有完全听从美国的指挥,它们同东方的经济关系基本上照常进行。1983 年,西欧同苏联的贸易达到 315 亿卢布,占苏联同发达资本主义国家贸易总额的 82%。

由于美国孤掌难鸣以及美国的经济制裁效果有限,虽然"新冷战"对东西方经济关系产生了一些消极的影响,但是这个时期的东西方经济关系并没有因为政治和军事因素而遭受太大的损害。在这几年中，东西方贸易总额由于美国的制裁有所下降，东西方之间基本上没有签订新的经济协定，没有新的投资，但是双方的贸易和其他经济往来还在正常进行，原有的合作项目仍在继续。这表明，随着东西方经济关系的发展，政治和军事因素对经济关系的影响也在逐步减小。

第四节 20世纪80年代中期至90年代初期的东西方经济关系

正如“新冷战”只是东西方缓和总进程中的一个挫折、持续时间不长一样，东西方经济关系经过20世纪80年代上半期的几年停滞之后，又随着东西方关系新的一次缓和的到来以及冷战逐步走向终结，进入了一个新阶段。

20世纪80年代中期以后，戈尔巴乔夫新的政治思维以及东西方政治和军事关系迅速改善与发展，为东西方经济关系的发展创造了前所未有的好条件，制约东西方经济关系的障碍逐步得到消除。

首先，意识形态和社会制度的影响在大大下降。苏联领导人提出“国际关系经济化”和“国际关系非意识形态化”，有助于削弱政治信仰和社会制度对立对东西方经济关系的影响。苏联东欧的政治体制改革、民主化进程以及政治公开化不断深入发展，也使西方领导人认为，苏东国家正在朝着西方的政治标准方向进行和平演变，西方应当利用经济援助确保这一变革不发生逆转。从20世纪80年代中期起，欧洲共同体国家、日本和美国都向苏联东欧国家提供数额较大的贷款，在20世纪80年代末东欧剧变之后，西方国家迅速在经济上作出快速反应，联合起来向东欧提供类似“马歇尔计划”的经济援助。西方国家放宽了对苏东国家的出口控制，巴黎统筹委员会的禁运清单项目数量有了减少。美国在1990年也给予东欧国家贸易最惠国待遇。

其次，集团政治进一步削弱。戈尔巴乔夫的新思维，有助于东欧国家增强独立自主的地位。在同东欧国家的关系上，过去苏联只讲“国际主义利益”，不讲民族利益，主张民族利益要无条件地服从国际主义利益。在20世纪80年代中期以后，苏联领导人公开承认社会主义国家有自己的民族利益，并且批判“勃列日涅夫主义”，东欧国家在内部政治、经济改革和对外关系上，也逐渐取得了比较大的自主权。例如，在对外经济关系上，苏联允许经互会国家分别与欧洲共同体建立双边关系，这有助于这些国家扩大同西欧的经济关系。与此同时，西欧、日本对美国的独立性也在增强，除了在重大的战略安全问题上同美国协调行动外，它们可以独立自主地发展同苏东国家的关系，尤其是发展经济往来。

最后，苏联、东欧国家经济改革深入发展，也不断为东西方经济关系减少了很多经济体制和政策上的障碍。

20世纪80年代中期以后，苏联、东欧国家对其对外经济发展战略作了重大的调整，其中心是推动本国经济走向国际经济舞台。在指导思想上，这些国家更新了观念，“国际经济一体化”的概念完全取代了“两个平行市场”理论。为此，这些国家改变了过去对国际经济组织的态度，积极参加或寻求参加国际经济组织。捷克、罗马尼亚、匈牙利和波兰等东欧国家较早就已经加入国际货币基金组织和《关税及贸易总协定》，苏联于1985年要求以观察员的身份出席《关税及贸易总协定》的协商会议，并积极关注国际货币基金组织的活动。1988年经互会同欧洲经济共同体正式签署了建交协议。过去苏东国家的对外经济联系主要在经互会内部，但是20世纪80年代中期以后，这些国家都调整对外经济联系的地区结构，注意同西方国家发展经济关系，有战略重点向西移的倾向。其中最典型的是苏联。为了适应国内加速发展战略的需要，苏联对外经济联系的地区结构正在作新的调整。在欧洲地区，战略重点逐步由东欧向西欧国家转移。苏联表示，不能再向东欧国家增加供应廉价燃料和其他原材料，也不愿意成为东欧国家质次价高的机电产品的进口国。与此同时，它积极与西欧国家发展经济关系。于是苏东国家逐步实现向以国际生产合作为中心的战略转移。为了充分利用国际分工的优势，它们把国际经济合作从流通领域扩展到生产领域。同西方国家的国际生产合作主要是建立合资企业，匈牙利、罗马尼亚和波兰早在20世纪70年代就已经制定了同西方国家建立合资企业的政策。在20世纪80年代中期以后，苏联以及其他东欧国家也都采取了类似的做法。其中在苏联已注册的合资企业到1989年初就已达到191家，当时正在申报批准的合资企业还有约500家。[40]

为了适应对外经济发展战略的调整，苏东国家的外贸体制也相应进行改革。主要表现在以下四点。(1)扩展外贸渠道,下放外贸经营权。即赋予生产企业以更多的外经、外贸经营权,逐步打破外贸部门垄断对外经济活动的局面,以适应世界市场竞争的要求。1988 年底,苏联部长会议决议规定:从次年 4 月 1 日起,凡产品在国外市场具有竞争力的所有企业、联合公司、生产合作社和其他单位,都有权直接办理进出口业务。与此同时,它还向各加盟共和国和地区下放外贸经营权,推动它们开展边境贸易和地方贸易。(2)加强工贸结合与技贸结合,使生产企业同外贸公司联合,直接从事外贸业务,根据世界市场的需要和行情改进技术、降低成本,从而提高外贸经营效益。(3)改善投资环境。为了给合资企业提供法律保障,苏东国家制定了一系列合营企业法律。例如苏联 1985 年 6 月建立合营企业法规委员会,1987 年初苏联部长会议通过了两个法律文件,规定可以在苏联建立合资企业和国际经济联合企业,并给予一定优惠条件。1988 年 2 月又通过了简化建立合资企业手续的决定。1988 年 12 月,部长会议颁布《关于进一步发展对外经济关系的决定》,进一步放松在苏联境内建立合资企业的条件,外商可以控制 49%以上的资本,董事会主席和总经理也可以由外国公民担任。(4)着手研究货币国际化和自由兑换问题。苏联认为,为了能平等地参与世界经济活动,必须使卢布能够自由兑换。在 1987 年 6 月举行的中央全会上,就这个问题通过了一项决议:首先使卢布在社会主义国家中成为可兑换货币,然后在世界范围内成为可兑换货币。戈尔巴乔夫的主要经济顾问阿甘别吉扬(Aganbegyan)认为,可兑换性是一国货币被国际社会所接受的标志,卢布成为可兑换货币将深化和拓宽苏联的对外经济联系。[41]

由于上述几个妨碍东西方经济关系正常发展的主要障碍正在逐步得到消除,20 世纪 80 年代中期到 90 年代初期的东西方经济往来具有了前所未有的好条件,这个时期东西方经济交往很活跃,东西方经济急剧靠拢,其性质同过去的东西方经济交往已有很大的不同。但是,这个时期的东西方经济关系并不十分令人乐观。这是由于苏联东欧国家长期以来形成的内向型经济难以在短期内发生根本性变化,其对外经济关系的发展水平依然比较低。比如,1988 年苏联对外贸易出口额只占其国民生产总值的 7.7%,而 1980 年世界贸易出口额已占世界国民生产总值的 21%以上。[42]与此同时,苏东国家这个时期都处于政治、经济大转轨的阶段,政局动荡不定、经济状况不好，这无疑极大影响了它们同西方国家的经济往来。另外，在苏联解体之前的最后几年，苏联从西方获得了不少贷款，从而积累了巨额债务。1986 年，苏联的国家外债从 70 亿美元猛增至 100 亿美元。[43]据统计，到 1991 年底，苏联已经背负高达 900 亿美元的外债。[44]在当年圣诞节前两天，苏联公开宣布无力偿还所欠债务。实际上，这意味着苏联在经济上已经破产了。在 1991 年 12 月 25 日圣诞节当天晚上，戈尔巴乔夫宣布辞去苏联总统职务，从此苏联作为一个主权国家本身就不复存在了。此后，作为苏联国际法继承者的俄罗斯联邦，还要偿还苏联的贷款。直到苏联解体十年之后，俄罗斯依然背负着数十亿美元的债务。[45]

小　　结

从上面对冷战时期东西方经济关系的分析中，我们可以得出以下的结论：政治和军事因素一直对东西方经济关系产生了极大的影响，政治和军事因素在很大程度上左右着冷战时期东西方经济发展的整个过程。政治和军事因素对东西方经济关系产生了"决定性影响"，或者用西方一个学者有些简单化和绝对化的话来说，"东西方贸易就是政治交易"[46]。这是因为政治和军事关系始终是东西方关系中压倒一切的方面，东西方经济关系只能服从于东西方政治和军事关系。经济关系是冷战的晴雨表，当东西方政治和军事关系紧张的时候，东西方经济往来便十分有限，而东西方政治和军事关系的缓和则带来东西方经济关系的极大发展。这是冷战时期东西方经济关系的基本特点。东西方经济关系的政治和军事障碍彻底不存在之日，便是冷战结束、东西方关系消亡之时。上述特点使得冷战时期东西方政治和军事关系与其经济关系之间的相互作用是极其不平衡的，表现在政治和军事关系基本上左右着经济关系，经济关系对政治和军事关系的影响相对较弱。或者说，冷战时期的政治和经济的相互作用同我们今天所熟悉的政治与经济的互动是很不一样的，前者是不平衡的互动。

纵观冷战时期的东西方经济关系，影响双方经济往来的政治障碍主要来自西方，特别是美国。在处理同东方国家经济关系问题上，美国的相关政策主要是为其遏制战略服务的，基本上是追求政治目的的工具。在冷战时期，西方开始时是对东方国家进行经济封锁，随后虽然也同东方发展经济关系，但其动机仍然主要是政治性的，而非经济性的，使得双边经济关系无法正常进行。正如美国国际政治经济学者罗伯特·吉尔平(Robert Gilpin)所说："(冷战时期)虽然进行贸易会给有关方面带来好处，但贸易很少具有足够的重要性来成为资本主义贸易关系中的那种'增长的发动机'。"[47]冷战结束之后，影响国家间经济关系发展的政治障碍无疑已经大大减少，各国都面临着发展对外经济、加入国际经济体系的极好机会。但是，我们并不能因此认为，影响对外经济关系的政治因素已经不复存在，经济政策已经不再作为追求政治目的的手段。冷战结束之后，意识形态、政治观念和社会制度等政治因素仍然在影响着某些国家的对外经济政策，有的大国以诸如"人权"状况不好等政治理由，向其他国家施加经济压力，给双边经济关系的顺利发展设置了种种障碍。今后，政治因素对经济关系的消极影响还会长期存在下去，这是我们不可回避的现实。然而，同冷战时期那种政治关系支配着经济关系的情形有所不同的是，冷战之后，随着国际经济一体化和相互依赖趋势的不断加深，经济因素对政治关系的影响也在不断增强，反过来制约一国的对外政治抉择。1994 年 5 月美国政府决定使中国的"人权"状况同美国给予中国贸易最惠国问题脱钩，在很大程度上正是反映了中美经济上的相互依赖已经对美国的对华政策产生了不小的制约作用。但是，从 2017 年开始，美国政府视中国为主要战略竞争对手，极力推行针对中国的"脱钩"或"去风险"的经济打压政策，冷战时期那种经济关系政治化和武器化的做法似乎又复活了。

第二次世界大战以后，随着经济的发展以及交通、通信手段的不断完善，一国的国内经济和世界经济日益紧密地结合在一起，逐步形成了你中有我、我中有你的相互依赖局面。但是，由于冷战，东方国家同西方国家之间的经济关系远未达到相互依存的程度。其结果是，冷战时期的经济相互依存并不是全球性的，其地理范围很狭窄，实际上它仅包括西方发达国家以及发展中国家的一部分。从这一点上说，东西方冷战延缓了战后世界经济相互依存的趋势。[48]冷战时期东西方经济体系相对独立的情况，对双方都有害，东方国家所受之苦尤其深。社会主义国家无疑需要改变对外经济关系的观念，加入国际经济一体化进程，经济开放比闭关锁国更有利于社会主义国家的经济发展和国力增强，这是四十多年东西方冷战给人们的一个重要启示！

冷战时期东西方之间的经济关系在很大程度上是世界上两大经济体制的和平竞赛。东方国家实行的是计划经济体制，而西方国家实行的则是市场经济体制。苏联的高度集中计划经济体制，是在20世纪30年代建立起来的。战后新兴的社会主义国家都无一例外地继承了这种经济体制。该体制的根本特点是，一切经济活动都依赖于中央计划，市场调节几乎不起作用。这种经济体制无疑有助于东方国家集中人力、财力和物力于重工业和军事工业建设，抵制西方的经济封锁，增强同西方斗争的力量，而且在战后一段时间里，东方阵营也的确保持了一个很高的经济增长率，取得了令人瞩目的经济成就。但是，随着时间的推移，这种经济体制的弊端逐渐充分暴露出来，并且日益阻碍东方国家的经济发展。该体制造成的弊端是多方面和深远的，它包括经济发展缺乏内在动力机制，人作为生产力第一要素不能充分得到解放，抑制科技发展进步，经济规模大、浪费大、高消耗、低效益，与世界市场脱节等。[49]简言之，在高度集中的计划经济体制下，由于国家管得太死和忽视商品生产、价值规律的作用，东方国家的经济没有了活力与生机。从20世纪50年代初到1980年，即苏联的“五五”至“十五”期间，各五年计划时期苏联工业的年平均增长率按官方统计分别为13.1％、10.3％、8.6％、8.5％、7.4％、4.4％；按学者的重新评价为：8.7％、8.3％、7.0％、4.5％、4.5％、3.0％，增长速度是不断下降的。20世纪80年代，苏联经济处于停滞状态，增长率一直在3％以下，到80年代末甚至处于零增长。进入20世纪90年代情况更糟，苏联国民生产总值和国民收入都出现负增长。[50]戈尔巴乔夫承认，就工业生产效率来说，苏联比美国落后五分之三，就农业生产效率来说，苏联比美国落后五分之四。[51]1986年，苏联部长会议主席雷日科夫(Rizhkov)拿出了令人沮丧的经济数据，其中包括苏联每年粮食消费的五分之一依赖进口，世界石油价格暴跌70％导致苏联能源出口收入大降，苏联国家外债从70亿美元猛增到100亿美元等。[52]美国清楚其主要对手苏联的经济困境，正如里根总统在1987年5月对芬兰总统毛诺·科伊维斯托(Mauno Koivisto)所说的：“与其说戈尔巴乔夫有兴趣与我们发展一种良性关系，不如说是被苏联国内经济形势所迫。”他还补充道：“我们很久之前知道的他都知道，比如苏联的经济简直是一团糟。”[53]

与此同时，由于苏联经济封闭性和长期孤立于世界市场之外，苏联在世界范围的经济和科技竞争中也不断落伍。苏联虽然生产大量的煤炭和钢铁,但在几乎所有类型的先进制造业中都落后,尤其是在半导体技术方面一直采取“复制”策略并始终落后于美国。[54]其结果是,在同西方国家的和平竞赛中,以苏联为首的东方阵营国家处于很不利的地位,西方国家的市场经济在同东方国家的计划经济较量中无疑占据了上风。东方阵营国家领导人实际上也不断感受到高度集中计划经济体制的弊病,而且从20世纪50年代开始多次对传统经济体制进行了不同程度、不同方向的改革。但是,在改革的道路上困难重重,改革的效果也不是特别明显。很长时间以来,计划经济姓社、市场经济姓资这个思想观念一直妨碍着东方阵营国家经济体制改革的深入发展。中国通过多年的改革实践,最终确立了社会主义也可以搞市场经济的方针,彻底摆脱了市场经济是资本主义的、计划经济是社会主义的这一思想框框。而苏联、东欧国家确立市场经济的过程则是同这些国家的政治剧变以及冷战的结束相伴相随的。在很大程度上说,冷战之所以结束,正是因为苏东国家在同西方国家的经济竞赛中落伍和败北。可以说,社会主义国家长期实行的高度集中计划经济体制在同资本主义国家市场经济体制的较量中失败了。然而,也正是由于高度集中的计划经济体制的失败,才使得社会主义中国最终确立并且不断完善社会主义市场经济体制,为今后深化改革和繁荣经济创造了条件。对于经济体制的重要性,一位中国研究者指出:“分析一个社会主义国家的成败、兴衰,归根到底取决于选择的体制模式,以及能否在不同历史时期根据变化了的情况对选择的模式进行正确与及时的改革。经济体制是整个体制中的一个重要组成部分,它对生产力与社会的发展起着重大的作用。”[55]

冷战时期东西方经济关系的影响还有待于人们进一步认识。受东西方政治和军事关系的左右,东西方经济往来是很少和极不正常的,近乎相互隔绝的状态。其直接的影响是,东方国家经济长期独立于世界市场之外,丧失了利用国际分工和相互依存而促进自身经济繁荣的良机,从而不断拉大了同发达资本主义国家在经济领域的差距。经济上的差距至少造成两个结果。其一,经济上的相对落后使得社会主义优越性未能得到充分发挥,也削弱了社会主义事业在世界范围的影响力。这是导致20世纪80年代末、90年代初苏联东欧国家政治剧变和冷战结束的原因之一。对富裕、舒适物质生活的向往是每个人的权利,而生活水平的提高则有赖于国民经济的繁荣和发展，社会主义理应为经济迅速和健康的增长创造更好的条件。贫穷不是社会主义，这在今天已经成为人们的共识。其二，冷战后的国际力量格局发生了变化。在冷战后的世界里，经济实力在一国综合国力中占据相当大的比重。在冷战时期经济竞赛中落伍和败北所造成的经济差距，使得苏联和东欧国家在经济实力上远远落后于西方发达国家，实际上也不如新兴工业化国家，从而在世界政治棋盘上失去了应有的地位。冷战以后能执世界经济牛耳因而在综合力量对比中居领先地位的国家是西方发达国家和正在崛起的经济大国。也就是说，冷战所导致的东西方经济差距是影响冷战后国际力量对比的一个重要因素。

东西方冷战，对世界经济结构造成了很大的损害。在冷战时期，东西方国家之间的经济联系由于受政治和军事关系的左右，没有得到应有的发展。东西方两个集团内部的经济联系都很密切，而且均成立了经济合作组织，如西方世界的经济合作与发展组织(OECD)、欧洲经济共同体(EEC)、欧洲自由贸易区(EFTA)，东方世界的经济互助委员会(Comecon)。但是两个集团之间的经济往来较少，东方国家的计划经济没有也不能融入世界市场，其结果是世界市场被人为分割了。也就是说，世界经济被东西方冷战所扭曲。[56]国际体系两极结构的瓦解和冷战的结束彻底打破了世界市场被人为分割的局面，形成了真正意义上的世界市场。冷战后，国际分工已经基本上成为所有国家经济运行的必要条件，国际经济联系在全球层次和区域层次上都得到了迅速的发展。但是，值得注意的是，进入21世纪之后，一些西方国家的政客又重拾冷战时期的做法，针对正在崛起的非西方大国搞“脱钩”或“去风险”，把经济相互依赖“武器化”，试图人为制造两个经济体系或平行市场。从这里我们也可以感觉到冷战的影响并不是可以轻易消除的。

注释

1. [美]罗伯特·基欧汉、约瑟夫·奈：《权力与相互依赖——转变中的世界政治》，林茂辉等译，北京：中国人民公安大学出版社1992年版，第55页。

2. 例如Joan Edelman Spero, *The Politics of International Economic Relations*, New York: St. Martin's Press, 1985。另外，笔者于20世纪80年代中后期攻读硕士学位期间在北京大学经济系选修过“东西方经济关系”这门课并深受启发。

3. 沈志华：《经济漩涡：观察冷战发生的新视角》，香港：开明书店2022年版，“前言”第

vii 页。

4. 同上。

5. 张曙光:《美国遏制战略与冷战起源再探》,上海:上海外语教学出版社 2007 年版,第 54—60 页。

6. Shu Guang Zhang, *Economic Cold War: America's Embargo against China and the Sino-Soviet Alliance, 1949 - 1963*, Stanford, CA: Stanford University Press, 2001; Shu Guang Zhang, *Beijing's Economic Statecraft during the Cold War*, Washington, DC: Woodrow Wilson Centre Press; Baltimore: Johns Hopkins University Press, 2014.

7. Diane D. Kunz, *Butter and Guns: America's Cold War Economic Diplomacy*, New York: The Free Press, 1997;崔丕:《美国的冷战战略与巴黎统筹委员会、中国委员会(1945—1994)》,长春:东北师范大学出版社 2000 年版,北京:中华书局 2005 年版;王慧英:《肯尼迪与美国对外经济援助》,北京:中国社会科学出版社 2007 年版;齐秀丽:《冷战与美国的国际收支调节政策(1945—1969)》,北京:中国社会科学出版社 2009 年版;谢华:《冷战的新边疆:美国第四点计划研究》,北京:中国社会科学出版社 2012 年版;谢华:《冷战时期美国对第三世界国家经济外交研究(1947—1969)》,北京:人民出版社 2013 年版。

8. 周荣坤、郭传玲等编:《苏联基本数字手册》,北京:时事出版社 1982 年版,第 329、331 页;金挥、陆南泉主编:《战后苏联经济》,北京:时事出版社 1985 年版,第 395—402 页。

9. Joan Edelman Spero, *The Politics of International Economic Relations*, p.348.

10. George F. Kennan, *Memoirs 1925 - 50*, Boston, MA: Little, Brown, and Company, 1967, p.342; PPS 1: "Policy with Respect to American Aid to Western Europe," May 23, 1947, *FRUS*, Vol.III, pp.224 - 230.

11. 巴统于 1994 年 4 月 1 日才正式宣告解散。

12. 崔丕、[日]青山瑠妙主编:《多维视角下的亚洲冷战》,北京:世界知识出版社 2014 年版,第 41—42 页。

13. 沈志华主编:《俄罗斯解密档案选编:中苏关系》(第 1 卷),北京:东方出版中心 2015 年版,第 118 页。

14. [苏]斯大林:《斯大林选集》(下卷),北京:人民出版社 1979 年版,第 561 页。

15.《苏联基本数字手册》,第 332 页。

16. Joan Edelman Spero, *The Politics of International Economic Relations*, p.347.

17. 沈志华主编:《中苏关系史纲:1919—1991 年中苏关系若干问题再探讨》(第三版),上册,北京:社会科学文献出版社 2016 年版,第 296—297 页。

18. 同上书,第 297 页。

19. 王怀宁主编:《世界经济与政治概论》,北京:世界知识出版社 1989 年版,第 321 页。

20.《苏联基本数字手册》,第 331 页。

21. 钱俊瑞主编:《世界经济概论》(上册),北京:人民出版社 1983 年版,第 102 页。

22. 王守海主编:《苏联东欧国家经济体制比较》,北京:中国社会科学出版社 1984 年版,第 471—513 页。

23. Paper Prepared in the Central Intelligence Agency: "The Value to the USSR of Economic Relations with the US Foreword," Washington, August 1977, FRUS, 1977 - 1980, Vol.VI: Soviet Union, Washington, DC: Unites State Govenent Pinting Office, 2013, pp.176 - 180.

24. "Summary of Conclusions and Minutes of a Policy Review Committee Meeting," subject: US-Soviet Economic Relations Washington, August 31, 1977, FRUS, 1977 - 1980, Vol.VI: Soviet Union, pp.191 - 194.

25. Joan Edelman Spero, *The Politics of International Economic Relations*, p.357.

26. 杨家荣等:《苏联怎样利用西方经济危机》,北京:世界知识出版社 1984 年版,第

85 页。

27. Joan Edelman Spero, *The Politics of International Economic Relations*, p.358.

28. Henry Kissinger, *White House Years*, Boston, MA: Little, Brown, and Company, 1979, p.840.

29. [美]约翰·哈特等:《苏联经济现状》,辽宁大学经济系翻译组译,北京:生活·读书·新知三联书店 1981 年版,第 924—952 页。

30. 周荣坤、郭传玲等编:《苏联基本数字手册》,第 331—332 页。

31. Raymond L. Garthoff, *Detente and Confrontation: American-Soviet Relations from Nixon to Reagan*, Washington, DC: The Brookings Institution, 1985, p.463

32. 王守海主编:《苏联东欧国家经济体制比较》,第 492—495。

33. Joan Edelman Spero, *The Politics of International Economic Relations*, p.377;刘金质:《美苏关系中的经济制裁》,载北京大学国际政治系编:《政治研究》1984 年第 4 期。

34. Joan Edelman Spero, *The Politics of International Economic Relations*, p.377.

35. 崔丕、[日]青山瑠妙主编:《多维视角下的亚洲冷战》,第 71 页。

36. Joan Edelman Spero, *The Politics of International Economic Relations*, p.375.

37. [美]沃尔特·拉费伯尔:《美国、俄国和冷战:1945—2006》(第 10 版),牛可、翟韬、张静译,北京:世界图书出版公司 2011 年版,第 250 页。

38. 刘金质:《美苏关系中的经济制裁》。

39. [美]沃尔特·拉费伯尔:《美国、俄国和冷战:1945—2006》(第 10 版),第 250—251 页。

40. 朱之奕:《东西方经济关系的新变化》,《国际展望》1990 年第 8 期。

41. [苏]阿贝尔·阿甘别吉扬:《苏联改革内幕》,常玉田等译,北京:中国对外经济贸易出版社 1990 年版,第 223 页。

42. 陆南泉:《论苏联、俄罗斯经济》,北京:中国社会科学出版社 2013 年版,第 23—24 页。

43. [英]罗伯特·瑟维斯:《冷战的终结:1985—1991》,周方茹译,北京:社会科学文献出版社 2021 年版,第 220 页。

44. [美]德瑞克·李波厄特:《五十年伤痕:美国的冷战历史观与世界》,郭学堂、潘忠岐、孙小林译,上海:上海三联书店 2008 年版,第 750 页。

45. 同上书,第 751 页。

46. Bela Csikos-Nagy and David G. Yong, ed., *East-West Economic Relations in the Changing Global Environment*, London: The Macmillan Press, Ltd., 1986, pp.60 - 61.

47. [美]罗伯特·吉尔平:《世界政治中的战争与变革》,武军等译,邓正来校,北京:中国人民大学出版社 1994 年版,第 43 页。

48. [美]罗伯特·吉尔平:《世界政治中的战争与变革》,第 128、217 页。

49. 姜爱凤:《苏联解体原因研究综述》,《当代世界与社会主义》1997 年第 1 期。

50. 许新:《苏联剧变的经济根源》,《世界经济与政治》1992 年第 6 期。

51. 同上。

52. [英]罗伯特·瑟维斯:《冷战的终结:1985—1991》,第 220—221 页。

53. 同上书,第 276 页。

54. [美]克里斯·米勒:《芯片战争:世界最关键技术的争夺战》,蔡树军译,杭州:浙江人民出版社 2023 年版,第 46—63 页。

55. 陆南泉:《论苏联、俄罗斯经济》,"自序",第 2 页。

56. 陈鲁直:《冷战与世界经济问题》,《太平洋学报》1995 年第 2 期。

第五章

联合国在冷战中的地位和作用

战争与和平一直是国际关系的主旋律，通过创建某种国际制度来防止或阻止战争的爆发、确保世界的持久和平，这是千百年来人类一个共同、普遍的愿望，政治家也一直在为此目标而进行努力。国际制度（international institutions）是一个很难加以确切定义的概念。国际关系理论新自由制度主义（neoliberal institutionalism）学派主要代表人物罗伯特·基欧汉（Robert O. Keohane）在1990年发表的一篇论文中，把国际制度定义为："规定行为角色、制约行动、影响期望的持久和相互关联的（正式或非正式）成套规则。"[1]然而，他本人在1989年出版的一部论文集中的第一篇文章（在此之前没有发表过）中，给"国际制度"下了一个内容更为广泛和明确的定义，认为国际制度包括如下三个内容：正式的政府间和非政府间国际组织（international organizations）；国际规制（international regimes，又译"国际机制""国际体制"等），即国际关系某一领域中明确规定的行为准则；国际惯例（international convention），即非正式制度安排。[2]基欧汉和小约瑟夫·奈（Joseph Nye, Jr.）在他们的一本合著中则指出，国际制度指的是"政府通过制订或采用某些活动的程序、规则或组织制度来调节和控制跨国的和国家间的关系"[3]。虽然国际制度包含的具体内容不易确定，但是大多数学者都把国际组织视为国际制度的重要组成部分。联合国是迄今为止世界上最大和最重要的国际组织。它成立于第二次世界大战结束后不久，经受了战后四十多年东西方冷战的风风雨雨。联合国在冷战中扮演了一个什么样的角色？联合国是否为冷战的战场和超级大国的工具？联合国是否促进了冷战时期的国际和平与安全，尤其它是否为冷战没有演变为热战、"长和平"得以维持发挥了某些积极的作用？这些便是本章所要探讨的问题。

第一节　大国一致的原则

国际制度的建立总是同世界上主要大国的努力与合作分不开的。作为国际制度的联合国之创建历史正说明了这一点。联合国的成立是第二次世界大战中反对德、意、日法西斯的几个大国，尤其是美国和苏联，协商合作的结果。也就是说，联合国从一开始就打上了大国关系的烙印。

在第二次世界大战中，美国、苏联、英国以及中国等世界上一系列国家，为了反对德、意、日法西斯的共同事业，结成了同盟。随着反法西斯战争的不断深入发展，如何在战争结束之后建立一个国际安全机制，以使人类免遭两次世界大战那样的战祸，成了主要大国领导人不能不认真面对和考虑的问题。由于美国在第二次世界大战中力量急剧膨胀，成为世界上首屈一指的大国，其领导人自然对战后建立国际安全机制持最为积极、主动的态度，希望美国在未来的国际组织中起着领导作用。

关于战后建立一个国际组织的最初设想，反映在 1941 年 8 月 14 日由美国总统罗斯福和英国首相丘吉尔共同签署的《大西洋宪章》上。《大西洋宪章》希望待纳粹暴政被最后毁灭后，世界能够建立起一个“广泛而永久的普遍安全制度”[4]。同年 9 月 24 日，苏联政府代表在伦敦发表声明，宣布苏联同意《大西洋宪章》的基本原则，并强调指出：“各国人民的任务就是要迅速而坚决地击溃德国及其盟国，建立一种使子孙后代摆脱罪恶的纳粹主义的战后和平体制。”[5] 1942 年 1 月 1 日，美、苏、英、中等 26 个反法西斯国家共同签署了《联合国家宣言》，一致宣布赞同以《大西洋宪章》的宗旨和原则为盟国的共同纲领，实际上也就接受了以建立“广泛而永久的普遍安全制度”作为战后世界秩序的设想。该宣言使用了“联合国家”一词，是因为采纳了罗斯福的建议，它也就是后来联合国的名字。

战时，几个主要大国经过较长时间的讨论和协商，就未来国际组织的具体方案，达成了原则性协议。1942 年 5 月，罗斯福在白宫会见苏联外长莫洛托夫，表述了自己关于建立战后安全机制的想法。罗斯福指出，未来的国际组织不应该是软弱无力的国际联盟之再版，为此大国要在战后维护世界和平与安全中起着特殊的作用，即由美国、苏联、英国，或许还加上中国，作为国际警察，一起惩罚破坏国际和平的国家。这便是“四警察”的设想。莫洛托夫很快将此设想报告莫斯科，两天之后他通知罗斯福总统，苏联政府完全支持“四警察”的设想。[6] 1943 年 8 月，罗斯福在第一次魁北克会议上正式向丘吉尔提出战后应以美、英、苏、中为中心建立国际和平组织的意见。[7]尽管“四警察”的设想后来没有完全实现，但是它所体现出来的大国协调一致、发挥特殊作用的思想成为后来创建联合国的一个基本原则，也是联合国能否在维护世界和平中发挥积极作用之关键所在。为了研究和制定建立战后国际组织的具体方案，经罗斯福批准，美国国务院专门设立了一个机构。该机构于 1943 年 3 月提出了一项建立战后国际组织的方案。同年 8 月，美国国务院起草一个“联合国宪章的参考文本”，表达了美国关于未来国际组织的基本设想，也为有关大国讨论建立战后国际组织的具体规划，提供了一个蓝本。[8]

自从 1943 年下半年开始，由于同盟国在反法西斯战争中取得决定性胜利，筹建战后国际组织的步伐大大加快。1943 年 10 月，美、苏、英三国外长在莫斯科举行会议，其主要议程之一就是讨论战后建立一个国际组织。会议就此达成了原则性意见。由美、苏、英、中四国政府签署的关于普遍安全的宣言明确宣布：“它们承认有必要在尽速可行的日期，根据一切爱好和平国家主权平等的原则，建立一个普遍性的国际组织，所有这些国家无论大小，均得加入为会员国，以维护国际和平与安全。”[9]随后在 1943 年 11—12 月的开罗会议和德黑兰会议上，美、苏、英、中四国首脑就未来国际组织问题交换了意见，取得了共识，即四国团结一致，以抵御侵略和维护国际和平。1944 年 8 月至 10 月，美、苏、英、中代表在美国首都华盛顿举行的敦巴顿橡树园会议，集中讨论了建立国际组织的具体方案和步骤。经过认真、深入的讨论，四国对所要建立的国际组织，达成了十分广泛的协议，它反映在四国同意的《关于建立普遍性国际组织的建议案》上。具体来说，四国就建立未来国际组织主要达成了以下几点意见，构筑了新的国际组织的基本框架：把即将建立的国际组织定名为“联合国”；决定新组织的四项宗旨和六项原则；新组织由大会、安全理事会、秘书处和国际法院四个基本部分组成；维护世界和平与安全的主要权力在安全理事会，美、苏、英、法、中为安理会常任理事国，并对安理会的决议拥有否决权，安理会的决议对所有会员国都有约束力；大会的重要决议，只要与会会员国三分之二多数票就可以通过，无须全体一致同意，其他决议以简单多数决定等。[10]敦巴顿橡树园会议确立了未来联合国宪章的基本轮廓和内容，绘出了联合国的蓝图，因此是一次具有里程碑性质的国际会议。这次会议之所以能够就联合国的建立制定出比较具体的规划，正是由于几个大国尤其是美苏两国进行了密切的合作。罗斯福和斯大林都因此给敦巴顿会议以极高的评价。罗斯福把会议的建议称为“国际上政治合作的奠基石”，而斯大林则把这次会议视为“联合国家战线巩固的标志”。[11]

敦巴顿橡树园会议所遗留下来的两个分歧问题，即关于安理会的表决程序（或者否决权问题）和创始会员国资格问题，在 1945 年 2 月举行的美、苏、英三国首脑雅尔塔会议上得到了解决。雅尔塔会议决定于 1945 年 4 月 25 日在美国的旧金山召开联合国制宪会议，按敦巴顿橡树园会议所达成的协议制定联合国宪章。雅尔塔会议还建议中国和法国同美、苏、英一道，共同作为旧金山会议的发起国。由于法国不愿意成为这次会议的发起国，1945 年 3 月 5 日，美国政府代表美、苏、英、中四个发起国向有关国家发出“召开联合国家国际组织会议的邀请书”。尽管罗斯福的去世和盟国之间在战争接近尾声的时候日益增多的分歧，给有关大国的合作带来了阴影，旧金山制宪会议仍旧如期举行。最初参加会议的有 46 个国家的代表团，它们都是在《联合国家宣言》上签字的国家。连同会议期间被接纳的乌克兰、白俄罗斯、阿根廷和丹麦，会议的参加国共 50 个。波兰作为《联合国家宣言》的签字国，因其临时政府尚未得到英、美等西方国家的承认，没被邀请与会，但是它后来作为创始会员国之一签署了《联合国宪章》。1945 年 6 月 25 日，旧金山会议全体大会一致通过了《联合国宪章》和《国际法院规约》，次日开始了《联合国宪章》的签字仪式。当年 10 月 24 日，美国政府发表公告宣称，《联合国宪章》业经签字国过半数批准，已于是日起正式生效，联合国宣告成立。联合国总部设在美国纽约，在瑞士日内瓦、奥地利维也纳等地设有办事处。

从上面我们可以清楚地看出，联合国从酝酿、筹备到成立的每一个过程，无不体现出美、苏、英、中等几个大国特别是美苏之间的相互合作与协商。可以肯定地说，没有大国的合作，就不可能有联合国在战后初期的诞生。李铁城教授指出，美国总统罗斯福对创建联合国无疑起了十分重要的作用，但是并不能因此认为联合国是罗斯福一手设计出来的，也不能说它只是美国政府战后用来谋求世界霸权的一个工具,联合国是战时盟国集体智慧的产物和卓有成效的合作之结晶。[12]我认为,他的这一判断和评价是比较准确和符合实际的。这里所说的战时盟国,无疑主要指的是几个大国,特别是美苏两个大国。大国一致是联合国得以产生的根本原因,也是联合国能够发挥应有的作用、充满生机与活力的不可缺少的条件。大国在国际舞台上发挥特殊的作用,这是无法摆脱的国际政治现实,联合国同样不可避免地带有大国关系的烙印。作为大国合作的产物,联合国体现了人类千百年来希望建立一种国际安全机制以消除世界大战、维护持久和平的意愿,因而它的创建也得到了世界上大多数国家的积极支持。从这个意义上说,联合国也是人类社会追求建立有效的世界和平与安全机制之结果。[13]

第二节　冷战的战场和工具

联合国诞生后不久,冷战就开始了。换句话说,“联合国开始运转几乎与冷战爆发同步”[14]。东西方冷战使得联合国赖以发挥积极作用的“大国一致”原则荡然无存,联合国于是成了冷战的重要战场和超级大国的斗争工具,在战后国际政治中没有发挥应有的作用。

首先,联合国成了两个超级大国对对方进行言词攻击和政治宣传的论坛。双方都利用联合国机构,特别是联合国大会,批评和指责对手的行为与政策,损害对方在国际舞台上的形象。1946 年初,美国和苏联在伊朗问题上的斗争日趋激烈。战时,苏英两国为了防止伊朗被德国所控制,曾与伊朗政府达成协议,由两国分区驻军伊朗。后来美国也派遣数千非战斗部队到伊朗。在波茨坦会议期间,苏英决定在对日战争胜利后半年内,撤走在伊朗的一切外国军队。1946 年元旦,美国全部撤走其驻伊朗的军队,英国也在规定的期限内撤兵。苏军非但未撤,而且在 1945 年底甚至支持在其占领区内成立左翼政府。伊朗政府派军队前往镇压,被苏军挡回。美国利用苏伊争端扩大事态,支持伊朗向联合国安理会对苏联提出控告,要求安理会采取措施。在此压力之下,苏伊与 1946 年 3 月 24 日达成协议,解决了争端,伊朗撤销对苏联的指控,苏军于当年 5 月全部撤出伊朗。[15]这是战后美苏逐渐从合作走向冷战的过程中,美国利用新成立的联合国对苏联施加政治压力的一个典型例子。在1948年的柏林封锁、1956年的匈牙利事件、1968年苏联入侵捷克斯洛伐克、1979年苏联入侵阿富汗等事件发生之后,美国都带头在联合国指责苏联的行为,并且努力(或试图)使安理会或联合国大会通过谴责苏联行为的决议,给苏联以很大的政治压力。

同样地,苏联也利用联合国这个政治论坛,对美国政府的某些政策和行为进行攻击。例如,苏联一直在联合国讲坛主张恢复中华人民共和国在联合国的合法席位,把蒋介石当局的代表驱逐出联合国的机构。为此,苏联驻联合国代表为了抗议美国为首的西方国家阻挠新中国进入联合国,曾一度退出安全理事会的工作。在朝鲜战争期间,苏联支持中华人民共和国派代表到联合国控诉美国的侵略行为。在1960年第15届联合国大会上,苏联领导人赫鲁晓夫指责联合国秘书长达格·哈马舍尔德(Dag Hammarskjöld)在处理刚果问题上的做法,认为哈马舍尔德代表了西方帝国主义国家的利益。他提出,应当废除联合国秘书长,由分别代表资本主义国家集团、社会主义国家集团,以及已从殖民主义统治下获得解放但决定自己的发展方向时仍然不结盟或保持中立的国家集团之三个秘书组成联合国秘书处。这也就是所谓"三驾马车方案"。[16] 1960年7月,苏联支持古巴向安理会控诉美国对古巴一再施行威胁、压制和侵略,在当年10月发生的古巴导弹危机中,苏联驻联合国代表指责美国对古巴的海上封锁是公然违反《联合国宪章》和国际法准则的。[17]

其次,超级大国利用联合国,使自己的对外行为披上合法的外衣。最突出的例子就是朝鲜问题。在日本投降前夕,美苏达成协议,两国分区占领朝鲜,此后两国在各自的占领区内支持成立当地的政权机构。美国为了使朝鲜问题的最后解决有利于自己,便在1947年9月不顾苏联强烈反对,把朝鲜独立问题提交给自己控制的联合国大会讨论。当年第二届联合国大会通过决议,成立联合国朝鲜临时委员会,它有权在朝鲜境内进行监督、观察和协商,并应对全朝鲜国民议会的选举进行监督,最后由国民议会建立朝鲜全国政府。次年5月,南朝鲜举行选举,其结果得到联合国临时委员会的承认,美国支持的大韩民国(韩国)于1948年8月宣告成立。1948年12月,美国操纵联合国大会通过了一项决议,承认大韩民国政府是朝鲜唯一合法政府,决定成立联合国朝鲜委员会取代朝鲜临时委员会,以促进朝鲜的统一和监督占领军的撤退。1950 年 6 月朝鲜战争爆发后，美国政府在迅速决定出兵干涉的同时，把朝鲜问题提交安理会，给美国的干涉行动披上一件合法的外衣。美国利用苏联代表缺席的有利时机，使安理会通过了几个有助于美国军事干涉的决议。1950 年 6 月 25 日下午，安理会应美国的要求开会，并且通过了一项由美国提出的决议案，宣布朝鲜武装进攻是对和平的破坏，要求它立即停止敌对行动、把军队撤回到三八线以北，并要求联合国会员国协助执行这项决议。在 1950 年 6 月 27 日杜鲁门正式宣布美国出兵干涉朝鲜内战的当天，美国再次操纵安理会通过美国提出的"紧急制裁案"，建议联合国会员国向韩国提供必要的援助，以便击退对韩国的武力进攻，恢复该地区的和平与安全。当年 7 月 7 日，联合国安理会又通过一项由美国盟友英国和法国提出的决议案，允许把以美军为主的干涉军冠以"联合国军"的称号、使用联合国的旗帜，并且授权美国政府任命这支军队的指挥官。这样一来，美国对朝鲜的武装干涉，便得到了联合国安理会的授权，有了法律的依据。不仅如此，在 1950 年 10 月美军跨过三八线、超越安理会的授权之后，美国又操纵联合国大会(因为此时苏联代表已经回到安理会，美国无法操纵安理会)，在 10 月 7 日通过决议，要求联合国采取一切措施，以确保整个朝鲜局势的稳定，这实际上是授权美国占领整个朝鲜。[18] 1950 年 10 月下旬，中国人民志愿军入朝参战，很快便把战线推回到三八线附近，给美国以极大的打击。次年 2 月 1 日，美国操纵联合国大会通过了诬蔑中国为"侵略者"的决议。当年 5 月 18 日，美国又使联合国大会通过了对中国和朝鲜实行禁运的决议，要求会员国对中朝实施武器弹药及其他战争物资等的禁运。总之，联合国在朝鲜问题上，完全成了美国用来为自己的对外行为制造合法依据的橡皮图章。

最后，也是最重要的是，美苏两个国家在冷战中频繁使用安理会常任理事国的否决权，阻止安理会通过不利于自己的决议，从而限制联合国发挥有效的作用，致使联合国在冷战当中近乎处于无所作为的境地。

《联合国宪章》赋予安全理事会以担负维持国际和平及安全的主要责任，因此安理会常任理事国的否决权问题，是有关联合国的最重要和根本性的问题。正如苏联驻联合国代表安德烈 · 维辛斯基(Andrey Vyshinsky)在 1950 年所说的："否决权是一项基本原则，它构成了联合国的基石。"[19]

它所体现出来的是大国一致的原则，即在涉及国际和平与安全的重大问题上，几个大国必须行动一致，方可使联合国采取切实有效的措施，只要一国持反对意见，那么安理会便无所作为。围绕联合国安理会常任理事国的否决权问题，在酝酿和筹建联合国的过程中，有关大国曾经进行较长时间的讨论和协商。最后，《联合国宪章》第二十七条对安理会的投票程序作出如下规定：

一、安全理事会每一理事国应有一个投票权。

二、安全理事会关于程序事项之决议，应以七理事国（后来联合国宪章修改为九理事国）之可决票表决之。

三、安全理事会对于其他一切事项之决议，应以七理事国（后来改为九理事国）之可决票包括全体常任理事国之同意票表决之；但对于第六章（争端之和平解决）及第五十二条第三项（地方争端之和平解决）内各事项之决议，争端当事国不得投票。[20]

以上第三条的规定，实际就是安理会常任理事国的“否决权”，即任何一个常任理事国投反对票，就能使安理会的决议不得通过。但是，《联合国宪章》并没有出现“否决权”这个词，它是人们对安理会常任理事国所拥有的特殊权利的称呼。

在冷战时期，安理会的五个常任理事国都使用过否决权，其中美苏两国使用的次数最多，否决权实际上成了东西方进行冷战、维护自身利益的工具。据统计，从1946年到1986年的四十年间，安理会内总共行使否决权223次，平均每年5.57次，其中95%以上是美苏两国使用的。[21]超级大国如此频繁地行使否决权，使得“大国一致”原则没能得到实现，对国际和平与安全负有主要责任的安理会在冷战当中几乎陷于瘫痪。

由于在战后很长一段时间里，美国把持了联合国，联合国成了它的“表决机器”，所以在1970年以前，主要是苏联频繁使用否决权，捍卫自己的利益。据统计，从联合国成立到1955年，安理会常任理事国共行使否决权82次，其中苏联占79次。从1946年到1965年，苏联使用否决权共104次，而美国在同期没有使用一次否决权。[22]苏联在以下四个方面，在安理会使用否决权，阻止安理会通过决议：

（1）在涉及同美国直接对抗的问题上行使否决权。比如苏联阻止安理会通过有关1948年柏林封锁、1956年匈牙利事件、1968年苏联入侵捷克斯洛伐克、1979年苏联入侵阿富汗等问题的决议。另外,苏联在1946—1976年间,2次否决了美国支持的联合国秘书长的当选,5次否决了有关裁军的决议,6次否决了安理会关于在刚果采取行动的决议等。所以,在冷战时期,在涉及美苏直接冲突和对抗的问题上,安全理事会基本上是无能为力的。

(2) 苏联使用安理会否决权,以支持其东方阵营的盟友。例如,苏联在1948年阻止安理会通过不利于捷克斯洛伐克共产党政府的决议案。又如,针对阿尔巴尼亚同英国关于科孚海峡(Corfu Channel)的争端以及泰国指控越南民主共和国进行政治渗透,苏联都在安理会行使否决权,给予阿尔巴尼亚和越南民主共和国以有力的支持。另外,在1950年朝鲜战争爆发后的一段时间,苏联曾经为了抗议国民党当局继续在联合国和安理会享有代表权而退出安理会的工作,这给美国利用安理会为其武装干涉朝鲜战争创造了极好的机会。此后苏联代表重返安理会,否决了有关朝鲜战争的5个提案,使得美国不能再利用安理会为其武装干涉行为制造法律依据。1978年12月,越南入侵柬埔寨。次年1月15日,安理会7个不结盟成员国提出一项决议草案,要求所有外国军队撤出柬埔寨,苏联行使了否决权。

(3) 苏联利用否决权,支持一些第三世界的国家,为自己在国际上争取尽可能多的盟友。例如,苏联多次行使否决权,支持阿拉伯国家反对西方国家和以色列。苏联曾经在安理会两次使用否决权,阻止有损埃及对苏伊士运河主权的决议案之通过。又如,苏联多次利用否决权,支持其南亚盟友印度在克什米尔问题、印巴战争以及果阿等问题上的立场。

(4) 苏联以否决权阻止一些西方或亲西方的国家加入联合国。这是苏联行使否决权次数最多的领域。《联合国宪章》第二章规定,接受新会员国,"将由大会经安全理事会之推荐以决议行之"[23]。也就是说,安理会的推荐是加入联合国必备的前提条件。而安理会是否推荐,则取决于五个常任理事国能否行动一致。只要有一个常任理事国行使否决权,安理会就无法推荐一国成为联合国成员国。苏联在冷战中多次利用了这个特权,把它作为同美国为首的西方进行政治较量的工具。1946年,苏联使用否决权阻止西班牙加入联合国。此后在1946—1961年间,苏联先后51次使用否决权,阻止葡萄牙、爱尔兰、奥地利、意大利、韩国、南越、锡兰、日本、约旦、科威特等国成为联合国的会员国。[24]苏联这样做的目的,一方面是不让西方阵营在联合国增加票数,另一方面是以此迫使美国及其西方盟国准许一些社会主义国家加入联合国,从而增强东方阵营在联合国的力量。其结果是,在1955年以前,申请参加联合国而未被批准的国家要大大多于被接纳的国家。自1946年1月至1950年,从第一届联大到第五届联大期间,仅有9个国家被批准加入联合国,其数目少于没被批准加入的国家。1950年到1954年,先后有20多个国家申请加入联合国,但是只有印度尼西亚一国获准加入。到1955年,先后申请而未被安理会推荐者达到22个国家,其中属于西方阵营的有15个,属于东方阵营的有7个。[25]由于从20世纪50年代中期起,东西方关系开始解冻,以及越来越多的国家对超级大国在吸收新成员国问题上频繁使用否决权表示强烈不满,美苏在1955年联合国隆重庆祝成立10周年的时候,开始认真讨论解决双方盟国加入联合国问题。在22个申请加入联合国的国家中,除了韩国、朝鲜、南越、北越、蒙古和日本,均在该年获准成为联合国的会员国。

从表面上看,美国在1970年以前从来没有使用过一次否决权,似乎它在这个时期没有利用安理会常任理事国的否决权,同东方阵营进行斗争。事实绝不是这样。因为在1966年安理会理事国由11个国家增加到15个国家之前,在安理会理事国中,绝大多数是同美国站在一起的,而且除了苏联之外的其他常任理事国都是美国的盟友,所以美国根本不需要使用否决权,就足以使安理会否决对其不利的决议案。这也就是美国学者所说的美国"暗藏否决权"(hidden veto)。[26]1958年,苏联领导人赫鲁晓夫指责安理会受制于美国时说:"众所周知,安理会中大多数国家都这样或那样地,尤其是在经济上,依赖于美国。这样一来,安理会目前的组成情况使得该机构无法成为公正的仲裁者,这就是为什么安理会迄今未能发挥《联合国宪章》所赋予的维护国际和平与安全之重要作用。"[27]赫鲁晓夫的批评是有根据的,实际上它是针对美国在安理会的"暗藏否决权"。在赫鲁晓夫发表上述言论的那一年,在安理会中,美国及其在北约与东南亚条约组织(SEATO)的盟友就拥有8票,仅有伊拉克和瑞典两国在东西方斗争中持中立态度。次年,意大利(北约成员)取代瑞典,突尼斯(中立国)取代伊拉克,成为安理会成员国,美国及其盟国拥有9票,比上一年还多一票。

这样,美国就可以通过安理会的绝对多数票,推翻它所反对的任何决议案[28],特别是使用“暗藏否决权”,阻止东方国家提出的决议案在安理会通过。例如,在社会主义国家加入联合国问题上,美国并没有使用它的否决权,而是以安理会的绝大多数票,把阿尔巴尼亚、保加利亚、罗马尼亚、匈牙利、蒙古、越南民主共和国以及朝鲜民主主义人民共和国(朝鲜)等苏联的7个盟国拒绝在联合国的门外。又如,1960年5月,苏联向安理会提交一项议案,谴责美国U-2飞机飞越苏联领空的行动,并把它视为“侵略行为”。但是,结果只有苏联和波兰投赞成票,7个国家(美国及其盟国)反对,锡兰和突尼斯(中立国)弃权,该决议案于是被推翻。

从20世纪60年代开始,大批新独立的国家加入联合国,它连同1966年安理会成员国的数目从11国增加到15国,使得安理会中的中立国和支持苏联为首的东方集团之国家增多,美国因此越来越难以控制安理会,其“暗藏否决权”也就逐渐消失。因而从1970年开始,美国在安理会频繁使用否决权。在1970—1982年间,美国在安理会使用过否决权达35次,比其他常任理事国都要多得多。[29]美国在这个时期多次使用否决权,维护自身利益、袒护自己的朋友、反对苏联及其盟友。例如,美国以否决权阻止安理会通过有关巴拿马运河、谴责南罗德西亚白人政权以及南非和以色列的决议案,反对越南民主共和国、朝鲜民主主义人民共和国以及苏古支持的安哥拉人民共和国加入联合国等。

超级大国频繁使用否决权,破坏了“大国一致”的原则,使得安全理事会在冷战中,对维护国际和平与安全难以发挥应有的作用。

总之,在冷战期间,联合国成了东西方斗争的重要战场,美苏两个超级大国都热衷于利用联合国包括联合国论坛、联合国大会和安理会的决议、安理会常任理事国的否决权(包括美国在一段时间所拥有的“暗藏否决权”)等作为维护自身利益和进行政治斗争的工具。东西方冷战在联合国中得到了充分的体现。冷战致使联合国在战后数十年中,几乎处于瘫痪的境地。其最根本原因在于,冷战破坏了联合国充分发挥作用的基础——“大国一致”的原则。

第三节　东西方冲突的稳定器

如前所述,联合国在冷战中成为东西方角逐的战场和超级大国的工具，没有发挥应有的作用。这是对联合国在冷战中的地位和作用之基本评估。但是，这并不是说，联合国在冷战中一无是处，对国际和平与安全以及世界的发展一点都没有起到积极的作用。对冷战中的联合国所扮演的角色，应当进行实事求是与具体的分析。冷战破坏了“大国一致”的原则，使得联合国在冷战中未能发挥应有的作用，但是它没有、也不可能使联合国陷于完全瘫痪的境地。联合国成了超级大国进行冷战的工具，同时超级大国为了把东西方斗争限定在一定的范围、使冷战不升级为热战，也利用联合国这个国际组织作为缓和相互间紧张关系和处理危机的工具。从这个意义上说，联合国起了东西方冲突的稳定器之作用。在冷战中，联合国在很大程度上受超级大国的控制，但是联合国作为一个国际组织，在冷战中亦表现出灵活性和创新精神，例如联合国大会以及联合国秘书长在维持国际和平与安全中作用上升，克服安理会由于大国频繁行使否决权而陷于无所作为境地的不利条件，发挥出积极的作用。另外，冷战时期的许多国际问题不涉及东西方冷战或者东西方冷战色彩不明显，超级大国在这些问题上可以在联合国内进行合作。最后，由于第三世界国家不断加入联合国，在联合国力量大大增加，它们对联合国的影响在不断上升，也使联合国在一定程度上摆脱东西方冷战和大国的控制，在一些国际事务中发挥积极的作用。以上因素使得冷战中的联合国并非可有可无。下面就此进行进一步的分析。

“大国一致”是联合国得以发挥作用的基础和前提，冷战破坏了这个原则。安理会对维护国际和平与安全负有主要责任，但是两个超级大国频繁在安理会使用否决权，使得该机构乃至整个联合国在冷战中基本上处于无所作为的地位。但是，从某种意义上说，否决权也起着一种报警器、安全阀的作用，“可防止大国关系由对抗导致破裂并直接威胁和平”[30]。在冷战时期，否决权可以使得一个超级大国防止另外一个超级大国控制安理会通过有损自身利益的决议，以免东西方冲突升级和导致两个超级大国之间的迎头相撞。例如，在柏林封锁期间，美国曾经努力使安理会通过有关决议，如果苏联不行使否决权的话，安理会有可能根据美国的旨意采取某种轻率行动，从而使危机失控。

另外，作为一个国际组织，联合国为冷战双方国家在紧张冲突和危机中进行接触与对话、寻找解决问题的途径，提供了一个很好的场所。同时,联合国机构,特别是联合国秘书长,可以在冲突双方之间进行调解与斡旋,这也有助于紧张气氛的缓解与问题的和平解决。下面试举二例加以说明。

在朝鲜战争期间,尤其是在这场战争的初期,联合国成了美国的工具,扮演了一个很不光彩的角色。但是,在1951年5—6月间,联合国也曾是美苏进行秘密接触、促成朝鲜停战谈判的一个重要渠道。自从1951年初朝鲜战场进入持久的拉锯战之后,美国政府寻找各种机会同苏联对话,以便通过谈判打破朝鲜的僵局。是年5月,杜鲁门政府指派美国著名"苏联通"乔治·凯南,与苏联驻联合国大使马立克进行秘密接触,传送美国希望和谈的信息、探听苏联的反应。凯南同马立克会晤了两次,原则上达成了朝鲜停战谈判的谅解。[31]经过苏、中、朝领导的会商之后,6月23日,马立克在联合国新闻部举办的"和平的代价"广播节目中发表演说,提出以交战双方谈判停火与休战、把军队撤离三八线作为解决朝鲜武装冲突的第一步的建议。[32]中国、朝鲜以及美国政府都先后对马立克的建议作出积极的反应。其结果是,经过有关各方的协商,1951年7月10日,由中朝和联合国军各为一方的朝鲜停战谈判正式开始。联合国对冷战中东西方之间第一场热战——朝鲜战争的结束,无疑也起了一定的积极作用。

再如第二章所述,1962年10月古巴导弹危机的结束,主要是美苏两个超级大国在核战争威胁面前相互间达成妥协的结果,但是联合国在此期间所起的作用,也并不是可有可无的。古巴导弹危机开始后,安理会立即开会讨论加勒比海地区的紧张局势,但是美苏提出决议草案都先后被否决,安理会对处理这场危机显得无能为力。但是,来自亚非国家集团的45个国家开会,促成安理会中两个不结盟理事国向安理会提出一项决议草案,要求秘书长出面调停,同争端国家进行协商。联合国秘书长吴丹(U Thant)于是向美苏两国领导人发出两封信函,建议苏联暂停向古巴运送武器,美国也同时暂停海上"隔离",以便获得时间进行谈判。赫鲁晓夫对此表示同意。美国则认为这个建议不利于美方,因为它对于已进入古巴的苏联导弹没有制约作用,所以肯尼迪致函吴丹予以拒绝。但是,美国政府表示愿意同秘书长进行商谈,寻求双方都可以接受的方案。此后,吴丹又写信给美苏首脑,他建议赫鲁晓夫命令已驶往古巴的任何苏联船只停在拦截区外,希望肯尼迪指示美国在加勒比海的船只,避免同苏联船只发生冲突。该建议为两国所接受，有助于减少两个超级大国在这场危机中发生冲突的可能性。吴丹也致书古巴领导人卡斯特罗，希望停止可能使危机升级的措施。吴丹还在联合国同美、苏、古三国代表进行私下磋商，促使他们进行谈判。美苏两国在联合国的代表进行了复杂与艰巨的谈判。最后，美苏双方达成了解决危机的方法，其中包括联合国对古巴进行视察。吴丹曾前往哈瓦那，希望说服卡斯特罗同意此种视察或监督，但是古巴领导人认为这样做侵犯了古巴的主权，吴丹的使命以失败告终。[33]从上面可以看出，古巴导弹危机期间，联合国秘书长调停与斡旋的努力取得了部分成效，有助于缓解两个超级大国在这场危机中的紧张关系和寻找摆脱危机的途径。

如上所述，联合国在冷战中，对防止超级大国直接对抗、促进东西方关系缓解发挥了一定的积极作用。从这个意义上说，联合国起了冷战的稳定器之作用，尽管总的来说联合国面对东西方冷战，基本上是无能为力的，其积极作用是很有限的。

联合国在冷战期间，在一些不涉及东西方斗争、两个超级大国可以合作的领域发挥了较大的作用。这也是冷战时期联合国所取得的最主要成绩。

第二次世界大战以后，地区冲突不断、战乱频仍，对国际和平与安全构成了严重威胁。这些地区冲突大多与东西方冷战、超级大国插手有关，而冷战破坏了“大国一致”原则，联合国关于制止侵略和军事冲突的“集体安全”机制难以发挥作用。在涉及东西方冲突色彩较浓的地区冲突中（除了少数例外，比如朝鲜战争），诸如柏林封锁和柏林危机、古巴导弹危机、越南战争、安哥拉战争、阿富汗战争等，联合国基本上是无能为力的。但是，在一些不涉及东西方斗争或者东西方斗争色彩不是很浓厚的地区冲突中，联合国还是能起到维持国际和平与安全之作用的。联合国在解决这样的地区冲突中发挥作用主要是通过联合国秘书长的调停与斡旋以及组织维持和平行动，其中后者是主要的形式。

作为联合国行政首脑的联合国秘书长，享有比较广泛的职权，其中包括在解决争端中进行斡旋与调解。在冷战期间，联合国秘书长多次为地区冲突的和平解决，在争端双方之间进行斡旋、调停和仲裁，在许多地区冲突中取得了成效。例如，秘书长吴丹在 1961 年底就荷兰同印度尼西亚关于新几内亚地位的军事冲突进行斡旋，促使双方代表后来在联合国总部开始谈判，达成了解决问题的协议。又如，1989 年底，联合国秘书长哈维尔·德奎利亚尔(Javier de Cuellar)开始进行外交努力，寻求解决萨尔瓦多冲突的办法。后来萨尔瓦多政府同反政府组织在秘书长的主持下开始进行谈判，结束了长达十年的武装冲突。这是联合国秘书长在解决地区冲突中发挥调解作用的又一个实例。[34]

联合国维持和平行动是联合国维持国际和平与安全的主要方式。它大致又分为两大类。一类是传统的维和行动，受联合国秘书长的直接领导，主要有军事观察团和维持和平部队两种形式。军事观察团是由非武装的军事观察员组成的观察团，监督停火或有关协议的实施；维和部队则由联合国会员国提供的只装备自卫的小型武器的军事人员组成，其任务是恢复冲突地区的法律与秩序，维持和平。另外一类是由安理会批准、由几个国家组织一支多国部队，它直接介入冲突，以期冲突的迅速解决。[35]但是许多人并不把后一类联合国的行动纳入维和行动之列。[36]从 1948 年到 20 世纪 80 年代中期大约 40 年的时间里，联合国先后进行了 13 次第一类的维和行动。接受军事观察团和维和部队的国家和地区都不属于涉及东西方直接对抗的地区，所以这些维和行动得以成为现实，它们也为有关地区的和平与稳定作出了贡献。联合国在中东阿以冲突、苏伊士运河危机、黎巴嫩动乱、刚果事件、塞浦路斯冲突、印巴冲突等地区冲突发生后所进行的维和行动，均取得一定的成效。同时期第二类的维和行动只有一例，即朝鲜战争爆发后，美国操纵安理会通过决议，组建“联合国军”对朝鲜半岛的冲突进行武装干涉。由于安理会有关朝鲜问题的决议是在苏联代表缺席的情况下通过的，所以联合国在朝鲜战争时的行为是极不正常的。中国及其他许多国家认为它是非法的，不能算作联合国的维持和平行动。20 世纪 80 年代后期至 1991 年底苏联解体之前的几年中，联合国维和行动得到迅速发展，十分引人注目。本章下一节将论及这几年中联合国的作用，包括它在维和行动中的成绩。

联合国在冷战时期发挥积极作用的另外一个表现是，随着联合国成员国的迅速增多和第三世界的兴起，联合国在摆脱大国的控制、维护第三世界国家利益方面作出了积极的贡献。第二次世界大战之后，世界开始了一个非殖民化的进程，大批亚非国家摆脱殖民统治，取得了独立地位。20 世纪 60 年代是非殖民化的高潮时期，仅在 1960 年一年，非洲就有 17

个国家先后独立。在20世纪60年代，联合国增加了56个亚非成员国。此后，第三世界国家在联合国的数目不断增加，到冷战结束前，第三世界国家已接近联合国会员国总数的三分之二。其结果是，联合国特别是联合国大会的力量对比发生了很大变化，打破了西方国家在联合国占绝对优势的局面。广大第三世界国家利用自己在联合国日益增加的票数，促使联合国大会通过一些有利于发展中国家的提案。1963年第18届联合国大会决定，从1966年起，将安理会的6个非常任理事国增加到10个，它们分别分配给亚非国家(5个)、拉丁美洲国家(2个)、东欧国家(1个)、西欧及其他国家(2个)。这大大增强了第三世界国家在安全理事会中的力量。第三世界国家通过团结一致，可以在安理会中拥有事实上的集体否决权，从而阻止通过不利于自己的决议。1971年，联合国恢复中华人民共和国的合法席位，主要是广大第三世界国家在联合国内斗争的结果。1971年10月，第26届联合国大会否决了美国提出的所谓"重要问题案"(即中国恢复在联合国的席位必须得到联合国大会表决的三分之二多数)，接着又以压倒多数票通过恢复中华人民共和国在联合国一切权力、立即将国民党当局代表从联合国一切机构驱逐出去的提案。这是中国和广大第三世界国家的巨大胜利，也是美国长期控制联合国、孤立中国政策的最终失败。[37]

最后，联合国在冷战时期，在推动世界去殖民化进程，建立国际经济新秩序，推动全球裁军，保护与促进人权，以及控制和解决一系列全球问题，如环境恶化、人口增长、贫穷加深、毒品走私、艾滋病泛滥、恐怖主义猖獗等领域，也做了大量和有益的工作。联合国不仅为讨论上述问题提供了一个很好的讲坛，也通过许多有关决议为解决问题奠定了良好的基础。

总之，在四十多年东西方冷战时期，虽然联合国的表现不尽如人意，但是它并不是一个可有可无的东西。世界需要联合国这样一个国际组织，联合国体现了人类建立国际制度防止战争、维持和平的良好愿望，这是联合国在冷战中能够生存下来并且有所发展的根本原因。

第四节　冷战的结束与联合国的活力

从20世纪80年代后半期到1991年底苏联解体，是东西方关系经历巨大变化、冷战逐渐消亡的时期。这个时期的联合国显示出前所未有的活力和生机。有的学者把这个时期称为冷战后时期或者后冷战时期，由此出发来分析这个时期联合国的作用。笔者不把这几年归入冷战后时期之内，而把它称为冷战逐步走向消亡的阶段。换句话说，它是东西方冷战中一个十分特殊和最后的时期，是四十多年冷战的尾声。总的来看，这几年联合国的表现同以前四十多年的表现有着很大的区别，它更接近于冷战结束后的联合国。

以20世纪80年代中期苏联戈尔巴乔夫上台和提出“新的政治思维”为标志，东西方关系开始进入一个重大变革的时期，美苏关系得到极大改善，冷战逐渐消亡。其结果是，随着东西方两大集团对抗的缓解以致最后消失，世界上主要大国，特别是美苏两个超级大国的合作出现了前所未有的好势头，联合国充分发挥有效作用的基础，即“大国一致”原则，得以再生和成为现实。几个大国之间加强对话与合作，对联合国采取积极的态度，联合国因此进入一个崭新的阶段，其在国际政治中的地位和作用得到大大加强，“从昔日被冷落到边缘地位逐渐转移向国际关系的中心”[38]。

维持国际和平与安全，是联合国最主要的任务，也是衡量联合国成败的主要依据。在这方面，联合国在这个时期所发挥的作用十分突出。主要由于安理会五大常任理事国协商一致，特别是美苏两国的合作，在短短的几年中，作为联合国解决争端、维护世界和平与安全之主要形式的联合国维持和平行动发展十分迅速，而且成效显著。仅仅在1988—1991年的4年里，联合国就进行了大约11次的传统维和行动。其数目接近1948—1987年战后40年联合国此类维和行动数目的总和。而且联合国在1988—1991年的维和行动取得了令人瞩目的成就，它为阿富汗问题的解决、两伊战争的结束、纳米比亚的独立、中美洲的和平、安哥拉战争的停火以及柬埔寨的政治解决等，作出了很大的贡献。1988年，联合国维持和平部队获得了诺贝尔和平奖，表明联合国的维持和平行动得到了国际社会的积极认可。

特别需要提出的是，联合国在1990—1991年海湾危机和海湾战争中所扮演的角色格外引人注目，它充分说明了“大国一致”原则是联合国充满活力和生机的基础。1990年8月2日，伊拉克出兵入侵科威特，6天之后它又宣布兼并科威特。安理会对此作出了相当迅速和强烈的反应。伊拉克入侵科威特的当天，安理会就以 14 票对 0 票(也门没有参加投票)一致通过了第 660 号决议，它确认伊拉克的行为“构成了对国际和平与安全的破坏”，决定依据《联合国宪章》第 39 条和第 40 条的规定采取包括要求伊拉克立即撤军在内的相应行动。这是联合国历史上，安理会第一次对一场入侵、占领和蓄意吞并的行为，达成一致的意见。[39]针对伊拉克无视第 660 号决议的态度，安理会于 8 月 6 日通过了第 661 号决议，强调按照宪章第 51 条，会员国对伊拉克的侵略行为“有行使单独或集体自卫的自然权利”，决定对伊拉克实行广泛、强制性的经济制裁和武器禁运。在伊拉克宣布吞并科威特之后，安理会又一致通过第 662 号决议，宣布伊拉克对科威特的兼并完全无效。此后安理会又通过了 8 项决议，加强对伊拉克的制裁。1990 年 11 月 29 日，安理会以 12 票赞成、2 票反对、1 票弃权通过了第 678 号文件，它授权同科威特政府合作的成员国，如果伊拉克在 1991 年 1 月 15 日之前未能完全遵守安理会的有关决议，可以使用一切必要手段，维护并执行安理会的上述决议，恢复该地区的和平与安全。这是安理会授权会员国使用武力。该决议之所以能通过，关键在于没有任何一个安理会常任理事国行使否决权，中国投了弃权票。1991 年 1 月 17 日，即在安理会规定的期限已经过了之后，美国为首的多国部队对科威特境内的伊拉克军队发动了大规模的军事进攻，海湾战争正式爆发。这是朝鲜战争后，联合国安理会第一次授权组建多国部队，采取强制性军事制裁行动。如果考虑到朝鲜战争期间，美国是在苏联代表缺席情况下，操纵安理会通过有关朝鲜问题的决议和组建“联合国军”，属于极不正常的行为，那么联合国安理会授权组建多国部队并对伊拉克发动军事进攻，则是整个冷战期间联合国安理会授权的、针对一个会员国的唯一一次真正的使用武力的行动。这次行动取得了成功，科威特的主权得到恢复。联合国制止侵略的集体安全机制经受了考验。海湾战争使得联合国的地位有了更大的提高。当然，今天回过头去看，海湾战争期间联合国的作用在当时可能被夸大了，实际上联合国集体安全机制在这场战争中暴露出很多问题。比如，联合国安理会只是授权建立一支多国部队，而主要由美国组成的多国部队根本不归安理会支配和指挥，安理会在海湾战争中实际上处于靠边站和被架空的地位。[40]美国等国之所以耗费十分巨大的军费实施“沙漠风暴”行动，在很大程度上是因为石油产量丰富的海湾地区之稳定与安宁同它们的国家利益密切相关。联合国要在其他战略地位不太重要的地区采取类似的军事行动是极其困难的。因此,海湾战争可以说是联合国集体安全制度可以发挥有效作用的一个特例。

1991 年底苏联解体标志着冷战最终退出历史舞台。冷战结束给联合国在维持世界和平与稳定方面发挥更大和更积极的作用创造了条件。从此,联合国不再是主要由美苏两个超级大国控制的、东西方斗争的工具和场所,因而也就使得大国通过协商与合作让联合国发挥更大效用有了可能。事实上,冷战结束以后的最初几年,联合国大会通过的决议每年都在 300 项左右,其中以协商一致方式通过的决议所占的比率逐年提高,表明会员国意见一致程度比冷战时期大有增加。冷战以后安理会大国使用否决权的情况大大减少,显示出大国关系正从冷战时期的对抗转向冷战后的合作,安理会的活力得到恢复。[41] 同时,随着东西方冲突的结束,冷战后的世界在安全领域中的相互依存日益加深。冷战后的安全问题同冷战时期相比有所不同,安全问题所涉及的范围已不仅局限于军事,而是扩大到经济、环境和人类生存等许多方面,国际一体化趋势使得国与国之间在安全问题上是相互依赖的,必须通过合作的手段维护一国自身的安全。这样就使得冷战以后建立和完善国际安全制度的要求十分迫切,为包括联合国在内的国际组织发挥积极作用提供了很好的机遇。

冷战结束后的联合国在维持世界和平与安全上继续了 20 世纪 80 年代末至 90 年代初冷战逐步走向消亡时期的发展势头,但其所取得的成就同人们预期的目标尚有一定距离。让我们来看看冷战后联合国的维和行动。冷战后的最初几年,联合国的维和行动十分活跃,从 1991 年底至今,除了继续原先开始的一些维和行动外,还新组织了不少维和行动。这些行动包括:联合国中美洲观察团(1989 年 11 月至 1992 年 1 月),联合国伊拉克科威特观察团(1991 年 4 月至 2003 年 10 月),联合国驻萨尔瓦多观察团(1991 年 5 月至 1994 年 11 月),联合国安哥拉第二期核查团(1991 年至 1996 年),联合国西撒公民投票特派团(1991 年 9 月至今),联合国驻柬埔寨先遣特派团(1991 年 10 月至 1992 年 2 月),联合国驻柬埔寨过渡时期权力机构(1992 年 2 月至 1993 年 9 月),联合国保护部队(南斯拉夫地区,1992 年 2 月至 1995 年 12 月),联合国索马里行动(1992 年 12 月至 1993 年 3 月),联合国莫桑比克维和部队(1992 年 12 月至 1994 年 12 月),

联合国乌干达—卢旺达观察团(1993年6月至1994年9月),联合国格鲁吉亚观察团(1993年8月至2009年6月),联合国利比里亚观察团(1993年9月至1999年),联合国驻海地特派团(1993年9月至2019年10月),联合国卢旺达援助团(1993年10月至1996年3月),联合国驻塔吉克斯坦观察团(1994年12月至2000年5月)。[42]以上维和行动被联合国前秘书长加利(Boutros-Ghali)称为"第二代维和行动",有别于1988年以前的传统维和行动,前者的新特点包括大多数维和行动不限于监督停火,被赋予了政治性任务,如设计和监督宪政、监督组织选举等;不排除使用武力,维和部队可以为有限和局部目标而使用武力等。

应该说,联合国在冷战后的维和行动中取得了显著的效果,为恢复冲突地区的和平与稳定作出了贡献。它表明冷战结束后,联合国是具有活力的,世界离不开联合国,联合国是可以大有作为的。然而,联合国在冷战后所遇到的一系列挫折和挑战也使人们开始比较冷静地估价新时期联合国的作用,不再对它期望过高。同在海湾战争中所取得的辉煌成绩相比,联合国在索马里的失败和南斯拉夫地区维和行动所受到的挫折同样是引人注目的。1991年非洲之角的索马里发生内部武装冲突,加之历史上罕见的自然灾害,这个国家处于政治混乱、经济崩溃之中,一半人口处于饥饿状态,百万难民流落他乡。从1992年初开始,安理会就索马里问题通过一系列决议,决定对该国进行武器禁运、紧急空运粮食,并且组织多国部队前往索马里以确保人道主义救援物资的运送和分发。联合国的行动取得了一定成效。但是,从1993年3月起,安理会扩大了索马里维和行动的规模和目标,联合国部队取代了多国部队,维和人、财、物力大大增加,维和任务扩大到解除派别武装、促进政治和解等方面,而且维和部队可以使用武力。其结果是维和部队同当地武装分子发生军事冲突,出现了较多的人员伤亡,也造成了参加维和行动的国家之间发生意见分歧,维和行动陷于困境。1993年10月,美国总统克林顿(William Clinton)承认美国在索马里问题上犯了错误,并且宣布美国军队将在次年3月31日之前全部撤出索马里。联合国随之宣布将分批撤出维和部队。联合国秘书长加利在1995年3月联合国维和部队全部撤出索马里后承认,联合国在索马里的维和行动失败了。联合国在南斯拉夫地区维和行动的命运也让人失望。1991年南斯拉夫发生分裂和出现武装冲突,开始处于危机之中,引起国际社会的严重关注。1991 年 9 月，安理会通过决议，要求冲突双方和平解决争端，禁止其他国家向南斯拉夫冲突各方运送武器装备。联合国秘书长也派特使在冲突各方之间进行斡旋。次年 2 月，安理会一致通过决议，决定组建联合国保护部队并进入克罗地亚共和国境内塞尔维亚族人聚居的三个保护区，要求在该地区的南斯拉夫政府军及其他武装力量撤出或解散。联合国的行动使得克罗地亚的冲突趋于平息。但是从 1992 年 4 月开始，波斯尼亚和黑塞哥维那共和国又爆发了塞族为一方，穆、克族为另一方的内战，它成了南斯拉夫地区危机的焦点。在寻找政治解决途径、进行人道主义援助的同时，联合国在波黑部署了联合国保护部队，开始了维和行动。但是联合国的维和行动遇到了很多困难，维和部队人员伤亡情况比索马里还严重，联合国也难以承担维和行动的高额经费，波黑和平进程步履维艰。虽然在多方努力下，1995 年 12 月 14 日波黑冲突三方签署巴黎和平协议，1996 年 1 月还开始了正式的裁军谈判，但是南斯拉夫地区的危机尚未完全平息。1995 年 12 月 25 日，在波黑的 25 000 名联合国维和部队摘下了蓝色贝雷帽，把持续近 4 年的维和任务移交给 6 万多名以北约为主的多国部队，联合国得以摆脱在该地区负担沉重、效果不佳的维和行动。联合国在南斯拉夫地区的维和行动不能说是成功的。联合国在索马里和南斯拉夫地区维和行动所遭受的挫折，已经使人们开始以比较冷静的态度思考冷战后联合国在维持世界和平与安全方面的作用。冷战结束前后人们对联合国所怀有的那种很高的期望现在似乎已经消退，冷战后联合国所遇到的诸多困难，包括一些维和行动的失败以及巨额的财政赤字等，不能不让人们怀疑扩大维和行动的规模和任务之可行性。冷战结束以后，世界上主要大国影响联合国的现象依然存在，1996 年美国行使否决权阻止联合国前秘书长加利连任就是个例证。因为联合国要在世界发挥广泛的作用，还有赖于大国提供财力、人力和物力等多方面的支持，安理会五大国拥有否决权的局面同冷战时期也是一样的。联合国在可见的将来完全摆脱大国的影响，无疑是个不现实的目标。冷战以后，“大国一致”原则依然是联合国发挥作用的基础，只不过新时期的大国数目要比冷战时期多，而且构成大国实力基础的不仅仅是军事力量，而是综合国力，包括经济实力和思想影响力，两个超级大国操纵联合国的局面已经不复存在了。

小　结

从上述对冷战时期联合国地位与作用的分析中，我们可以得出这样的结论："大国一致"原则是作为国际制度的联合国在维护世界和平与安全上发挥作用之基石。东西方冷战使得该原则近乎荡然无存，因此联合国在冷战中的积极作用极为有限，特别是在涉及东西方斗争领域，它更是无能为力。冷战结束前几年，由于大国关系的极大变化与相互合作态度，联合国的表现引人注目。

冷战逐步走向消亡那几年联合国的表现，使得这个世界上最大的国际组织名声大震。其结果是，在冷战结束前后一段时间里，人们对联合国的作用尤其是联合国维和行动的作用存在着期望过高的心理，一些人主张扩大联合国在维护世界和平与安全方面的作用，包括频繁使用强制性措施。但是，冷战结束以后联合国不断遭受挫折，特别是它在索马里维和行动和南斯拉夫地区维和行动中令人失望，促使人们开始以较为冷静的态度评价联合国的作用，包括重新评价联合国在冷战结束前几年里的表现。无疑，战后开始的东西方冷战，极大地限制了联合国在维持世界和平与安全方面的作用，冷战逐步走向终结和大国关系特别是美苏关系的极大改善，给联合国发挥积极作用创造了极好的机会。但是这几年属于历史上一个十分特殊的阶段，即战后开始并且持续了四十多年的东西方冷战走向结束的阶段，东方国家包括苏联正处于急剧的政治变革时期。在此期间，苏联在国际舞台上不断妥协与退让，大国特别是美苏两个超级大国在处理一系列地区冲突(其中许多带着东西方斗争的色彩)时采取了前所未有的合作态度。正如联合国的成立是大国合作的产物，联合国能发挥积极作用的基础也是大国之间的相互合作。正是冷战走向结束这几年大国关系特别是美苏关系的极大缓和以及两国的广泛合作，才使得联合国得以显示出活力与生机。然而，这个特殊历史时期联合国的表现并不意味着世界从此开始了一个大国持续进行合作、联合国在国际舞台上地位跃升的时代。

应当指出，冷战的结束导致国际格局发生巨大变化，但是它并没有从根本上改变国际社会的性质。国际社会仍然主要由主权国家所组成，没有一个诸如世界政府那样的最高权威机构来规划各国的行为，各国还是主要依靠自助行为维护自身的安全。随着相互依存趋势的不断发展和加深，国际间的合作特别是在经济发展、环境保护等非政治领域里的合作无疑会大大增强，甚至出现国家出让部分主权、通过建立国际制度协调各国行动的现象。然而，在政治领域特别是维护国家安全方面，迅速增加国际组织作用之可能性是不大的，至少在可见的将来难以实现。当然，通过国际合作特别是大国合作建立国际制度以保障世界和平与稳定，过去是、今天是、今后仍将是人们所追求的理想目标和解决问题的一个思路。而且世界发展的总趋势是，国际制度日益完善，其作用不断加强。

联合国是二战结束前夕成立的，它建立不久，东西方之间的冷战就爆发了。冷战时期的联合国主要受到美苏两个超级大国的控制，成为东西方对抗的工具和场所。在两极国际体系中，联合国的主要功能是避免美苏两家迎头相撞。冷战结束以后，联合国的主要着眼点理应发生变化，以维护全球安全、促进人类共同繁荣为基本目的。冷战结束以来，世界正经历着很大的变化，相互依存日趋深化，国际力量对比在向多极化方向发展，新的力量中心在崛起。联合国如何根据形势的变化进行调整和改革，这是该组织今天以及将来面临的一大任务。另外，进入 21 世纪，随着大国竞争重登世界舞台，联合国在国际事务中的地位和作用不可避免地受到限制和制约。

注释

1. Robert O. Keohane, "Multilateralism: Agenda for Research," *International Journal*, Vol.XLV, No.4, Autumn 1990, pp.731 - 764.

2. Robert O. Keohane, *International Institutions and State Power*, Boulder, CO: Westview, 1989, pp.3 - 4.

3. [美]罗伯特・基欧汉、约瑟夫・奈:《权力与相互依存——转变中的世界政治》，林茂辉等译，北京:中国人民公安大学出版社 1992 年版，第 5 页。

4.《国际条约集(1934—1944 年)》，北京:世界知识出版社 1961 年版，第 337—338 页。

5. [苏]G.A.戈尼昂斯基等:《外交史》(第四卷)，北京:生活・读书・新知三联书店 1980 年版，第 246 页。

6. George Schild, "The Roosevelt Administration and the United Nations," *World Affairs*, Summer 1995, pp.26 - 34.

7. 李铁城主编:《联合国的历程》，北京:北京语言学院出版社 1993 年版，第 33 页。

8. Cordell Hull, *Memoirs*, New York: Macmillan, 1948, pp.1646 - 1647.

9.《国际条约集(1934—1944 年)》，第 403 页。

10. 李铁城主编:《联合国的历程》,第 41—50 页。

11. [美]罗斯福:《罗斯福选集》,关在汉编译,北京:商务印书馆 1982 年版,第 500 页;[苏]斯大林:《斯大林选集》,北京:人民出版社 1978 年版,第 397—398 页。

12. 李铁城主编:《联合国的历程》,第 71—75 页。

13. 见张之毅:《世界秩序机制转换的历史反思》,载陈鲁直、李铁城主编:《联合国与世界秩序》,北京:语言学院出版社 1993 年版,第 23—26 页。

14. 李铁城:《联合国五十年》,北京:中国书籍出版社 1995 年版,第 158 页。

15. 何春超主编:《国际关系史》(下册),武汉:武汉大学出版社 1983 年版,第 46—47 页。

16. John G. Stoessinger, *The United Nations and the Superpowers: China, Russia and America*, 4th ed., New York: Random House, 1977, pp.55 - 75;[苏]赫鲁晓夫:《最后的遗言——赫鲁晓夫回忆录续集》,上海国际问题研究所和上海市政协编译组译,北京:东方出版社 1988 年版,第 718 页。

17. 李铁城主编:《联合国的历程》,第 241—243 页。

18. 韩念龙主编:《当代中国外交》,北京:中国社会科学出版社 1988 年版,第 37 页。

19. *The United Nations and the Superpowers*, p.3.

20. 王铁崖、田如萱编:《国际法资料选编》,北京:法律出版社 1982 年版,第 826 页。

21. 李铁城主编:《联合国的历程》,第 213 页;裘克安:《关于否决权问题》,载陈鲁直、李铁城主编:《联合国与世界秩序》,第 136—142 页。

22. 引自钱文荣:《试论联合国改革与我国的对策》,载陈鲁直、李铁城主编:《联合国与世界秩序》,第 105—122 页。

23. 王铁崖、田如萱编:《国际法资料选编》,第 820 页。

24. 同上书,第 10 页。

25. 李铁城主编:《联合国的历程》,第 211 页。

26. *The United Nations and the Superpowers*, p.14.

27. Arthur N. Holcombe, *Organizing Peace in the Nuclear Age*, New York: New York University Press, 1959, p.97.

28. Norman J. Padelford, "The Use of Veto," *International Organization*, June 1948, pp.231 - 232.

29. Richard L. Jackon, *The Non-Aligned, the UN, and the Superpowers*, New York: Prager, 1983, p.116.

30. 李铁城:《联合国五十年》,第 34 页。

31. Dean Acheson, *Present at the Creation*, New York: W. W. Norton & Company, 1969, pp.532 - 533; *FRUS*, 1951, Vol.7, pp.507 - 508;[美]约瑟夫·格登:《朝鲜战争》,于滨等译,北京:解放军出版社 1990 年版,第 636—637 页。

32. 裴坚章主编:《中华人民共和国外交史(1949—1956)》,北京:世界知识出版社 1994 年版,第 198 页。

33. [美]罗伯特·肯尼迪:《十三天:古巴导弹危机回忆录》,复旦大学历史系拉丁美洲研究室译,上海:上海人民出版社 1977 年版,第 33 页;资中筠主编:《战后美国外交史——从杜鲁门到里根》,北京:世界知识出版社 1994 年版,第 398—400 页。

34. 贾烈英:《试析联合国秘书长的地位和职能》,载陈鲁直、李铁城主编:《联合国与世界秩序》,第 160—174 页。

35. 参见王杰主编:《联合国遭逢挑战》,北京:中央编译出版社 1995 年版,第 42—46 页;Nigel D. White, "U.N. Peacekeeping—Development or Destruction?" *International Security*, April 1994.

36. 李铁城主编:《联合国的历程》,第 467—480 页;刘恩照:《联合国维持和平行动》,载陈鲁直、李铁城主编:《联合国与世界秩序》,第 203—223 页;郑启荣:《联合国维持和平行动浅析》,载陈鲁直、李铁城主编:《联合国与世界秩序》,第 224—238 页。

37. *The United Nations and the Superpowers*, pp.26 - 53.

38. 李铁城主编:《联合国的历程》,第 452 页。

39. 德奎利亚尔语,《联合国纪事》中文版,第 7 卷,第 4 期,第 5 页。

40. 李铁城:《联合国五十年》,第 128 页。

41. 同上书,第 310—311 页。

42. 同上书,第 197—198 页;联合国安理会网站:https://www.un.org/securitycouncil/zh/content/repertoire/peacekeeping-missions/。

第六章
第三世界和冷战

在前后持续四十多年的冷战时期，东西方之间的战争与和平始终占据着国际舞台的中心位置，从根本上影响着国际关系的发展进程。世界上其他国家的内外政策选择都或多或少地受到东西方冷战这个大的国际背景的制约。本书把第三世界当作一个研究单位，分析冷战对它的影响及其为了维护自身的利益而作的战略选择。

第三世界和冷战的关系，是冷战史研究避不开的一个重要问题。无疑，美苏关系构成了冷战的核心，欧洲一直是冷战的主战场，相对来说第三世界处于冷战的边缘地带。但是，东西方在广大的第三世界地区的较量和争夺，却是冷战不可分割的组成部分。尤其是20世纪50年代中期以后，东西方之间在第三世界的斗争比欧洲地区的冷战显得更为紧张、激烈和富有戏剧性。本章集中探讨东西方在第三世界的争斗、第三世界国家在东西方冷战中所采取的对外战略以及第三世界作为一个整体在冷战中的得与失等几个问题，从第三世界和冷战的关系来理解战后四十多年的冷战史。

第一节　“第三世界”的概念和第三世界的形成

“第三世界”是一个政治概念，它的出现和被广泛使用，是同战后初期开始的东西方冷战密不可分的。它泛指介于东西方两大阵营之间的广大亚洲、非洲和拉丁美洲国家和地区。据考证，“第三世界”一词最早出现于20世纪50年代初期欧洲学者的著述中，60年代后广为流传。法国人类学家阿尔弗雷德·索维(Alfred Sauvy)在1952年8月14日的法国杂志《新观察》(*Le Nouvel Observateur*)发表的《三个世界，一个星球》一文中，首先使用了“第三世界”这一概念，并且把它定义为两大对立阵营之外的广大地区。他这么写道：“我们常说有两个对抗世界(自由世界与共产主义世界)，常说它们可能发生战争或能够互相依存等，却常常忘记还有一个第三世界。这两个世界感兴趣的是如何征服第三世界，至少是如何把它们拉到自己一边。”[1] 显然，索维是把第三世界视为东西方冷战夹缝中的广大地区，如果没有冷战，也就无“第三世界”可言。

大多数学者们所使用的“第三世界”概念，其含义同索维最初提出的概念差不多，都是从冷战的角度来给第三世界下定义的。他们认为，战后国际体系由三个世界组成，美国领导的西方发达国家为第一世界，苏联及以其为首的社会主义阵营为第二世界，其他国家和地区便属于第三世界。[2] 英国历史学家保罗・肯尼迪就指出：“第三世界国家是指坚持留在美苏控制的两个集团以外的国家。”[3] 尽管如此，至今尚无统一的、被普遍接受的对“第三世界”概念的界定。20 世纪 60 年代以后，“第三世界”一词常常与“发展中国家”“南方国家”等同，指世界上经济不发达的国家和地区，也就是说人们更多地从经济发展水平来定义“第三世界”。联合国第一届贸易发展会议干脆正式用“发展中国家”一词取代“第三世界”的概念。[4] 中国领导人毛泽东在 20 世纪 70 年代也提出了一个关于划分三个世界的思想，给第一世界、第二世界和第三世界都下了一个很明确的定义。1974 年 2 月 22 日，毛泽东在同赞比亚总统卡翁达谈“三个世界”划分时说：“我看美国、苏联是第一世界。中间派、日本、欧洲、澳大利亚、加拿大是第二世界。咱们是第三世界。”他接着又进一步对第三世界的范围作了具体的规定：“第三世界人口很多。亚洲除了日本都是第三世界。整个非洲都是第三世界，拉丁美洲也是第三世界。”[5] 后来毛泽东对来访的阿尔及利亚总统布迈丁说：“中国属于第三世界，因为政治经济各方面不能与大国、富国比，只能与一些较穷的国家在一起。”[6] 这种划分的标准既是政治的，也是经济的。值得注意的是，毛泽东在谈到第三世界时，基本上是把它与“发展中国家”等同的。正如毛泽东 1973 年 6 月 22 日在会见马里国家元首特拉奥雷时所说：“我们都叫做第三世界，就是叫做发展中国家。”[7] 毛泽东关于“三个世界”划分的思想，长期以来是中国学者观察国际事务的重要理论框架，它在世界上也有一定的影响。

虽然关于“第三世界”的定义很多，解释不尽一致，而且“第三世界”一直是被当作不甚明确的概念而广为使用的，但是各种有关定义和提法所指的国家群体基本上大同小异，亚洲（除日本）、非洲、拉丁美洲国家构成了第三世界的主体。第三世界国家具有以下几个共同特点：它们大多曾是殖民地或半殖民地；大多是在第二次世界大战以后取得独立地位的新兴国家；大多是经济落后的发展中国家。也就是说，第三世界国家具有相似的历史命运，都面临着捍卫民族独立和发展经济的共同任务，这使得它们在战后国际政治中成为一支举足轻重的力量。

第三世界的崛起，是第二次世界大战以后民族解放运动的产物。第二次世界大战结束以后，世界开始了一场具有重大历史意义的变革，即亚洲、非洲、拉丁美洲为数众多的殖民地和半殖民地摆脱了西方帝国主义国家的殖民枷锁，先后获得了政治独立。[8]到 20 世纪 90 年代初，世界上共诞生了近百个新兴国家，加上在此之前就已摆脱殖民统治、获得民族独立的国家，亚非拉独立国家超过 130 个，其土地面积占世界总面积的三分之二，人口占世界总人口的四分之三。[9]这突出反映在联合国成员国迅速扩大上。据统计，1945 年联合国初创时仅有 51 个国家，到 1950 年才增加到 60 个国家。但是，从 20 世纪 50 年代中期起，联合国成员国数直线上升：1955 年 76 个，1960 年 99 个，1970 年 127 个，1990 年 170 个。[10]新加入联合国的国家中绝大多数是新独立的国家。出于反帝反殖、维护民族独立和发展民族经济的共同立场和愿望，广大亚非拉国家努力寻求相互合作的形式和途径，以便作为一个整体在国际舞台上发挥积极的作用。其结果是，以 1955 年的亚非会议为标志，第三世界开始逐步形成，并且不断发展和壮大。[11]

第二节　在冷战的夹缝中

第三世界是在东西方冷战开始以后形成的，在战后以美苏两极为主导的、东西方紧张对立的国际体系中，第三世界的政策选择及其在国际政治中所处的地位，无疑要受到冷战的极大制约。第三世界国家普遍对以美苏为首的东西方之间的意识形态之争不感兴趣，更在意如何维护自己的政治独立地位以及摆脱经济贫困状态，为此愿意同时从两大阵营中获得援助，甚至希望在美苏为争夺第三世界国家的效忠和资源的竞争中获得好处。[12]与此同时，第三世界所带有的多样性（政治制度的不同和经济发展水平的差异）、落后性（大多数第三世界国家经济发展水平低下）和不稳定性（种族、民族、宗教矛盾和领土争端等使得许多国家经常处于战乱中，政局极不稳定）等特点，使得它在战后国际舞台上难以作为一个整体，同东西方两大力量中心进行有效的抗衡。用美国一位学者的话来说，第三世界在两极世界中，不是一个力量中心，而是两个超级大国争夺的对象。[13]东西方冷战自然而然地扩展到第三世界国家和地区。第三世界于是成了冷战的重要战场，在冷战的夹缝中求生存。

早在战后初期，亚非拉地区特别是当地新兴的独立国家和地区，就成了两个超级大国争夺的目标和两大阵营较量的场所。1946 年春，美苏曾就苏军拒绝按时从伊朗北部撤军和苏联支持伊朗北部成立左翼政府，进行了紧张、激烈的斗争。在美国的压力下，苏联被迫从伊朗撤军，接着美国通过经济、军事援助，大举向该国渗透。不久，伊朗王国政府向美国提供军事基地、接受美国军事顾问团，使得伊朗成了美国在中东的重要盟友。中国也是美苏争夺的重要对象，虽然第二次世界大战末期，美苏曾就中国在战后的地位达成谅解，苏联以一些条件承认美国在中国的势力范围，但是中国共产党的胜利和推行向以苏联为首的社会主义阵营“一边倒”的政策，却使美国“丢失”了中国，中华人民共和国在一段时期内同苏联结盟，在国际舞台上和以美国为首的西方阵营进行斗争。东西方在朝鲜半岛的斗争也很激烈，由此导致了冷战中的第一场东西方热战——朝鲜战争。美国也支持法国重返印度支那，反对越南民主共和国，后者则得到了包括中国在内的社会主义国家的道义和物质支持。但是，总的来说，在 20 世纪 50 年代中期以前，东西方只是在亚非拉局部或仅有的几个地区进行斗争，这个时期冷战的主战场在欧洲。

从 20 世纪 50 年代中期开始，情况有很大的变化。虽然欧洲仍然是东西方斗争的焦点和美苏两个超级大国最关注的地区，但是随着欧洲局势趋于稳定，东西方在欧洲以外地区的冲突不断增加。这不仅是因为欧洲局势的稳定使得东西方开始转移斗争的矛头，也因为从 20 世纪 50 年代中期开始，世界民族解放运动进入一个高潮，大批国家取得独立，走上国际政治舞台，为东西方斗争创造了广阔场所。苏联一直高举反帝反殖的旗帜，支持殖民地、半殖民地民族解放运动。但是，战后在斯大林时期，苏联主要把注意力集中于国内的战后恢复和巩固第二次世界大战的胜利成果,没有对殖民地、半殖民地民族解放运动给予足够注意和支持。另外,由于两大阵营思想的影响,苏联对于希望在东西方对立中保持中立的国家不能采取友好的态度,认为在战后两大力量对立中,没有中间道路可选择。这也影响了苏联在斯大林时期对亚非拉国家的政策。赫鲁晓夫上台后,苏联渡过了战后恢复时期,东欧的局势趋于稳定,东西方逐渐接受了欧洲战后的政治现实,远东的朝鲜战争也实现了停战。同时,苏联新的领导人对中立国家的认识也有所变化,积极发展同追求中立的新兴独立国家的关系。从这个时候起,苏联对第三世界民族解放运动采取积极支持的态度,并且把它同与美国的斗争结合起来。从 20 世纪 50 年代中期开始,苏联向一些反对西方帝国主义国家的新兴独立国家以及正在争取民族独立的民族解放运动组织提供经济和军事援助,以便在同以美国为首的西方阵营的斗争中争取到尽量多的盟友,并且希望一些新独立的国家通过苏联的支持和采用苏联的发展模式,经过"非资本主义"道路或"以社会主义为方向"的道路,和平过渡到社会主义,从而在世界上壮大以苏联为首的东方政治、经济、军事集团的力量。但是,赫鲁晓夫时期和勃列日涅夫时期苏联的第三世界政策还是有所区别的,总的来说,前者比较谨慎(古巴是例外),主要是通过经济援助向第三世界扩展力量,后者除了经济援助,还重视军事援助,甚至采取代理人战争或直接武装干涉等手段。[14]而美国的第三世界政策主要是针对苏联的,它努力阻止苏联和社会主义力量在第三世界的扩展,通过经济、军事援助等手段促使西方民主、自由和市场经济的价值观念在第三世界国家生根发芽。[15]在美国看来,第三世界国家是采取资产阶级民主还是社会主义道路,乃决定人类文明进程的重要问题,与美国的安全密切相关。美国不能容忍第三世界国家采取苏联的发展模式和共产主义在第三世界扩展力量。于是在第三世界建立起针对苏联和共产主义的"遏制线",成了美国全球战略不可分割的组成部分。[16]

第三世界内部的复杂情况,也为超级大国进行势力渗透和相互争夺创造了条件,使得冷战扩展到该地区。

首先,广大发展中国家在取得独立之后,都面临着对社会经济发展道路的选择,即到底是沿着社会主义道路还是资本主义道路发展?在第二次世界大战前已取得独立的一些国家也存在着重新选择自己发展道路的问题。这些国家理应拥有选择发展模式的完全自由,但是在冷战大背景之下,东西方都努力影响这种选择,增加自己一方在国际舞台上的分量。由于这些国家在殖民地时期,资本主义已有了某些发展,长期的殖民统治也造就了一批受西方教育、愿意模仿资本主义制度的政治领导人,所以大多数第三世界国家自觉或不自觉地选择了资本主义发展道路。第二次世界大战以后,发达资本主义国家生产发展迅速,表现出相当强的生命力,同时以美国为首的发达资本主义国家,采取了各种手段,包括提供巨额援助,对这些新独立的国家施加强大影响,这也是这些国家走上资本主义发展道路的重要外部条件。但是,某些地区和国家也选择以社会主义为方向的社会发展道路。这是因为,一些第三世界国家和地区的领导人往往把西方资本主义发展道路同帝国主义殖民统治联系起来,对这种发展模式有着本能的反感,希望采取别的发展模式。第二次世界大战以后,世界上存在着一系列社会主义国家,它们所取得的成果和经验,对新兴的第三世界国家也有着相当的吸引力。特别是在 20 世纪 50 年代和 60 年代,苏联等社会主义国家的经济发展速度很快,在经济、科技和军事方面所取得的成就举世瞩目,社会主义的影响力是比较大的。所以在第三世界中,也有一些国家宣布自己走“非资本主义”或“以社会主义为方向”的道路。例如埃及、民主也门、阿尔及利亚、坦桑尼亚、安哥拉、莫桑比克、圭亚那、尼加拉瓜等都宣布要走社会主义道路。据统计,冷战时期第三世界先后宣布自己是社会主义国家,或者要建设社会主义,或要向社会主义过渡的国家,不下五六十个。[17]

美苏两个超级大国都从自身利益和全球争斗的角度,采取各种措施来影响第三世界国家对发展模式的选择。由此导致东西方在第三世界的紧张斗争,特别是在一些具有重要战略地位的地区,此种斗争十分激烈,世界热点地区得以形成。20 世纪 50 年代中期,在中东的埃及,苏联在阿斯旺水坝建设、苏伊士运河危机等问题上,给予埃及以经济、军事和政治援助与支持,苏联在该地区势力得到较大的发展,埃及选择了“民主社会主义发展道路”。20 世纪 70 年代中期,苏联利用经济、军事援助和古巴军队,在安哥拉、埃塞俄比亚、莫桑比克扶持亲苏政权,这些国家都宣布要建设社会主义社会,它们成了勃列日涅夫时期苏联实践其“已解放国家的社会主义方向”理论的基地和样板。[18]在 20 世纪 70 年代初到 70 年代末,拉丁美洲的智利、圭亚那、尼加拉瓜、格林纳达等，也都先后宣布走社会主义发展道路。虽然这些国家的政治选择不能说是苏联和古巴干涉的结果，但是苏古在它们宣布新的社会发展道路之后，都给予了经济和军事援助。特别是对邻近美国的中美洲国家尼加拉瓜，苏古给予极大的支持。1979年底，苏联甚至直接出兵阿富汗，扶持亲苏政权。美国不能容忍这些国家，特别是具有重大战略意义的国家(包括美国“后院”——拉丁美洲的国家)，选择苏联的发展模式。美国中央情报局参与策划推翻智利阿连德政权的政变，美国政府支持安哥拉和阿富汗反政府武装。特别是1981年1月里根出任总统之后，美国政府公开宣布要把苏联的势力从第三世界“推回去”，大大增加对安哥拉、阿富汗、尼加拉瓜等地反政府武装的经济和军事援助，打击亲苏政权。不仅如此，美国政府在1983年甚至公然入侵格林纳达，推翻那里的亲苏古和宣布走社会主义道路的毕晓普政权。[19]里根政府认为，苏联是第三世界动乱之源，为了维护美国在第三世界的利益，美国必须反击苏联在第三世界的扩张。例如，1985年2月里根提交给国会的外交政策咨文宣称：“我们必须忠于从阿富汗到尼加拉瓜每一大陆上那些冒着生命危险反抗苏联支持的侵略和争取天赋人权的人……支持自由战士是自卫。”[20]

总的来看，第三世界国家对社会发展道路的选择，在冷战时期受到了两个超级大国的极大影响，第三世界国家对发展模式的选择往往体现了东西方之间的较量。在战后一段时期里，虽然大多数第三世界国家选择了资本主义道路，但是也有相当一批国家选择以社会主义为发展方向的道路(主要是苏联的发展模式)。由于选择社会主义发展道路的国家不同程度地遇到了种种困难，以及20世纪70年代以来苏联社会主义模式的弊端日益显露、社会主义优越性没能得到充分体现，加上西方资本主义经济的快速发展和美国对第三世界亲苏政权的打击等因素，社会主义在第三世界国家的影响和吸引力出现了不断减弱的趋势。在第三世界国家选择发展道路问题上，以美国为首的西方世界逐渐占了上风。

其次，第三世界国家普遍贫困、落后，独立之后极其缺乏发展民族经济、提高人民生活水平的经济基础、发展资金和技术。也就是说，它们都需要外界不同程度的经济援助。为了自身经济发展，第三世界国家或者向以美国为首的西方发达国家求援，或者希望苏联及其盟国给予支持。

这便给东西方利用经济援助,影响第三世界国家的对外行为、为自己增加同盟者创造了有利条件。

早在1949年初,美国总统杜鲁门就提出技术援助和开发落后地区的“第四点计划”。杜鲁门对该计划的目的说得很明白,即消除共产主义得以滋长的“贫困和不满的土壤”。也就是说,美国对落后地区的经济援助成了美国冷战政策的重要组成部分。[21] 1951—1953年,美国政府根据“第四点计划”向落后地区的技术援助拨款总额达到3.11亿美元,到1953年初,美国已向35个国家和地区派了2 445名技术人员执行“第四点计划”。[22] 1960年初肯尼迪上台时,正值广大亚非拉地区民族解放运动进入高潮。肯尼迪的政策目标很清楚,即美国一定要同苏联进行竞争,把第三世界民族民主革命引到西方希望的发展轨道上来。[23]为此,肯尼迪提出了“争取进步同盟”“粮食用于和平”“和平队”等政策主张,主要以美国的经济和技术援助,影响第三世界国家和地区的内部变革以及对外行为。其中“争取进步同盟”完全是针对拉丁美洲的,而“粮食用于和平”以及“和平队”则是面对整个第三世界的。可以说,以提供经济援助的方式,来影响第三世界的发展,增强以美国为首的西方在同以苏联为首的东方国家进行斗争中的力量,是整个冷战时期美国政府所一贯坚持的对外政策。

同样地,苏联在冷战中也利用经济援助,在第三世界争取朋友。但是,相对来说,苏联及其盟国经济实力不如美国及其他西方发达国家,苏联对第三世界的经济援助比美国要少得多[24],而且主要集中在为数不多的几个国家。据美国学者统计,苏联经济援助中的绝大部分流向6个同苏联签订友好条约、宣布建设社会主义或以社会主义为方向的国家,它们是印度、古巴、越南、安哥拉、埃塞俄比亚和叙利亚,其中苏联对古巴和越南的经济援助就占苏联对外援助的一半。[25]

再次,许多第三世界国家内部存在着严重的政治派别、种族、民族和宗教之间的矛盾和冲突,从而导致频繁的国内武装冲突,甚至内战。冲突各方为了取得有利的地位,都寻求外部力量的支持。这也为超级大国的插手和冷战扩展到第三世界创造了条件。前面所分析过的安哥拉战争,就是超级大国利用第三世界内部冲突,从而插手当地事务和相互间进行斗争的一个典型事例。在此之前发生的刚果危机,也属于这类事例。美苏除了向自己支持的一方提供军事援助外,在某些情形下甚至利用代理人进行军事干涉,如苏联支持古巴出兵安哥拉和埃塞俄比亚,或者超级大国亲自出兵干预,例如美国武装干涉越南、入侵格林纳达,苏联入侵阿富汗等。

最后,由于民族、宗教、领土等方面的矛盾和纠纷,第三世界国家之间战乱频仍。据统计,第二次世界大战结束后到20世纪90年代初,世界上发生的局部战争大约有164场,其中发生在亚洲、非洲和拉丁美洲的战争占94%,而在亚非拉发生的战争中,第三世界国家之间的战争占了相当大的比重。[26]交战国向外界寻求军事援助,超级大国于是乘机插手一些第三世界国家之间的军事冲突,从而使得这些战争带上了东西方冷战的色彩。中东阿以战争、南亚印巴战争、东南亚的越南入侵柬埔寨等战争,都有超级大国插手。

总之,第三世界在冷战时期处于东西方斗争的夹缝之中,成了冷战的重要战场。冷战中的绝大多数东西方冲突,包括所有东西方之间的热战,都发生在第三世界。从某种程度上说,在冷战时期,第三世界国家深受"大象争吵、草地遭殃"之苦。[27]

在这里还有必要指出,从20世纪80年代后期开始,东西方关系发生了很大的变化,这种变化也反映在美苏两个超级大国对第三世界的观念转变和政策调整上,它对冷战结束前后第三世界局势的发展产生了深远的影响。第三世界因而逐步走出了冷战的夹缝。

从1985年戈尔巴乔夫出任苏共中央总书记开始,苏联对外关系观念逐步发生变化,形成"新的政治思维"。对第三世界的新观念或新思维,就是其中的重要组成部分。戈尔巴乔夫有关第三世界的新思维大致包括以下内容:(1)第三世界不存在革命形势。认为当今第三世界并不像当初所估计的那样,是一个从资本主义社会向社会主义过渡、社会主义和共产主义取得胜利的时代;"非资本主义道路"没有成功,而且在可见的将来也未必会成为一种规模可观和令人信服的选择,大多数已解放国家自发或自觉地要走资本主义道路。(2)不以意识形态划线。即不应强调第三世界国家在意识形态方面的分歧,苏联对第三世界国家的政策不应受第三世界国家所信奉的意识形态的影响。(3)自由选择发展道路。任何已解放国家有权自由选择自己的社会制度和发展道路,苏联不搞输出革命。(4)政治解决地区冲突。核时代要摈弃军事对抗,只有通过政治道路来解决冲突问题。[28]与这些新观念相适应的是，苏联从20世纪80年代后期开始，调整了其对第三世界的政策，使之具有如下新特点。

第一，减少并且逐步停止对第三世界盟友的支持。苏联对尼加拉瓜、古巴、阿富汗、越南以及一些“以社会主义为方向”的国家的经济和军事援助，在冷战走向结束的几年里是逐步减少乃至终止的。

第二，全方位地发展同第三世界国家的关系。苏联不以政治观念和立场为界线，全面发展同各类第三世界国家的关系，包括同与美国关系密切的国家改善关系，也不反对与自己关系密切的国家与美国改善关系。而且在处理同第三世界国家关系时，苏联强调经济合作与互惠互利。

第三，政治解决热点地区的冲突。苏联改变了以直接卷入为特征的军事扩张政策，主张通过政治对话解决冲突问题，谋求从“热点”地区脱身和卸掉包袱。在阿富汗、尼加拉瓜、安哥拉、柬埔寨等问题上，苏联都采取了灵活、妥协的态度，促成这些热点问题的政治解决。

美国的第三世界政策总是服务于同苏联对抗这一目标。20世纪80年代后期开始的苏联对第三世界观念的转变与政策调整，也促成了美国政府采取相关对策。里根政府改变了过去那种以强硬手段打击亲苏政权的做法，也积极同苏联合作，推动地区冲突的政治解决。热点地区的冲突绝大多数都同美苏的直接或间接介入有关，正是由于两国的积极配合，这些冲突得到了政治解决。

美苏两国对第三世界观念和政策的变化，对冷战结束前后第三世界局势的发展产生了很大的影响。冷战期间长时期困扰第三世界国家、危及世界和平与安宁的武装冲突都得到了不同程度的解决：苏联完成了从阿富汗撤军的计划；越南从柬埔寨撤军，柬埔寨建立了民族和解政府；古巴军队离开安哥拉，安哥拉战争结束，纳米比亚实现最后独立；尼加拉瓜举行大选，完成政权的和平过渡；两伊战争也终于停火。这些热点的消失，为第三世界国家创造了有利于自身建设与发展的国际环境。与此同时，广大第三世界国家在国际舞台上的选择余地与活动空间也明显得到增加。从20世纪80年代后期开始，第三世界国家中许多受美苏影响大的国家，独立自主倾向得到加强，不再唯美苏马首是瞻，可以比较自由地处理自己的对外关系，包括发展同原来敌对的美国或苏联的关系。同苏联亲密的国家积极改善并发展与美国的关系，例如越南大约从1987年起便开始寻求同美国改善关系的途径，美国政府特使、议员以及代表团不断前往越南，直到冷战结束以后正式建立外交关系。甚至是古巴同美国的关系在20世纪80年代末也有一定程度的松动，比如1987年两国同时宣布恢复执行1984年签署的双边移民协定；古同意美用专机向古利益照管处恢复运送物品；古巴接待了庞大的美国商人代表团；两国开始恢复文化、科学、卫生等方面的来往等。与美国关系密切的一些国家也积极改善或发展同苏联的关系。例如，1988年沙特外交大臣费萨尔亲王（Prince Saud Al Faisal）和苏联副外长分别以海湾合作委员会特使和苏联中东特使身份互访，双方达成了成立“定期对话会”以及“苏联—海湾合作委员会”的协议；在1986年戈尔巴乔夫的海参崴讲话之后，韩国在外交上明显地转向一种双轨政策，一方面继续保持美韩同盟关系，另一方面发展同苏联的关系，韩苏两国于1990年正式建交等。总之，从20世纪80年代后期开始，第三世界国家逐步摆脱冷战的束缚，取得在国际舞台上自主发展的条件。

第三节　不结盟运动

处于冷战夹缝中的第三世界国家，尽管各自的国情和所采取的政策千差万别，但是它们都有着一个共同的目标和愿望，即独立与发展。为此，第三世界国家作为一个整体，在冷战这个大的国际背景下所采取的一个集体对策，就是中立和不结盟。不结盟运动，便是第三世界国家在东西方冷战中实践这种政策的主要表现形式。

最早提出“不结盟”概念并把它视为一种政策的人是印度总理尼赫鲁。尼赫鲁在1950年5月8日给印度军方领导人卡里阿帕将军（K. M. Cariappa）的一封信中说：“我和我的政府已经把我们的对外政策表述得十分清楚，那就是不同任何一个大国集团（power bloc）结盟。”第二天，尼赫鲁致信印度外长V. K. 克里希纳・梅农（V. K. Krishna Menon），告诉他上述信件的要旨，即让军方领导人知道“我们的不结盟政策”。印度学者认为，这大概是尼赫鲁最早使用了“不结盟”这个词来表述印度的对外政策，此后“不结盟”概念在印度和国际上被广泛使用。[29]但是，尼赫鲁在更早的时候就已经表述了不结盟的思想。早在1946年9月7日，即印度独立（1947年8月15日）前夕，尼赫鲁在一个广播讲话中说：“我们主张尽可能远离集团政治,一个集团反对另外一个集团的做法曾经导致了世界大战,它很可能会再一次带来更大规模的灾难。”[30]尼赫鲁所表述的“不结盟”的思想,实际上反映了第二次世界大战以后处于东西方两大政治、军事和经济集团对立夹缝中的广大国家特别是第三世界国家中比较普遍的政治愿望。[31]第二次世界大战结束后不久开始的冷战,使世界上存在着两大阵营的斗争,它在很大程度上左右着战后世界的发展进程和人类的命运。但是,世界上仍然有很多国家,尤其是新独立的发展中国家,它们既不愿意加入以美国为首的西方阵营,也不愿意加入以苏联为首的东方阵营,希望摆脱集团政治对自己行为的束缚,在国内发展和国际舞台上完全采取独立自主的政策。正因为如此,“不结盟”的思想很快便深入人心,不结盟运动于20世纪60年代初兴起,成为国际舞台上一支举足轻重的力量。从一定意义上说,不结盟运动是冷战的产物,是第三世界国家在冷战夹缝中所采取的一种对外战略。

印度、南斯拉夫和埃及等国家的领导人尼赫鲁、铁托和纳赛尔(Gamal Nasser)等,在不结盟运动发展史上,起着开创者和奠基人的作用。这三个国家尽管历史背景、地缘政治处境不同,但是都有着十分强烈的摆脱集团政治的愿望。早在20世纪50年代初期,它们在联合国内就有着较密切的协商与合作关系。朝鲜战争期间,在一系列问题上,三国持有一致的态度。铁托分别于1954年和1955年出访印度和埃及,拜会尼赫鲁和纳赛尔,增强了三国在国际问题上的相互合作。1956年7月,这三位领导人在南斯拉夫的布里俄尼岛会晤,集中讨论了有关“不结盟”政策问题,他们在会谈后的联合声明中,提出了不结盟主张。此后,铁托继续为把更多接受不结盟思想的国家联合在一起而进行不懈努力,他在1959年派遣高级代表团出访12个拉丁美洲国家,1960年12月在纽约邀请纳赛尔、尼赫鲁、苏加诺(Bung Sukarno)、恩克鲁玛(Francis Nkrumah)举行会晤,以及1961年初亲自出访加纳、多哥、利比里亚、圭亚那、马里、摩洛哥、突尼斯、苏丹和埃及。1961年6月,经铁托倡议,在埃及首都开罗召开了有20个国家(另外,巴西作为观察员也派外长出席)参加的首次不结盟国家元首和政府首脑会议的外长筹备会议,确定了参加不结盟国家会议的5项基本条件:(1)应当执行不同政治、社会制度的国家和平共处以及不结盟基础上的独立政策,或者是表明赞同这种政策;(2)应当始终一致地支持民族独立运动;(3)不应当是在大国冲突背景下缔结的多边军事同盟的成员国;(4)不应当在大国冲突背景下同一个大国缔结双边军事协定或者成为地区防务条约的缔结国;(5)不在大国冲突的背景下向一个外部大国提供军事基地。[32]这几项条件实际上构成了“不结盟”概念的最基本含义和不结盟运动的基本原则。1961 年 9 月,第一次不结盟国家元首和政府首脑会议在南斯拉夫首都贝尔格莱德举行,有 25 个国家作为正式代表出席会议,玻利维亚、巴西以及厄瓜多尔三国作为观察员也派官员列席,另外一些国家和地区的民族解放运动组织、政党和工会等也派代表列席会议。[33]贝尔格莱德首脑会议的召开标志着不结盟运动正式形成。

不结盟运动没有总部,也无常设机构,其主要形式有三种。第一,不结盟国家首脑会议。它是最高级和最重要的会议,从 1972 年起制度化,每三年举行一次。到 1989 年,已经举行了 9 次会议。第二,不结盟国家外长会议。它是仅次于首脑会议的重要会议,一般在首脑会议召开前一年举行,为首脑会议进行准备,或者就重大的国际问题举行不定期的会议。第三,协调局。由第四次首脑会议决定设立,其主要任务是协调各个不结盟国家政府的活动和立场,监督首脑会议和其他重要会议宣言、文件的实施。其成员设立时为 17 国,1983 年第七次首脑会议增加到 74 国。协调局成员国驻联合国代表组成纽约协调局,负责成员国间日常协调工作,每月召开一次会议。

不结盟运动产生后,其成员国数目不断增加。1983 年时成员国就已经达到 101 个,截止到 1990 年,其成员国总数为 102 个,共计约 17 多亿人口。另外,还有 10 个国家为观察员,13 个国家为宾客(guest)。不结盟运动成员国家绝大多数是亚非拉地区的第三世界国家,欧洲国家仅有三个。而且,不结盟运动容纳了三分之二的第三世界国家。所以完全可以说,不结盟运动是第三世界的一个国际组织形式。“不结盟”思想如此深入人心,其最基本原因就是它反映了在冷战夹缝中的广大第三世界国家的基本愿望,有助于它们实现自己的国家利益。具体来说,第三世界国家选择参加不结盟运动,主要出于以下几个原因。第一,在战略上,不结盟有助于摆脱两大政治、军事和经济集团的影响。在第三世界国家看来,两极对立威胁着世界和平,参加任何一方都将束缚自己,影响其国内和国际政策的选择。相反,不与任何一方结盟,第三世界国家则可以保持独立自主的有利地位,也可以在两大集团之间架设理解的桥梁,减轻冷战对世界和平的威胁。这是首要和最基本的原因。第二,在心理上,不结盟也是第三世界国家的自然选择。由于长期受帝国主义的殖民统治,这些国家对西方发达资本主义国家集团具有本能的敌意。同时,受殖民统治以及西方文化和价值观念的影响,第三世界中的大多数国家也难以接受社会主义意识形态,对以苏联为首的东方社会主义国家集团采取疏远的态度。不结盟则满足了它们对两种政治力量都加以排斥、努力寻求自己的发展道路和体现民族特色的心理和精神需求。第三,在经济上,第三世界国家大多贫困落后,需要外部经济援助,在冷战中保持中立的态度,有助于它们从对立的双方得到经济实惠。用一句话来说,“不结盟”符合广大第三世界弱小和不发达国家的利益,有助于它们在国际舞台上保持独立自主的地位并促进内部政治、社会和经济的发展与繁荣。

在冷战时期,不结盟运动国家主要是通过联合国讲坛,维护第三世界国家的利益和对国际关系产生影响。用一位学者的话来说,联合国是不结盟运动影响力的“量具”。[34]不结盟运动国家十分重视联合国的作用,从1961年创建以来,历次不结盟国家首脑会议都把加强联合国的作用列入议事日程,1983年新德里首脑会议甚至还把1985年定为“联合国年”。不结盟运动协调局成员国驻联合国代表组成纽约协调局,定期举行会议。由于不结盟国家成员国数目不断增加,联合国不结盟运动成员国在联合国成员国数量中占有相当大的比重,因此它可以对联合国安理会、联合国大会及联合国其他机构施加很大影响。主要是在不结盟国家的斗争下,1963年联合国宪章得到修改,安理会成员国数量从11国增加到了15个国家,不结盟国家在安理会所拥有的表决票因此有了很大增加。自从20世纪70年代初以后,不结盟运动国家在安理会拥有的表决票数平均为6.3票,其中1978—1980年间为7票,1983年为8票。[35]由于安理会决议必须至少得到9票的同意才能通过,如果有7个成员国投反对票,一项决议便被否决。所以,不结盟运动国家在大部分时期只要联合安理会一个非不结盟运动成员国,就足以否决自己所反对的决议案,甚至在某些年份单靠自己的表决票就可以否决安理会的决议案。不结盟国家在安理会的成员国多次就自己关心的问题提议安理会召开会议和提出议案。例如,在1970—1980年间,安理会应其成员的要求开了129次会议,其中有111

次会议是不结盟国家提议召开的，占总数的86%。[36]在一国一张表决票的联合国大会，不结盟运动国家所拥有的表决票数超过总数的二分之一，接近三分之二多数，它们对联合国大会各项决议的通过与否，无疑起着十分关键的作用。不结盟国家正是运用自己在联合国论坛的表决权，维护发展中国家的切身利益，例如促使联合国通过有关非殖民化和建立国际经济新秩序的决议或宣言。它们也在联合国反对超级大国的强权政治。由于某些原因(例如美国对南非、以色列的支持等)，其主要矛头是针对美国，但是也谴责苏联的一些行为，比如谴责苏联入侵阿富汗。不结盟国家还为缓和东西方之间的紧张关系作出自己的努力，例如在古巴导弹危机中，不结盟国家中的安理会成员国向安理会提出一项决议案，要求秘书长出面同有关国家进行调停，取得了积极的成果。[37]

但是，总的来说，不结盟运动自身难以克服的弱点，使得它在冷战时期的作用很有限。不结盟运动联合了绝大多数世界上的第三世界国家，是第三世界国家在国际舞台上作为冷战中的“第三种力量”采取集体行动、维护自身利益的一种很好的合作形式。但是，不结盟运动成员国的情况千差万别，面对东西方冷战这一国际环境，在很多问题上难以协调一致。具体表现在下面几个方面。

第一，由于地缘政治和经济利益等因素，不少不结盟国家难以真正做到“不结盟”，它们同超级大国之间实际上保持着“结盟”的关系。比如，古巴和越南在冷战时期是苏联坚强的盟友，它们同苏联缔结有友好条约，是经互会成员国或观察国，在一系列对外政策上追随苏联。古巴在苏联的支持下，出兵干涉安哥拉和埃塞俄比亚。越南也在苏联的支持下侵略另外一个不结盟国家——柬埔寨。古巴领导人曾经是不结盟运动主席，甚至主张苏联是不结盟运动的“天然盟友”。这实际上是主张不结盟运动同苏联“结盟”，反对以美国为首的西方。[38]另外，也有一些不结盟国家向苏联提供军事基地，其行为同“不结盟”原则是相违背的，这类的国家包括越南、埃塞俄比亚等。在不结盟国家中，也有一些是同美国有着特殊关系的，比如巴基斯坦、沙特阿拉伯等，美国在不少不结盟国家领土上拥有军事基地。由此一来，“不结盟”的原则难以得到真正的实现，不结盟运动成员国根据自己的需要对“不结盟”的含义作出有利自己的解释。例如，由苏军刺刀扶植起来的阿富汗卡尔迈勒政府在1980年声称，1979年苏联入侵阿富汗符合“真正的不结盟”原则。[39]实际上，不结盟运动首脑会议一直没有也不可能对“不结盟”加以准确的定义，“不结盟”成了一个含糊不清、包罗万象的概念。这样一来，不结盟运动难以做到真正的“不结盟”，不总是能在国际舞台上，特别是在东西方冷战中，以一个声音说话。这是 1979 年缅甸退出不结盟运动的一个原因。

第二，随着成员国数目的增加、国际形势的变化，不结盟运动的目标、宗旨和原则也有了很大的变化和发展。例如，自从 20 世纪 70 年代初起，不结盟运动的重心转向了非殖民化和经济发展。这使不结盟运动适应了形势发展的需要，同时也导致不结盟运动成了目标不突出、包罗万象和一些地区国家集团竞相控制的国际组织，从而影响了它发挥有效的作用。

第三，不结盟运动是由许多不发达国家组成的松散的国际组织形式。实力政治一直是国际政治的主导原则，在冷战两大力量中心对立下的国际格局中，处于力量边缘地带的广大中小国家，难以对国际政治产生很大的影响。另外，不结盟运动是一个很松散的国际组织形式，这也决定了其局限性。

总而言之，不结盟运动的产生和发展，反映了第三世界国家共同的政治愿望。但是，由于本身固有的弱点，不结盟运动在冷战中所能起的作用很有限。它从一个方面反映了整个第三世界国家在冷战中的基本处境。

在 20 世纪 80 年代中期以后，美苏关系从对抗转向对话、寻求合作的途径政治解决地区冲突，东西方之间在第三世界地区的较量逐步减少。同时，两个超级大国都不同程度地调整对第三世界国家的政策，允许自己的盟友在对外政策上的“自由选择”。例如，苏联领导人戈尔巴乔夫就声称，每个民族都可以选择自己的社会发展道路，既可以选择资本主义，也可以选择社会主义，各国人民既不应该受制于美国，也不应该受制于苏联。[40]随着东西方对抗的大大缓解以及两个超级大国对第三世界政策的调整，第三世界国家特别是原先同美苏两国有结盟关系的国家在国际舞台上有了更多的活动空间，其独立自主倾向得到进一步发展，使得真正的“不结盟”有了可能。然而，随着东西方对抗的缓解和逐步消失，第三世界国家在两大政治、军事和经济集团中间保持和平、中立和不结盟的必要性也就不复存在了。

第四节　第三世界在冷战中的得与失

关于第三世界是冷战的受害者还是冷战的受益者这个问题，很难得出一个准确答案。第三世界概念太大、范围太广了，实际上不可能从总体上准确评价第三世界在冷战中的得与失，需要进行具体分析。

受东西方冷战的影响，第三世界的许多国家和地区成了东西方对抗和超级大国争夺的场所，这些地区冲突频仍、动荡不安，妨碍它们政治、经济和社会的发展。由于冷战的制约，许多国家在国内发展和国际政策上是没有选择自由的。从这个意义上说，这些国家无疑都是冷战的受害者。

但是，还应当看到，冷战对于第三世界中的某些国家来说，不完全是有害的。

首先，总的来说，虽然冷战使得第三世界地区的冲突（国内和国际）更为紧张、激烈和复杂，但是超级大国对地区冲突的插手和相互较量，在某些场合也使冲突限制在一定范围，防止危机的升级。许多地区的民族、宗教、领土等矛盾，在冷战中被大国争斗所压制或掩盖，没有爆发大的动乱。相反，冷战结束之后，不少地区的内部矛盾大大激化，导致严重的冲突和危机。

其次，冷战一方面限制了许多第三世界国家的政策选择，另一方面也为一些国家为了自己的国家利益在东西方之间寻找平衡、联合一方反对另外一方创造了条件。比如革命后的埃及，开始时是同苏联保持友好关系，接受苏联的军事和经济援助，然后它又驱逐苏联军事顾问，从美国接受援助，成为美国在中东的重要政策伙伴。索马里的情况也有点类似，一开始它也是靠拢苏联，然后又同苏联闹翻，转向与美国结好。阿根廷在马岛战争中暗示向苏联寻求军事援助，以此影响美国对英国的态度。这也是第三世界国家在两个超级大国之间寻求平衡、维护自身利益的一个事例。一些国家努力在两个超级大国之间采取等距离的外交，从双方得到实惠。例如印度，它同美国和苏联都保持友好的关系，从两个方向得到经济和军事援助。

最后，在冷战期间，东西方都出于自己的利益和战略考虑，给第三世界以经济援助，其中不少国家和地区所接受的援助额还是相当大的，促进了当地经济的发展。像东亚的韩国、泰国、菲律宾等作为美国在冷战中的盟友,不仅得到美国的军事保护,而且得到大量经济援助。加上采取较为适合本地区的发展战略,其中一些国家和地区在冷战期间,经济得到十分迅速的恢复和发展,在 20 世纪 70 年代和 80 年代成为世界上经济发展最为迅速的新兴工业国家。它们无疑是冷战的最大受益者之一。对于这些国家和地区来说,它们无疑是在冷战中"搭便车",获得了高速发展。印度、古巴、越南、埃塞俄比亚等接受苏联援助较多的国家,无疑也在冷战之中得到了不少经济实惠。印度是接受苏联援助最多的第三世界国家,据估计,1954—1989 年间,印度接受苏联援助总额达到 130 亿美元。[41]古巴是接受苏联援助第二多的国家。长期以来,苏联以高于世界市场的价格买进古巴的糖和以低于世界市场的价格向古巴出口石油。[42]苏联对越南的援助总额仅次于它对印度与古巴的援助。苏联从 1955 年开始向越南提供经济、军事援助。到 1973 年 1 月越南和美国停战协定签署,仅仅经援一项就达到近 50 亿美元,同年 7 月黎笋(Le Dung)访苏,苏联宣布把过去所有援助改为无偿。其后苏援增加,特别是越南入侵柬埔寨之后,苏联每年提供军援、经援分别为 20 亿美元和 10 亿美元。[43]埃塞俄比亚和安哥拉等国也从苏联获得数量比较大的经济援助。冷战的结束和苏联的解体,使得不少原先同苏联结盟的国家在一段时期内陷于经济困境。

总之,对冷战给第三世界带来的影响,我们在充分认识冷战使第三世界国家处于夹缝之中、成为冷战战场的同时,也应对第三世界在冷战中的得与失进行具体和实事求是的分析,承认第三世界中的某些国家,从一定意义上说,也是冷战的受益者。第三世界的范围很广,其中的国家千差万别,难以把第三世界作为一个整体来评估它在冷战的得与失。

小　　结

从上面的分析中,我们可以看出,在冷战时期,东西方之间的关系,特别是美苏两个超级大国之间的关系占据着国际关系舞台的中间位置,制约着其他国家内外政策选择。第三世界成了冷战的重要战场,冷战中发生的所有热战以及大多数其他冲突均是在该地区进行的。20 世纪 80 年代随着东西方关系的缓解,冷战走向终结,使得第三世界逐渐从冷战的夹缝中走了出来。总的来说，冷战的结束给广大的第三世界国家带来了福音，因为东西方对抗消失为它们在国际舞台上提供了广阔的空间和活动余地，可以比较自主地处理本国的内政与外交，而且一系列地区冲突的结束或缓解也为第三世界国家创造了相对和平的国际环境，有助于当地走上稳定和发展的道路。同时，冷战的结束给第三世界所带来的震荡与冲击也是相当大的，它对冷战后第三世界局势的发展产生了不小的影响，这种影响至今还没有完全消失。

第一，一些第三世界国家面临着重新选择社会发展道路或调整国家战略的问题。20 世纪 60 年代初期以来，苏联在第三世界树立了 10 多个照搬它的社会发展模式并“以社会主义为方向”的国家。苏联的解体和冷战的结束，使得这些国家不仅失去了援助，面临着很大的经济困难，而且也不得不在苏联自身摒弃了社会主义制度之后，重新选择适合于本国国情的社会发展道路。这种结构性调整可能导致社会混乱和外部势力的插手，从而引发政治危机。非洲的莫桑比克和安哥拉就曾经存在这样的问题。原来对苏联依赖较大的古巴、越南和印度等国，冷战后不得不进行国家战略的调整。苏联解体后，古巴失去了外援的主要来源，苏联从古巴撤军也使该国面临着来自美国的更大压力。如何改善同拉美国家的关系和处理与美国的关系，这些都是影响古巴冷战后对外行为的重要因素。冷战结束以后，越南也不能继续享受苏联的经济和军事援助，对外战略调整势在必行。越南在冷战结束后，致力于发展同包括美国在内的西方国家的关系，改善同周边国家包括东盟国家（越南最后还加入东盟）和中国的关系，其国内经济改革也得以开始。越南在冷战后所进行的战略调整的步伐较大且效果显著，没有带来大的震荡。印度是苏联在亚洲的“老朋友”，它长期接受苏联的援助，其武器装备主要来自苏联。苏联的解体和冷战的结束，也使得印度调整对外战略，寻求新的援助者与合作者，努力发展同美国以及其他经济发达国家（包括德国、日本和韩国）的关系。

第二，冷战结束以后，第三世界过去被两极对抗格局所掩盖的许多矛盾（如民族、宗教、领土纠纷与争端）开始爆发出来，引发了一系列冲突。一些旧的冲突，如安哥拉、莫桑比克、阿富汗的内战在冷战后有反复。在另外一些发展中国家内或国家之间，则出现了新的冲突，利比里亚内战、卢旺达部族战火、苏丹南北矛盾、扎伊尔内乱等都属于这类。一些第三世界的冲突已经出现国际化的危险。所以冷战后的许多发展中国家仍然没有摆脱战乱的困扰，不少冲突正是由新旧格局的转变激发的。

本章考察了冷战期间第三世界作为一个整体所选择的对外战略，即“不结盟”。处于冷战夹缝中的第三世界国家，采取何种对外战略最有利于自身的利益？推行和平、中立和不结盟的政策，摆脱集团政治的束缚，是广大第三世界国家的普遍愿望。由于东西冷战的制约以及不结盟运动本身的弱点，冷战时期不结盟运动的作用是有限的。冷战结束以后，不结盟运动尚存，但是其性质已有变化。在两大阵营对抗中求生存，已不再是冷战后不结盟运动的基本目标。一位西方外交官甚至说：“（冷战后）不结盟运动已经失去了它的重点。冷战一结束，不结盟运动就失去了它的方向。而别的利益现在开始发挥作用。”[44]随着东西方冷战走向终结，“第三世界”概念越来越少被使用，被“发展中国家”“不发达国家”“南方国家”“新兴经济体”等概念所取代，甚至有人认为它已经是一个没有意义的概念了：“到 20 世纪 80 年代末期，第三世界已经不再是一个有意义的政治或经济概念了。”[45]实际上，不结盟运动本身也正在为适应冷战后的形势而进行某种调整。1995 年 10 月，第 11 次不结盟国家首脑会议在哥伦比亚举行。这次会议重申不结盟运动继续存在，并对它的主要任务作了调整，即今后将转向解决与经济和社会发展有关的问题。且不论作为一个国际组织形式的不结盟运动今后的命运如何，但是“不结盟”，即在大国或大国集团斗争中采取和平、中立的立场，在冷战之后仍不失为一国特别是弱小国家维护自身利益的一种理想和有效的对外政策选择。不结盟运动虽然没有因为冷战的结束而消失（冷战结束以后至今依然每隔三年召开一次不结盟首脑会议，现有 120 个成员），但其作用显然因为冷战走向终结而式微，尽管在 21 世纪初有人认为，随着大国战略竞争的日益加剧，不结盟运动又重新开始显示其重要意义。[46]

注释

1. 索维提出的“第三世界概念”，参见刘金质、梁守德、杨淮生主编：《国际政治大词典》，北京：中国社会科学出版社 1994 年版，第 5 页。

2. John Spanier, *American Foreign Policy since World War II*, 12th edition, Washington, DC: Congressional Quarterly, Inc., 1991, p.135; W. Scott Thompson, ed., *The Third World: Premises of U. S. Policy*, revised edition, San Francisco, CA: ICS Press, 1983, p.20.

3. [英]保罗·肯尼迪:《大国的兴衰:1500—2000年的经济变革与军事冲突》(下卷),王保存等译,北京:中信出版社2013年版,第128页。

4.《国际政治大词典》,第5页。

5. 中华人民共和国外交部、中共中央文献研究室编:《毛泽东外交文选》,北京:中央文献出版社、世界知识出版社1994年版,第600—601页。

6. 转引自宫力:《划分三个世界战略思想的历史考察》,《党的文献》1993年第4期,第33—38页。

7. 宫力:《划分三个世界战略思想的历史考察》。

8. 李综:《第三世界简论》,载宦乡主编:《当代世界政治经济基本问题》,北京:世界知识出版社1989年版,第239—281页。

9. 同上;以及梁守德、陈峰君、王杰主编:《战后亚非拉民族解放运动》,北京:北京大学出版社1989年版,第5—7页。

10. John Spanier, *American Foreign Policy since World War II*, p.135.

11. 梁守德、刘金质、李石生主编:《世界政治与国际关系》,武汉:湖北人民出版社1987年版,第262—280页。

12. [美]沃尔特·拉费伯尔:《美国、俄国和冷战:1945—2006》(第10版),牛可、翟韬、张静译,北京:世界图书出版公司2011年版,第140页。

13. John Spanier, *American Foreign Policy since World War II*, pp.135 - 136.

14. Elizabeth Krindl Valkenier, *The Soviet Union and the Third World: An Economic Bind*, New York: Praeger, 1983; Wynfred Joshua and Stephen P. Gibert, *Arms for the Third World: Soviet Military Aid Diplomacy*, Baltimore, MD: John Hopkins University Press, 1969.

15. John Spanier, *American Foreign Policy since World War II*, p.136.

16. Robert W. Clawson, *East-West Rivalry in the Third World: Security Issues and Regional Perspectives*, Wilmington, Delaware: Scholarly Resources, Inc., 1986, pp.7, 30 - 31.

17. 李综:《第三世界简论》。

18. [苏]K. H. 勃鲁坚茨等:《已解放国家的社会主义方向——理论和实践的某些问题》,李方仲等译,北京:时事出版社1985年版。

19. Raymond L. Garthoff, *The Great Transition: American-Soviet Relations and the End of the Cold War*, Washington, DC: The Brookings Institution, 1994, pp.678 - 750.

20. 现代国际关系研究所编:《苏美与第三世界》,北京:时事出版社1989年版,第102页。

21. 何春超主编:《国际关系史》(下册),武汉:武汉大学出版社1983年版,第72页。

22. 同上。

23. [美]阿兰·内文斯编:《和平战略——肯尼迪言论选》,北京编译社译,北京:世界知识出版社1961年版,第18—19、132页。

24. 据统计,美国同第三世界国家的贸易总额是苏联的10倍,其对第三世界的经济援助是苏联的4倍。参见Richard L. Jackon, *The Non-Aligned, the UN, and the Superpowers*, New York: Prager, 1983, p.191。

25. Margot Light, ed., *Troubled Friendships: Moscow's Third World Ventures*, London: British Academic Press, 1993, p.90.

26. 俞新天:《世界南方潮——发展中国家对国际关系的影响》,上海:上海社会科学出版社1993年版,第57—66页。

27. 现代国际关系研究所编:《苏美与第三世界》,第25页。

28. 同上书,第18、69—71页。

29. M. S. Rajan, *Nonalignment & Nonalignment Movement: Retrospect and Prospect*,

New Delhi: Vikas Publishing House, 1990, p.2, 27.

30. Ibid., p.2; Duško Dimitrijević and Jovan Čavoški, eds., *The 60th Anniversary of the Non-Aligned Movement*, Belgrade: Institute of International Politics and Economics, 2021, pp.99 - 100.

31. 正因为如此,也有其他国家的人士认为,"不结盟"的思想源于自己国家。参见 Leo Mates, *Nonalignment: Theory and Current Policy*, New York: Oceana Publications, 1972, pp.187 - 188。

32. Odette Jankowitsch & Karl P. Sauvant, *The Third World without Superpowers: The Collected Documents of the Non-Aligned Countries*, Vol.1, New York: Oceana Publications, 1978, p.38.

33. Ibid., pp.11 - 32.

34. Richard L. Jackon, *The Non-Aligned, the UN, and the Superpowers*, p.97.

35. Ibid., p.112.

36. Ibid., p.122.

37. 见本书第五章第三节。

38. Richard L. Jackon, *The Non-Aligned, the UN, and the Superpowers*, p.199.

39. Ibid., p.193.

40. 现代国际关系研究所编:《苏美与第三世界》,第 46 页。

41. Margot Light, ed., *Troubled Friendships: Moscow's Third World Ventures*, p.44.

42. Ibid., p.90; *The Non-Aligned, the UN, and the Superpowers*, p.198.

43. 现代国际关系研究所编:《苏美与第三世界》,第 51 页。

44.《参考消息》1996 年 10 月 24 日,第二版。

45. [挪]文安立:《全球冷战:美苏对第三世界的干涉与当代世界的形成》,牛可等译,北京:世界图书出版公司 2012 年版,第 399 页。

46. 参见 Duško Dimitrijević and Jovan Čavoški, eds., *The 60th Anniversary of the Non-Aligned Movement*, pp.13 - 14。

第七章
中国和冷战

美苏两个超级大国是冷战的主角，中国不是也不可能是冷战的主要当事方。但是，美苏各自为首的东西方两大政治、军事和经济集团的斗争和较量是在全球范围内展开的，包括中国在内的世界上很多国家和地区都不同程度地卷入冷战中，其对外政策选择深受冷战的影响，同时也塑造着冷战的发展进程。因此，探讨中国与冷战的关系，一直是很多冷战史学者的重要研究课题，对中国的冷战史学者来说更是如此。本章将重点讨论中国内战(1946—1949 年)与冷战的关系以及新中国在冷战时期的四次对外战略抉择及其对冷战发展进程的影响。

第一节　国共内战与冷战

中国的国共内战发生在 1946—1949 年之间，它与冷战的起源及其在亚洲的扩展大致是同步的。事实上，中国的国共内战与冷战的起源及其在亚洲的扩展无疑存在着一定的关联性。一方面，战后初期美苏两个超级大国很深地介入中国事务并在中国问题上从合作走向冲突，既是中国国共内战爆发的外部原因，也是美苏冷战起源故事的一部分。[1]另一方面，中国内战爆发之后，它也逐渐演变成为冷战在亚洲扩展的一个重要表现形式，并对冷战在亚洲的发展产生了很大的影响。

众所周知，在 1941 年 12 月美日太平洋战争爆发之后，美国和苏联作为战时盟友都向中国提供援助，并在中国事务上相互进行合作。在第二次世界大战快结束的时候，美国和苏联背着中国政府达成损害中国主权的秘密协议。也就是在 1945 年 2 月，美苏英三国首脑在雅尔塔举行会议，讨论打败德国后的对日作战安排以及战后世界面临的一系列重大问题，美国总统罗斯福和苏联领导人斯大林以牺牲中国东北的主权为条件,达成了一项政治交易,即"雅尔塔秘密协议"。该协议的主要内容包括要求中国承认外蒙古(蒙古人民共和国)的独立现状、苏联恢复旅顺海军基地租借权、大连商港国际化并维护苏联在大连商港的优先权益、中苏设立合营公司以共同经营合办中国长春铁路(中长铁路),苏联则承诺维护中华民国的主权和领土完整,以及苏联红军在对德战争结束两至三个月之后参加对日战争。[2]雅尔塔协议是个秘密协定,罗斯福和斯大林都承诺,在欧洲战争结束之前该协定对蒋介石保密,但国民党政府的外交官和蒋介石本人其实通过各种渠道已经提前获悉其大致内容。[3]在1945年5月欧洲战争结束之后,国民党政府才被正式告知这件事情。1945年6月9日,美国总统杜鲁门在会见来访的中国国民政府行政院长兼外长宋子文的时候,向他出示了雅尔塔秘密协议的文本。[4]6月12日,苏联驻华大使彼得罗夫(Apollon Petrov)在会见蒋介石的时候,又具体告知后者苏联方面关于缔结中苏同盟条约的条件,即雅尔塔秘密协议有关苏军参加对日作战的几个条件必须得以满足,并且提醒蒋这些条件已经获得美英领导人罗斯福和丘吉尔的同意。[5]6月15日,美国驻华大使帕特里克·赫尔利(Patrick Hurley)按照杜鲁门政府的指示,向蒋介石通报雅尔塔秘密协议的内容。于是从1945年6月30日开始,宋子文在莫斯科同苏联领导人斯大林就签订一项使得雅尔塔会议的秘密交易合法化的中苏条约展开谈判。该谈判前后历经一个半月,其第二阶段的中方外长改为王世杰,但宋子文依然为中方主要谈判代表。在美国和苏联的双重压力之下,包括在苏联红军已经出兵东北并击败日本关东军的压力之下,中国国民政府被迫于1945年8月14日同苏联政府签订了有效期为30年的《中苏友好同盟条约》及其附带四项协定(即《关于中国长春铁路之协定》《关于大连之协定》《关于旅顺口之协定》以及《关于中苏此次共同对日作战苏联军队进入中国东三省后苏联红军总司令与中国行政当局关系之协定》),中方实际上是被迫认可了雅尔塔秘密协议涉及中国的各项交易。[6]在当年8月26日,《中苏友好同盟条约》正式对外公布。

在上述中苏之间的条约和协定签订之后,依照国民政府的要求,苏联方面公开承诺,同意给予中国的一切援助应当完全供给国民政府,并重申尊重中国在东北三省的主权及领土完整。这一点对于蒋介石和国民政府非常重要,因为它意味着苏联明确表明自己在共产党和国民党中是选边站的,即支持国民党领导的国民政府。苏联的这一立场正如斯大林 1945 年 7 月 9 日在与宋子文会谈中所明确表示的:“至于中国共产党,我们既不会支持,也不会帮助他们,以前就没有想过要这样做。中国只有一个政府,如果在其境内还存在着第二个政府的话,那只能属于中国内部自己应当解决的问题。众所周知,以前我们便帮助过蒋介石,这种帮助以后仍会继续。如果我们有必要给予中国帮助的话,那么这种帮助一定是给蒋介石政府。这种情况是所有人都清楚的。我们希望诚实地做事和真诚地与中国结盟。”[7]但是,战后初期苏联对中国共产党的态度其实比较矛盾和复杂。刚开始的时候,苏联领导人认为中国共产党不是“真正的”共产党,也不太可能夺取政权。出于对自身利益的追求,苏联便公开承诺支持国民党政府。与此同时,苏共和中共又有着很长时间、持续的关系和共同的政治信仰,苏联领导人也有意把苏共与中共的关系作为与美国和国民党政权进行谈判、牵制美蒋的一个筹码。因此,战后初期苏联在对待中共的态度上呈现出矛盾性和前后不一致性。1945 年 8 月苏联红军攻入中国东北之后,部分中共军队和干部就已经开始进军东北、配合苏军作战和接受日军投降,到苏军占领区域的城乡开展群众工作、建立政权和武装,并坚持立足自力更生、争取苏联合作的原则。在日本宣布投降之后,中共中央马上于 1945 年 9 月 19 日发布文件,提出“向北发展、向南防御”“发展东北我之力量,并争取控制东北”的战略方针。中共各有关部队立即按中共中央部署迅速向东北挺进。[8]苏联红军指挥官虽然受《中苏友好同盟条约》和苏联公开承诺的限制,不公开支持和接洽中共军队,但是也不阻止、不反对中共军队进入东北,特别是不干涉中共军队在东北乡村的活动,也阻止或延迟国民党军队进入东北。苏军在 1946 年 3 月开始从中国东北撤离的时候,还把一些从日军手里缴获的武器弹药和装备交给了中共武装,并秘密安排中共接管长春、哈尔滨等大城市。[9]但是,由于战后初期苏联领导人公开承诺支持国民政府,苏联并没有也不可能有一个很明确的支持中国共产党夺取东北的态度。正如牛军所指出的:“苏联与其冒支持中共军队夺取东北而与美国发生公开对抗的风险,不如通过谈判把已经被掏空的东北交给国民政府,换取外交上的主动。”[10]后来随着国共内战的发展,特别是共产党领导的武装力量在战场上不断取得胜利,以及美苏之间关系的变化和冷战的开始，斯大林对中国共产党的态度也开始发生变化，逐渐转而积极支持中国共产党。也有学者认为，苏联此种态度的变化，是对杜鲁门政府在管制日本问题上采取强权立场（即美国单独占领日本和反对苏联参与对日占领）的一种报复和警告。[11]

美国在1945年2月雅尔塔会议上以牺牲中国的主权获得苏联承诺支持国民党，战后也是支持国民党政权的，包括向国民党政权提供经济和军事援助，帮助运送国民党军队去接收由苏联红军占领的东北。与此同时，杜鲁门总统在战争结束之后，还先后派遣美国驻华大使赫尔利和美国著名将领乔治·马歇尔（George Marshall）作为特使，努力调停国民党与共产党之间的关系，希望能够组成一个由国民党领导的联合政府，中国共产党可以参加联合政府，美国政府并不愿意看到国共之间发生内战。然而赫尔利和马歇尔的调停最后都以失败告终，美国人也终于明白自己根本无法调停国共之间的矛盾，原因如马歇尔本人所说："用政治手段解决争论的问题毫无结果的主要原因在于，国民党和共产党之间形成的不信任且彼此猜忌的屏障已无法逾越。"[12]在1946年6月30日停战结束之后，国共之间的全面内战爆发。当年8月10日，马歇尔将军和新任美国驻华大使司徒雷登（John Leighton Stuart）公开发表联合声明，表示他们"对停止冲突和创始真正的民主政府所作的努力"是无效的，实际上承认美国在华调停失败。[13]马歇尔在与国共双方代表会谈的时候不断抱怨，称"充当中间人是我的不幸""我感到美国政府不再能继续充当目前谈判的第三方""我实不能继续再做中间人。我已快达到我忍耐的极限，我必须首先考虑我所代表的政府的地位"。[14]当年10月初，极度失望的马歇尔请求杜鲁门把他从中国召回去，并于1947年1月6日获准返回华盛顿，后被杜鲁门提名为国务卿。

战后美苏两国很深地介入中国事务以及它们在中国的竞争与冲突，无疑是中国内战爆发的外部原因。甚至有一位西方冷战史学者认为，苏联从中国东北匆匆撤军以及它在撤军过程中对中共所提供的战术及军事支持，是全面内战于1946年年中爆发的主要原因。[15]这位学者也指出，战后美苏关系从合作走向冷战，使得蒋介石已不再能够同时获得美国和苏联两大国的支持而发动了内战。[16]与此同时，战后美苏在中国的竞争与冲突，实际上也与冷战的起源有一定的关联性，因为它是战后初期美苏两个超级大国在全球范围内竞争和较量的组成部分，尽管它并不是导致冷战发生的主要原因，战后初期美苏竞争和较量主要发生在欧洲地区。

另外，在1946年下半年中国内战全面爆发后不久，冷战就在1947年春全面展开（以1947年3月“杜鲁门主义”演说为标志），并且很快扩展到世界其他地区，冷战“全球化”的过程开始，中国内战于是也逐渐演变成为冷战的一部分。冷战的全面展开，自然进一步促成了苏联和中共的接近，苏联也随着中国内战朝着有利于中共的方向发展而逐渐增加对中共的支持和援助，从过去的“两面下注”转而积极支持中国共产党。[17]众所周知，苏联在中国内战全面爆发之后，其态度是很犹犹豫豫的，并没有明确站在中国共产党的一边，而是采取了观望的态度。但是在1947年春冷战爆发之后，特别是在中国内战的后期，苏联开始比较明确和积极地站在中国共产党一边。从1948年春天开始，苏联对中共的援助明显增加。[18]早在1947年夏中共军队开始战略反攻之后，中共领导人毛泽东就向斯大林提出访问莫斯科，以便与苏联领导人商量问题和当面请教，并希望获得苏联领导人的指导与支持。他后来又多次提出访苏的请求。但是斯大林却不愿意贸然在莫斯科接待毛泽东，多次婉拒或推迟后者访苏的请求与安排。[19]然而，随着中国共产党领导的解放战争取得重大胜利，力量对比的天平逐渐偏向中国共产党一边，苏联对中国共产党的态度也开始发生重大变化。这明显表现在1949年1月底，斯大林派苏共中央政治局委员米高扬到了西柏坡，与中共主要领导人多次会面，就即将建立的新中国之内政和外交进行详尽的讨论，并且积极敦促中共尽快建立新政权，以及许诺苏联将给新中国政权提供援助和支持。[20]中共领导人也表明了在冷战中站在苏联一边的政治立场，比如毛泽东在1949年2月4日与米高扬的谈话中明确表示：“中国应该站在以苏联为首的反帝国主义阵营中。我们没有中间道路。”[21]紧接着，1949年6—8月，中共领导人之一的刘少奇访问莫斯科，见到了斯大林，希望新中国成立之后通过重新签订条约的方式与苏联结盟。斯大林虽然对于签订中苏新的同盟条约并没有明确表态，但是承诺对即将成立的新中国给予援助，包括提供低息贷款、派遣专家和军事顾问等。[22]

中国内战的爆发无疑让美国政府很失望，因为中国内战意味着美国调停国共矛盾的努力失败了。但是，反共意识形态信仰却使得美国政府不可能抛弃国民党政权，所以美国政府继续向国民党政府提供经济和军事援助，在国共内战中始终站在国民党政权的一边。美国众议员周以德(Walter Judd)解释美国必须支持国民党政权的理由时指出："任何用其他政治力量代替南京政府的做法，都将使人民大众陷于无法想象的灾难之中。"[23]当然，国民党政权的腐败以及国民党军队在战场上的节节败退，也的确让美国政府越来越失望，甚至美国政府中的一些人曾经考虑过接受国民党失败并与共产党打交道的可能性，而且希望美国利用中共对于苏联的独立性。[24]比如在1949年初，即解放军解放南京前夕，留驻南京的很多国家大使，其中包括苏联大使，都按国民政府的要求随国民政府迁到广州了，但是美国、英国等国的大使却留在南京不走。[25]美国驻华大使司徒雷登留在南京并与中共代表接触。司徒雷登曾经长期担任燕京大学校长(1925年之后改任"校务长"，即实际上的校长)，而当时南京市军事管制委员会外事处处长黄华曾经是燕京大学的学生。当年5月，司徒雷登开始与黄华进行接触，而且当时中共领导人也邀请司徒雷登以燕京大学校友的身份到北平过生日，司徒雷登本人也想去北平，并打电报给美国国务院请求指示。但是，时任美国国务卿艾奇逊明确告诉司徒雷登不能去北平。于是，司徒雷登后来就离开南京回美国(1949年8月2日)，中共领导人毛泽东也随即发表了那篇著名的文章《别了，司徒雷登》(1949年8月18日)。[26]之前毛泽东已经在1949年6月30日发表了《论人民民主专政》，明确提出新中国要向苏联"一边倒"。[27]可能正是这篇文章的发表促使美国政府指示司徒雷登返回美国。在司徒雷登离开中国之后，美国政府于1949年8月5日发表了《中国白皮书》，承认美国无力左右中国政治发展进程。[28]1949年8月23日，124名燕京大学教职员工宣布与司徒雷登划清界限，并谴责美国国务院的《中国白皮书》。[29]

简言之，由于美国和苏联各自支持中国内战的一方，实际上中国内战在其后期已经演变成为东西方冷战的一部分，至少是有了比较明显的东西方斗争的色彩，这实际上成为冷战扩展到亚洲的一个重要表现。众所周知，中国的国共内战于1949年以中国共产党领导人民武装力量在战场上击败国民党军队并建立中华人民共和国而告终。从一定意义上说，新中国的建立意味着冷战初期美苏在欧洲紧张对抗(即1948—1949年柏林封锁)之后，美国"丢失"了中国，苏联"得到"了中国，这既是冷战在亚洲进行的表现，也对后来亚洲冷战的发展产生了重大影响。因此，美国知名智库领导人理查德·哈斯认为："中国革命的胜利是冷战期间华盛顿遭受的最沉重打击。"[30]

第二节 "一　边　倒"

从1949年10月1日中华人民共和国成立，一直到1991年12月25日苏联解体、冷战彻底结束之前，中国与以美苏为首的东西方两大政治、军事和经济集团之间的关系并不是一成不变的，而是始终处于演变的过程之中。其主要原因在于，冷战时期，中国主要针对美苏两个超级大国的对外战略每隔一段时间便发生重大调整。中国在冷战时期的多次对外战略选择，导致中国与美苏两个超级大国的关系以及中国在冷战中的地位和作用始终处于变化过程之中，中国的对外战略选择对冷战的发展进程无疑也起了一定的塑造作用，尽管中国对冷战发展的影响是有限的，因为中国不是冷战的主要当事方。冷战时期中国的对外战略决策，受国际环境的变迁、中国国内政治的变化以及中国领导人的认知与个性等多重因素的影响。[31]

从1949年新中国成立到20世纪50年代末，中国所选择的对外战略是联苏抗美，即与苏联结成同盟，同以苏联为首的社会主义阵营的其他国家一道，与以美国为首的西方帝国主义阵营进行紧张的斗争。这一对外战略通常被称为"一边倒"，它使得新中国成为东方阵营的重要成员之一。

"一边倒"的对外战略其实在1949年10月1日新中国成立之前就已经被选择和宣示。如前所述，早在1949年2月，毛泽东在西柏坡与米高扬的谈话中就明确表示中国要站在以苏联为首的反帝国主义阵营一边。也有学者认为，与苏联结盟的对外战略是在1949年3月召开的七届二中全会上确定的，同中共领导人选择参考苏联模式建设社会主义和实现现代化是同时进行的。[32]1949年6月30日，毛泽东发表了《论人民民主专政》一文，明确提出了即将成立的新中国的外交战略方针，这就是向苏联"一边倒"。毛泽东指出："一边倒，是孙中山的四十年经验和共产党的二十八年经验教给我们的，深知欲达到胜利和巩固胜利，必须一边倒。积四十年和二十八年的经验，中国人不是倒向帝国主义一边，就是倒向社会主义一边,绝无例外。骑墙是不行的,第三条道路是没有的。我们反对倒向帝国主义一边的蒋介石反动派,我们也反对第三条道路的幻想。"他又说:"我们在国际上是属于以苏联为首的反帝国主义战线一方面的,真正的友谊的援助只能向这一方面去找,而不能向帝国主义战线一方面去找。"[33]"一边倒"是中国共产党领导人为即将成立的中华人民共和国所确定的对外战略,即同以苏联为首的社会主义阵营站在一条线上,与以美国为首的西方帝国主义阵营进行斗争。也就是说,在东西方冷战中,新中国将选择与苏联结成同盟。"一边倒"外交战略奠定了新中国成立之后最初十年的外交格局,确定了中国在东西方冷战中的地位与作用。

"一边倒"战略是中共领导人面对当时的国际环境,从维护国家利益的立场出发,经过慎重考虑而提出的对外战略指导思想。从理论上说,"一边倒"并不是必然和唯一的对外战略选择。新中国至少可以选择三种对外战略来处理同美国和苏联关系,即同美国友好、与苏联疏远;在美国和苏联之间保持中立;同苏联结盟、联苏抗美。但是,在当时的情势之中,新中国无法选择前两种战略。

美国支持国民党蒋介石政权同中国共产党及其领导的武装力量进行内战、在中国领土上驻有军队,美国政府也始终没有放弃对逃亡台湾的蒋介石政权的承认、拒绝承认新中国政权的合法性以及阻挠新中国政府恢复在联合国和其他国际组织中的合法席位。因此,从国家利益计,美国对新中国的安全构成最大威胁。早在 1949 年初,正当解放战争取得节节胜利的时候,中共领导人就对美国出兵干涉的可能性给予很大的关注。毛泽东在 1949 年 1 月 8 日为中共中央起草的对党内的指示中强调,要将美国直接出兵占领中国沿海若干城市、进行武装干涉的可能性计算在作战计划内,以免在事变到来时,处于手足无措的境地。[34] 1949 年 3—4 月,中国人民解放军进行渡江战役的部署时,也考虑到美国进行军事干涉的可能性。[35]同时,作为帝国主义阵营的首领,美国同中国共产党领导下的新中国信奉着截然对立的意识形态,这也决定了新中国对美的态度,也就是把美国视为自己的敌人,而非朋友。在新中国成立前夕,中国共产党领导人估计,新中国成立后,帝国主义国家可能会像当初干涉苏俄一样,对新中国进行军事干涉。[36]因此,在这种情况下,新中国同美国保持密切关系是不太可能的。

值得指出的是，新中国成立前后，党外民主人士中也有一些人提出，新中国应当采取中间路线，既不同美国过于亲密，也不倒向苏联。例如张治中将军就曾经向毛泽东建议，新中国在联合苏联的同时，也应当努力同美国及其他西方国家改善和保持良好的关系。他认为，这种政策最符合中国的利益。[37]但是，一些因素使得新中国难以在相互对抗的两大阵营面前选择中立的立场。

第一，众所周知，新中国成立前夕，东西方冷战已经开始，以美苏各自为首的两大阵营之间的斗争在世界范围全面展开。在战后初期那种紧张的冷战对抗中，新中国的对外战略选择余地实际上是很小的。中国是世界上人口最多、具有很大军事和经济潜力的一个大国，东西方两大阵营都不会允许它在冷战中保持中立的态度，而是极力使之加入自己的营垒。如前所述，在第二次世界大战后期，美苏在中国问题上达成交易，苏联以在中国东北获得一些权益以及外蒙独立为条件，同意承认得到美国支持的国民党政权为中国唯一合法政府。第二次世界大战结束以后，美国先是派要员出面调停国共两党的争端，希望在蒋介石的领导下实现中国的和平统一，在调停失败和内战爆发后，美国支持国民党政权打内战，试图以武力统一中国，使中国成为美国在冷战中的坚强盟友。苏联在战后基本上信守了战时的承诺，例如苏联出兵中国东北后，明确表示要将行政权和大城市移交国民党政府；在中国人民解放军横渡长江、国民党政府迁都广州之后，苏联原驻南京的使节也随之前往广州，而美国以及其他西方国家的使节却滞留在南京，观望局势的发展。但是，苏联也采取了灵活和现实主义的态度，以便使得自己在中国问题上处于主动。无疑，苏联避免公开支持中国共产党，不愿意在中国卷入同美国的军事冲突。然而，在苏联领导人看来，如果中国共产党在内战中取得胜利、建立类似东欧国家的政权，这样一来，中国这个东方大国会大大增强社会主义阵营的力量，使苏联在同以美国为首的西方进行的冷战中处于有利地位；同时兄弟党在中国夺取政权，也有助于苏联维护其在中国的利益以及在东方建立起一道安全的屏障。所以斯大林的中国政策有着两手准备，在遵守与国民党签署的《中苏友好同盟条约》的同时，也暗中给予中国共产党一些支持，例如苏军帮助中国共产党领导的军队在东北地区发展，这对后来中国共产党在同国民党进行的军事斗争中起了重要的作用。特别是解放战争三大战役、渡江战役顺利进行和中国共产党取得节节胜利之后，苏联领导人逐渐消除了对中国共产党的怀疑和不信任态度，转而积极支持中国共产党建立新中国政权。1949 年 2 月米高扬来华、同年 6—8 月刘少奇访苏等一系列事件，都是苏联领导人态度转变以及苏联加强同中共关系之重要表现。简言之，在战后初期两大阵营紧张对立的情况之下，中国是很难采取中立立场的。

第二，1840 年鸦片战争之后，中国长期处于半殖民地状态，又遭受日本帝国主义的入侵和多年的内战，这使得新中国在成立初期国力很弱，其社会经济的发展、人民生活水平的提高以及增强国力和捍卫国家安全，都有赖于得到外部的支持和帮助，它或求助于美国及其西方盟国，或求助于苏联和其他社会主义阵营国家。换句话说，新中国在成立初期没有实现彻底的中立和不结盟的资本，因为自立的前提是自强。

第三，在领导人的主观认识上，毛泽东等中国共产党主要领导人对国际局势的认识同苏联是一致的，即认为存在着两大阵营对抗的局面，世界上的国家只能在两者之中作出选择，中立或“骑墙”是不行的。这是 20 世纪 40 年代末中共领导人的基本认知，无疑影响其对外战略选择。毛泽东在《论人民民主专政》一文中对此论述得很清楚。他在听取张治中的政策建议后也明确表示，在国际政治中采取“中庸之道”，会损害中国革命的利益。这同苏联领导人所表述的“两个阵营”的思想是一致的，在很长一段时期内它成了新中国外交的重要理论依据。“两个阵营”的思想是否认在东西方冷战中可以采取中立和不结盟立场的。事实上，在 20 世纪 50 年代初期，美国国务卿杜勒斯也谴责中立是不道德的行为，[38]这可以说是美国特色的“两个阵营”的思想。也就是说，在战后初期，“两个阵营”的思想左右着世界上主要国家包括中国领导人对对外关系事务的认知和处理，真正的中立和不结盟被认为是不可能的，世界上的国家只能在两个营垒中选择其一。

向苏联“一边倒”，或者说联苏抗美，在当时则被新中国领导人视为最符合中国国家利益、同中国共产党的意识形态信仰相一致的战略选择。

首先，由于中共领导人视美国为新中国国家安全的最大威胁，新中国在成立之后联合苏联对抗美国就自然成了其对外战略选择。也就是说，担心以美国为首的帝国主义国家对新中国武装干涉，决定了中国同社会主义国家联合的必要性。[39]

其次，由于共同的意识形态纽带，中国共产党一直把自己领导的中国革命视为以苏联为中心的国际共产主义运动不可分割的组成部分。在战后初期，由于苏联的特殊地位以及东西方之间的紧张对抗，承认苏联社会主义模式的普遍适用性和苏联在国际共产主义运动中的领导地位，是世界上几乎所有共产党、包括执政的共产党所奉行的政治路线。毛泽东提出的"一边倒"正是这种政策的自然结果和表现。在中国共产党领导人看来，新中国不同以苏联为首的社会主义阵营站在一条战线上或者在两大阵营之间采取中立和不结盟的态度，都是同其政治信念或意识形态信仰相违背的。在新中国成立后一段时间里，南斯拉夫领导人铁托的独立行为被中国共产党领导人视为离经叛道的行径。例如，1948 年 6 月，情报局通过了《关于南斯拉夫共产党的决议》，将南共开除出情报局。7 月，中共中央便作出相应的决议，表示坚决拥护情报局的决定。中共主动参加对南共的批评，表明决不走南共式的"第三条道路"。[40]

最后，"一边倒"也是新中国领导人为了消除苏联领导人斯大林对中国共产党的怀疑和不信任、从而建立和发展新中国和苏联友好合作关系的战略方针。斯大林早期在中国革命问题上犯了一些错误，其中之一就是过低估计中国共产党的力量，过高估计美国支持的国民党政权的力量，认为中共太弱，无力统一中国。所以他在中国抗战结束后，一再敦促中共领导人同蒋介石和谈，交出军队，在国民党领导下和平统一中国。[41]但是，毛泽东和其他中共领导人顶住了压力，以坚定的信心和决心，领导中国人民夺取了革命的胜利。后来，斯大林承认了自己在这方面所犯的错误。1948 年 2 月 10 日，斯大林在莫斯科会见保加利亚和南斯拉夫共产党领导人时坦率指出："战后，我不相信中国共产党人能取胜。我那时认为美国将会全力以赴地扑灭中国的起义，我曾劝说毛泽东，最好是与蒋介石和解，与蒋介石建立某种联合政府……。但以后毛泽东开始发动了一场大攻势，最后取得了胜利。你们看，我也会犯错误。"[42] 1949 年 7 月刘少奇率领中共代表团访问苏联时，斯大林当着中共领导人的面作了自我批评，承认在中国革命斗争中妨碍过中共领导人，并且强调说："胜利者是不受审判的，凡属胜利了的都是正确的。"[43] 如果说中国解放战争节节胜利的事实消除了斯大林对中国共产党夺取政权能力之怀疑和低估的话，中国革命的胜利并未能很快解除苏联领导人对新中国可能走南斯拉夫道路的担心。斯大林十分担心毛泽东及其他中共主要领导人,在建立新中国政权之后,会和铁托一样,同苏联分道扬镳,这不仅会对以苏联为首的社会主义阵营起到很大的瓦解作用,而且损害苏联在远东的利益。据斯大林派往中国同中共领导人进行联络的科瓦寥夫(Ivan Kovalev)回忆,斯大林在1948年底,十分关心中国共产党在南斯拉夫问题上的立场。[44]斯大林也担心中共领导人对美国采取和解的态度,致使苏联在同美国的紧张对抗中处于不利的境地。到1948年,美国已经认识到蒋介石政权的垮台和中国共产党夺取政权是不可避免的。杜鲁门政府寄希望于防止中国成为"苏联的附属国"。[45]为此,美国政府寻找有助于改善同中国共产党关系、制造新中国同苏联之间矛盾的机会。在中国人民解放军横渡长江前夕,国民党政府从南京迁都广州,但是美国及其北约盟国的大使却留在南京,美国大使司徒雷登还利用个人的关系试图同中国共产党领导人进行直接接触。周恩来把司徒雷登的意图告诉了斯大林的特使科瓦寥夫,并且征求他的看法。虽然科瓦寥夫表示这是中共的"内部事务",但是他的不满之情溢于言表。[46]据科氏回忆,苏联对中共没有积极采取措施把美国海军赶出青岛以及对美国驻沈阳总领事瓦尔德(Angus Ward)的处理等做法也感到不快,认为"中国人对美国人太温和"。[47]因此,毛泽东在新中国成立前夕明确提出"一边倒"的战略方针,无疑也是为了消除斯大林对中共所怀有的疑虑,以求苏联对新中国的积极支持。

总之,"一边倒"是中国共产党主要领导人根据当时的国际环境、从维护国家利益出发而谨慎和独立选择的一个对外战略。在今天看来,"一边倒"战略并不完美,但是它在当时确实是一个符合逻辑的战略选择。

新中国向苏联"一边倒"、中苏结盟的法律形式就是1950年2月签署的《中苏友好同盟互助条约》。1949年10月1日,中华人民共和国中央人民政府成立。次日,苏联政府决定同中国建交,中苏互派大使,苏联成为承认新中国的第一友邦。10月20日,中央人民政府主席毛泽东致电斯大林,介绍中央委员、外交部副部长王稼祥担任驻苏大使并且以中共中央代表的资格和他及联共中央接洽有关两党之间的事务。[48]随着新中国成立和中苏建立外交关系,毛泽东访问苏联、商谈中苏两国和两党关系问题的时机已经成熟了。1949年12月6日,毛泽东离开北京前往苏联,12月16

日抵达莫斯科,开始了对苏联的正式访问。[49]经过双方较长时间的相互协商,1950年2月14日中苏两国正式签署了《中苏友好同盟互助条约》,毛泽东和斯大林出席了签字仪式,中国总理兼外长周恩来和苏联外长维辛斯基分别代表本国政府在条约文本上签字。该条约的核心内容是:缔约双方不得参加反对其中一方的任何同盟、集团、行动和其他措施,缔约一方如果遭到第三国的侵略,另一方"即尽其全力给予军事及其他援助"。[50]与此同时,两国还签署了《关于中国长春铁路、旅顺口及大连的协定》《关于苏联贷款给中华人民共和国的协定》以及由苏联帮助中国建设与改造50个企业的协定等。毛泽东访问苏联和《中苏友好同盟互助条约》的签订,是"一边倒"战略的结果,它标志着中苏两国的同盟关系以法律的形式巩固下来,新中国在东西方冷战中同苏联站在一条战线上,同以美国为首的帝国主义阵营进行较量。在当时的历史条件下,中国同苏联结盟,是有利于新中国的国家利益的。正如毛泽东在1950年4月11日中央人民政府委员会第六次会议上的讲话中所说的:"这次缔结的中苏条约和协定,使中苏两大国家的友谊用法律形式固定下来,使得我们有了一个可靠的同盟军,这就便利我们放手进行国内的建设和共同对付可能的帝国主义侵略,争取世界的和平。……帝国主义如果准备打我们的时候,我们就请好了一个帮手。"[51]

但是,"一边倒"绝不意味着新中国在国际舞台上追随苏联、亦步亦趋、丧失独立性。实际情况正与此相反。如前所述,"一边倒"战略方针本身就是中国共产党领导人从最大限度地维护新中国国家利益的角度出发独立自主地制定出来的,而不是别国影响和作用的结果。在建立和维护中苏友谊、中苏同盟的同时,新中国领导人在处理同苏联"老大哥"的关系上,始终坚持捍卫国家独立、主权和民族感情的原则。比如,中国中央人民政府政务院总理兼外交部长周恩来,在1949年11月8日外交部成立大会上,就强调必须充分认识到兄弟国家间的差别。他指出:"就兄弟国家来说,我们是联合的,战略是一致的,大家都要走社会主义的道路。但国与国之间在政治上不能没有差别,在民族、宗教、语言、风俗习惯上是有所不同的。所以,要是认为同这些国家之间毫无问题,那就是盲目的乐观。乐观是应当的,但对这些国家也要注意联合中的某些技术问题。'人心不同,各如其面',人和人之间尚有不同,何况国家、民族呢?我们应当通过相互接触，把彼此思想沟通。这个联合工作是不容易的，做得不好，就会引起误会。误会是思想上没有沟通的结果。我们应当研究如何改善关系，不要因为是兄弟国家，就随随便便。”[52]周总理的这番话，无疑主要是针对中苏关系。中国以及苏联有关当事人，如师哲、汪东兴、朱仲丽、科瓦寥夫和费德林（Nikolai Fedorenko）等人，在自己的回忆录中都记录了许多有关中国领导人在处理同苏联关系中保持独立性的事例，一些现已公布的档案文件也有类似的记录。[53]这充分说明，新中国主要领导人在处理同苏联“老大哥”的关系时，从一开始就坚持维护民族独立和国家主权的立场，“一边倒”决不是新中国丧失独立性或成为苏联的“卫星国”。这也是以后新中国在处理同苏联关系时所一贯坚持的原则立场。看不到这一点，我们就不能理解 20 世纪 50 年代末 60 年代初的中苏两党两国矛盾、分歧乃至最后关系破裂。

同样地，“一边倒”也不意味着新中国不愿意同美国发展关系。新中国领导人虽然视美国为中国安全的主要威胁，中国必须联苏抗美，但是绝没有把中美关系看死。早在 1949 年 4 月 28 日，毛泽东在为中央军事委员会起草的致邓小平、刘伯承、陈毅等人的电报中就指出：“我方对美、英侨民（及一切外国侨民）及各国大使、公使、领事等外交人员，首先是美、英外交人员，应着重教育部队予以保护。现美国方面托人请求和我方建立外交关系，英国亦极力和我们做生意。我们认为，如果美国和英国能断绝和国民党的关系，我们考虑和它们建立外交关系的问题。”[54]该政策的实施表现在毛泽东同意黄华在当年 5—7 月间同美国驻华大使在南京会谈。[55] 1949 年 6 月 15 日，毛泽东在新政治协商会议上的讲话中郑重宣布：“我们所反对的只是帝国主义制度及其反对中国人民的阴谋计划。任何外国政府，只要它愿意断绝对于中国反对派的关系，不再勾结或援助中国反对派，并向人民的中国采取真正的而不是虚伪的友好态度，我们就愿意同它在平等、互利和互相尊重领土主权的原则的基础之上，谈判建立外交关系的问题。中国人民愿意同世界各国人民实行友好合作，恢复和发展国际间的通商事业，以利发展生产和繁荣经济。”[56]这是新中国外交的一个基本出发点，它完全适用于中美关系。在宣布“一边倒”之后，新中国领导人仍然坚持上述原则，没有完全堵死发展中美关系特别是中美经济关系的道路。例如 1949 年 12 月 22 日，正在苏联访问的毛泽东电告中央：“在准备对苏贸易条约时应从统筹全局的观点出发，苏联当然是第一位的，但同时要准备和波捷德英日美等国做生意。”[57]毛泽东在与外宾谈话中几次谈到，对美国，一方面，我们要争取主动，公开主张与他们和平共处，建立外交关系，解决台湾问题，欢迎他们来中国；另一方面，在原则问题上寸步不让，坚持斗争。[58]

在东西方冷战大背景中，美国对华政策的制定，主要是从对付苏联角度出发的。或者说，中美关系服从美苏关系，苏联因素在美国对华政策中具有相当大的影响。这个特点在新中国成立初期表现得最为突出。美国政府对新中国“一边倒”战略方针的认识和反应，是导致中美两国在很长一段时间关系紧张的重要因素。

在新中国成立前夕，美国政府认真考虑过同新中国建立关系的可能性，并且采取了一些试探性的步骤。其基本目的是防止国民党政权垮台之后中国“落入苏联的手中”，避免出现中苏结盟对抗美国的局面。

20 世纪 40 年代和 50 年代美国政府有关对华政策的文件已经解密，因此现在学者可以对这个时期美国对华政策制定的过程进行比较清楚的描述。从已公布的档案材料中，我们可以清楚地看出，从 20 世纪 40 年代末开始，美国政府决策层内部对中苏关系的性质有一个共识，即中国对于苏联具有相当大的独立性，它虽受苏联的影响，但不会是莫斯科的工具或仆从。1948 年 9 月 7 日乔治·凯南领导的国务院政策规划室第 39 号文件(PPS 39)以及 1948 年 11 月 23 日的第 39/1 号文件(PPS 39/1)集中表述了这一观点。上述两份文件认为，苏联努力影响、控制中国，使中国共产党成为“克里姆林宫的工具”，但是中国共产党大概会跟南斯拉夫一样，同苏联“闹独立”。因此，中国共产党人的胜利“不可能对美国的利益构成灾难性的危害”[59]。PPS 39 于 1948 年 10 月 13 日正式成为国家安全委员会第 34 号文件(NSC 34)，次年 2 月 4 日，即北平和平解放的第三天，杜鲁门批准了落实 NSC 34 的行动建议书(NSC 34/1)。

美国决策层对中苏关系性质的认识，主要是基于以下几个依据。第一，抗日战争时期，美国有一批熟谙中国语言、文化的职业外交官，如戴维斯(John Davies)、谢伟思(John Service)等人，他们对国民党政权的腐败和中国共产党的活力，有着切身的感受。关于中共和苏联的关系，他们认为，中共内部独立倾向与民族主义力量会促使中共同苏联产生矛盾，美国应鼓励中共同苏联"闹独立"。虽然这些人曾被美国一些主张"扶蒋压共"的当权者(如赫尔利大使)认为有"通共"之嫌,先后被调离中国,比如戴维斯就被派驻苏联使馆。这些人后来还受到麦卡锡主义者的迫害。[60]但是,他们对中共和苏联关系的分析,对美国决策者是有一定影响的。特别是戴维斯,他深得国务院政策规划室主任乔治·凯南的欣赏,是凯南在有关中国事务方面的主要顾问与助手。政策规划室有关对华政策的报告,在一定程度上说,主要出自戴维斯之手。[61]第二,把中国共产党人同南斯拉夫领导人进行类比。1948 年夏南斯拉夫和苏联分歧的公开化,打破了战后形成的社会主义阵营"坚如磐石"或"铁板一块"的形象。苏南关系破裂的一个重要结果就是,它改变了西方不少政治家对苏联同其他社会主义国家和共产党关系性质之认识。美国政府对该事件及其后果进行了认真的分析。1948 年 6 月 30 日,即情报局开除南共两天之后,美国国务院政策规划室向国务卿马歇尔递交了题为《本政府对南斯拉夫事件的态度》的第 35 号文件(PPS 35)。该文件指出,以苏南事件为标志,一个遵循苏联的组织原则和意识形态的共产党国家同莫斯科"闹独立"的历史时代开始了,类似的事件很可能在其他地方发生。[62]由于中国共产党和南斯拉夫共产党在夺取政权过程方面有某些相似之处,都是主要依靠自己的力量取得革命胜利的,所以美国人很容易把中共与苏共的关系同南共与苏共的关系进行类比,由此推论中国共产党不会遵循莫斯科的意志,它会同苏联闹矛盾。例如 1948 年 10 月,凯南对海军学院的学员说:"我今天无法告诉你们铁托主义是否将在欧洲蔓延。……我几乎可以肯定,它将在亚洲蔓延。"[63] PPS 39 表述得更加明确:"莫斯科在试图完全控制中国共产党人时就会面临着艰巨的任务,即使没有别的原因,只是毛泽东掌权的时间是铁托的将近十倍。"[64]应该说这种判断是基本符合事实的,尽管当时美国政府并没有足够的证据。

基于上述对中苏关系性质的认识,杜鲁门政府在新中国成立前夕,把促进中国共产党同苏联之间的矛盾、阻止新中国倒向苏联,作为自己对外政策的重要组成部分。1949 年 2 月 4 日,杜鲁门批准了落实 NSC 34 的行动建议书,即 NSC 34/1,肯定美国当前对华政策的目标是"阻止中国成为苏联的附庸"。[65] 1949 年 2 月 28 日的国家安全委员会 34/2 号文件(3 月 3 日由杜鲁门批准)指出,美国"在谨慎避免表现出干涉的同时,……通过政治和经济手段利用中国共产党和苏联之间、中国共产主义组织内外的斯大林主义者与其他分子之间的一切不和”[66]。用美国著名冷战史学家约翰·加迪斯的话来说，美国要在中苏之间打进“楔子”。[67]

1949年上半年，美国驻华大使司徒雷登试图同中共领导人进行直接的接触，就是此种考虑的一个具体表现。国民党政府在解放军渡江前夕迁都广州，要求各国驻华使馆随之南迁。美国大使司徒雷登和北大西洋公约组织的大使经过商量后决定留在原地不动，并请示华盛顿。美国国务院也有此意思，杜鲁门经过再三考虑，同意了国务院和司徒雷登的建议。司徒雷登在日记中写道：“南迁广州，是我最强烈反对的；逗留南京静观其变才是我所喜欢的。”[68]他后来在回忆录中谈到此举的目的：“我非常想多留一段时间，以便观察共产党人的意图，同时也给他们机会来讨论他们与美国的关系。如果他们不愿意同我商谈，那我就十分清楚地表明，共产党人不愿意同任何美国官员这样商谈，我们也就能够根据情况来制定我们的政策。”[69]司徒雷登希望利用自己的私人关系，影响即将建立的新中国之对外政策。他于3月10日给新任国务卿艾奇逊发去一封长篇急电，建议美国政府授权他以个人身份同中共领导人进行接触。4月6日，艾奇逊回电同意他的请求，但希望他严守秘密，并且不要把话说绝，以免遭到国会反对派的反对。[70]同时，中国共产党领导人注意到美国大使在解放军渡江和占领南京后仍留在原地不动的举动，也愿意同美国大使接触。1949年4月解放军渡江并解放南京之后，周恩来要求曾就学于燕京大学、同司徒雷登有师生关系的黄华去南京市军管会外事处工作，除了负责接管国民党政府外交部和处理有关对外事务外，可以同司徒雷登进行私人接触。[71]从1949年5月到7月，司徒雷登本人或通过其秘书傅泾波和黄华进行了几次会晤。司徒雷登表示，美国愿意同新中国建立新关系，希望中国政府能广泛地吸收民主和开明人士参政，还表示美国不愿参加中国内战，愿意向新中国提供援助，美国驻青岛等地的海军舰队将撤离中国领土等。黄华强调中美建立新关系的前提是美国停止援助及断绝与国民党逃亡政府的关系，中国政府人员的组成乃中国内政，不容外人干涉。司徒雷登提出希望赴北平会晤中共高层领导人。中共中央在6月底同意邀请司徒雷登回母校燕京大学过生日，并暗示中共高层领导人有会晤他的可能性。司徒雷登于6月30日将此报告华盛顿，并且认为接受邀请可以有机会向中共领导人表明美国的政策以及美国对共产主义和世界革命的担心，把“有关中共倾向的确最权威的消息”带给华盛顿，同时有助于增进中美之间的相互理解和“加强中共内部比较开明的反苏力量”。[72]美国国务院收到这封电文后进行了认真的讨论。政策规划室的“中国通”戴维斯在当天给政策规划室主任乔治·凯南写了一份备忘录，表明他及国务院远东司司长巴特沃思(W. W. Butterworth)对此事的看法。戴维斯在备忘录中暗示，司徒雷登不宜北上，因为中国共产党人会努力利用司徒雷登的北平之行，另外它也会导致美国国内强烈的不良反应。但是凯南只是把这份备忘录转给副国务卿帮办迪安·腊斯克，不作任何评论。[73]美国驻上海总领事约翰·卡伯特(John Cabot)在7月1日给艾奇逊的电文中，也认为司徒雷登北上弊多于利。[74]经过美国政府高层领导人的讨论，国务卿艾奇逊于7月2日电告司徒雷登，指示他“在任何情况下都不得访问北平”[75]。这样，司徒雷登北平之行终于“流产”。美国政府对该事件的处理说明，虽然美国希望通过同中共进行某些接触，影响中共对美政策以及分裂中共同苏联的关系，但是美国的政策是有一定限度的，既不能断然终止它同国民党蒋介石政权的关系，也不敢公开承认中国共产党的政权并且同它进行直接的对话。司徒雷登致电华盛顿、请求批准去北平的当天，正值毛泽东发表《论人民民主专政》(1949年6月30日)，提出“一边倒”的对外战略方针，美国政府在7月2日致电司徒雷登，反对他北上，或许也是对“一边倒”所作出的反应。[76]“一边倒”战略方针的提出使得美国政府认识到，在中国近期发生类似南斯拉夫的事件是不大可能的，美国只能寄希望于中苏关系破裂的长期可能性。

1949年6月30日，毛泽东提出了“一边倒”的战略主张，表明了新中国在东西方冷战中的立场。接着，毛泽东又在当年12月出访苏联，中苏于1950年2月签署了友好同盟互助条约。新中国联苏抗美，这是美国政府所不愿意看到并且努力避免发生的事情。因此，美国政府停止了寻求同中共高级领导人接触的努力，从中国召回了大使(司徒雷登1949年8月2日离开南京回美国)，不承认中华人民共和国中央人民政府，继续给予逃亡台湾的国民党政权以法律上的支持。但是，在1950年6月25日朝鲜战争爆发之前，美国政府还是对新中国作出了一些姿态，以赢得它的好感和离间中苏关系。这是因为，在美国当权者看来，中国“一边倒”和中苏结盟并不意味着两国矛盾的终结，相反，中苏关系破裂终将是不可避免的。例如，艾奇逊在1949年10月和1950年3月的内部会议上都强调，民族主义力量是强大的，苏联和中国的最基本的目标是相对立的，中苏冲突不可避免。[77]也就是说，美国当局对中国共产党与苏联关系性质的认识，并没有因为中国"一边倒"战略发生根本性的变化。1949年8月5日，即司徒雷登离开中国的第三天，美国国务院发表了著名的《中国白皮书》。白皮书努力证明，美国一贯对中国友好，中国内战的结局超出美国的控制能力，国民党的失败在很大程度上是咎由自取。[78]其主要目的无疑是在公众面前为美国的对华政策辩护，驳斥那种指控美国政府"丢失"中国的说法。同时不可否认，发表这样一个东西，也是向新中国暗示，美国可能抛弃蒋介石当局，同中共政权和解。1949年11月，艾奇逊对顾维钧明确表示："台湾作为一个军事基地是无法防守的。一般说来，在美国对外政策思想中，考虑大西洋的安全优于考虑太平洋的安全。"[79]1950年1月5日，杜鲁门发表声明，宣布美国决定不介入中国内战，对台湾没有任何企图，今后继续向蒋介石提供经济援助，但不提供军援或军事建议。[80]这意味着，如果中国人民解放军攻打台湾，美国不会干涉。1950年1月12日，艾奇逊在美国全国新闻俱乐部发表长篇演讲，他提出了美国在亚洲的"防御线"(defensive perimeter)，而台湾没有包括在其中。同时，艾奇逊为了离间中苏关系而故意声称："苏联正将中国北方的省(地区)从中国分离出来，使之隶属于苏联。这个过程在蒙古已经完成了，在中国东北也差不多完成了。我这么说话或许违背了自己坚守的避免独断的信条，但是我想，无论如何都应该指出，苏联拿走中国北部的四个地区，这是一个外国势力与亚洲之间发生的一个极其重大和重要的事实。"[81]此时毛泽东正在苏联访问，西方新闻媒体曾传出中苏存在矛盾以及毛泽东被"软禁"的消息，杜鲁门和艾奇逊的讲话显然有挑拨中苏关系的目的。苏联政府对艾奇逊的讲话十分关注，建议苏、蒙、中同时发表一项官方声明，回击艾奇逊的挑衅。毛泽东很快以中央人民政府新闻署署长胡乔木的名义起草了对新华社记者的谈话，严厉驳斥艾奇逊的讲话，旨在消除苏联对新中国的不信任。尽管如此，斯大林仍然对毛泽东未发表"官方正式声明"而感到不快。[82]虽然《中苏友好同盟互助条约》最后顺利得以签署，美国挑拨两国关系的努力还是取得了一定效果。1950年2月14日《中苏友好同盟互助条约》正式签订,“这是近代以来中国第一次与一个世界强国缔结军事同盟条约”[83]。

中苏签订新的同盟条约后不久,在亚洲就发生了朝鲜战争,这是冷战向亚洲进一步扩展以及冷战军事化的重要表现。朝鲜战争是冷战时期东西方之间发生的第一场热战,其影响极为重大和深远。本书第二章曾专门就这场战争进行了分析,这里侧重就新中国在这场战争中的地位和作用以及朝鲜战争对中苏、中美关系的影响进行一些分析。

目前已有的材料表明,新中国领导人了解朝鲜希望以武力统一祖国的愿望及苏联对此的态度。斯大林1949年10月26日就朝鲜问题回复10月21日毛泽东的电报,明确指出:“我们完全赞同您的意见,目前,朝鲜人民军还不应该发动进攻行动。我们也曾经向朝鲜朋友指出,不应该采纳他们拟定的关于朝鲜人民军向南方进攻的计划,因为,无论从军事方面,还是从政治方面,这种进攻行动都没有做好充分的准备。”[84]但是,1950年1月底,斯大林改变了主意,同意支持金日成的计划,并要求金日成必须就此问题征求中共领导人的意见。当年3月底,毛泽东会见朝鲜驻华大使李周渊,商谈金日成访华一事。现已解密的苏联外交档案中有如下记载:1950年5月13日金日成秘密抵达北京,向中国领导人转达斯大林“现在的形势和过去不同了,朝鲜可以开始行动”的口信。[85]中国一些当事人如师哲、雷英夫也谈到过1950年5月13—14日金日成秘密访华和转答斯大林口信一事。[86]毛泽东向斯大林发电报,希望斯大林本人对此进行说明。5月14日,斯大林致电毛泽东称:“鉴于国际形势已经改变,他们同意朝鲜人关于统一的建议。同时补充一点,这个问题最终必须由中国和朝鲜同志共同解决,如果中国同志不同意,则应重新讨论这个问题。”[87]当天苏联大使罗申(由他当面向毛泽东递交斯大林的电报)给斯大林发电报,称毛泽东“同意朝鲜同志对北南朝鲜形势的估计,同意他们对北南双方力量对比的估计”[88]。从国家利益计,当时新中国刚刚成立,百废待兴,而且还有一些地方包括台湾尚未解放,自然不希望发生可能把自己卷进去的一场军事冲突。但是,作为向社会主义阵营和苏联“一边倒”的社会主义国家和同朝鲜唇齿相依的邻国,新中国在道义上应当支持朝鲜民主主义人民共和国统一祖国的努力,而且斯大林已经同意支持朝鲜领导人的行动。于是,中国领导人不能不与苏联和朝鲜领导人保持一致。

1950年6月25日朝鲜战争爆发,美国政府决定出兵干预,并且命令第七舰队开进台湾海峡，阻止对台湾的攻击。中国除了谴责美国侵略朝鲜和中国台湾的行径，以及支持苏联在联合国提出的和平解决朝鲜问题的提案，也采取措施以防不测，包括中共中央于7月决定建立东北边防军，作为“绸缪之计”。此举一方面在于维护中国东北的安全，另一方面也是准备必要时给朝鲜以军事援助。在8月4日召开的中央政治局会议上，毛泽东指出，如美帝得胜，就会得意，就会威胁我。对朝不能不帮，必须帮助，用志愿军形式，时机当然还要选择，我们不能不有所准备。周总理也说，如果美帝将朝鲜压下去，则对和平不利，其气焰就会高涨起来。要争取胜利，一定要加上中国的因素，中国的因素加上去后，可能引起国际上的变化。我们不能不有此远大设想。[89] 1950年9月15日，美军在仁川成功登陆后，朝鲜局势剧变。10月初，联合国军开始越过三八线，向北进犯，朝鲜民主主义人民共和国危在旦夕，中国的安全也受到威胁。1950年9月29日，金日成、朴宪永致信斯大林，请求苏联给予直接的军事援助，或者动员中国和其他社会主义国家组建支援部队给予朝鲜直接军事援助。[90]斯大林建议金日成向中国求助，于是后者在9月30日给毛泽东发出请求中国出兵的电报。[91] 10月1日，斯大林致电苏联驻华大使罗申并由他将电报转交毛泽东或周恩来，建议中国出兵援助朝鲜，并称：“我没有向朝鲜同志谈过这件事，而且也不打算谈。但我并不怀疑，他们得知此事后将会很高兴。”[92]同一天，朝鲜民主主义人民共和国内务相朴一禹携带政府首相、朝鲜劳动党中央总书记金日成的亲笔信来到北京，直接向毛泽东等中国领导人提出中国出兵朝鲜的请求。[93]中国在联合国军跨过三八线前，曾经对美国提出了警告。周恩来在中国人民政治协商会议全国委员会为新中国成立一周年举行的纪念大会上发表讲话，指出：“中国人民爱好和平，但是为了保卫和平，从不也永不害怕反抗侵略战争。中国人民决不能容忍外国的侵略，也不能听任帝国主义对自己邻人肆行侵略而置之不理。”[94]当获知联合国军决定越过三八线之后，周恩来于1950年10月3日凌晨紧急召见印度驻华大使，希望印度政府向美国转达中国政府的如下态度：“美国军队正企图越过三八线，扩大战争。美国军队果真如此做的话，我们不能坐视不顾，我们要管。”[95]但是美国政府不相信中国会出兵，认为中国政府的警告只是“恫吓”，下令美军按计划越过三八线，10月7日，联合国军大规模越过三八线北进。[96] 10月5日，斯大林再次致电毛泽东，解释他建议中国出兵朝鲜的理由，称中国领导同志曾经多次表示，如果敌人越过三八线，就出兵援助朝鲜同志，而且中国出兵朝鲜是为了防止朝鲜变成美日反华的军事基地，“这与中国是利害攸关的”。[97] 10 月 5 日，中共中央政治局作出将出兵朝鲜的决定，次日军委常委扩大会议讨论出兵朝鲜的决定，10 月 8 日中央军委发布了《组建中国人民志愿军的命令》，同时争取苏联空军入朝掩护中国军队作战。[98]毛泽东虽然在 10 月 8 日致电斯大林，告知中国决定出兵，但是后来又提出没有准备好、暂不出兵，并派周恩来等人去苏联面见斯大林，请求苏联提供武器装备和给予空军支援。[99]尽管斯大林表示苏联空军尚未准备好，经过慎重和反复的考虑，中共中央还是于 10 月 13 日作出了抗美援朝的决定。[100] 10 月 16 日，中国人民志愿军第 42 军的先遣部队从辑安(集安)进入朝鲜。10 月 18 日，决策层下达了入朝参战的命令，次日中国人民志愿军跨过鸭绿江进入朝鲜。中国入朝参战决策是从维护国家利益出发而作出的，是形势所迫；同时它也同新中国维护以苏联为首的社会主义阵营的利益、帮助邻国抵御侵略的政治目标相吻合。正如毛泽东在 10 月 13 日给周恩来(当时在莫斯科)的电报中所指出的：“与政治局同志商量结果，一致认为我军还是出动到朝鲜为有利。……我们采取上述积极政策，对中国、对朝鲜、对东方、对世界都极为有利；而我们不出兵，让敌人压至鸭绿江边，国内国际反动势力气焰增高，则对各方都不利，首先是对东北更不利，整个东北边防军将被吸住，南满电力将被控制。总之，我们认为应当参战，必须参战，参战利益极大，不参战损害极大。”[101] 10 月 19 日，中国人民志愿军跨过鸭绿江，很快扭转了朝鲜战局，为 1953 年《朝鲜停战协定》的签署创造了条件。

中国出兵朝鲜，参加冷战时期的第一场东西方热战，意味着中国成为冷战的一个重要参与国，这对冷战的发展，包括冷战的军事化，产生了很大的影响。朝鲜战争一般被认为是冷战在亚洲扩展以及冷战军事化的重要表现，而中国是朝鲜战争的主要参加国之一。与此同时，中国参加朝鲜战争，也奠定了此后大约十年中国与苏美两个超级大国关系的基本格局，即中苏同盟强化、中美对抗加剧。

新中国在刚刚诞生后不久就毅然决定出兵朝鲜，以巨大的牺牲，在战场上同美国作战，解救了朝鲜民主主义人民共和国，维护了社会主义阵营的利益。新中国此举消除了苏共和斯大林对中国共产党及其主要领导人的某些猜疑，苏联开始放手给予中国以大规模的援助，有助于增强中苏两党、两国人民的团结和友谊。在整个战争期间，中国同苏联是相互配合的，在军事和政治上同美国进行坚决的斗争。因此，朝鲜战争使中苏同盟经受住了考验，并且得到了加强。当然，朝鲜战争也暴露出中苏同盟关系中潜在的裂隙。战后苏联对外战略中的一个基本目标，就是避免同美国发生直接的军事冲突。所以当朝鲜战局发展对北方不利的时候，斯大林建议朝鲜民主主义人民共和国领导人向中国求援。如前所述，1950 年 10 月 8 日中共中央政治局第一次决定出兵后，毛泽东立即派周恩来秘密访问苏联，争取苏联提供更多的军事援助，特别是希望苏联出动空军到朝鲜，支持中国人民志愿军。开始的时候，莫洛托夫同意了。但是不久，斯大林通知来访的周恩来，苏联空军尚未准备好，暂时不出动。这令中国领导人感到十分失望和不满。尽管如此，经过考虑，中国最后还是决定出兵。[102]在 10 月 13 日中方决定出兵之后，苏方便于次日宣布新组建的四个苏联歼击机航空师将开往中国，后来又有更多的苏联航空师进驻中国，驻扎在鞍山、安东、沈阳、吉林、哈尔滨、青岛、北京、上海等地，除了提供中国大城市和重要设施的空中防卫外，也从当年 11 月 1 日开始参加朝鲜半岛三八线以北靠近中朝边界的空域作战，苏联飞行员着中国军人服装，飞机涂中国标志，同时苏联空军还培训中方飞行员。[103]然而这件事对后来两国关系产生一定影响，因为朝鲜战争结束若干年之后，中国领导人还时时提到此事。除了朝鲜战争，在 20 世纪 50 年代上半期，中苏两国也在其他许多领域相互合作，同美国及其西方盟国进行斗争，其中包括：1950—1954 年在印度支那支援越南胡志明领导的越南民主共和国抗击美国所支持的法国殖民主义者；1950—1951 年共同反对美国导演的对日单独媾和；1955 年中国支持苏联、东欧国家成立华沙条约组织，同以美国为首的北大西洋公约组织相抗衡。这些都表明，中国在 20 世纪 50 年代上半期，同苏联密切合作，与以美国为首的西方阵营进行坚决的斗争，中国在东西方冷战中所持的立场是十分鲜明的。

朝鲜战争对中美关系的影响更大，它可以说是中美关系中的一个重要转折点，两国自此互为“死敌”。[104] 1950 年 6 月 25 日朝鲜战争爆发之后，杜鲁门于 6 月 27 日宣布美国第七舰队进驻台湾海峡，阻止新中国解放台湾，同时美国开始改变疏远蒋介石当局的态度，转向加强同台湾的联系,给予蒋介石当局以政治支持和军事、经济援助。由于这个原因,新中国解放台湾、统一祖国的计划未能实现,国民党当局则在美国的支持下长期占据中国在国际组织中的合法席位,台湾问题成了导致中美关系长期疏远的一个重要因素。更为重要的是,中美两国在朝鲜战场上进行了将近三年的较量,双方都付出了巨大的代价,它也致使两国关系"处于双方似乎都不能或不愿意改善的敌对状态,直到二十年后面对同一个安全挑战为止"[105]。由于这场战争,中国把美国视为国家安全的最大威胁和最危险的敌人。朝鲜战争也使得美国对新中国的认识有了变化。美国开始把中华人民共和国当作美国在远东需要加以遏制的对象,对中国实施政治孤立、军事包围和经济封锁,开始了美国对华政策"大偏差"的时期。[106]同时,美国领导人也开始认为,在短期内不存在分裂中苏同盟的可能性,美国只能寄希望于比较遥远的将来。正如艾奇逊 1952 年初对丘吉尔所说的,在朝鲜战争之前,中苏关系破裂似乎是"一种真正的可能性"。但是,中国介入朝鲜战争"使这个希望看来十分遥远,目前不可能实现。我不认为在我们现在可能关心的任何一段时间里,有可能在这两个共产党集团之间造成分裂"[107]。总之,朝鲜战争是中美两国关系的分水岭,两国从此"由疏远走上政治和军事的全面对抗"。[108]

但是,大约从 20 世纪 50 年代中期开始,中苏矛盾和分歧开始显现,尽管中苏同盟得以维持。同时,中美之间的相互敌视和对抗愈演愈烈。20 世纪 50 年代后半期中国同两个超级大国之间关系的发展,对东西方冷战产生了很大的影响。这个时期中苏、中美关系的发展、变化比较复杂,中苏关系显得尤其错综复杂。下面集中围绕两次台湾海峡危机,来阐述中国同两个超级大国关系的发展和变化。

朝鲜战争结束之后,中国国内政策的重心回到了经济恢复和发展的轨道上来。朝鲜停战之前的 1952 年,中国政府就开始编制第一个发展国民经济的五年计划(1953—1957 年)。经过讨论和修改,"一五"计划在 1953 年由全国人民代表大会审议通过,正式颁布实施。1953 年 9 月 8 日,周恩来对该计划的基本任务作了这样的概述:"首先集中主要力量发展重工业,建立工业化和国防现代化的基础;相应地培养技术人才,发展交通运输业、轻工业、农业和扩大商业;有步骤地促进农业、手工业的合作化和对私营工商业的改造;正确地发挥个体农业、手工业和私营工商业的作用。所有这些,都是为了保证国民经济中社会主义成分的比重稳步增长,保证在发展生产的基础上逐步提高人民物质生活和文化生活水平。"[109]因此朝鲜战事结束之后,中国外交的重点自然是为国民经济的恢复和发展创造良好的国际环境。中国政府继续发展和加强同苏联及其他社会主义国家的友好合作关系,在外交上相互配合、相互支持,在经济上互通有无、互相帮助。同时,为了打破美国对中国的政治孤立和经济封锁,中国同亚洲许多国家以及欧洲一些中立国家建立和发展了友好关系,扩大了贸易往来。中国在坚持建交原则下,采取区别对待和灵活的方式同英国、荷兰相互承认,并且建立代办级关系,打击了美国要求西方国家在承认和封锁中国问题上统一行动的政策。中国还广泛开展民间外交,同许多未建交的国家包括法国、意大利和日本,采取多种方式和渠道发展交往,进行经济、文化交流。[110]中国在日内瓦会议上为印度支那问题的和平解决所作出的努力,中国同印度、缅甸等国共同倡导"和平共处"五项原则,以及周恩来总理在万隆会议上提出"求同存异"原则等,对新中国在国际舞台上广交朋友、树立良好的形象,产生了重大和深远的影响。

在致力于国内建设与创造和平的国际环境的同时,中国在朝鲜战争结束之后不久,也把解决台湾问题、完成国家疆土的统一提上了议事日程,中美两国于是在台湾问题上发生了严重的冲突,双方的相互敌视因此加剧。

台湾是中国不可分割的一部分。自从 1949 年 10 月 1 日新中国成立之后,解放台湾、实现中国统一就一直是中央政府的一项中心工作,为此作出了积极的努力。但是,朝鲜战争使得这项工作被迫中断。朝鲜战争结束后,美国艾森豪威尔政府在支持台湾当局、阻挠中国统一上,比其前任有过之而不及。美国增加对台湾当局的军事援助,国民党军队不断加强对中国大陆沿海地区的骚扰。美国也在与蒋介石当局商谈缔结双边"共同防御条约"。同时,美国政府还暗中制造"一中一台"或"两个中国"。面对这种形势,中共中央于 1954 年 7 月作出了"一定要解放台湾"的决定。毛泽东指出:"在朝鲜战争结束之后我们没有及时(约迟了半年时间)地向全国人民提出这个任务,没有及时地根据这个任务在军事方面、外交方面和宣传方面采取必要措施和进行有效的工作,这是不妥当的,如果我们现在还不提出这个任务,还不进行工作,那我们将犯一个严重的政治错误。”[111]《人民日报》1954年7月23日发表社论，提出“一定要解放台湾”。8月11日，周恩来在中央人民政府委员会会议上指出：“中国人民政府再次宣布：台湾是中国神圣不可侵犯的领土，决不容许美国侵占，也不容许交给联合国托管。解放台湾是中国的主权和内政，决不容许他国干涉。”[112]同一天，中国政府号召全国人民和解放军作好准备，为解放台湾而奋斗。全国各界纷纷发表声明，响应这一号召。美国政府对中国重新提出解放台湾的主张而进行威胁。8月3日和17日，杜勒斯和艾森豪威尔分别表示美国要用海空军“保护台湾和澎湖列岛”、美国第七舰队要阻止解放军解放台湾。面对美国的军事威胁，中国人民解放军于1954年9月3日，开始炮击大小金门等岛屿，第一次台湾海峡危机拉开序幕。

解放军同蒋介石军队的海战和空战随着炮击在福建和浙江沿海地区展开。一时之间，台湾海峡成了国际关注的焦点，中国和美国在该地区处于紧张对峙的状态。美国政府对中国军事行动的反应是强硬的。它于1954年12月2日同台湾当局签订了“共同防御条约”，1955年1月24日，艾森豪威尔要求国会授权总统必要的时候使用军队来保护台湾和澎湖列岛的安全（国会两院分别在1月25日和28日通过决议），美国领导人甚至扬言要对中国实施核打击，等等。但是，美国政府努力避免卷入同中国的军事冲突。美国舰队不介入沿海战斗，美国政府不仅不同意公开承诺保护台湾和澎湖列岛以外的沿海岛屿的义务，而且说服蒋介石从大陈岛等浙江沿海岛屿撤走军队。[113]中国人民解放军从1954年9月3日开始炮击大小金门岛等福建沿海岛屿，并且在1955年1—2月解放了一江山岛、大陈岛以及渔山列岛、披山岛等浙江沿海岛屿。但是中国军队受命避免同美军交战，在解放大陈岛等浙江沿海岛屿后，没有进一步采取解放台湾的军事行动。1955年4月23日，周恩来在万隆亚非会议上郑重声明：“至于中美关系，中国人民是不愿同美国作战的，我们愿意用和平的方法解决国际争端。如果大家愿意推动中美用和平的方法来解决中美之间的争端，那就会大大有利于和缓远东的紧张局势，大大有利于推迟和阻止世界大战。”[114]这一声明得到国际上的广泛赞许，最后促使中美双方坐到了谈判桌前。1955年8月1日，中美大使级谈判在日内瓦举行。以周恩来的声明为标志，第一次台湾海峡危机结束。

1954—1955年第一次台湾海峡危机，使得中美间的相互敌视大大加剧。美国阻挠中国的统一,支持蒋介石当局,对中国进行军事威胁和包围,自然成了中国最危险的敌人。在这次危机之后,美国政府认为中国好战,比苏联更可怕。美国国务卿杜勒斯在中美日内瓦会谈举行时对记者说:“……中国共产党人与俄国人相比,更加残暴和狂热,更热衷于使用武力。”[115]美国在这次危机中对中国进行核威胁,促使中国下决心研制自己的核武器。1955 年 1 月 15 日,毛泽东主持召开中共中央书记处扩大会议,正式作出了发展原子能事业的战略决策,苏联很快决定在和平利用原子能方面提供给中国一座实验反应堆和一个回旋加速器。中国要发展原子弹,主要是因为美国对其安全构成威胁。

第一次台湾海峡危机也使中苏同盟内部的矛盾有所显露。无疑,苏联始终承认新中国对台湾拥有主权,同情和支持中国人民统一祖国的愿望和要求,但是它出于维护自身的利益、避免同美国发生军事冲突,不仅不愿意在军事上支援中国解放台湾的行动,而且也不希望看到在台湾海峡发生有可能把自己卷入冲突的严重危机。根据科瓦寥夫的回忆,1949 年 7 月刘少奇访问苏联的时候,中共领导人曾希望苏联能够出动空军和潜艇,帮助解放军进攻台湾。斯大林在 7 月 11 日会见刘少奇时,对此要求断然予以拒绝。斯大林解释说,如果苏联采取中共领导人的建议,那么将导致苏联同美国的海、空军发生冲突,从而引发世界大战。[116]所以新中国是无法指望苏联在军事上支持解放台湾的行动的。1953 年 3 月 5 日斯大林逝世之后,苏联的对外政策处于一个比较大的调整阶段,其基本倾向是缓和同美国及其西方盟国的关系。从 1953 年 3 月起到 20 世纪 50 年代中期,苏联新领导人作出了一系列希望改善同西方关系的姿态,来缓和两大阵营紧张对抗的形势,美国及其西方盟国也给予了积极的反应。1953 年马林科夫(Georgy Malenkov)就任苏联部长会议主席后发表讲话,指出任何争端和未决的问题都可以在相互谅解的基础上通过和平的方式加以解决;1953 年苏联要求中国在战俘问题上让步,以早日实现《朝鲜停战协定》的签署;1953 年 8—12 月苏联先后 5 次建议召开四大国代表会议,解决包括德国问题在内的欧洲安全问题;1955 年 5 月 15 日,主要由于苏联在奥地利问题上采取了妥协的立场,苏、美、英、法四国外长同奥地利代表共同签署了关于奥地利永久中立的条约;美、苏、英、法四国首脑于 1955 年 7 月 18—23 日在日内瓦举行首脑会议,这是苏联最高领导人在战后首次同美国及其西方盟国领导人举行会晤。所有这些都是苏联对外政策调整的表现。作为社会主义阵营的中心和领导,苏联习惯于其他兄弟国家在国际舞台上同它步调一致。中国在国际舞台上基本上是同苏联上述行动相互配合的,比如在印度支那问题上,两国密切协商,为印支和平协议的签署发挥了重要的作用。中国的政策充分体现了"一边倒"的精神,也符合朝鲜战争之后中国希望创造一个较为和平的国际环境之目标,同中国的国家利益相一致。但是,在台湾问题上,中国同苏联是有分歧的,双方的国家利益不完全吻合,这在 1954—1955 年第一次台湾海峡危机中有所表露。从表面上看,苏联政府在危机期间,给了中国以政治和外交支持。例如,1954 年 10 月 1 日,赫鲁晓夫在北京参加中国国庆庆典时发表讲话,指责美国干涉中国内政,声明苏联支持中国解放台湾。又如,1954 年 10 月 15 日,苏联代表向联合国大会提出关于美国侵略中国的行为以及美国海军对这些行为的责任的提案,谴责并要求制止美国的这种侵略。但是,在危机期间,苏联从未公开声明一旦中美在台湾海峡发生战争,苏联将依据中苏同盟条约给予中国军事援助。例如 1955 年 2 月初,苏联外长莫洛托夫在美国驻苏大使查尔斯·波伦(Charles Bohlen)面前指责在台湾问题上美国干涉中国的内政和进行战争威胁,提出美国应当从台湾海峡地区撤走所有军队,但是他避而不谈苏联是否对中国承担条约义务,只是提到中苏之间有 54 个协定。[117]苏联驻联合国代表马立克还在危机紧张的关头向外界透露,苏联控制不了中国的行为,中国人太骄傲。这无疑表露了苏联对中国在台湾海峡危机中的做法有所不满。[118]不少迹象使得包括美国总统艾森豪威尔、国务卿杜勒斯在内的美国政要不相信苏联会冒同美国发生战争的危险支持解放军解放台湾,而且认为苏联对中国的行为是担心的。正因为如此,有的学者猜测,中国政府在 1955 年春主动采取和解的姿态,可能是苏联施加压力的结果。[119]

尽管还需要更多的档案材料来揭示事实真相,大概可以肯定地说,中国试图以武力解放台湾,实现祖国的统一,此举必然招致美国的反对和干涉,从而引起中美之间的紧张冲突,甚至可能导致东西方之间的战争。这是同苏联极力避免美苏之间的战争、缓和同西方的关系之政策相矛盾的,所以苏联不会赞赏中国在台湾海峡采取可能导致东西方严重冲突的行为和举措,中国同苏联在台湾问题上的矛盾和分歧在所难免。从根本上说,中苏在台湾问题上的矛盾反映了两国国家利益的冲突。作为一个超级大国，苏联把它同美国的关系放在其对外关系中最重要的地位，对华关系只能服从于对美关系这个大局，苏联不希望中国同美国的紧张对抗影响了它同西方的缓和政策。中国的出发点则不同，解放台湾、早日实现祖国统一，一直是新中国领导人所努力追求的目标，它是中国国家利益的重要组成部分。美国是妨碍中国统一的根本因素，它也对中国的国家安全构成了最为严重的威胁，因而同美国对抗，特别是反对美国阻挠中国解放台湾，自然成了中国外交政策的重要组成部分。中苏两国间的此种矛盾，在1958年第二次台湾海峡危机中表现得更为明显。第二次台湾海峡危机对中苏、中美关系都产生了重要的影响。

第二次台湾海峡危机是中美对抗加剧的结果和反映。如前所述，第一次台湾海峡危机结束之后不久，中美两国在日内瓦开始了大使级会谈，试图以和谈的方式解决双边关系中存在的问题，其中当然包括台湾问题，它是中美会谈的实质性问题。中国政府坚持自己在台湾问题上的立场：台湾问题纯属中国内政，其他国家无权干涉，美国必须从台湾撤出军队。美国政府则强调，中美双方均应保证在台湾问题上，不诉诸武力。美国的立场实际上就是反对中国解放台湾，造成事实上的“两个中国”或“一中一台”。因此两国的立场是截然对立的。为了推动大使级会谈顺利进行，中国方面曾经采取了一些积极主动的措施。例如1956年8月，中国政府单方面宣布取消不让美国记者进入中国的禁令，而且向美国15个重要的新闻机构拍发电报，邀请他们派记者来华作为期一个月的访问；1957年9月，中方代表在会谈中又提出两国在平等互惠的条件下准许记者互相采访的协议草案。但是，由于美国政府的僵硬态度，中美大使级会谈没能取得实质性的结果，并且在1957年12月中断。两国之间的紧张对抗局面，没有因为大使级谈判而得到缓和，台湾问题是影响两国关系改善的一个很大障碍。正是在两国关系处于这种状况的情形下，中国人民解放军于1958年8月23日开始炮击金门及其附近岛屿，第二次台湾海峡危机爆发了。

关于中国决定炮击金门等岛屿的动机，长期以来我国出版的有关著述基本上都是这么解释的：反对美国1958年7月出兵黎巴嫩，支持中东人民的反美斗争；反对美国支持蒋介石军队对大陆沿海地区进行骚扰和准备“反攻大陆”。[120]这样的解释不无道理,但是根据不足,难以令人信服。中国无疑是支持中东人民的反美斗争的,中国人民解放军炮击金门等岛屿确实在客观上给予中东人民以支持。但是,中国炮击的主要动机还是出于自身利益的考虑。蒋介石集团一直就企图“反攻大陆”、不断对大陆进行骚扰,这似乎也不是导致中国炮击的最关键因素。1995 年新华出版社出版的吴冷西回忆录,披露了一些当年党中央和毛泽东作出炮击金马决定的内幕,有助于我们理解这个行动真正和主要的动机。毛泽东在中央政治局会议上明确指出,炮击的主要目的是侦察美国人的决心,考验美国人的决心。因为美国同国民党当局签订了“共同防御条约”,防御范围是否包括金门、马祖在内,没有明确规定。美国人是否把这两个包袱背上,还得观察。[121]因此利用美国在中东进行军事干涉这个时机,试探美国政府的态度,迫使蒋介石军队从金、马撤退,解除国民党军队对沿海地区的威胁和为今后解放台湾创造有利的条件,是炮打金门的真正意图。但是,在宣传上,毛泽东指示要把主要锋芒对着美国到处侵略,谴责它入侵中东,也谴责它霸占我国领土台湾。[122]也有中国学者认为,毛泽东采取这次军事行动真正的和唯一的目的就是希望仅仅通过炮轰的方式来封锁金门,造成一种气势和压力,迫使蒋介石主动放弃金门,从而实现收复全部沿海岛屿的既定军事战略和安全战略。[123]

虽然炮击的主要动机并不是支援中东人民的反美斗争,中国选择 1958 年 8 月炮击金门却同美国在中东的侵略行动密切相关。1958 年 7 月,伊拉克爆发革命,美国以保护美国人的生命安全以及维护黎巴嫩的领土完整和政治独立为由,出动海军陆战队到黎巴嫩。与此同时,美国还宣布其驻远东的军队进入戒备状态,蒋介石集团也宣布处于“特别戒备状态”。这对于中国实施第一步收复沿海岛屿、为第二步解放台湾作好准备的计划,提供了一个很好的时机。蒋介石军队占据的金门、马祖等福建沿海岛屿,一直威胁着新中国的安全。1949 年 8 月福州解放之后,中国人民解放军即开始了解放包括金门、马祖在内的福建沿海岛屿的战斗,但是当年 10 月下旬的金门登陆战(古宁头战役)由于对敌估计不足以及当时还没有海军和空军的配合而失利,损失惨重。[124]1954—1955 年,中国人民解放军实施解放沿海岛屿的战斗,由于美国的干涉和威胁,中国为了避免同美国发生战争,并没有解放福建沿海岛屿。但是,解放这些岛屿,一直是中国领导人希望早日得以解决的问题，它在1958年夏又被提上了具体的议事日程。退一步说，即使解放金门、马祖的计划未能实现，中国炮击金门也可以支援阿拉伯人民的反美斗争，利用这个机会“整美国人一下”，同时打击蒋介石集团在金门、马祖一带骚扰我福建沿海的气焰。因此，1958年7月中旬美军入侵黎巴嫩后，中央即考虑在福建前线采取行动。1958年7月18日，中央军委作出炮击金门的决定。7月，空军进驻福建，大批海军和炮兵部队也调进福建，到8月上旬，炮兵部队已经全部进入阵地，作好了炮击的准备。8月23日，解放军万炮齐轰金门及其附近小岛，当地蒋军受到重创，而且其供给通道被封锁。炮击主要是为了试探美国的战略底牌，所以中央采取避免同美国发生正面冲突的措施，例如毛泽东指示“只打蒋舰，不打美舰”，甚至美舰向我开火也不准还击。[125]

美国政府立即作出反应，从地中海、美国西海岸以及菲律宾调来大量舰只，以加强在台湾海峡的第七舰队。美军在台湾海峡集结了6艘航空母舰、3艘重巡洋舰、40艘驱逐舰，美空军46航空队、第一海军陆战队航空队进驻台湾地区和菲律宾，美国海军陆战队3 800人也在台湾南部登陆。美国政府明确表示要保护金门、马祖，并且对中国大陆进行核威胁。在美国决策者看来，如果金门以及其他岛屿丢失，台湾国民党当局的士气和力量会遭受极大的打击，日本、韩国以及东南亚和南太平洋国家也将因此受到冲击，可能处于共产党的影响之下。[126]1958年9月4日，美国国务卿杜勒斯发表声明：“美国负有条约义务来帮助保卫台湾不受武装进攻，国会的联合决议授权总统使用美国的武装部队来确保和保护像金门和马祖等有关阵地。……我们已经认识到确保和保护金门和马祖已经同保护台湾日益有关。……美国已经作出军事部署，以便一旦总统作出决定时接着采取既及时又有效的行动。”[127]但是，美国也极力避免卷入冲突。8月23日解放军炮击金门时，有两名美军顾问死亡，美国人对此一直没有吭声。虽然从9月7日起，美国第七舰队开始为国民党的运输供给船队提供护航，但是美国政府规定，美舰必须停在卸货海滩三海里以外的公海上，以避免在中国内海同中国军队发生冲突。[128]而且，给蒋军护航的美国舰队在遇到炮击时也赶快调头向外海驶去。在金门、马祖处于极度困境之中的时候，美国政府也有意促使蒋介石从福建沿海岛屿撤退，固守台湾和澎湖列岛。

针对美国政府的反应，毛泽东在1958年9月4日，提出了“绞索政策”，即不马上登陆金门和解放福建沿海岛屿，而是要把美国人套在金、马绞索上，时不时对金、马进行打击，使得美国难受，把绞索一步步拉紧。[129]这个政策的提出，表明中国的政策有了变化，即从准备解放金、马转向先不解放这些岛屿。中国这么做，主要是不希望同美国发生冲突。虽然中国领导人看出美国政府并没有下决心不惜同中国一战，支持蒋介石当局固守金、马，但是也不能肯定如果进攻金、马，美国人不会干涉。正如毛泽东在 1958 年 9 月 30 日对吴冷西所说的："其实我们也不是不想拿下金门、马祖，但这个问题不单是同蒋介石有关，特别是要考虑美国的态度，切不可以鲁莽从事。"[130]同时，毛泽东等中国领导人也分析，美国政府可能要台湾放弃"反攻大陆"的计划，并且从金门、马祖撤退，以换取中国同意不使用武力，承认台湾、澎湖列岛的独立，从而制造"两个中国"。对金门等岛屿实行"打而不登、断而不死"的战略，让蒋军留在这些岛屿上，也就有助于避免因为国民党放弃沿海岛屿，使得台湾与大陆分离固定化，造成事实上的"两个中国"。因为蒋介石也是反对"两个中国"的，他顶住美国的压力，坚决反对从金门、马祖撤退。[131]所以，1958 年 10 月 6 日，中国政府宣布从当天起，停止炮击 7 天，让台湾当局自由地输送供应品，条件是美国不护航。10 月 13 日，中国政府再次宣布停止炮击两周，条件仍然是美国不护航。当年 10 月 25 日，国防部长彭德怀发表《告台湾同胞书》，宣布今后逢单日打炮、逢双日不打炮。艾森豪威尔政府也随之决定，只要中国人民解放军在双日不打炮，美国将不参加护航。至此，第二次台湾海峡危机基本结束。

中国 1958 年在台湾海峡的"火力侦察"的结果表明，美国顽固坚持和新中国作对，始终不愿意放弃对蒋介石当局的支持，中美关系难以有根本性的突破。第二次台湾海峡危机后，两国间的对立和敌视又有所加剧。同中美两国对立加剧相对应的是，美国同苏联的关系在 20 世纪 50 年代后半期得到了较大的改善，这个时期美苏缓和的一个高潮是 1959 年 9 月苏联领导人赫鲁晓夫访问美国。在 20 世纪 50 年代后半期，美国领导人相信，中国比苏联还要危险，美国分裂中苏同盟战略的重点已经从促使中国同苏联"闹独立"转向促使苏联"抛弃"中国，也就是说美国要把赫鲁晓夫而非毛泽东培养成"新的铁托"。[132]

在第二次台湾海峡危机爆发前，中苏同盟中的分歧和矛盾已经有所发展。1956年3月苏共二十大召开，中共中央认为赫鲁晓夫在公开报告中过于强调和平过渡，也不同意他在秘密报告中全盘否定斯大林。在毛泽东亲自指导下，从1956年起，《人民日报》发表一系列重要文章，阐述中国共产党对斯大林的功过等一些问题的看法。但是，为了维护社会主义阵营的团结和顾全大局，中国没有正面批驳赫鲁晓夫的观点。中国政府在1956年秋发生的波兰、匈牙利事件中支持苏联。赫鲁晓夫在党内的地位有待于进一步巩固，他也有求于中国共产党领导人对他给予支持。因此苏共二十大之后，中苏关系仍然很好，至少在表面上是这样的。1957年11月，毛泽东率领中国党政代表团到达莫斯科，参加十月革命40周年庆典。毛泽东在莫斯科大学对中国留学生发表讲话，强调指出，苏联两颗人造卫星上天，标志着两大阵营力量对比的转折。十月革命后，经过40年，新世界力量已超过旧世界，世界的风向转了，社会主义力量超过了资本主义力量。不是西风压倒东风，而是东风压倒西风。他明确表示，我们社会主义必须有个头，这个头就是苏联，它表现了社会主义国家以苏联为首的团结一致。[133]大约与此同时，彭德怀率领的中国军事代表团也访问苏联，落实中苏军事合作问题。然而，两国之间潜在的分歧和矛盾依然存在，它在1958年台湾海峡危机中又突出起来。

对于中国人民解放军炮轰金门的军事行动，中方曾事先通过苏联在中国的军事顾问，通知了苏联国防部。[134]但是赫鲁晓夫1958年7月31日至8月3日访问中国时，中国领导人没有向他谈过此事。[135]1958年8月23日炮击后，赫鲁晓夫很紧张，他怕因此影响苏联同美国的缓和，担心苏联被卷入同美国的军事冲突中，因而埋怨中方事先不将开炮一事通知苏联。为了了解中国打炮的动机，赫鲁晓夫于9月5日通过苏联驻华大使馆参赞转告周恩来，拟派外长葛罗米柯秘密访华，就台湾海峡局势同中国领导人交换意见。当天晚上，周恩来会见苏联驻华大使馆参赞，表示欢迎葛罗米柯来访，并且就海峡局势着重说明：中国炮击金门等岛屿并不是就要用武力解放台湾，只是要惩罚国民党部队，阻止美国搞“两个中国”；如果打出乱子，中国自己承担后果，不拖苏联下水。周恩来的这番话，消除了苏联领导人的疑虑。葛罗米柯于次日飞抵北京，会见周恩来，表示已经知道了前一天晚上周恩来同苏联参赞的谈话内容，并且指出：“苏共中央完全赞同中国同志的立场和措施。”当天下午，葛罗米柯在同毛泽东会谈时，再次表示:"苏共中央同意周恩来总理向苏共转达的中国方面的立场、策略和做法。"他还指出:"赫鲁晓夫同志准备给艾森豪威尔总统写信,对美国政府提出警告……。我认为这封信对美国会起清醒剂的作用,像一盆冷水澡那样。"[136]通过葛罗米柯秘密访华,苏联得知中国炮击金门并不是要用武力解放台湾后,赫鲁晓夫于1958年9月7日和9月19日两次致信艾森豪威尔,向美国表示,"对中华人民共和国的侵犯就是对苏联的侵犯",如果美国对中国进行核攻击,它将受到"应有的和同样武器的反击",苏联毫无疑问会根据《中苏友好同盟互助条约》,"完全履行我们自己所应承担的义务"。[137]尽管如此,赫鲁晓夫还是担心中国在台湾问题上与美国对抗的政策会影响苏联同美国改善关系。1959年9月底,赫鲁晓夫访问美国之后,来中国参加中华人民共和国成立十周年庆祝活动。10月2日,在同毛泽东等中国领导人进行长达7个小时的内部会谈中,他不但埋怨中国1958年炮击金门给苏联"造成了困难",而且对中国在整个台湾问题上的政策表示不满。他提出"美国宣布支持蒋介石,我们宣布支持你们,这样造成了大战前夕的气氛"。他希望中国放弃对台湾使用武力,甚至强烈暗示中国可以考虑暂时让台湾"独立"。[138]

中苏在台湾问题上的分歧和矛盾,是两国在20世纪50年代末争端日趋激烈和表面化的表现和结果。中国在1958年决定炮击金门等岛屿,从某种意义上说,也是对苏联在国际舞台上的行为不满的一个反应。美国学者雷蒙德·加特霍夫(Raymond Garthoff)在其1966年出版的一本著作中就指出,炮轰金门同此前中苏两国的争端是密不可分的。[139]王炳南的回忆录也证实了这个观点,他写道:"中国政府为了严惩蒋帮的猖狂活动,打击美国在国际事务中的嚣张气焰,同时也为了间接针对这一时期苏联赫鲁晓夫上台后对西方的姑息政策,命令中国人民解放军从1958年8月23日开始对金门、马祖等岛屿进行惩罚性的炮击。"[140]尽管炮击前,中国有关方面曾向苏联军事顾问通报过此事,但是事前两国高层领导人之间并没有对此行动进行过对话,两国之间在炮击问题上没有协调行动是显而易见的事实,也证实了加特霍夫和王炳南的看法。除了在台湾问题上的矛盾之外,中苏这个时期还在有关修建长波电台、联合舰队、中印关系、中国发展核武器以及理论观点等许多问题上产生严重的争端,致使两国、两党关系不断疏远。[141]1959年9月赫鲁晓夫访问美国前后,中苏两党、两国的关系已经处于相当紧张的状态。1959 年 6 月，苏联政府单方面撕毁了 1957 年 10 月两国签署的《国防新技术协定》，决定暂不向中国提供原子弹样品及其技术资料，并且在次年 8 月撤走全部专家，带走了重要图纸资料，这对中国发展原子能、研制核武器的计划产生了很大影响，也更加激发了中国独立研制核武器的决心。[142] 1959 年夏秋，即赫鲁晓夫访问美国前夕，中印边境地区发生了印度挑起的武装冲突，苏联塔斯社就此发表了偏袒印度的所谓“中立”声明，这实际上是把苏联同中国的分歧公之于世，该事件因而成为中苏关系公开恶化的起点。[143] 1959 年 9 月 30 日，刚刚访美归来的赫鲁晓夫，突然赶到北京，参加中国国庆十周年的招待会，并且同中国领导人进行激烈的争论，把两国争端推向高潮。赫鲁晓夫在讲话中强调要改变对西方的战略方针，缓和东西方关系，他还替艾森豪威尔带来口信，要求中国释放因驾机侵入中国领空而被俘的两名美国飞行员。赫鲁晓夫在同中国领导人的会谈中再次表明了苏联在中印边境冲突问题上偏袒印度的立场，对中国进行了批评，甚至指责中国在西藏问题上犯了错误。中国领导人对赫鲁晓夫的言论和无端干涉中国事务的做法，进行了严厉的批驳。[144] 所以，到了 20 世纪 50 年代末，中苏两国的关系已经开始走向破裂，只是双方尚未公开指责对方而已。中苏关系破裂的原因很复杂，其中既有国家利益的冲突，也有两党政治观点的分歧和领导人之间的不和等因素。两国国家利益的矛盾和冲突，是导致中苏同盟逐步破裂的基本因素，它在斯大林时期已有表现，在赫鲁晓夫时期得到了进一步的发展。

随着中苏关系的变化，在新中国成立伊始推行的“一边倒”战略逐步走进死胡同。面对中苏关系的新现实以及中美关系不断恶化、两国相互敌视加深的局面，中国领导人不得不考虑以新的对外战略取代“一边倒”的战略方针，在东西方冷战中重新寻找自己的位置。

第三节　“两　条　线”

在整个 20 世纪 60 年代，中国所执行的处理同两个超级大国关系的对外战略，可以简单地概括为“两条线”或“两个拳头打人”。这意味着中国与冷战的两个主角——苏联和美国——同时为敌。该战略提出和实施的基本背景是中苏关系破裂和中美对立，它也同中国国内政治“左转”以及中国领导人的主观认识有着密切关系。

在20世纪50年代末60年代初，中苏两党、两国的关系不断恶化，两个国家逐步从盟友演变为敌人。中苏关系破裂对这个时期的东西方冷战乃至整个国际关系都产生了相当大的影响。

中苏两党对时代特征、革命、战争与和平等重大理论问题的认识，自从1956年苏共二十大以后，一直存在着严重的分歧和争论。按理说，各国共产党之间存在意见分歧是正常的，对某些问题可以通过内部的平等协商和同志式的讨论和争论，求得认识上的接近和一致；而对一时解决不了的问题，可以耐心等待，让实践来证明谁是谁非。[145]但是，主要由于苏联领导人试图将自己的观点强加于人的大国沙文主义做法，中苏两党的分歧和争论在20世纪60年代初不仅加剧，而且公开化。也有中国学者认为，中苏争论实际上是中苏两党争夺社会主义阵营领导权斗争的开始，“中苏之间的领导权之争，主要或首先不是争夺领袖地位，而是争夺意识形态的话语权，争夺对马克思列宁主义的解释权，因为只有证明自己的路线、纲领、方针是完全符合马列主义基本原理的，而对方则恰恰相反，才能在国际共产主义运动中获得正统地位和实际领导权”。[146]或者说，“从表面上看争论的目的似乎在于辩清谁的对内外政策真正坚持和发展了马克思列宁主义，实际上是要表明谁有资格在社会主义阵营中占据主导地位，谁将在国际共运中担当主角，引导各国共产党和工人党在正确的道理上前进”。[147]

1960年2月上旬，华沙条约组织政治协商委员会高级会议在莫斯科召开，中国派观察员出席。在讨论当前国际局势时，中国观察员康生按中央的精神讲了话，在和平共处、东西方缓和以及裁军等问题上，同赫鲁晓夫等人唱了反调。中国很快发表了这个发言，公开阐明了中苏双方在一系列重大问题上的分歧和立场，这对国际舆论震动很大。2月6日，赫鲁晓夫在会议结束后的宴会祝酒词中，含沙射影地攻击中国共产党口头上宣传社会主义阵营以苏联为首，实际上在拆苏联的台。第二天彼得·波斯佩洛夫(Peter Pospelov)和葛罗米柯又在苏共中央大楼会见中国代表团，宣读了苏共中央的一件“口头通知”，再次对中国共产党的内外政策进行了攻击，中国代表团当即予以反驳。1960年4月，在纪念列宁诞生90周年时，《红旗》杂志和《人民日报》发表了《列宁主义万岁》等三篇文章，阐述了中国共产党对国际形势和共产主义运动中一系列问题的观点，回答了苏共对中共的批评和指责，对苏共的某些论点和做法也作了不点名的批判。1960年6月初，苏共中央提出利用当年6月罗马尼亚工人党第三次代表会议的机会，在布加勒斯特举行社会主义各国共产党、工人党代表会议。中国共产党不同意，认为应当经过充分准备之后再召开。经过协商后达成共识：出席罗马尼亚工人党第三次代表大会的各国代表团，就召开社会主义国家共产党和工人党国际会议的有关事项交换意见，但不作决定。6月20日，罗党“三大”开幕，有50多个兄弟党的代表团参加大会。6月22日，苏联代表团向各兄弟党代表团散发和宣读了苏共中央致中共中央的通知书，对中国共产党发动“突然袭击”。该通知书以及赫鲁晓夫在罗党“三大”上的致词，指责中共是“教条主义”“宗派主义”和“左倾冒险主义”等。赫鲁晓夫还在各国兄弟党代表团的会谈（即布加勒斯特会议）中，带头并且指挥其他党的代表围攻中国共产党，对中国共产党的理论观点和内外政策进行了批驳和指责。彭真领导的中国代表团在书面声明和口头发言中进行了回击。[148]所以，实际上到了1960年上半年，中苏两党的争端不仅加剧，而且已经具有很大的公开性了。

中苏之间的意识形态大论战，不仅使得两党关系破裂，也使得两国关系产生裂痕。为了向中国施加压力，布加勒斯特会议后，苏联于7月16日突然照会中国，单方面决定召回在中国工作的全部苏联专家，而且不等中方答复，在7月25日又通知说，在华工作的全部苏联专家均将于7月28日开始撤离，至9月1日撤完。同时，苏联还片面中止派遣按照两国协议应该派遣的900多名专家。中国政府曾复照苏联政府，希望苏联政府重新考虑并且改变召回专家的决定。但是苏联不同意，在一个月内，撤走了在中国工作的1 390名专家，撕毁了两国政府签订的12个协定和两国科学院签订的1个议定书以及300多个专家合同和合同补充书，废除了200多个科学技术合作项目。[149]这一做法，是苏联领导人所采取的把两党的意见分歧扩大到两国国家关系中去的重大步骤，它给中国的建设造成了严重的困难和巨大损失，在中苏两国的关系中留下了难以愈合的伤痕。苏联撕毁合同、撤走专家、停止经援，加上中国国内“大跃进”和严重的自然灾害，中国开始经历严重的经济困难时期。也有中国学者指出，关于苏联全面撤退专家对中国经济建设的负面影响，过去似乎估计过高。虽然对于中国的经济建设来说，苏联专家的撤离有一定影响，但造成20世纪60年代初中国经济困难的根本原因还在于中国自己的政策失误，而与苏联撤退专家没有直接关系。[150]但是，苏联的经济压力，并没有使中国领导人屈服。相反它促使中国领导人更加坚定地奉行独立自主的方针。1960年9月，中共中央总书记邓小平率领中国共产党代表团赴莫斯科，就双边关系中的问题同苏联领导人举行高级会谈。在会谈中，邓小平坦率地表示："中国共产党永远不会接受父子党父子国的关系。你们撤退专家使我们受到了损失，给我们造成了困难，影响了我们国家经济建设的整个计划和外贸计划，这些计划都要重新进行安排。中国人民准备吞下这个损失，决心用自己双手的劳动，来弥补这个损失，建设自己的国家。"[151]在布加勒斯特会议之后和苏联从中国撤退专家之前，苏联还采取了其他恶化两国关系的措施，例如，1960年7月6日，单方面决定停止中苏两国互惠发行的《友好》周刊和《苏中友好》杂志。另外，从1960年8月中苏在新疆博孜艾格尔山口附近发生边境冲突开始，两国之间的边界纠纷不断发生。[152]

虽然在后来一段时间内，中苏两国领导人均表示了改善关系的愿望，并且采取了一些具体步骤，以维护社会主义阵营的团结，使得中苏之间的紧张关系暂时得到了某些缓和，但是双边分歧和争端没能得到根本解决，两党、两国关系很快便全面恶化。1961年10月苏共二十二大召开，周恩来率领中共代表团出席会议，同苏联领导人在对待斯大林、苏联与阿尔巴尼亚关系等问题上发生严重争端。周恩来决定提前回国，毛泽东亲自到机场迎接，以示对他的支持。1962年4—5月，中国新疆伊犁哈萨克自治州直属县市及所属塔城地区发生边民非法越境，以及一些边民冲击州政府和围攻州党委。[153]苏联方面参与了煽动和接应中国边民外逃的活动，这无疑令中苏关系雪上加霜。从1962年12月15日到1963年3月8日，中国报刊接连发表了7篇论战文章，公开了中共与苏共、法共、意共、美共在意识形态上的分歧。1963年3月30日，苏共中央致函中共中央，对国际共产主义运动系统地提出了自己的看法。当年6月14日，中共中央公开发表了其给苏共中央的复信，即《关于国际共产主义运动总路线的建议》（又称《二十五条》）。苏共中央也于1963年7月14日，发表了《给苏联各级党组织和全体共产党员的公开信》，逐条批驳《二十五条》。紧接着，中共中央以《人民日报》和《红旗》杂志编辑部的名义，连续发表了一系列批驳苏共中央公开信的文章，即著名的"九评"。1963年7月25日，苏联同美国、英国在莫斯科签署了《关于禁止在大气层、外层空间和水下进行核试验的条约》。7月31日，中国政府发表声明，揭露了这个条约的歧视性，指出其目的在于巩固核大国垄断地位，束缚别人的手脚。中国提出全面、彻底、干净、坚决地禁止和销毁核武器的主张。至此，中苏两党分歧与争端已经完全公开，中苏同盟关系也已经破裂，《中苏友好同盟互助条约》名存实亡。

1964年10月16日，赫鲁晓夫下台，勃列日涅夫成为苏共中央第一书记，柯西金接任部长会议主席。苏联驻华大使很快便把苏联领导人变更的消息通知中共中央。中苏两党、两国关系是在赫鲁晓夫当政的时候破裂的。中国党和政府希望利用这个机会改善同苏联的关系。所以，当勃列日涅夫等人就任新职的时候，中国领导人毛泽东、刘少奇、朱德、周恩来很快联名向他们发出了贺电，"以几年来从未有过的热情语言，对苏联新领导人以及苏联一艘宇宙飞船发射成功和着陆成功，表示了热烈祝贺"[154]。勃列日涅夫等人也很快联名向中国领导人复电致谢。中共中央在分析形势之后，认为1964年十月革命节是一个改善中苏关系的有利时机，因此在这个节日到来的前夕，向苏联作出了一系列友好姿态。其中包括：中国领导人致电勃列日涅夫等人祝贺节日，并且表达了团结对敌的愿望；中国报纸几年来第一次不作为反面材料转载了苏联《真理报》的社论和编辑部的文章；在北京举行了庆祝十月革命节的隆重集会；《人民日报》发表社论《在伟大十月革命旗帜下团结起来》，提出在社会主义各国和各兄弟党之间，实行联合、相互支持援助和协商一致的原则，以维护国际共产主义运动和社会主义阵营的团结；中国国家主席刘少奇、中共中央总书记邓小平、全国人大副委员长彭真等中国领导人出席苏联大使举办的节日招待会，并且在致辞中表示几年来的中苏分歧不足为奇，两党两国之间总是要团结的。[155]同时，经毛泽东提议并经中央讨论决定，由周恩来率领党政代表团去苏联祝贺十月革命胜利47周年。周恩来夜以继日地接见苏联及其他社会主义国家的驻华使节，请他们报告各自的党中央和政府，中国决定派代表团到苏联参加十月革命节的庆祝活动，以便同苏联领导人接触，谋求改善中国共产党同苏联以及其他各兄弟党的关系。苏共中央和苏联政府很快向中国发出了正式邀请，欢迎中国派代表团赴莫斯科参加纪念十月革命47周年的庆祝活动。周恩来于是率领中国党政代表团在11月5日飞抵莫斯科，执行一项不寻常的使命。

但是，周恩来及其率领的代表团在同苏联领导人接触之后便发现，中苏之间的裂隙已经无法弥合。在克里姆林宫的国庆招待会上，苏联国防部长罗季翁·马利诺夫斯基(Rodion Malinovsky)当着周恩来和贺龙(代表团副团长)的面说了一些诸如"不要让赫鲁晓夫和毛泽东妨碍我们"之类的话。周恩来和中国代表团其他成员极为气愤，当即离开宴会大厅，周恩来还在次日向勃列日涅夫等苏联新领导人提出强烈抗议。苏联领导人解释说，马利诺夫斯基是酒后胡言，他已受到中央委员会的批评，现向中国同志表示道歉。周恩来指出，马利诺夫斯基并非酒后胡言，而是"酒后吐真言"，这反映出苏联领导中仍然有人继续赫鲁晓夫那一套，即对中国进行颠覆活动，以"老子党"自居的倾向依然存在。勃列日涅夫说，我们以中央的名义向你们道歉，这是比马利诺夫斯基的道歉还要高级的道歉。尼古拉·波德哥尔内(Nikolay Podgorny)也说，我们和马利诺夫斯基划清界线。这起政治事件极大破坏了即将举行的两国高级会谈的气氛。[156]在11月9—12日的正式会谈中，苏联领导人不顾中方的反对，坚持履行苏共中央1964年7月30日的通知，决定于当年12月15日召开一个起草委员会会议，起草一个兄弟党会议的文件。周恩来指出，这个会议的矛头是对着中国的，如果苏联还要召开这个会议，那就是分裂。在会谈中，勃列日涅夫一直不说明赫鲁晓夫被解职的真实原因，最后在中方的敦促下，米高扬坦率地承认在同中共的分歧问题上，他们与赫鲁晓夫是完全一致的。在了解到苏共新领导的这个政治倾向之后，中国党政代表团于11月13日乘专机离开莫斯科回国。11月14日，毛泽东、刘少奇、朱德、董必武、邓小平等党和国家领导人、各民主党派负责人以及首都各界群众数千人到机场热烈欢迎周恩来及其率领的中国代表团，其场面和气氛类似一年多以前欢迎邓小平率领中国共产党代表团参加中苏两党会谈归来。周恩来的这次出访使得中国领导人相信，改善中苏关系已经不可能了。此后，中苏两党、两国关系更加恶化，1966年3月中共中央拒绝参加苏共二十三大，两党彻底分道扬镳，两国之间在援越抗美、边界等问题上的矛盾和冲突愈演愈烈。[157]

中苏对抗并没有导致中美关系的改善，相反，中美两国的关系进一步恶化。美国十分关注中苏关系的演变，促使中苏关系破裂一直是从杜鲁门以来美国政府所采取的政策。在朝鲜战争以前，美国政府主要是采取“软”的一手，即试图改善同新中国的关系，使新中国成为第二个南斯拉夫，从而瓦解中苏同盟以及社会主义阵营。朝鲜战争以后，美国政府则倾向于对中国采取“硬”的一手，即通过政治孤立、军事包围和经济封锁，向中国施加极大的压力而不是“讨好”，造成中国对苏联依赖的增加和中苏关系的紧张，从而在两国关系中打进“楔子”，以瓦解中苏同盟。随着赫鲁晓夫时期苏联对外政策的调整，美国政府在对中国继续施加压力的同时，又试图通过改善同苏联的关系，促使苏联增加对中国的不满和“抛弃”中国。这里姑且不论美国分裂中苏的政策是否有效，20 世纪 50 年代末 60 年代初中苏关系的演变，实际上同美国的政策目标是相吻合的。因此，中苏关系走向破裂，无疑是令美国政府高兴的事情，而且美国政府努力利用中苏关系的变化，为自己的对外战略服务。

艾森豪威尔执政后期，美国政府已经看到中苏之间的分歧和争端在不断加深，而且它可能难以消除。1960 年 8 月 9 日美国中央情报局一份题为《中苏关系》的机密分析报告，集中反映了这个时期美国政府对中苏关系的认识。该报告指出，虽然中苏两国还是信奉同一种共产主义信仰，但是它们发出了两个“共产主义权威的声音”，中苏关系已经因此处于一个“艰难的变革过程”。虽然报告对中苏关系的变化前景，进行了比较谨慎的预测，认为维系中苏关系的因素可能比分裂中苏关系的因素力量更大，中苏关系也不一定会在近期内走到“公开决裂”的地步，但是它断言，两国之间的分歧难以得到根本性的调和，中苏关系不是“坚如磐石”的。[158] 1961 年 1 月 20 日，约翰·肯尼迪就任美国总统。在肯尼迪任期内，中苏关系全面恶化，两国关系破裂成为难以逆转的现实，肯尼迪政府对中苏关系性质的认识也逐步从比较谨慎的判断，转向十分肯定“中苏关系破裂”是“真实的”，而且估计两国关系可能还会更加恶化。[159]

中苏关系破裂同苏南关系破裂一样，是美国政府所欢迎的，因为中苏同盟破裂和由此带来的社会主义阵营的部分瓦解，会极大地削弱苏联在国际舞台上的力量和共产主义在世界上的影响力，而这个结果正是战后美国所推行的“遏制”战略所要追求的重要目标之一。正如“遏制之父”乔治·凯南在 1964 年发表的一篇文章中所说的，中苏关系破裂不仅使苏联又丧失了一个盟友，而且对战后形成的社会主义阵营之彻底解体和国际共产主义运动内部“多中心主义”趋势的形成，起了巨大的促进和推动作用，从而使苏联在国际舞台上的力量受到了很大削弱。[160]然而，中苏关系破裂并没有导致美国政府重新审视其对华关系，改变孤立、包围和封锁中国的政策。相反，从20世纪60年代初开始，美国敌视中国的政策不仅没有改变，而且变本加厉。中美关系没有因为中苏同盟的瓦解得到改善，两国间的相互对立的程度在20世纪60年代仍不断加深。

艾森豪威尔当政时，美中关系十分紧张，两国在台湾海峡两度走到战争的边缘。一直到1961年1月20日总统任期结束时，艾森豪威尔政府始终没有改变其敌视中国的政策。艾森豪威尔政府坚持其对华政策，是比较容易理解的。因为对中国施加压力和改善同苏联的关系，从而促使中苏关系的破裂，这是自20世纪50年代后期以来艾森豪威尔政府对华政策的主旨。肯尼迪上台时，中苏分歧更加明显，两国关系日趋紧张，其情形正如中央情报局1961年4月的一个报告中所说的：苏联同中国的裂痕的确是很深的，很难得到弥合。经过一段时间的观察之后，肯尼迪政府毫不怀疑地坚信这个判断。[161]肯尼迪就任总统后，中国政府也希望其在对华政策中能有一些积极的举动。例如，在肯尼迪就职3个月后，王炳南在华沙中美大使级会谈中，向美方的雅各布・比姆(Jacob Beam)大使表示：“希望肯尼迪政府不像他的前任那样死抱住没有出路的旧政策，而能够在中美关系的进展方面有所建树。”[162]然而，肯尼迪并没有因为中苏关系的变化和中国试探性的友好姿态而调整对华政策。他上台伊始便明确表示，中国是一个严重的威胁，美国无意改变对华关系。1961年1月30日，肯尼迪在其第一篇国情咨文中，把中国和苏联相提并论，声称它们有“征服世界的野心”，对美国构成“最大的挑战”。[163]同年10月，他说道：“我们至今还没有看到共产党中国想同我们友好相处的迹象。”[164]肯尼迪继续推行敌视、孤立中国的“遏制”政策，其对华政策没有什么创新之处。[165]

肯尼迪政府没有因为中苏关系的变化而改变对华政策，其中一个重要原因就在于它对所谓“中国威胁”的估计。肯尼迪政府中的主流思想是，中国比苏联“好战”，威胁更大。得出这个结论的主要依据有以下三点。

第一，中国目前处于类似斯大林时期苏联的发展阶段，侵略性很强。

在当选总统前的一次演说中(1959 年 9 月),肯尼迪就声称:“中国革命目前正经历着侵略性的、无理性的斯大林主义阶段。”[166]肯尼迪政府中持类似观点的人很多。曾经担任美国驻法国、苏联大使的“苏联通”查尔斯·波伦认为,中苏分歧的实质是,“俄国人变成了孟什维克,而中国人则是布尔什维克”[167]。言外之意是,苏联已经变得比较温和,而中国则十分激进。乔治·凯南也认为,中国在苏联已经抛弃了“斯大林主义”之后,仍然死抱着“斯大林主义”不放,它所实行的制度和采取的政策十分类似斯大林的俄国一度实行的那种东西。在他看来,苏联希望改善同西方的关系,而中国则十分敌视美国和西方,期望世界继续保持着紧张动荡的局面、美苏两家相互残杀。因此,凯南认为中国对西方的威胁比苏联还大,主张只有中国改变政策和作出妥协之后,美国才可以考虑同它发展关系。[168]肯尼迪政府的国务卿迪安·腊斯克也主张美国人不应该同像中国人那样的“左派”和好。[169]

第二,在美国政治家看来,中国努力拥有自己的核力量,一旦它加入核俱乐部,可能对世界构成威胁。1961 年的时候,美国政府已经十分清楚,中国正在研制核武器,而且估计在 1963—1965 年间将进行首次核爆炸试验。[170]这令肯尼迪十分担心,正如肯尼迪对外政策顾问、国务院政策规划室主任罗斯托(W. W. Rostow)后来所说的,肯尼迪“总是认为,中国人爆炸核武器,很可能是 20 世纪 60 年代最大的事件”[171]。在肯尼迪政府看来,由于中国的“好战”和在核战争问题上与苏联所持的不同态度,中国拥有核武器是很危险的。因此,美国政府努力同苏联合作,以便限制中国的核武器发展计划,这是美、苏、英 1963 年签署部分核禁试条约的一个动机。

第三,中国支持印度支那的抗美斗争。大约在 1959—1960 年间,越南劳动党中央逐渐改变斗争策略,放弃以政治斗争实现统一的温和路线,转而认可、继而支持和领导南方的武装斗争,越南民主共和国不断向南方游击队运送武器和人员。越南人民的抗美救国斗争从此进入了一个新阶段。美国对越南的干涉也因此不断升级。肯尼迪上台后,美国在干涉越南上走得更远,把越南当作实施“特种战争”的场所。越南南方开展武装斗争的决定,是越南劳动党中央自己作出的,同中国没有直接关系。在 1954 年日内瓦会议后,中国于 1955 年 12 月至 1956 年 3 月间从越南撤回军事顾问团。在20世纪50年代后半期,在同越南民主共和国以及越南劳动党领导人会谈中,中国领导人认为,越南党当前最主要、最紧迫的任务就是巩固北方的革命成果,促进北方的社会主义革命和建设,越南南方实现革命转变的条件尚未成熟。中国在这个时期既不鼓动也不反对越南南方进行武装斗争。[172]但是,有种种因素使得美国倾向于把越南的武装斗争同中国联系起来,认为中国是幕后策划者。首先,在越南抗法斗争中,新中国曾经给予越南民主共和国的武装斗争以极大支持,包括派出军事顾问团和提供军事物资,1954年的奠边府战役是难以从美国人记忆中消失的。其次,主张通过武装斗争夺取政权、批判“和平过渡”是中国在同苏联论战中所坚持的观点,这也自然容易让美国人把越南劳动党的斗争策略同中国联系起来。最后,越南劳动党作出武装斗争的决定后,中国继续给予越南民主共和国支持,包括提供军事援助。据估计,1956—1963年间,中国对越南的军事援助总额达到3.2亿元,运往越南的军事物资包括27万支枪、1万门大炮、2亿发子弹、200万发炮弹、1 000辆卡车、15架飞机、28条船和100多万套军服。[173]不管怎么说,肯尼迪政府始终认为,中国对亚洲特别是东南亚构成威胁。肯尼迪在1961年1月30日的国情咨文中声称:“在亚洲,共产党中国无情的压力威胁着整个地区——从印度和南越的边界到为保卫自己新获得的独立而奋斗的老挝丛林——的安全。”[174]肯尼迪政府相信,越南民主共和国的胜利将扩大中国的影响,而且认为北京对河内决策起着极大的影响作用。[175]

值得注意的是,也有西方学者指出,美国肯尼迪政府中的一些官员特别担心中国会利用其非白人大国(a non-white power)或者非白人国家(a non-white nation)的形象,借助种族问题动员亚非拉国家一起反对美国和苏联两个超级大国。[176]因此,种族主义也可能是影响当时美国对华政策的一个因素。

总之,在肯尼迪政府看来,相对于苏联来说,中国更冒险、更具危险性,随着中苏裂痕扩大,中国威胁可能会更大。[177]基于这一认识,肯尼迪政府不仅不把中苏关系破裂视为改善美中关系的一个契机,而且主张美国要继续对中国进行“遏制”。冷战时期美国对华政策总是服务于其对苏政策,当美国政府认为苏联行为已经变得温和时,美国无疑会把缓和同苏联的关系放在其对外政策的首位,而中国的“好战”行为不仅“威胁”着美国,而且影响美苏关系的改善。因此，美国政府不能改善同中国的关系，而应当对它施加压力。肯尼迪政府继续执行对中国的贸易禁运政策。但是，它曾经向中国表示，可以按优惠的条件卖给中国粮食，以及为中国提供一些救济物资。中国认为这是肯尼迪搞的新花招，企图诱逼中国在台湾问题上让步，因此予以断然拒绝。[178] 1962 年秋，中国和印度发生边境战争，美国政府指责中国“侵略”和“扩张”，并且决定向印度提供军事援助。在台湾问题上，肯尼迪政府的立场没有任何松动，继续支持蒋介石当局，阻止中华人民共和国恢复在联合国的合法席位，在国际上孤立中国。但是，同杜鲁门、艾森豪威尔政府一样，肯尼迪政府在支持蒋介石的同时，也限制蒋介石的行动，以免被拖入中国的内战中。蒋介石当局利用中苏关系破裂和大陆的经济困难，从 1962 年初开始大肆鼓噪“反攻大陆”，美国国内也有不少亲台分子同蒋遥相呼应。中国人民解放军在福建前线集结兵力，准备还击。同时，中国政府向美国政府传话，蒋介石一旦对大陆挑起战争，其结果绝不会给美国带来任何好处，美国政府必须对蒋介石的冒险行动和由此产生的一切严重后果负完全的责任。肯尼迪政府向中国表示，在目前情况下，美国决不会支持蒋介石发动对中国大陆的进攻，蒋介石对美国承担了义务，未经美国同意，蒋介石不得对中国大陆发动进攻。同时美国政府也向台湾当局施加了压力。[179] 所以，所谓“第三次台湾海峡危机”很快便平息下来。

在 1963 年 11 月肯尼迪遇刺身亡之后继任美国总统的约翰逊延续了其前任的对华政策，也没有采取改善中美关系的措施。不仅如此，随着 1965 年约翰逊政府发动越南战争以及中国大力援助和支持越南抗美救国战争，美国和中国实际上在越南处于间接战争之中，两国之间的相互敌视进一步加剧。

面对上述中苏、中美关系的变化，中国国际战略的调整在 20 世纪 60 年代初已经势在必行，中国需要在新的国际环境之下，在东西方冷战中重新寻找自己的位置。中苏关系的破裂、社会主义阵营的瓦解，意味着中国实行“一边倒”战略方针的国际条件已经不存在了。在中苏关系日趋紧张和在中美关系没有任何改善的情况下，中国对外战略逐步从“一边倒”转向“反帝、反修”或“两条线”战略。1960 年 12 月，毛泽东在会见委内瑞拉代表团时，把修正主义、帝国主义和国内反动派列在一起，称之为“三个鬼”。也就是说，这个时候毛泽东已经把修正主义和帝国主义视为中国要在国际斗争中加以反对的两个目标。1961年1月，毛泽东明确解释了“帝国主义”和“修正主义”之具体所指对象：在反对修正主义问题上，我们的矛头主要对准赫鲁晓夫；在反对帝国主义问题上，我们集中力量反对的是美帝国主义。同年3月，毛泽东又提出了反帝、反修的“两条战线”和“两条统一战线”概念。[180] 1964年7月，毛泽东在中央政治局会议上指出，我们不能只注意东边，不注意北边；只注意帝国主义，不注意修正主义，要有两面作战的准备。[181]“反帝、反修”或“两条线”无疑是一个意识形态色彩较浓的政治口号，反映出20世纪60年代中国外交的某些特点。但是从根本上说，它是毛泽东依据中国所面临的新的国际环境而提出的新的对美和对苏战略方针，是这个时期中国在东西方冷战中所奉行的对外政策的基本指导思想。

中国与两个超级大国关系的变化以及中国对外战略的调整，导致到20世纪60年代初的时候，东西方冷战同20世纪50年代相比，已经呈现出如下一些新特点。

第一，以苏联为首的社会主义阵营进一步瓦解。随着中苏同盟破裂，中国脱离了以苏联为首的政治、经济和军事集团，意味着在苏南分裂之后社会主义阵营的进一步瓦解，从而削弱以苏联为首的冷战一方在国际舞台上的力量，这无疑有利于冷战的另一方——以美国为首的西方阵营。与此同时，中国脱离以苏联为首的社会主义阵营，也为自己超脱于以美苏为首的东西方两大政治、经济和军事集团的冷战之外创造了条件。

第二，由于上述美国对所谓中国“威胁”的认识，美国并没有因为中苏关系破裂而改变对华政策，而是继续推行敌视中国的政策。在美国看来，中国的行为特征使得它同苏联一样，都是美国需要加以遏制的目标。因此，在中苏关系破裂之后，美国的冷战实际上是在两条战线上同时进行的，或者说有两种冷战，即同苏联及其盟友的冷战以及同中国的冷战。这样一来，尽管中国脱离了以苏联为首的社会主义阵营，但是在很长时期里还是未能超脱于冷战之外。

第三，美苏之间的冷战采取了相对温和的方式。特别是1962年古巴导弹危机之后，在整个20世纪60年代两个超级大国之间没有发生类似柏林封锁、柏林危机和古巴导弹危机那样严重的直接冲突和对抗。虽然美苏军备竞赛规模有增无减，但是两国为了防止军备竞赛失控而导致大战，采取了一些有助于增强相互信任、限制军备的措施。与此同时，在中国问题上，两个超级大国形成了某些共识，在一些领域导致了美苏联手对付中国的局面。其结果是，在20世纪60年代，美苏关系趋于缓和，而中国同苏联、美国的关系都在恶化，中国的外交在这个时期处于十分困难的境地。

为了同美帝和苏修进行抗争，中国努力增强自己的国力，特别是加倍努力发展自己的核武器及其运载工具——导弹，因为中国领导人对"落后就要挨打"的道理有着清醒的认识。在20世纪60年代，由于各种原因，中国的经济并没有得到很快的发展，但是中国在核武器和导弹的研制和发展方面所取得的成绩却是令世界瞩目的。中共中央在1955年1月作出中国要创建自己的原子能事业、制造核武器的决定。苏联在1955年初明确表示要帮助中国和平利用原子能，1957年10月中苏两国又签署了《国防技术新协定》，苏联同意向中国提供原子弹和导弹样品以及有关技术资料。苏联的援助无疑对中国原子能事业的建立和发展起了相当大的作用。但是，1959年苏联撕毁同中国达成的有关协议以及在次年撤走专家、带走资料，给中国核武器和导弹的研制工作带来了严重困难。面对苏联的压力，中国决心自己动手，继续这一研制工作。20世纪60年代初的国际环境，使得中国研制原子弹、导弹的工作显得更为紧迫，因为拥有自己的核武器已经成了中国顶住两个超级大国的巨大压力、维护国家安全的重要手段。1964年10月16日，中国爆炸了一颗原子弹，成功地进行了第一次核试验，开始拥有自己的核武器。1967年6月，中国研制的氢弹也爆炸成功。在研制核炸弹的同时，中国也制订了导弹的发展计划，1963年9月中国自己研制的"东风一号"导弹发射成功，而且在1964年6月、1966年12月和1970年1月，中国又分别成功地发射了可载核弹头的"东风二号"(中程)"东风三号"(中远程)和"东风四号"(远程)导弹。[182]

中国独立发展自己的核力量，令两个超级大国十分担心。出于共同利益，美苏两国曾经进行合作，以阻止中国成为核国家。在20世纪50年代末，美苏开始讨论缔结部分禁止核试验条约的问题，1962年古巴导弹危机后加快了谈判的进程。1963年，美、苏、英签署了部分禁试条约，其中一个目的就是阻止中国核计划的顺利进行。但是，中国拒绝签署这项条约，继续核武器研制工作。在这种情况下，肯尼迪政府中有人一度考虑过美苏采取联合军事行动以摧毁中国核试验基地的可行性,但是美国政府不敢贸然单方面对中国核设施进行打击。[183]

除了增强国力,为了同两个超级大国抗争和摆脱自己在国际舞台上的孤立地位,中国也努力在美苏之外的“中间地带”寻求广泛的支持,在世界范围内建立起“反帝、反修”统一战线。中国坚决支持亚非拉国家和地区争取与维护民族独立的斗争,给予道义和物质支持。中国十分注意发展和加强同第三世界国家的关系。从 20 世纪 50 年代中期到 60 年代中期,同中国建交的国家数目比前一个时期增加了一倍多。其中,从 1957 年 2 月到 1965 年 7 月,中国先后同 24 个国家建交,除法国外,都是亚非拉国家。[184]另外,中国也积极同西方国家发展关系,其中最主要的成果是 1964 年 1 月中国同法国建交,法国成为西方大国中第一个同中国建立正式外交关系的国家,这对美国孤立中国的政策无疑是一个沉重打击。同时,1964 年中国先后同意大利和奥地利达成了互设贸易机构协议,中日民间交往在 20 世纪 60 年代也有很大发展。[185]但是,在 20 世纪 60 年代后半期,由于“文化大革命”给中国对外关系以极大干扰,损害了中国在国际舞台上的形象,中国在国际社会中处于十分孤立的境地,这个时期同中国建立外交关系的国家仅有一个,即也门民主人民共和国(1968 年 1 月同中国建交)。因此,到 20 世纪 60 年代末,中国旨在建立“反帝、反修”统一战线的政策实际上已经失败。

到 20 世纪 60 年代末,中国面对的国际环境再次处于巨大的变革时期。首先,中苏关系继续恶化,苏联对中国安全构成了极大威胁。“文化大革命”开始后,中苏两国的舆论工具相互进行指责。[186]实际上,在 20 世纪 60 年代后期,中苏外交关系几乎中断。1968 年 8 月苏联入侵捷克,中国领导人开始称苏联为“社会帝国主义”。有学者认为,苏联入侵捷克“这一事件对中国的影响非常大,可以说它直接促成了毛泽东下决心调整中国的对外战略”[187]。两国关系恶化的最主要表现就是,边境形势十分紧张,其中珍宝岛等界河岛屿上的冲突最为激烈,成为边境冲突的焦点。由于两国关系的恶化,到 20 世纪 60 年代中期时,中苏双方已经在边界地区部署重兵,此后不断增兵。到 1967 年底,苏联在中苏边界的驻军人数达到 25 万—30 万人。苏联不断对中国进行军事威胁,暗示要对中国的核设施进行攻击。从 1968 年开始,苏联边防军和中国居民以及军队在边境地区的纠纷事件不断发生。其中在1969年3月,双方边防部队甚至在珍宝岛发生了十分严重的流血冲突事件,中苏两国走到了全面战争的边缘,苏联对中国进行核威胁。[188]虽然两国领导人为了避免两国军事冲突的扩大作出了极大努力(比如1969年9月中苏两国总理在北京机场会晤),但是苏联已经成为对中国安全的最大威胁,这是中国领导人在20世纪60年代末所面对的、难以改变的事实。

其次,20世纪60年代后半期美国对越南的干涉大大升级、深陷印度支那的泥潭之中,这使美国在国际上处于十分困难的境地。巨额的军费开支加速了美国经济衰退和国力相对下降;苏联利用美国长期被拖在越南战争中的时机,大大增强了自己的军事实力,在20世纪60年代末取得了与美国的战略力量对比平衡。在这种情况下,美国需要寻求更多的盟友,与苏联抗衡。

最后,1968年11月,共和党人尼克松当选美国总统。尼克松及其主要对外政策顾问认为,美国的对外战略观念应当有所改变,中国是有助于美国实现其新的对外战略的重要国家,打开对华关系势在必行。

总之,到了20世纪60年代末,由于国际环境的巨大变革,中国和美国逐渐认识到两国存在着共同的利益,中国“两条线”战略已经越来越不能适应变化了的国际现实,中国对外战略的调整再次被提上了具体议事日程,并塑造冷战的发展进程。

第四节 “一 条 线”

20世纪70年代初,中国确定了以联美抗苏为基本内涵的“一条线”战略,取代了20世纪60年代的“两条线”战略。这是冷战时期中国第三次对外战略选择,该战略的推行一直持续到20世纪80年代初,对冷战的发展产生了很大的影响,也确立了中国在冷战中新的地位与作用,塑造了冷战的发展进程。虽然中国联美抗苏并不意味着中国加入以美国为首的西方阵营,但是这个战略的实施客观上造成了中国在冷战中站在美国一边反对苏联的局面。两个社会制度相互对立、原先是死对头的国家站在一条线上,反对另外一个超级大国,这是冷战发展进程中出现的一个令世界瞩目的现象。这种现象充分说明,战后东西方冷战的性质不完全是指两个社会制度、两种价值观的较量，它更是两个地缘政治大国之间的力量角逐，或者说是权力之争。

中国领导人是根据20世纪60年代末70年代初国际局势的变化，通过审时度势，作出上述战略选择的。中国在20世纪60年代推行“反帝、反修”的战略方针，同时与两个超级大国为敌，固然使中国在国际舞台上具有了独立自主、自力更生、不依附他人的鲜明形象，但是中国却因此付出了巨大代价，因为中国必须进行两线作战，同时承受着来自两个超级大国的压力，在国际舞台上十分孤立，国内建设和发展缺乏应有的国际环境。从20世纪60年代末开始，随着中苏关系进一步恶化，特别是1969年春中苏边界武装冲突说明，中国国家安全面临着来自北方邻国的极大威胁。到20世纪60年代末，中国领导人不得不认为，同美国相比，苏联对中国构成了更大的威胁。1969年2月，毛泽东委托周恩来请陈毅、叶剑英、徐向前和聂荣臻等四位老帅研究国际问题并提出书面报告。1969年3月珍宝岛事件之后，四位老帅在周恩来的安排下，于6月至10月进行了近20次战略务虚讨论，向中央提交了《从世界看一棵珍宝树》《对目前形势的看法》等书面报告。7月11日，四位老帅将题为《对战争形势的初步估计》的报告送交周恩来。四位老帅在报告中所写的结论是：中苏矛盾大于中美矛盾、美苏矛盾大于中苏矛盾。[189]这一论断代表了当时中国领导人对国际局势的基本认识，即苏联对中国的威胁大于美国对中国的威胁，美苏之间的矛盾比中苏之间的矛盾还大，所以为了抵制苏联的威胁，中国应当而且可能联美抗苏。面对苏联日益严重的军事威胁，毛泽东提出了“备战、备荒、为人民”的口号，以防中苏战争的爆发。同时，中国领导人也寻求国际上的支持。他们清楚，如果不尽快摆脱在国际上孤立无援、两线作战的境地，落后挨打的悲剧必定在中国重演。而中国摆脱孤立局面的突破口只有一个，就是改善同美国的关系，借助美国的力量抵制苏联的威胁，因为世界上只有美国一家可以同苏联抗衡。虽然美国在20世纪60年代末还采取敌视中国的政策，继续支持台湾蒋介石当局，并且通过美日、美韩、美蒋等双边军事同盟，从东部和东南部威胁中国，尤其是美国1965年发动越南战争对中国南部安全构成很大威胁。但是相比之下，美国当时对中国的威胁还不像来自苏联的威胁那样迫在眉睫。两害相权取其轻，是中国在两个超级大国中区分敌人和朋友所遵循的一个重要原则。与此同时，尼克松在美国总统竞选期间和出任总统之后，不断表示同中国和解的愿望，美方试图利用中苏矛盾拉住中国、制衡苏联，这也给中国利用两霸之间的矛盾、联美抗苏提供了绝好的历史时机和条件。毛泽东明确提出，“两霸中我们要争取一霸，不两面作战”“两个超级大国之间可以利用矛盾，这就是我们的政策”。[190]毛泽东的这番话，一针见血地解释了中国必须调整对外战略的理由，并且道出了新战略的要旨。

为此，中国领导人十分注意尼克松政府对中国所作出的善意姿态，并且给予积极的回应。中美两国经过不断试探和反复观察，终于为了对付苏联这个共同的目的而走到了一起。

尼克松在竞选总统期间，就多次表示要同中国和解，在当选和就任总统之后，他仍然不断通过各种渠道发出谋求中美接近的信息。美国政府特别抓住 1969 年 3 月中苏边界军事冲突这个机会，向中国作出友善姿态。珍宝岛事件后不久，美国政府就在 1969 年 7 月宣布对中美之间人员来往和贸易交流放宽限制，允许美国旅游者购买不超过 100 美元的中国制造的商品，取消美国公民来华旅行的禁令。紧接着，从 7 月下旬到 8 月上旬，尼克松又利用环球旅行向中国传送信息，暗示准备同北京来往，并且明确表示美国不同意苏联建立亚洲集体安全体系的建议，不参加孤立中国的任何安排。[191]不仅如此，1969 年 8—9 月间美国政府在得到有关苏联可能对中国核设施进行打击的消息后，公开表示美国将严重关注中苏冲突的升级。[192]美国这样做，一方面是向苏联发出警告，以制止可能发生的中苏之间的全面战争，另一方面也是借此时机向中国表达善意，以促进中美和解。在台湾问题上，尼克松政府也作出了某种妥协的姿态。1969 年 10 月，美国决定撤销第七舰队两艘驱逐舰自 1950 年 6 月朝鲜战争爆发以后在台湾海峡的巡逻任务。美国还向中国方面表示，随着太平洋地区紧张局势缓和，它将减少在台湾驻军。[193]在作出这些善意的表示之后，从 1970 年初起，尼克松又通过各种渠道向中国传话，愿意派特使去中国，而且公开表示他个人很想去中国。

中国领导人密切关注尼克松发出的一系列信息，并且作出了积极反应，以摸清对方意图，并且寻找美中接近的机会，遏制苏联对中国的威胁。早在 1968 年 11 月 26 日，即尼克松当选总统后不久，中国外交部新闻发言人就宣布，中国愿意恢复中美华沙大使级会谈。但是，1969 年 1 月 24 日，中国一位外交官在荷兰寻求政治避难,中国政府提出抗议,并且认定这是“美国政府精心策划的严重的反华事件”。由于这个事件的影响,华沙会谈直到1970年1月才恢复。[194]在1970年2月20日华沙中美大使级会谈中,中方明确告诉美方,中国欢迎美国政府部长级代表或者总统的特使到北京来商谈中美关系问题。同年11—12月间,中国领导人毛泽东和周恩来也表示,欢迎尼克松派特使来北京,也欢迎他本人来华访问。1971年4月,中国还邀请在日本名古屋参加第31届世界乒乓球锦标赛的美国乒乓球队访问中国,周恩来接见了美国乒乓球队全体成员,“以小球推动大球”[195]。最后,经过中美双方的共同努力,1971年7月美国总统国家安全事务助理基辛格秘密访问中国,次年2月尼克松总统本人也到访中国,同毛泽东、周恩来等中国领导人会谈。在尼克松访华期间,中美双方经过反复磋商,于1972年2月28日在上海签署了《中华人民共和国和美利坚合众国联合公报》(简称《上海公报》),它标志着两国关系正常化过程的开始,也标志着中国联美抗苏战略的最后确立。《上海公报》郑重声明,中美“任何一方都不应该在亚洲—太平洋地区谋求霸权,每一方都反对任何其他国家或国家集团建立这种霸权的努力”[196]。不言自明,这个“反霸条款”是针对苏联的,是中国联美抗苏战略的一种表述方式。

总之,经过双方的共同努力,中美两国在对付苏联这一共同利益的基础上,于20世纪70年代初走向和解。随着中美两国实现和解,中国最后确定了新的对外战略,即联美抗苏的“一条线”战略。在尼克松访华之后,毛泽东明确提出了建立包括美国在内的国际统一战线、共同反对苏联霸权主义的“一条线”概念,把联美抗苏上升到理论的高度。1973年2月17日,毛泽东在会见基辛格的时候,表述了“一条线”的思想。他说:“我跟一个外国朋友说过,我说要搞一条横线,就是纬度,美国、日本、中国、巴基斯坦、伊朗、土耳其、欧洲。”[197]这个概念的主旨就是团结世界上一切可以团结的力量,包括美国在内,共同反对苏联霸权主义。美国无疑是中国希望建立的统一战线中最重要的国家,从这个意义上说,“一条线”也就是联美抗苏的一种表述。应当指出,中国领导人提出“一条线”战略,并不意味着中国向美国“一边倒”,丧失独立自主的原则。中国领导人十分清楚,对中国来说,中美联合的主要目的是反对苏联霸权主义,维护中国的安全。但是,中国决不会因为需要同美国和解,而丧失自己的原则。在同美国交往中，中国领导人始终坚定不移地坚持在台湾问题上的原则和立场，同时也毫不留情地揭露美国在与苏联抗衡中打“中国牌”的意图。因为联美抗苏的“一条线”战略是为了维护中国的国家利益而制定出来的，中国决不能为了联美而损害自己的国家利益。

虽然1972年前后，中美两国在联合抗苏的基础上开始了关系正常化的进程，但是两国关系的发展过程还是比较曲折的，直到20世纪70年代末才最终建立外交关系，完全实现了关系正常化。从严格意义上说，中美联合抗苏的局面也只是在20世纪70年代末80年代初才真正出现。[198]因为直到这时，中美两国才真正建立了针对苏联的战略关系。其原因是多方面和错综复杂的。台湾问题是妨碍两国关系发展的一个重要因素，在这个问题上两国的基本立场很难调和。美国政府无疑把发展中美关系作为其对外政策重要组成部分，但是从国家利益和道义考虑，美国不愿意“抛弃”台湾，而中国始终坚持美国同台湾断交、废除美台“共同防御条约”以及从台湾撤走美国军队，是中美关系正常化、两国建立正式外交关系的先决条件。从20世纪50年代初起，台湾问题多次导致中美两国紧张对抗，只要该问题没有得到令双方基本满意的解决，中国同美国的关系肯定是不能得到健康发展的。直到1978年，美国政府关于台湾问题的立场才开始转变，促成1979年1月1日中美正式建交。另外一个重要因素是两国国内的政治局势。20世纪70年代上半期，中国还处于“文化大革命”的政治动乱之中，紧接着从20世纪70年代中期开始，周恩来、毛泽东等中国领导人相继去世，中国政治进入了一个大调整、不稳定的阶段。同时，“水门事件”也造成了美国领导人的变更和国内政治困境。中国和美国的国内局势不能不影响双方关系发展，因为两国在国内政治不稳定的环境中难以建立比较正常和稳定的关系。直到美国卡特政府时期和中国粉碎“四人帮”之后，两国才开始有了全面发展双边关系的国内环境。最后，也是最重要的是，中美关系的发展大大受制于美苏关系发展的状况。

从第二次世界大战结束到苏联的解体，对苏关系始终在美国对外政策中占据着头等重要的地位，对华关系相对来说是次要的和服务于前者的。尼克松努力打开对华关系的首要目的就是借助中国的力量制衡苏联，把中国当作美国对付苏联的重要筹码，或者说是手中的一张“牌”。因此，影响美国对华政策调整最重要的因素，就是苏联因素。美国对苏联威胁的认知以及美苏关系的状况，在很大程度上决定了中美两国关系发展的水平。尼克松政府对外政策的首要目标，是实现美苏缓和，开始一个美苏关系“从对抗走向谈判”的时代。在美国战略力量优势丧失、美苏战略均势也已形成的情况下，为了促使苏联在限制战略武器谈判等问题上有所让步，以及使美国在同苏联的较量中处于比较有利的地位，尼克松上台后，努力打开中美关系大门、同中国建立起新关系。尼克松的政策取得了成效，1971 年 7 月基辛格秘密访华。其结果是，在当年 7 月 15 日，中美两国政府发表公告，宣布了尼克松即将访问中国的决定。这个消息对苏联震动很大。为了抵消中美和解的影响，在中美公告发表 4 天之后，苏联驻美大使就向基辛格表示，苏联完全赞成举行两国间的最高级会谈，而且希望该会谈能在尼克松访问北京之前举行。1972 年 6 月美苏高级会谈顺利进行，两国达成了《第一阶段限制战略武器条约》。这在很大程度上是因为美中和解加强了美国在同苏联讨价还价中的地位。但是，美国改善对华关系是为了利用中苏矛盾来迫使苏联在美苏关系各个领域作出让步，实现有利于美国的美苏“缓和”，而不是损害这种“缓和”。如果美国同中国的关系过于密切，则可能导致苏联对美国采取强硬态度，从而损害美苏关系。所以在 1979 年以前，美国政府仍将实现美苏缓和放在优先考虑的位置，对同中国建立战略关系持比较谨慎的态度，它对中国和苏联基本上采取了“一视同仁”的态度。[199] 基辛格对此说得很直白，他认为美国应当“既有茅台酒也有伏特加”[200]。在美国政府的这种战略考虑下，中美关系当然不可能得到快速发展，两国联合抗苏的局面在 20 世纪 70 年代之前未能真正出现。20 世纪 70 年代后半期，苏联在安哥拉、埃塞俄比亚、南也门以及印度支那大大扩张其势力，威胁着美国的全球利益，美国的“缓和”政策受到越来越多的批评。美国政府不得不考虑调整其对苏政策，加强同苏联的抗争，改变对中苏不偏不倚的政策。美国政策调整的重要步骤就是加快实现中美关系正常化。1978 年底美国终于接受中国方面提出的建交三原则，中美两国在 1978 年 12 月公布建立外交关系的联合公报，宣布两国商定自 1979 年 1 月 1 日起相互承认并建立正式的外交关系。1979 年 12 月底，苏联入侵阿富汗，它宣告了 20 世纪 70 年代美苏缓和的终结和美苏“新冷战”的开始。美国政府对苏联入侵阿富汗的一个重要反应措施就是进一步加强同中国关系，包括向中国出口军事技术和设备，从而促进了中美联合抗苏战略局面的最后形成。20世纪70年代末80年代初，美苏关系处于低谷，而中美关系正相反，达到了高峰。

“一条线”战略，是毛泽东、周恩来在世时制定的对外战略方针。毛泽东去世之后到20世纪80年代初，这一方针仍然是中国对外关系的基本指导思想，中国领导人的讲话、报刊文章都把苏联霸权主义视为对世界和平的最大威胁。1977年8月，中共十一大政治报告称“苏美两国是新世界大战的策源地，特别是苏联社会帝国主义具有更大的危险性”，中国“面对帝国主义特别是社会帝国主义的侵略和威胁，苏修亡我之心不死”。[201]邓小平在1979年1月1日的一个讲话中表明：“……在国际事务中我们遵循的根本政策是毛主席和周总理生前制定的，但是他们来不及实现就去世了。我们实现了他们遗愿的一部分。中日和平友好条约的签订和中美关系正常化，有利于世界和平和稳定，有利于国际反霸事业的发展。”[202]20世纪70年代后半期到80年代初，中苏边界的形势虽然不像20世纪60年代末那样一触即发，但是仍然十分紧张，因为苏联被中国视为最危险的“新的世界大战的策源地”和“亡我之心不死”的“社会帝国主义”国家。[203]1969年9月周恩来和柯西金北京机场会晤之后，中苏两国于当年10月恢复了边界问题的谈判。但是谈判持续了将近9年，双方始终未能达成协议，而且自1978年7月以后，谈判一直处于休会状态。1979年12月苏联入侵阿富汗之后，中国宣布终止中苏关于改善国家关系的副外长级谈判。与此同时，苏联继续增加在中苏、中蒙边界地区的驻军，中国面对着苏联极大的军事压力。基于中苏相互敌对的现状，1979年4月中国宣布1950年签订的《中苏友好同盟互助条约》到期后不再延续，实际上单方面废除了这一早已名存实亡的同盟条约。20世纪70年代末中国所面临的周边安全环境更加恶化。越南战争结束后，越南民主共和国（1976年改国名为“越南社会主义共和国”）同中国的关系开始疏远，继而在20世纪70年代末恶化。越南同苏联的关系则在不断加强，1978年11月苏联同越南签订了带有军事同盟性质的《苏越友好合作条约》。紧接着越南在苏联的支持下于1978年12月入侵柬埔寨，而且由于越南排华行动，中越边境形势也相当紧张，次年2月中国决定对越进行自卫反击。也就是说，在20世纪70年代末，由于越苏关系的发展，中国在其南部也经受着苏联的压力。1979年12月苏联入侵中国西部近邻阿富汗的事实，更使中国领导人感觉到苏联军事包围的严重性。因此在20世纪70年代末和80年代初，对中国来说，建立最广泛的国际反霸统一战线显得比以往任何时候都更为急迫和重要。因此，中国也努力加快中美关系正常化的进程，并且同美国在更广泛的领域进行合作，以抗击苏联的威胁。正如1980年11月15日中共中央副主席邓小平在会见美国《基督教科学箴言报》总编辑时所说的，要遏制苏联的扩张，必须做些扎扎实实的工作；苏联扩张和霸权主义战略不改变，中苏关系改变不了；希望中美关系继续发展，这是全球战略要求的。[204]

“一条线”是中国在20世纪70年代初作出的战略选择。中国执行这一战略的时间大约为十年。中国确立和贯彻联美抗苏的战略方针，主要是出于安全的考虑，即为了抵制苏联对中国的威胁。这个目标无疑得到了实现，苏联对中国的威胁由于中美联合而被有效地减弱，从20世纪70年代初到80年代初的中苏关系虽然十分紧张，但是两国间不仅没有发生大战，也没有出现60年代末那样的有限战争，中国在国内十分困难、动荡的时期赢得了和平。除了维护中国国家安全外，联美抗苏战略的实施，也导致了中美两国从敌对走向和解。中美关系正常化的意义无疑是重大和深远的。它结束了两国之间长期相互敌视、对立的状态，使得两国政治、经济、文化等各个领域的关系得到了全面、飞速的发展。更重要的是，中美两国相互接触和关系正常化，大大推动了中国同世界上许多国家特别是西方国家建立了外交关系，中国因此摆脱了在国际上政治孤立的地位。从一定意义上可以说，如果没有中国同美国的关系正常化，也就没有20世纪70年代末中国开始实行的“对外开放”政策以及中国对外经济关系的蓬勃发展。

但是，联美抗苏毕竟是特定形势下的产物，这个战略有其自身的局限性。联合一个超级大国反对另外一个超级大国的结果是使中国不可避免地卷入两个超级大国之间的纷争之中，也限制了自身在国际舞台上的活动空间。中国对苏联威胁的估计过于严重，把苏联视为“社会帝国主义”“最危险的世界战争策源地”，导致中国在一段时间里总是把主要精力放在备战上面，影响国内经济建设的顺利进行。最后，中国在同第三世界国家发展关系上，存在着“以苏划线”的现象，这也影响了它广交朋友。因此，从20世纪80年代初开始，联美抗苏战略日益显得同中国对外关系发展的需要不相适应,中国对外战略的调整势在必行。

第五节 独立自主

1982年9月召开的中国共产党第十二次全国代表大会,是冷战时期中国对外关系的又一个重要转折点。这次会议确立了新时期中国的对外战略方针,即独立自主的和平外交政策。邓小平在党的十二大开幕词中指出:"中国的事情要按照中国的情况来办,要依靠中国人民自己的力量来办。独立自主,自力更生,无论过去、现在和将来,都是我们的立足点。中国人民珍惜同其他国家和人民的友谊和合作,更加珍惜自己经过长期奋斗而得来的独立自主权利。任何外国不要指望中国做它们的附庸,不要指望中国会吞下损害我国利益的苦果。"[205]大会政治报告也提出中国"坚持独立自主的对外政策""中国决不依附于任何大国或者国家集团,决不屈服于任何大国的压力"。[206]

自从1949年10月新中国成立以来,独立自主无疑一直是中国对外政策的基本原则,或者说独立自主是新中国外交的"根本特点"。[207]但是,中国在1982年确立的"独立自主"对外战略,同之前的几次对外战略选择尤其是"一条线"战略相比,有其特殊含义。"独立自主"对外战略的核心内容是,中国在冷战中不同任何一个超级大国结成同盟或建立战略关系,不联合一家去反对另一家。在国际事务中,中国根据事情本身的是非曲直和中国人民及世界人民的根本利益来决定自己的立场。[208]简言之,中国在处理同美苏两个超级大国关系时严格遵循"不结盟"的原则。用邓小平的话来说,就是"中国的对外政策是独立自主的,是真正的不结盟。中国不打美国牌,也不打苏联牌,中国也不允许别人打中国牌。中国对外政策的目标是争取世界和平。在争取和平的前提下,一心一意搞现代化建设,发展自己的国家,建设具有中国特色的社会主义"[209]。1982年确立的"独立自主"对外战略是冷战时期中国第四次战略选择,使得中国对外关系进入一个新时期。邓小平在1985年6月4日军委扩大会议上的讲话中,对这一转变及其意义作了如下精辟的论述:"过去有一段时间,针对苏联霸权主义的威胁,我们搞了'一条线'的战略,就是从日本到欧洲一直到美国这样的'一条线'。现在我们改变了这个战略,这是一个重大的转变。世界上都在说苏、美、中‘大三角’。我们不讲这个话，我们对自己力量的估计是清醒的，但是我们也相信中国在国际事务里面是有足够分量的。我们奉行独立自主的正确的外交路线和对外政策，高举反对霸权主义、维护世界和平的旗帜，坚定地站在和平力量一边，谁搞霸权主义就反对谁，谁搞战争就反对谁。……根据独立自主的对外政策，我们改善了同美国的关系，也改善了同苏联的关系。我们中国不打别人的牌，也不允许任何人打中国牌，这个我们说到做到。这就增强了中国在国际上的地位，增强了中国在国际问题上的发言权。”[210]

独立自主对外战略方针的确立，是中国领导人根据新时期中国国内工作重心的转移和国际形势的变化对中国对外政策进行调整的结果。1978年12月召开的中共十一届三中全会确定了把全党工作的重心转移到社会主义现代化建设上来的根本指导方针，同时经过几年的拨乱反正和调整、改革与整顿，到了1982年9月党的十二大召开前后，中国各项工作走上了正轨，全党、全国人民开始集中精力进行社会主义现代化建设，中国进入了一个全面开创社会主义建设新局面的时期。为此，中国外交的中心工作也就随之逐步转移到为国内的社会主义现代化建设创造和平与良好的国际环境上来。坚持不同超级大国结盟、不联合一个超级大国反对另外一个超级大国的独立自主政策，比“一条线”战略更有助于为中国创造一个和平与良好的国际环境。“一条线”战略的实施，在一个特定的历史时期大大改善了中国同美国和西方国家之间的关系，有助于中国抵制苏联对中国安全的威胁。但是，它也限制了中国发展同世界上其他国家的关系，特别是使中国同苏联及其亚洲的盟友处于紧张对峙的状态，致使中国面对着十分险恶的周边安全环境，从长远来说，它显然不利于中国国内的现代化建设。化敌为友，同周边国家保持至少是和平相处的关系，这是中国拥有和平国际环境的最主要表现。创造一个和平、稳定的周边安全环境的关键是改善中苏之间的紧张关系，而要实现这个目的，中国调整对外政策、以独立自主的对外战略取代“一条线”的对外战略就势在必行。另外，20世纪80年代初，美苏进入了“新冷战”的时期，两个超级大国在世界范围进行紧张的对抗，如果中国继续执行“一条线”的对外战略、同美国建立针对苏联的战略关系，将使中国深深地卷入美苏冷战，加剧东西方之间的对抗，从而使世界大战的危险增加。中国在两个超级大国之间保持不结盟的态度，不仅使中国在处理同两个超级大国的关系时显得主动、灵活，也使得中国可以作为一支和平的力量同世界其他国家特别是第三世界国家一道，为消除新的世界大战的危险发挥自己应有的作用，从而有助于世界的和平与稳定。

1981 年 1 月里根就任美国总统之后，中美两国关系出现了一些摩擦，美国新政府的对华政策也促使了中国对美政策作了一些调整，在处理同美国关系中，强调独立自主的态度和维护自己的国家利益。里根在竞选中，就用煽动性的言辞鼓吹与台湾当局建立“官方关系”。[211]在就任总统之后，他声称要充分实施所谓《与台湾关系法》，坚持向台湾当局出售武器，理由是美国不能抛弃“一个长期的朋友和盟友”。[212]里根政府在台湾问题上违反中美两国达成的协议的做法，给两国关系蒙上阴影，自然引起中国政府的强烈不满。经过双方近 10 个月的艰苦谈判，中美在 1982 年 8 月 15 日达成协议，8 月 17 日发表了《中华人民共和国和美利坚合众国联合公报》（简称“八・一七公报”）。该公报重申了中美建交公报中确认的各项原则，美国同意在售台武器的性能和数量上，不超过中美建交以来几年的水平，今后逐步减少，经过一段时间直至最后的解决。[213]“八・一七公报”虽然使中美紧张关系得到缓解，但是并未能解决台湾问题，它成了妨碍两国建立持久和稳定的关系的一个重要障碍。除了台湾问题，这个时期中美在纺织品贸易、人权问题等领域，也发生纠纷。里根政府执政前期的对华态度，促使中国领导人对中国的对美政策作了一些调整，改变过去强调联美抗苏的做法，而同美国保持一定的距离，批评美国推行霸权主义政策。

苏联对华态度的某些变化，也为中国确立独立自主的对外战略创造了有利条件。中美接近、增强美国在同苏联较量中的地位，这一直是苏联不希望看到的情况，因为这使得苏联处于“两线作战”的被动局面。从全球的角度来看，苏联的主要敌手是美国，中苏长期交恶显然不利于苏联同美国的较量，因此苏联需要缓和同中国的紧张关系。特别是 20 世纪 70 年代末 80 年代初美苏关系进入低谷，苏联缓和同中国关系的愿望就更强烈。里根当政之后中美之间发生一系列矛盾和摩擦，为苏联实现这个目标提供了一个很好的政治机会。1982 年 3 月 24 日，苏联领导人勃列日涅夫在塔什干就中苏关系发表了重要讲话。他说：“尽管苏联过去和现在都公开批评中国的政策,但从来不想干涉中国的内部生活。苏联过去和现在都不否认中国存在社会主义制度,苏联过去和现在从未以任何方式支持'两个中国'概念,完全承认中国对台湾的主权。苏联过去和现在都没有对中国进行任何威胁,也没有对中国提出领土要求,并准备在任何时候就边界问题举行谈判,准备讨论加强中苏边境地区相互信任的可能措施。苏联愿意在不带任何条件的情况下,就双方可以接受的改善苏中关系的措施达成协议。"[214]这是苏联放出的一个"试探气球",中国对此作出了积极和迅速的反应,主张双方坐下来讨论改善两国关系问题,但是强调中苏关系正常化的前提条件是苏联采取实质性步骤,消除妨碍发展两国关系的三大障碍,特别是消除苏联支持越南入侵柬埔寨这一障碍。[215]尽管中苏在三大障碍问题上很长时间谈不到一块,但是勃列日涅夫 1982 年 3 月塔什干讲话以及中国的积极反应却导致了中苏两个敌对国开始采取改善关系的具体步骤,两国间的敌对状态逐步改变。[216]因此可以说,苏联领导人的对华新态度,促使中国努力缓和同苏联的关系,改善中国的周边环境,并且在美苏两个超级大国之间采取一种较为平衡的做法,摆脱过去那种联合一方反对另一方的被动局面。

总之,在 1982 年前后,由于中国国内工作重心的转移和国际形势的变化,党和政府对其对外战略作了很大的调整,以"独立自主"取代了"一条线"的战略方针。从此,中国不再联合一个超级大国反对另外一个超级大国,而是既反对苏联霸权主义,也反对美国霸权主义;既保持同美国的良好与稳定的关系,也努力改善同苏联的关系。其结果是,中国逐渐摆脱东西方冷战,成为独立于东西方两大政治、经济、军事集团之外的一支重要力量,在国际舞台发挥着日益重要的作用,包括推动冷战的终结。

应当指出,独立自主的对外战略绝不意味着中国在处理同两个超级大国关系时采取等距离或不偏不倚的立场。中国从维护自己的国家利益出发,根据国际形势的发展和同两个超级大国关系的现实,处理同美国和苏联的关系。在 1989 年上半年中苏关系实现正常化之前,中国对两个超级大国的态度并不是"一碗水端平"的,而是倾向于增强同美国及其西方盟国的关系。美国著名学者罗伯特·斯卡拉皮诺(Robert A. Scalapino)甚至把中国这种政策称为"一种有倾向性的不结盟,即倾向美国和日本"[217]。中国国际问题研究中心总干事宦乡 1983 年在回答联邦德国记者问时也明确表示:“我们的政策并不是与两个超级大国保持等距离,因为苏联对我们国家安全是更为直接的、严重的军事威胁。”[218]考虑到地缘政治的因素,中苏之间的互不信任很难消除。直到20世纪80年代末,苏联在中苏、中蒙边界仍驻重兵,并且在乌拉尔以东部署有中程核武器;在阿富汗、柬埔寨问题上,中苏立场是对立的,因为苏联入侵中国的近邻阿富汗和在印度支那支持越南的扩张行径,有损于中国利益;在南亚次大陆,苏联同印度保持着密切关系,这也让中国不得不感到担忧,中印两大国是近邻,存在着领土争端,20世纪60年代初中印边境还发生过武装冲突。从维护中国的安全利益出发,中国自然对苏联保持警觉态度,希望苏联在消除影响中苏关系正常化障碍上,能够采取切实有效的行动。相应地,在苏联、东欧剧变之前,美国一直视苏联为美国国家安全的最大威胁,美国和中国在防备和消除苏联威胁上,存在着共同利益。这一共同利益是维系中美两国间比较密切和稳定关系的重要纽带。另外,随着中国改革开放政策的实施,中国同美国之间的经济关系在20世纪80年代继续向广度和深度发展,逐渐形成相互依存的状态,加强双边关系对双方都有很实际的利益和好处。经济因素同地缘政治因素一样,也是维系中美关系的一个重要纽带,而且随着20世纪80年代后期美苏关系的极大缓和以及冷战逐步走向终结,经济因素的作用日益显著,共同的经济利益已成为中美关系的一个重要基础。

在1982年中国确立独立自主的对外战略方针之后,虽然美国政府对发展中美安全关系采取了低姿态和谨慎的态度,而且中美在台湾问题、纺织品贸易、湖广铁路债券案、人权等方面存在着不少的争执,但是中美两国关系在政治、军事、经济、文化等各个领域继续得到稳步发展。共同的战略利益是中美关系顺利发展的基础和保证。与此同时,中苏关系也得到了较大改善,逐步实现两国关系正常化。1982年11月10日,苏共中央总书记、苏联最高苏维埃主席团主席勃列日涅夫去世。中国借此机会向苏联作出友好表示,以推动中苏关系的改善:中国人大常委会副委员长乌兰夫等高级官员前往苏联驻华大使馆吊唁,中国政府还派出国务委员兼外交部部长黄华作为中华人民共和国特使飞赴莫斯科,参加勃列日涅夫葬礼。中国的这一举动是非同寻常的,它意味着中国已不再把苏联当作敌对的国家,愿意为改善两国的关系而作出积极的努力。更重要的是,以黄华赴莫斯科参加勃列日涅夫的葬礼和会见苏联外长葛罗米柯为起点，中苏两国高级官员从此开始了频繁的对话和互访。1984年2月，苏共中央总书记安德罗波夫去世，中国国务院副总理万里前往莫斯科参加安德罗波夫的葬礼，并同苏联部长会议第一副主席伊万·阿尔希波夫（Ivan Arkhipov）举行了会谈，提升了两国政治交往的级别。当年12月，阿尔希波夫访问中国，中苏签署了多个经济、贸易与技术合作协定。1985年3月，苏共中央总书记契尔年科（Konstantin Chernenko）去世，戈尔巴乔夫当选苏共中央总书记。中国国务院副总理李鹏前往莫斯科参加契尔年科的葬礼，并会见戈尔巴乔夫等苏联领导人，戈尔巴乔夫在会谈中表示希望中苏关系能获得"重大改善"[219]。差不多从1985年夏开始，中国领导人越来越频繁地向国际社会表明，中国已经放弃以反苏国际统一战线作为对外政策的战略目标，并希望改善中苏关系。[220]作为中苏双边关系改善的举措，两国在1986年签署了领事条约，就在上海、列宁格勒互设总领事馆达成了协议，1987年2月又恢复了边界谈判。1985年4月，邓小平在会见英国前首相希思（Edward Heath）的时候，提出在消除中苏关系"三大障碍"（苏联停止支持越南侵略柬埔寨；苏联把中苏边界的驻军恢复到1964年状态并从蒙古撤军；苏联从阿富汗撤军）方面，苏联可以先做说服越南从柬埔寨撤军这一条。同年10月，邓小平又通过来访的罗马尼亚领导人齐奥塞斯库（Nicolae Ceausescu）向苏联领导人戈尔巴乔夫传口信，即在"三大障碍"中，苏联只要在越南从柬埔寨撤军问题上与中国达成谅解，就可以实现中苏关系正常化。1986年2月，戈尔巴乔夫在苏共二十七大政治报告中提出，苏联将从阿富汗撤军，同年3月越南外交部第一副部长对记者表示，越南军队将在1990年前撤出柬埔寨。1986年7月，戈尔巴乔夫在海参崴发表讲话，宣布苏联正同蒙古领导人研究关于相当大一部分苏联军队撤出蒙古的问题，苏联愿意应阿富汗政府的请求使驻在该国的苏联军队回国，柬埔寨的许多问题取决于中越关系正常化等。1988年5月，在苏联外长与越南外长会晤两天之后，越南方面宣布将于当年6月开始从柬埔寨撤走5万军队，剩余军队于1990年底全部撤出。1988年12月中苏外长莫斯科会议以《共同记录》的方式达成谅解，包括尽早公正合理地政治解决柬埔寨问题，越南从柬埔寨撤军的时间是1989年6月到12月底之间。[221]紧接着，中越两国达成就柬埔寨问题进行磋商的共识。1989年

1月,越南外交部宣布,越南军队最迟于当年9月从柬埔寨全部撤走。当年2月,苏联外长谢瓦尔德纳泽(Edward Shevardnadze)访问中国,中苏双方发表了《中国和苏联两国外交部长关于解决柬埔寨问题的声明》,并宣布戈尔巴乔夫访华时间表。从此两国开始准备1989年上半年戈尔巴乔夫访华、中苏举行最高级会晤。为了给中苏高级会晤创造良好的气氛,苏联在戈尔巴乔夫出访中国前夕宣布,从1989年5月15日起,苏联将从蒙古撤走部分军队。1989年5月15日,苏联最高苏维埃主席团主席、苏共中央总书记戈尔巴乔夫乘飞机抵达北京,这是1959年以来苏联最高领导人首次访华,它揭开了中苏关系史上新的一页。中国国家主席、政府总理和中共中央总书记都先后同戈尔巴乔夫举行会谈。中共中央军委主席邓小平在5月16日会见戈尔巴乔夫时,用"结束过去,开辟未来"八个字来概括这次会晤,并且宣布中苏关系从此实现正常化。[222]也就是说,在独立自主对外战略方针的指导下,到了1989年5月,中国同美国的关系继续得到向前发展,中苏关系正常化也得以最后实现,在中华人民共和国外交史上,中国第一次同时与美苏两个超级大国保持着良好的关系。有中国学者指出,"以中苏关系正常化为标志,中国超然于冷战的外交态势基本形成"[223]。这时中国所处的国际环境特别是周边安全环境是历史上最好的,中国国内的建设和发展也面对着极好的机遇。

但是1989年底东欧发生了政治剧变,当地共产党先后丧失了执政地位,这些国家在政治、经济方面都发生了向西方"一边倒"的变化。苏联自身也发生了政治剧变,具有70多年历史的苏联共产党根本改变了其政治纲领,并且丧失了在国家政治生活中的领导地位,苏联在1991年底彻底瓦解和从历史舞台上消失。苏联、东欧的政治变革,意味着世界社会主义运动受到了巨大的挫折,它对中国产生了很大的压力。面对来自西方和东方的压力,中国仍然坚持独立自主的战略方针。中国坚决顶住上述压力,不管国际风云变幻,继续坚持走建设有中国特色社会主义的发展道路,坚持改革开放的方针。邓小平把中国应付国际局势的方针,概括为三句话:冷静观察、稳住阵脚、沉着应付。[224]事实证明,中国所采取的应对方针是正确的,它使得中国没有在国际压力之下发生类似苏联、东欧的政治动荡,中国社会主义现代化建设事业继续稳步向前发展。

同时,在具体处理同美国和苏联的关系上,中国的政策没有变化,努力维护同美国业已形成的良好关系，继续加强中苏之间的往来。正如邓小平所说的："尽管东欧、苏联出了问题，尽管西方七国制裁我们，我们坚持一个方针：同苏联继续打交道，搞好关系；同美国继续打交道，搞好关系；……这一方针，一天都没有动摇过。中国的度量是够大的，这点小风波吹不倒我们。"[225]

东欧、苏联的政治变革在美国赢得一片喝彩，许多美国人希望苏联、东欧的剧变能波及中国。[226]在这种情况下，美国布什政府在处理对华关系时，面临着国内极大的政治压力。美国打着"尊重人权"的旗帜，对中国施加压力，中美关系因此处于一个低潮。但是，中美双方都不想使两国关系破裂，都在努力寻找保持接触的途径。虽然苏联内外政策变化使得苏联因素对中美关系的影响有了很大的削弱，但是由于苏联前途的不确定，"苏联威胁"在1991年底苏联解体之前仍然是维系中美良好关系的一个重要因素。这正如美国国务卿贝克1989年12月10日在美国广播公司就总统国家安全事务助理布伦特·斯考克罗夫特(Brent Scowcroft)访问中国一事所说的，"从美国地缘政治和地缘战略重要性的角度看，美中关系是非常重要的关系，我们希望尽力找到办法维持这种关系"。[227]除了苏联因素，中美两国在许多国际和地区问题上有着共同的利益，可以进行合作。另外，由于经过多年的经济往来，中美两国在经济上已经处于相互依存的状态，两国关系的破裂对谁都不利。经过双方的努力，中美之间的高层对话渠道并没有中断。1989年7月31日，在巴黎关于柬埔寨国际会议期间，中美两国外长举行了会晤，双方都表示要维持和发展经过十多年培育起来的中美关系。[228]当年9月27日，两国外长在纽约再次举行会晤。1989年下半年，尼克松、基辛格、斯考克罗夫特等人都先后来北京，同中国领导人商谈恢复和发展中美关系问题。1990年11月，中国外交部长钱其琛应美国国务卿詹姆斯·贝克(James Baker)的邀请访问美国，美方安排钱其琛同总统布什(George Bush)会晤，这表明美国有取消高级官员互访禁令的意向。次年11月，贝克访华，中美关系有了明显的改善。1992年初，中国总理李鹏和美国总统布什在纽约会晤，中美高层接触取得新进展。布什在1990年、1991年和1992年，都决定无条件延长中国最惠国待遇。因此，八九政治风波之后，中美关系虽然处于低谷，但是并没有破裂，而且经过双方的努力逐步得到恢复和发展。

从1989年下半年起，中苏关系得到迅速发展。中苏两国和两党高级官员的来往不断增多，双方在政治、经济、贸易、科技、文化、教育等方面的关系都开始得到全面的恢复和发展。1990年4月23—26日，李鹏对苏联进行了正式访问，实现了1964年以后中国总理对苏联的首次访问。访问期间，李鹏会见了苏联部长会议主席尼古拉·雷日科夫（Nikolai Rizhkov）和总统戈尔巴乔夫，中苏两国还就经济和科学技术长期合作、和平利用与研究宇宙空间、中国向苏联提供日用消费品政府贷款以及在中国合作建设核电站和苏联向中国政府提供贷款等，签署了四个协议。1990年，中苏两国外长就海湾问题、柬埔寨问题、朝鲜半岛和阿富汗局势举行了5次会晤。1990年两国贸易总额达到历史最高水平。1991年5月15—19日，中共中央总书记、中华人民共和国中央军事委员会主席江泽民对苏联进行了正式访问，同戈尔巴乔夫总统等苏联领导人就两国关系和重大国际问题进行了广泛和深入的交谈。访问期间，中苏两国外长签署了《中苏国界东段协定》，把中苏两国边界谈判达成一致的地段用法律形式确定下来，双方同意继续就尚未解决的边界问题进行谈判。1991年苏联"八·一九"事件发生后，中国政府声明，苏联发生的变化是苏联内部事务，中国政府的一贯立场是反对干涉别国内政，尊重各国人民自己的选择。一直到1991年12月苏联解体，中国同苏联保持着睦邻友好关系。中国的这一对苏政策，不仅有助于抵制西方对华制裁，而且保证中国继续享有稳定、和平的周边安全环境，保证中国改革开放方针的实施和现代化建设的顺利进行。

简言之，20世纪80年代初独立自主对外战略的选择，使中国逐渐脱离了以美苏为首的两大政治、经济和军事集团的冷战，为改革开放的深入发展获得良好的国际环境，也在一定程度上对冷战走向终结起了促进作用。

小　　结

综上所述，从冷战起源到冷战终结的全过程中，中国与冷战都有密不可分的关系。战后初期美苏关系从合作到对抗的演变，包括两国在中国的较量与冲突，是导致中国内战发生的外部因素，中国的国共内战爆发之后，也逐渐带有越来越明显的东西方冷战的色彩，是冷战扩展到亚洲的一个重要表现形式。从1949年10月新中国成立到1991年底苏联解体、冷战退出历史舞台这40多年间，中国曾经先后选择过四种不同的对外战略，用以处理与美国和苏联两个超级大国的关系，导致中国于不同时期在东西方冷战中处于很不一样的地位，也塑造了冷战的发展进程。“一边倒”使新中国同苏联结成同盟，在冷战中完全站在以苏联为首的社会主义阵营一边，同以美国为首的帝国主义阵营展开斗争。“两条线”促使中国两线作战，同时与美国和苏联为敌，中国不仅未能摆脱东西方冷战，而且由于美国把中国看成比苏联更危险的敌手、推行敌视中国的政策，中国在冷战中同时承受着来自两个超级大国的压力，面临着极其恶劣的国际环境。“一条线”则表现为中国联合美国抗击苏联，客观上造成中国在东西方冷战中与美国及其西方盟国站在一条线上，给苏联施加了极大的压力。“独立自主”最终使得中国在相当程度上摆脱冷战，成为东西方政治、军事和经济集团之外的一支重要力量，并通过不断深化的改革开放政策与实践，走出一条独具特色的社会主义现代化道路，对东方集团一些国家的政策选择产生了一定的示范作用，从而对冷战走向终结起了促进作用。

中国与冷战的如上密切关系，一直是很多中外冷战史学者关注的研究课题。冷战结束以后至今，涉及这一研究课题的研究成果越来越多，特别是一些中国学者利用中外档案文献所发表的研究成果得到国际冷战史学界的认可。尽管如此，该研究课题还有很大的值得进一步深入探讨的余地，更多文献资料尚待挖掘。其中，冷战时期新中国对外战略的调整大约每十年一次，使得这个时期中国对外关系呈现为十分明显的四个阶段，这是一个十分令人感兴趣的现象。在整个冷战时期，世界上没有任何一个国家像中国那样多次调整处理同两个超级大国关系的对外战略，同美苏两个超级大国均联合过，也都敌对过，包括发生过战争或边境武装冲突，最后还坚持同时与两个超级大国不结盟的政策。正因为如此，长期以来，冷战时期中美苏三方之间的复杂关系一直是学者热衷探索的重要课题。新中国在冷战时期的四次对外战略抉择，无疑都是对变化了的国际局势特别是中国同两个超级大国关系的现实反应。当然，它们与不同时期中国的综合国力、国内政治、决策者的主观认识等因素也是密不可分的。也就是说，导致新中国调整对外战略的因素决不是单一的，而是多方面的。如何解释冷战时期中国对外战略决策，并且从中吸取历史经验和教训，这是中国冷战史学者需要更多探讨的一个问题。

冷战时期新中国四次对外战略抉择尽管有很大的区别，它们也有一个基本共同点或共同目的，即维护新中国的国家利益，首先是维护新中国的独立、主权和领土完整。上述四种对外战略中，何者最有利于冷战时期新中国的国家利益？这是一个难以准确地加以回答的问题。对一个国家来说，任何一种对外战略都不可能尽善尽美，总是既有弊也有利。而且一国的对外战略也不可能是一成不变的，国际环境和国家本身都在不断发生着变化，对外战略不可避免地要符合这种变化。四次对外战略抉择都是特定历史环境下的产物，必须以历史唯物主义的观点来论述其得与失、是与非、功与过。以笔者一孔之见，在今天看来，第四次战略抉择即“独立自主”原则的确立，似乎最有利于中国在东西方冷战中维护和促进自己的国家利益。因为它使中国摆脱了东西方冷战的纠葛以及同时与两个超级大国保持和平与良好的关系，为中国国内现代化建设的顺利进行和人民生活水平的稳步提高，创造了一个十分有利的国际环境。同时，“独立自主”也使中国在20世纪80年代末90年代初国际环境险恶和冷战走向终结的形势下，顶住巨大的压力，继续进行国内社会主义现代化建设。但是，这绝不是否认其他三种对外战略选择的合理性，也不是说新中国从一开始就应当推行在东西方之间保持中立、不结盟的政策。最后一种对外战略的最终确立，至少需要三个不可缺少的条件：(1)领导人观念的变化，即从否定在东西方斗争中保持中立的可能性到承认与美苏保持不结盟、同时发展正常国家关系的做法更有利于中国的国家利益；(2)中国综合国力的提高和在国际舞台上自信心的增强；(3)国际环境的允许。对新中国来说，只是到了20世纪80年代上半期才同时具备这三个条件。

笔者认为，从冷战时期新中国的四次对外战略抉择的实践可以看出，这个时期新中国外交的基本走向表现为，经过多次调整在20世纪80年代上半期已经走向成熟。这是新中国从过去外交中吸取了经验和教训以及适应国际形势发展的结果。这主要反映在如下三个方面。

第一，确立了外交为国内建设和发展服务的基本方针。为中国现代化建设、改革开放和增强综合国力创造有利的国际环境已成为指导中国对外关系的、坚定不移的基本路线。在此原则的指导下，中国同时与美苏两个超级大国保持良好的关系，全方位地发展同世界其他国家包括周边国家的关系，从而享有比较好的国际环境。

第二，不以意识形态划线。在20世纪80年代“独立自主”外交方针确立之前，新中国外交受意识形态和政治观念的影响很大，有过推动“世界革命”和以美划线、以苏划线的做法，给中国在国际舞台上的形象造成了不良的影响，也限制了其在国际上的活动空间。这是冷战思维观念对中国外交的束缚。从20世纪80年代上半期开始，中国走出了这个误区，坚持在和平共处五项原则的基础上同世界上所有国家发展关系，中国外交因而充满了活力与生机。

第三，排除了“非敌即友”观念的影响。“非敌即友”的思想观念在冷战时期相当长的一段时间里，使得新中国总是或联合一个超级大国反对另外一个超级大国，或同时与两个超级大国为敌，深陷于东西方冷战之中。在20世纪80年代上半期，“非敌即友”的观念为“非敌非友”的认识所取代，在很大程度上使得新中国在两个超级大国之间保持中立、不结盟的立场，为自己拓展了更为广阔的活动空间，也更有利于中国的内部建设与发展。

也就是说，在冷战结束之前，中国外交已经逐步摆脱了东西方冷战的影响并走向成熟，或者说已经走出冷战。其结果是，苏联、东欧的剧变和冷战的突然结束没有给中国的对外关系带来太大的影响。在新旧格局转变时期，中国外交表现出极大的连续性，实现了平稳过渡。冷战后的国际社会有其新问题和新特点，中国外交必然进行调整以适应新形势，中国与冷战关系的历史变迁，可能给我们思考新时期中国对外战略选择提供某些有益的经验和教训。

注释

1. 著名冷战史学者文安立就认为战后美苏在中国的冲突与中国内战的起源有着密切的关联性。参见[挪]文安立：《冷战与中国革命——苏美冲突与中国内战的起源》，陈之宏、陈兼译，桂林：广西师范大学出版社2002年版。

2.《雅尔塔协定》，1945年2月11日，复旦大学历史系中国近代史教研组编：《中国近代对外关系史资料选编(1840—1949)》(下卷第二分册)，上海：上海人民出版社1977年版，第204—205页。

3. 沈志华主编：《中苏关系史纲：1919—1991年中苏关系若干问题再探讨》(第三版)上册，北京：社会科学文献出版社2016年版，第110—111页。

4. 秦孝仪主编:《中华民国重要史料初编——对日抗战时期》(第三编),台北:文物供应社 1981 年版,第 556 页。

5. 同上书,第 559—562 页。

6. 牛军:《战后东亚秩序》,北京:世界知识出版社 2021 年版,第 13—16 页。

7. 沈志华主编:《俄罗斯解密档案选编:中苏关系》(第 1 卷),北京:东方出版中心 2015 年版,第 63 页。

8. 牛军:《从赫尔利到马歇尔:美国调处国共矛盾始末》(第三版),北京:社会科学文献出版社 2021 年版,第 221—222 页。

9. 崔丕、[日]青山瑠妙主编:《多维视角下的亚洲冷战》,北京:世界知识出版社 2014 年版,第 19 页。

10. 牛军:《从赫尔利到马歇尔:美国调处国共矛盾始末》(第三版),第 311 页。

11. 同上书,第 307 页。

12. 沈志华主编:《俄罗斯解密档案选编:中苏关系》(第 1 卷),第 182 页。另外对照[美]马歇尔:《国共内战与中美关系:马歇尔使华秘密报告》,中国社会科学院近代史研究所翻译室译,北京:华文出版社 2012 年版,第 6、356 页。

13. [美]马歇尔:《国共内战与中美关系:马歇尔使华秘密报告》,第 173—174 页。

14. 同上书,第 219、229、230 页。

15. [挪]文安立:《冷战与中国革命——苏美冲突与中国内战的起源》,"中译本序言"第 6 页。

16. 同上书,第 3 页。

17. 沈志华主编:《中苏关系史纲:1919—1991 年中苏关系若干问题再探讨》(第三版),第 133—137 页。

18. 牛军:《战后东亚秩序》,第 23—24 页。

19. 沈志华:《无奈的选择:冷战与中苏同盟的命运》,北京:社会科学文献出版社 2013 年版,第 79—86 页。

20. 有关 1949 年 1—2 月米高扬与中共领导人多轮会谈的详细记录,参见沈志华主编:《俄罗斯解密档案选编:中苏关系》(第 1 卷),第 367—452 页。

21. 沈志华主编:《俄罗斯解密档案选编:中苏关系》(第 1 卷),第 425 页。

22. 有关 1949 年 6 月底至 8 月初刘少奇与斯大林等苏联领导人会谈的详细记录以及来往函件,参见沈志华主编:《俄罗斯解密档案选编:中苏关系》(第 2 卷),北京:东方出版中心 2015 年版,第 71—102 页。

23. [美]菲利普·韦斯特:《燕京大学与中西关系:1916—1952》,程龙译,北京:北京师范大学出版社 2019 年版,第 290 页。

24. [美]约翰·帕顿·戴维斯:《未了中国缘:一部自传》,张翔、陈枫、李敏译,北京:社会科学文献出版社 2016 年版,第 305—306、366—379 页。

25. [美]司徒雷登:《司徒雷登日记——美国调停国共争执期间前后》,陈礼颂译,傅泾波校订,合肥:黄山书社 2009 年版,第 52—73 页。

26.《毛泽东选集》第四卷,北京:人民出版社 1991 年版,第 1491—1498 页。

27. 同上书,第 1468—1482 页。

28. United States Department of State, *United States Relations with China: With Special Reference to the Period 1944 - 1949*, Department of State Publication 3573, Far Eastern Series 80, August 1949.

29. [美]菲利普·韦斯特:《燕京大学与中西关系:1916—1952》,第 315 页。

30. [美]理查德·哈斯:《外交政策始于国内:办好美国国内的事》,胡利平、王淮梅译,上海:格致出版社、上海人民出版社 2015 年版,第 77 页。

31. 有关冷战时期中国对外战略决策，参见牛军：《冷战时代的中国战略决策》，北京：世界知识出版社 2019 年版。

32. 牛军：《战后东亚秩序》，北京：世界知识出版社 2021 年版，第 75 页。

33.《毛泽东选集》第四卷，第 1468—1482 页。

34. 中国人民解放军军事科学院编：《毛泽东军事文选》，北京：中国人民解放军战士出版社 1981 年版，第 328—329 页。

35. 军事科学院军事历史部编著：《中国人民解放军战史》(第三卷)，北京：军事科学出版社 1987 年版，第 323—324 页；叶飞：《叶飞回忆录》，北京：解放军出版社 1988 年版，第 534—535 页。

36.《毛泽东选集》第四卷，第 1483—1490 页。

37.《中共党史通讯》，1989 年第 24 期，第 4 页。

38. [美]肯尼思·沃尔兹：《国际政治理论》，胡少华、王红缨译，王缉思校，北京：中国人民公安大学出版社 1992 年版，第 208 页。

39. 韩念龙主编：《当代中国外交》，北京：中国社会科学出版社 1987 年版，第 4 页。

40. 薛衔天：《战后东北问题和中苏关系走向》，《近代史研究》1996 年第 1 期，第 53—76 页。

41. 曲星：《苏联在新中国建国前后的对华政策》，《国际共运》1986 年第 6 期，第 1—9 页；余湛、张光佑：《关于斯大林曾否劝阻我过江的探讨》，《党的文献》1989 年第 1 期，第 56—58 页。

42. [南斯拉夫]米若凡·德热拉斯：《同斯大林谈话》，司徒协译，北京：世界知识出版社 1963 年版，第 146 页；[南斯拉夫]弗拉基米尔·德迪耶尔：《苏南冲突经历(1948—1953)》，达洲译，北京：生活·读书·新知三联书店 1977 年版，第 98 页；[南斯拉夫]爱德华·卡德尔：《卡德尔回忆录(1944—1957)》，李代军、邵云环、曹荣飞、夏士华、赵金河译，达洲、徐坤明校，北京：新华出版社 1981 年版，第 130 页。

43. 师哲：《在历史巨人的身边——师哲回忆录》，北京：中央文献出版社 1991 年版，第 414—415 页。

44. Ivan Kovalev, "The Stalin-Mao Dialogue," *Far Eastern Affairs*, No.1 - 2, 1992.

45. [美]孔华润：《美国对中国的反应》，张静尔、周敦仁译，上海：复旦大学出版社 1989 年版，第 175 页。

46. Ivan Kovalev, "The Stalin-Mao Dialogue," *Far Eastern Affairs*, No.1 - 2, 1992.

47. Ibid.

48.《建国以来毛泽东文稿》第一卷，北京：中央文献出版社 1987 年版，第 81 页。

49. 有关毛泽东访苏以及与斯大林的会谈记录，参见沈志华主编：《俄罗斯解密档案选编：中苏关系》(第 2 卷)，第 175—178 页，第 265—269 页，

50. 何春超等编：《国际关系史资料选编》，北京：法律出版社 1988 年版，第 189—190 页。

51.《建国以来毛泽东文稿》第一卷，第 290—291 页。

52. 中华人民共和国外交部、中共中央文献研究室编：《周恩来外交文选》，北京：中央文献出版社 1990 年版，第 6 页。

53. 师哲：《在历史巨人的身边——师哲回忆录》，第 404—408；《科瓦廖夫回忆录中的不确之处——师哲访谈录》，《中共党史通讯》1993 年第 8 期，第 2 页；朱仲丽：《毛泽东在莫斯科》，载符浩、李同成主编：《开启国门——外交官的风采》("中国外交官丛书")，北京：中国华侨出版社 1995 年版，第 1—17 页；汪东兴：《汪东兴日记》，北京：中国社会科学出版社 1993 年版，第 151—213 页；《建国以来毛泽东文稿》第二卷，北京：中央文献出版社 1988 年版，第 256—257 页；[俄]尼·费德林：《费德林回忆录——我所接触的中苏领导人》，周爱琦译，北京：新华出版社 1995 年版，第 166—171 页；Ivan Kovalev, "The Stalin-Mao Dialogue"。

54. 中华人民共和国外交部、中共中央文献研究室编:《毛泽东外交文选》,北京:中央文献出版社、世界知识出版社 1994 年版,第 83 页。

55. 同上书,第 87—88 页。

56.《毛泽东选集》第四卷,第 1466 页。

57. 薄一波:《若干重大决策与事件的回顾》上卷,北京:中共中央党校出版社 1991 年版,第 40 页。

58. 迟爱萍:《毛泽东国际战略思想的演变》,《党的文献》1994 年第 3 期,第 40—50 页。

59. PPS 39, "The Problem to Review and Define United States Policy toward China," September 7, 1948, *FRUS*, 1948, Vol.VIII, pp.146 - 155; PPS 39/1, "U. S. Policy toward China," November 23, 1948, *FRUS*, 1948, Vol.VIII, pp.208 - 211.

60. John Paton Davies, *Dragon by Tail: American, British, Japanese, and Russian Encounters with China and One Another*, New York: W. W. Norton & Company, 1972; John Paton Davies, Jr., *China Hand: An Autobiography*, Philadelphia, PA: University of Pennsylvania Press, 2012.

61. 张小明:《乔治・凯南对华认识和政策主张(1947—1949)》,《美国研究》1993 年第 1 期,第 61—81 页。

62. PPS 35, "The Attitude of this Government toward Events in Yugoslavia," June 30, 1948, *FRUS*, 1948, Vol.IV, pp.1079 - 1081.

63. *George F. Kennan Papers*, Seeley Mudd Library, Princeton University, Box 17.

64. PPS 39, "The Problem to Review and Define United States Policy toward China," September 7, 1948, *FRUS*, 1948, Vol.VIII, pp.146 - 155.

65. *FRUS*, 1949, Vol.IX, pp.474 - 475.

66. Ibid., pp.492 - 494.

67. [美]约翰・加迪斯:《美国的政策和看法:1949—1955 年分裂中苏的"楔子战略"》,载袁明、[美]哈里・哈丁主编:《中美关系史上沉重的一页》,北京:北京大学出版社 1989 年版,第 247—286 页。

68. [美]司徒雷登:《司徒雷登日记——美国调停国共争执期间前后》,第 107 页。

69. [美]约翰・司徒雷登:《在华五十年——司徒雷登回忆录》,程宗家、刘雪芬译,北京:北京出版社 1982 年版,第 231 页。

70. *FRUS*, 1949, Vol.VIII, pp.230 - 231.

71. 黄华:《南京解放初期我同司徒雷登的几次接触》,载《新中国外交风云》第一辑,北京:世界知识出版社 1990 年版,第 22—32 页。

72. *FRUS*, 1949, Vol.VIII, pp.766 - 767.《司徒雷登日记》记载的是他于 1949 年 6 月 29 日向国务院请示是否同意他的北平之行。参见[美]司徒雷登:《司徒雷登日记——美国调停国共争执期间前后》,第 149 页。

73. *FRUS*, 1949, Vol.VIII, pp.768 - 769.

74. Ibid., p.769.

75. Ibid., pp.769 - 770.

76. [美]司徒雷登:《司徒雷登日记——美国调停国共争执期间前后》,第 150 页。

77. [美]约翰・加迪斯:《美国的政策和看法:1949—1955 年分裂中苏的"楔子战略"》,第 247—286 页。

78. *The China White Papers: United States Relations with China with Special Reference to the Period 1944 - 1949*, Stanford, CA: Stanford University Press, 1967.

79. 顾维钧:《顾维钧回忆录》第七分册,中国社会科学院近代史研究所译,北京:中华书局 1988 年版,第 496 页。

80. [美]孔华润:《美国对中国的反应》,第 179 页。

81. Dean Acheson, "Speech on the Far East," January 12, 1950, *China and U. S. Far East Policy 1945 - 1966*, Washington, DC: Congressional Quarterly Inc., 1967, pp.157 - 162.

82. 师哲:《在历史巨人的身边——师哲回忆录》,第 454—457 页。

83. 牛军:《战后东亚秩序》,第 84 页。

84. 沈志华主编:《俄罗斯解密档案选编:中苏关系》(第 2 卷),第 139、153 页。

85. *Cold War International History Project Bulletin*, Fall 1994, pp.60 - 61; 沈志华主编:《俄罗斯解密档案选编:中苏关系》(第 2 卷),第 411 页。

86. He Di, "The Most Respected Enemy: Mao Zedong's Perception of United States," *The China Quarterly*, March 1994, Vol.137, pp.145 - 158.

87. 沈志华主编:《俄罗斯解密档案选编:中苏关系》(第 2 卷),第 412 页。

88. 同上书,第 413 页。

89. 薄一波:《若干重大决策与事件的回顾》,第 43 页。

90. 沈志华主编:《俄罗斯解密档案选编:中苏关系》(第 3 卷),北京:东方出版中心 2015 年版,第 70—71 页。

91. 逄先知、金冲及主编:《毛泽东传:1949—1976》(上),北京:中央文献出版社 2013 年版,第 113 页。

92. 沈志华主编:《俄罗斯解密档案选编:中苏关系》(第 3 卷),第 72—73 页。

93. 洪学智:《抗美援朝战争回忆录》,北京:解放军文艺出版社 1991 年版,第 14—15 页;齐德学:《朝鲜战争决策内幕》,沈阳:辽宁大学出版社 1991 年版,第 46—47 页;沈志华主编:《俄罗斯解密档案选编:中苏关系》(第 3 卷),第 83—84 页。

94. 中华人民共和国外交部、中共中央文献研究室编:《周恩来外交文选》,第 24 页。

95. 同上书,第 25 页;周恩来:《美军如越过三八线,我们要管》,1950 年 10 月 3 日,中共中央文献研究室、中国人民解放军军事科学院编:《周恩来军事文选》第四卷,北京:人民出版社 1997 年版,第 67—68 页。

96. [美] 杜鲁门:《杜鲁门回忆录》(第二卷),李石译,北京:生活·读书·新知三联书店 1974 年版,第 432 页。

97. 沈志华主编:《俄罗斯解密档案选编:中苏关系》(第 3 卷),第 80—81 页。

98. 牛军:《战后东亚秩序》,第 109—112 页。

99. 沈志华主编:《俄罗斯解密档案选编:中苏关系》(第 3 卷),第 87—93 页。

100. 同上书,第 95—98 页。

101.《建国以来毛泽东文稿》第一卷,第 556 页。

102. 熊华源:《抗美援朝战争前夕周总理秘密访苏》,《党的文献》1994 年第 3 期,第 83—88 页。

103. 沈志华主编:《俄罗斯解密档案选编:中苏关系》(第 3 卷),第 137—138、147—148、170—171、191—196 页。

104. Gregg A. Brazinsky, *Winning the Third World: Sino-American rivalry during the Cold War*, Chapel Hill, NC: The University of North Carolina Press, 2017, p.46.

105. [美]乔纳森·波拉克:《朝鲜战争和中美关系》,载袁明、[美]哈里·哈丁主编:《中美关系史上沉重的一页》,第 287—318 页。

106. [美]孔华润:《美国对中国的反应》,第 197 页。

107. 袁明、[美]哈里·哈丁主编:《中美关系史上沉重的一页》,第 260 页。

108. 同上书,第 287 页。

109.《周恩来文选》下卷,北京:人民出版社 1984 年版,第 109 页。

110. 裴坚章主编:《中华人民共和国外交史(1949—1956)》,北京:世界知识出版社 1994

年版,第 334—336 页。

111. 同上书,第 337 页。

112. 同上。

113. Gordon H. Chang, *Friends and Enemies, The United States, China, and the Soviet Union, 1948 - 1972*, Stanford, CA: Stanford University Press, 1990, pp.116 - 142.

114. 中华人民共和国外交部、中共中央文献研究室编:《周恩来外交文选》,第 133 页。

115. 转引自[美]南希・塔克:《孤立中国:第一任艾森豪威尔政府的亚洲政策》,载袁明、[美]哈里・哈丁主编:《中美关系史上沉重的一页》,第 359—410 页。

116. Ivan Kovalev, "The Stalin-Mao Dialogue," *Far Eastern Affairs*, No.1 - 2, 1992.

117. "Bohlen to Secretary of State," Feb.8, 1955, *RG 59, 661.00/2-855*, National Archives, Washington, DC.

118. Gordon H. Chang, *Friends and Enemies, The United States, China, and the Soviet Union, 1948 - 1972*, pp.116 - 142.

119. [美]约翰・加迪斯:《美国的政策和看法:1949—1955 年分裂中苏的"楔子战略"》,第 247—286 页。

120. 谢益显主编:《中国外交史:中华人民共和国时期 1949—1979》,郑州:河南人民出版社 1988 年版,第 192—193 页;《当代中国外交》,第 105 页;王炳南:《中美会谈九年回顾》,北京:世界知识出版社 1985 年版,第 68—69 页。

121. 吴冷西:《回忆毛主席——我亲身经历的若干重大历史事件片断》,北京:新华出版社 1995 年版,第 76—77 页。

122. 同上。

123. 沈志华、唐启华主编:《金门:内战与冷战》,北京:九州出版社 2010 年版,第 134 页;沈志华主编:《中苏关系史纲:1919—1991 年中苏关系若干问题再探讨》(第三版),上册,第 312 页。

124. 肖锋等:《回顾金门登陆战》,北京:人民出版社 1994 年版。

125. 叶飞:《叶飞回忆录》,北京:解放军出版社 1988 年版,第 659—660 页;寥心文:《1958 年毛泽东决策炮击金门的历史考察》,《党的文献》1994 年第 1 期,第 31—36 页。

126. Gordon H. Chang, *Friends and Enemies, The United States, China, and the Soviet Union, 1948 - 1972*, pp.185 - 186.

127. 转引自资中筠主编:《战后美国外交史——从杜鲁门到里根》,北京:世界知识出版社 1994 年版,第 304 页。

128. [美]德怀特・艾森豪威尔:《艾森豪威尔回忆录——白宫岁月(1953—1956)》,复旦资本主义国家经济研究所译,北京:生活・读书・新知三联书店 1978 年版,第 333 页。

129. 吴冷西:《回忆毛主席——我亲身经历的若干重大历史事件片断》,第 78—79 页。

130. 同上书,第 81—82 页。

131. 同上书,第 83—85 页。

132. Gordon H. Chang, *Friends and Enemies, The United States, China, and the Soviet Union, 1948 - 1972*, pp.143 - 144.

133. 刘晓:《出使苏联八年》,北京:中共党史资料出版社 1986 年版,第 56—57 页。

134. 同上书,第 72 页;魏史言:《葛罗米柯关于台湾局势同毛泽东主席谈话的回忆与事实不符》,载《新中国外交风云》第一辑,北京:世界知识出版社 1990 年版,第 135—138 页;韩念龙主编:《当代中国外交》,第 115 页。

135. 沈志华主编:《中苏关系史纲:1919—1991 年中苏关系若干问题再探讨》(第三版)上册,第 316 页。

136. 魏史言:《葛罗米柯关于台湾局势同毛泽东主席谈话的回忆与事实不符》。

137. 1958年9月10日和1958年9月20日《人民日报》。

138. 韩念龙主编:《当代中国外交》,第115—116页。

139. Raymond Garthoff, *Sino-Soviet Military Relations*, New York: Praege Publishers, 1966, p.108.

140. 王炳南:《中美会谈九年回顾》,第69页。

141. 沈志华主编:《中苏关系史纲:1919—1991年中苏关系若干问题再探讨》(第三版)上册,第298—312页。

142. 同上书,第328—335页。

143. 戴超武:《中印边界冲突与苏联的反应和政策》,《历史研究》2003年第3期,第58—79页;沈志华主编:《中苏关系史纲:1919—1991年中苏关系若干问题再探讨》(第三版)上册,第337—349页。

144. 刘晓:《出使苏联八年》,第74—77页。

145. 韩念龙主编:《当代中国外交》,第116页。

146. 沈志华主编:《中苏关系史纲:1919—1991年中苏关系若干问题再探讨》(第三版)上册,第366—367页。

147. 沈志华主编:《中苏关系史纲:1919—1991年中苏关系若干问题再探讨》(第三版)下册,北京:社会科学文献出版社2016年版,第386页。

148. 伍修权:《回忆与怀念》,北京:中共中央出版社1991年版,第332—342页。

149. 韩念龙主编:《当代中国外交》,第117页。根据中国学者沈志华的研究,到中国工作过的苏联顾问和专家总计超过18 000人次。参见沈志华:《苏联专家在中国(1948—1960)》(第三版),北京:社会科学文献出版社2015年版,第4页,第337—338页。

150. 沈志华主编:《中苏关系史纲:1919—1991年中苏关系若干问题再探讨》(第三版)下册,第421—422页;沈志华:《苏联专家在中国(1948—1960)》(第三版),第331—332页。

151. 韩念龙主编:《当代中国外交》,第118—119页;刘金田主编:《邓小平的历程——一个伟人和他的世纪》下册,北京:解放军文艺出版社1994年版,第109—113页;见沈志华主编:《俄罗斯解密档案选编:中苏关系》(第3卷),第343页。

152. 沈志华主编:《中苏关系史纲:1919—1991年中苏关系若干问题再探讨》(第三版)下册,第503、521页。

153. 李丹慧:《对1962年新疆伊塔事件起因的历史考察》,《党史研究资料》1999年第4、5期。

154. 伍修权:《回忆与怀念》,第376—377页。

155. 同上书,第377页。

156. 余湛:《一次不寻常的使命——忆周总理最后一次访问苏联》,载《新中国外交风云》第三辑,北京:世界知识出版社1994年版,第14—30页。

157. 沈志华主编:《中苏关系史纲:1919—1991年中苏关系若干问题再探讨》(第三版)下册,第551—576页。

158. NIE 100-3-60, "Sino-Soviet Relations," 9 August 1960, CIA NIE, Box 8, RG 263, National Archives(NA).

159. 1961年8月8日中央情报局一份研究报告虽然认为中苏两党今后不太可能消除它们之间的分歧,但是它也估计中苏"公开分裂"同样不太可能,该报告仍然使用"中苏集团"这样的词。见NIE 10-61, "Authority and Control in the Communist Movement," 8 August 1961, CIA NIE, Box 4, RG 263, NA。但是到了1963年前后,美国政府已经认为中苏关系破裂是真实的和相当严重的。见John Gaddis, *Strategies of Containment*, Oxford and New York: Oxford University Press, 1982, pp.209 - 210。

160. George Kennan, "Polycentrism and Western Policy," *Foreign Affairs*, Vol.42, No.2

(January 1964), pp.171 - 183.

161. Thomas G. Paterson, *Kennedy's Quest for Victory*, *American Foreign Policy 1961 - 1963*, New York: Oxford University Press, 1989, p.182.

162. 王炳南:《中美会谈九年回顾》,第 83 页;[美]雅各布・比姆:《出使苏联东欧回忆录》,北京:商务印书馆 1981 年版,第 103 页。

163. 梅孜编译:《美国总统国情咨文选编》,北京:时事出版社 1994 年版,第 315—316 页。

164. Harold Chase and Allen Lerman, eds., *Kennedy and the Press*, New York: Crowell, 1965, p.119.

165. [美]雅各布・比姆:《出使苏联东欧回忆录》,第 103 页。

166. [美]肯尼迪:《和平战略》,北京:世界知识出版社 1961 年版,第 362 页。

167. Gordon H. Chang, *Friends and Enemies*, *The United States*, *China*, *and the Soviet Union*, *1948 - 1972*, p.223.

168. 张小明:《乔治・凯南遏制思想研究》,北京:北京语言学院出版社 1994 年版,第 63—64 页。

169. Gordon H. Chang, *Friends and Enemies*, *The United States*, *China*, *and the Soviet Union*, *1948 - 1972*, p.223.

170. Roger Hilsman, *To Move A Nation*, Doubleday, NY: Garden City, 1967, p.1291.

171. Gordon H. Chang, *Friends and Enemies*, *The United States*, *China*, *and the Soviet Union*, *1948 - 1972*, p.229.

172. Chen Jian, "China's Involvement in the Vietnam War, 1964 - 1969," *The China Quarterly*, June 1995, pp.356 - 387.

173. Ibid.

174. 梅孜编译:《美国总统国情咨文选编》,第 315 页。

175. Thomas G. Paterson, *Kennedy's Quest for Victory*, *American Foreign Policy 1961 - 1963*, p.182.

176. Gregg A. Brazinsky, *Winning the Third World*: *Sino-American rivalry during the Cold War*, pp.183 - 185.

177. Thomas G. Paterson, *Kennedy's Quest for Victory*, *American Foreign Policy 1961 - 1963*, pp.182 - 183.

178. 王炳南:《中美会谈九年回顾》,第 83 页;[美]雅各布・比姆:《出使苏联东欧回忆录》,第 104 页。

179. Leonard Gordon, "United States Opposition to the Use of Force in the Taiwan Strait 1954 - 1962," *The Journal of American History*, December 1985, p. 658; James C. Thomson, Jr., "On the Making of U. S. China Policy 1961 - 1969," *China Quarterly*, April/June 1972, pp.221 - 222.

180. 迟爱萍:《毛泽东国际战略思想的演变》,《党的文献》1994 年第 3 期,第 40—50 页。

181. 沈志华主编:《中苏关系史纲:1919—1991 年中苏关系若干问题再探讨》(第三版)下册,第 507 页。

182.《关于发展原子能工业、反对使用核武器文献选载》(1955 年 1 月—1965 年 5 月),《党的文献》1994 年第 3 期,第 13—27 页;杨明伟:《创建、发展中国原子能工业的决策》,《党的文献》1994 年第 3 期,第 28—31 页;刘西尧:《毛泽东与核弹研制》,《党的文献》1993 年月第 3 期,第 44—45 页;张瑞编:《白手托起蘑菇云》,太原:北岳文艺出版社 1993 年版;[美]约翰・刘易斯、薛理泰:《中国原子弹的制造》,李丁、陈旭舟、傅家祯等译,北京:原子能出版社 1991 年版。

183. Gordon H. Chang, "JFK, China, and the Bomb," *The Journal of American History*, March 1988, pp.1283 - 1310.

184. 韩念龙主编:《当代中国外交》,第476—483页。

185. 同上书,第187—208页。

186. [美]罗德里克·麦克法夸尔、费正清主编:《剑桥中华人民共和国史(1966—1982)》,上海:上海人民出版社1992年版,第260—262页。

187. 沈志华主编:《中苏关系史纲:1919—1991年中苏关系若干问题再探讨》(第三版)下册,第578页。

188. 韩念龙主编:《当代中国外交》,第218—219页;沈志华主编:《中苏关系史纲:1919—1991年中苏关系若干问题再探讨》(第三版)下册,第577—590页。

189. 熊向晖:《打开中美关系的前奏—1969年四位老帅对国际形势的研究和建议》,载《新中国外交风云》第四辑,北京:世界知识出版社1996年版,第7—24页;木君:《重大历史决策——论毛泽东打开中美关系的战略决策与策略思想》,载裴坚章主编:《毛泽东外交思想研究》,北京:世界知识出版社1994年版,第172—180页。

190. 曹桂生:《学习毛泽东打开中美关系的战略决策》,载裴坚章主编:《毛泽东外交思想研究》,第181—192页。

191. 韩念龙主编:《当代中国外交》,第218—219页。

192. Raymond L. Garthoff, *Detente and Confrontation: American-Soviet Relations from Nixon to Reagan*, Washington, DC: The Brookings Institution, 1985, pp.124 - 126; Henry Kissinger, *Diplomacy*, New York: Simon & Shuster, 1994, pp.723 - 724.

193. 张也白:《美国对苏政策中的中国因素》,《美国研究》1990年第3期,第24—46页。

194. [美]罗德里克·麦克法夸尔、费正清主编:《剑桥中华人民共和国史(1966—1982)》,第470—471页。

195. 韩念龙主编:《当代中国外交》,第219—221页;毛泽东:《毛泽东自述》,北京:人民出版社1993年版,第214—224页;《美国友人目睹的"乒乓外交"内情》(司任译),《炎黄春秋》1994年第11期,第11—16页;黎永泰:《毛泽东与美国》,昆明:云南人民出版社1993年版,第554—565页。

196.《人民日报》,1972年2月28日。

197. 木君:《重大历史决策—论毛泽东打开中美关系的战略决策与策略思想》。

198. 张也白:《美国对苏政策中的中国因素》,《美国研究》1990年第3期,第24—46页。

199. 王缉思:《美国对华政策中的"战略大三角"》,《美国研究》1992年第2期,第7—35页。

200. [美]罗德里克·麦克法夸尔、费正清主编:《剑桥中华人民共和国史(1966—1982)》,第471页。

201. 华国锋:《在中国共产党第十一次全国代表大会上的政治报告》,1977年8月12日。

202.《邓小平文选》第二卷,北京:人民出版社1994年版,第155页。

203. 牛军:《战后东亚秩序》,北京:世界知识出版社2021年版,第517页。

204. 刘连弟、汪大为编著:《中美关系的轨迹——建交以来大事纵览》,北京:时事出版社1995年版,第34页。

205.《邓小平文选》第三卷,北京:人民出版社1994年版,第3页。

206. 胡耀邦:《全面开创社会主义现代化建设的新局面》,1982年9月1日。

207. 韩念龙主编:《当代中国外交》,第339页。

208. 同上书,第340页。

209.《邓小平文选》第三卷,第57页。

210. 同上书,第127—128页。

211. 刘连弟、汪大为编著:《中美关系的轨迹——建交以来大事纵览》,第 27 页。

212. 同上书,第 36—37 页。

213.《人民日报》,1982 年 8 月 18 日。

214. 转引自李连庆主编:《中国外交演义:新中国时期》,北京:世界知识出版社 1995 年版,第 414—415 页。该讲话中译文全文登载于新华社编:《参考资料》1982 年 3 月 25 日下午版。

215. 中共中央文献研究室编:《邓小平年谱(1975—1997)》(下卷),北京:中央文献出版社 2004 年版,第 806 页;黄华:《亲历与见闻——黄华回忆录》,北京:世界知识出版社 2007 年版,第 358 页;钱其琛:《外交十记》,北京:世界知识出版社 2003 年版,第 4—7 页;沈志华主编:《中苏关系史纲:1917—1991 年中苏关系若干问题再探讨》(第三版)下册,第 635—637 页。

216. 参见沈学明:《中苏关系正常化始末》,《党的文献》1996 年第 3 期;[俄]贾丕才:《苏中关系的破裂与修复》,《国外中共党史研究动态》1996 年第 1 期。

217. 转引自王缉思:《美国对华政策中的"战略大三角"》。

218. 宦乡:《纵横世界》,北京:世界知识出版社 1985 年版,第 359 页。

219. 李鹏:《和平 发展 合作:李鹏外事日记》(上册),北京:新华出版社 2008 年版,第 10 页。

220. 沈志华主编:《中苏关系史纲:1917—1991 年中苏关系若干问题再探讨》(第三版)下册,第 684 页。

221. 钱其琛:《外交十记》,第 31—32 页。

222.《邓小平文选》第三卷,第 291—295 页。

223. 牛军:《战后东亚秩序》,第 534 页。

224.《邓小平文选》第三卷,第 321 页。

225. 同上书,第 359 页。

226. 王缉思:《美国对华政策中的"战略大三角"》。

227. 刘连弟、汪大为编著:《中美关系的轨迹——建交以来大事纵览》,第 296 页。

228. 同上书,第 285 页。

第八章
冷战的结束

第二次世界大战结束后不久开始的东西方冷战历经四十多年，于20世纪80年代末90年代初走向终结。由于冷战占据了战后国际舞台的中心位置，对国际生活产生了持久而深远的影响，冷战的结束自然成了20世纪末最重要的国际事态发展之一，其后果将在很长一段时间以后才能充分显示出来，为人们所理解。[1]

传统意义上的战争之结束，往往是双方在战场上分出胜负，一方击败另外一方。冷战则不然，它的结束不是东西方双方在战场上较量的结果，而是一个没有流血的、和平的过程。冷战的结束也很难说是一方打败了另一方，尽管从表面上看是西方胜利、东方失败。冷战之所以在20世纪末90年代初几年之间一下子就成为历史现象，是因为冷战的一方，即苏联及东欧国家，自身发生了根本性变革，导致东方政治、军事、经济集团的瓦解，乃至超级大国之一的苏联从历史舞台上消失，战后开始的东西方关系随之不复存在。苏联、东欧政治变革速度之快，使得人们对冷战在20世纪80年代末90年代初突然结束始料未及，世界上的政治家、观察家和学者们，几乎都对苏联、东欧剧变感到突然，鲜有人事先预测到苏联、东欧的剧变。[2]美国冷战史学家加迪斯也说过："冷战就这样结束了，比开始更为突然。"[3]因此，理解冷战结束的关键是认识苏联、东欧剧变，搞清这些国家发生本质的、闪电式政治变革的基本原因。

第一节　冷战结束的标志

从20世纪50年代中期开始，就不断有学者断言冷战结束了。1953年斯大林去世及其后开始的苏联同西方关系的"解冻"、1962年古巴导弹危机的结束，以及20世纪70年代的东西方“缓和”等，都曾经被人们视为冷战结束的标志。然而纵观冷战的全过程，它们仅仅是冷战发展进程中的几个重要分水岭或阶段而已，谈不上是冷战结束的标志。东西方冷战在紧张对抗和关系缓和不断交替出现的状态中，前后持续了四十多年。只是到了20世纪80年代末90年代初苏联、东欧发生了政治剧变，人们才可以有把握地说，东西方冷战终于结束了。也就是说，苏联、东欧的剧变是冷战真正结束的标志。

但是，冷战不是一夜之间就结束的，它的结束有一个过程。大体上说，自从20世纪80年代后半期起，冷战开始了逐步消亡的过程，到了1991年底苏联的最后解体，冷战完全退出了历史舞台。因此，20世纪80年代后半期开始的东西方关系的极大改善、东欧的政治变革、柏林墙的坍塌，以及苏联的解体，都是冷战逐步走向终结的标志。

随着戈尔巴乔夫外交“新思维”的提出和实施，以美苏关系为核心的东西方关系从20世纪80年代后半期开始发生了重大变化，向着良好方向发展。不少学者把这个时期东西方关系称为“第二次缓和”或者“新缓和”，以区别于20世纪70年代的“缓和”。[4]第二次缓和有第一次缓和的一些特点，比如东西方政治、经济关系得到较大的缓解，美苏两国最高领导人会晤频繁，以及双方在不少国际问题上加强合作等。但是，第二次缓和在广度和深度上都大大超过第一次缓和。这主要表现在两个方面。第一，从限制军备到裁减军备，东西方军备控制有了质的飞跃。第一次缓和的主要成果之一是东西方就限制军备数量和质量签订了几份协定。而1987年美苏签署的《中导条约》则规定拆除和销毁双方全部射程为500至5 000公里的中程和中短程核导弹，这是核时代首次裁减和销毁核武器。紧接着，美苏就裁减50％的战略武器、停止生产和销毁化学武器等，也在20世纪90年代初达成了协议。东西方之间还就欧洲多边裁军谈判达成了协议。不仅如此，苏联单方面决定裁减军队、削减军费开支、从东欧撤走军队以及逐步从第三世界国家包括越南的军事基地撤走武装力量。美国也相应作出了削减军费开支、裁减军队和关闭一些海外基地的决定。这表明东西方已经就降低军事对抗水平采取了前所未有的、切实的步骤。第二，以苏联决定从阿富汗撤军为开端，美苏就政治解决地区冲突进行了广泛和积极的合作，许多涉及东西方较量的地区冲突得到了政治解决。

古巴从安哥拉撤军，苏联停止对尼加拉瓜桑地诺民族解放阵线政权的军事援助和尼加拉瓜举行自由选举，朝鲜和韩国同时加入联合国以及柬埔寨问题实现政治解决等，在很大程度上便是美苏两个超级大国相互协调与合作的结果。在1990—1991年处理海湾危机时，两国相互配合，这成了美苏为政治解决地区冲突而进行合作的一个典型事例。由于美苏的合作，从20世纪80年代后半期开始，世界几大热点地区普遍降温，东西方在第三世界的紧张争夺逐步得到了解决。第二次缓和的上述特点表明，东西方冷战的两个重要方面即军备竞赛和在第三世界的争夺，主要由于苏联采取了妥协和退让的态度，已经在20世纪80年代末90年代初发生了根本性变化。这不能不说是冷战走向终结的重要标志和表现。

如果说东西方关系的上述变化还让不少人对冷战是否结束持将信将疑态度的话，那么1989年开始的东欧剧变则使人们可以断言，冷战正在走向消亡。从1989年初至是年底，东欧各国政局先后发生了剧烈的变动。这种变化的浪潮始于波兰，很快波及东欧其他国家。1988年5月，波兰再次发生大规模的罢工抗议活动。从1988年8月起，波兰统一工人党（波兰共产党）与团结工会（1981年12月被取缔之后转入地下）召开圆桌会议进行政治谈判。1989年1月，波兰统一工人党中央全会通过两项决定：波兰逐渐实现政治多元化和工会多元化；“有条件地”承认团结工会为合法组织。在1989年2—4月间，波兰统一工人党同各党派、社会团体以及教会先后举行多轮圆桌会议，并达成妥协：波兰将实行西方式的“三权分立制”和“议会民主制”；在1989年6月举行新议会选举，自由选举参议院，允许反对派在众议院中占有35%的议席。在当年6月举行的波兰新议会选举中，波共仅仅得到圆桌会议协议所规定的众议院最低限额173席，在参议院中未获一席，团结工会却赢得了众议院中35%的议席（161席）和参议院99%的议席（99席）。是年8月，团结工会重要成员塔德乌什·马佐维耶茨基（Tadeusz Mazowiecki）出任总理并且被授权组建政府。在9月组成的政府中，团结工会占了12个席位，其他非共产党人士占7个席位，而波共仅仅得到4个席位。实际上波兰统一工人党至此已经丧失了国家领导权，沦为政府中的少数派。在11月25日提前举行的总统普选中，团结工会领导人瓦文萨取代波共原第一书记雅鲁泽尔斯基（Wojciech Jaruzelski）当选总统，至此波共丢掉了手中的全部权力。团结工会控制下的波兰议会在1989年底通过宪法修正案，取消宪法中关于波兰统一工人党的领导作用以及国家的社会主义性质的提法，改变了波兰的国家性质。紧接着，波兰新政府又于1990年初开始实施“私有化”和“市场化”的经济纲领。波共也在当年初宣布解散，退出了历史舞台，原波兰统一工人党中的一部分党员成立了波兰社会民主党。几乎与此同时，匈牙利也发生了政治变动。1989年2月，匈牙利社会主义工人党（匈牙利共产党）中央全会重新评价1956年匈牙利事件，同时决定实行多党制和创造“民主社会主义的新模式”。9月18日，匈共同反对派达成协议，决定取消社会主义工人党对国家的领导地位，把国名由匈牙利人民共和国改为匈牙利共和国。当年10月，匈牙利社会主义工人党改名为匈牙利社会党（后又改为社会民主党），原来的匈共已经彻底地改变了性质。在1990年3—4月间举行的国会大选中，匈牙利社会党惨遭失败，而反对派大获全胜。波兰和匈牙利开始的变革浪潮，很快波及东欧其他国家，民主德国、捷克斯洛伐克、保加利亚和罗马尼亚也都在1989年底爆发政治地震，国家性质发生了根本变化，当地共产党不仅丧失了政权，而且自身也发生了重大变化，有的改变名称和党纲，有的分裂出好几个党。1989年东欧各个国家政治剧变的过程不尽一样，但是它们都有一个共同点，即原来的共产党丧失政权，国家的政治、经济和社会制度发生了实质性的变化。[5]

随着东欧国家向“非社会主义方向”发生政治变革，这些国家在对外关系方面也发生了根本性转变。剧变后的东欧六国都强调自己是欧洲的一部分，提出要“返回欧洲”，其外交重点很自然地从同苏联保持密切关系转向加强同西方国家发展友好关系。它所造成的后果是：苏联丧失了东欧的盟友，以其为首的东方政治、经济和军事集团也因此瓦解。由于1989年东欧剧变，东方军事同盟组织——华沙条约组织——赖以存在的基础不复存在，所以到1989年时华约组织已经是名存实亡。1990年9月民主德国宣布从当年10月3日起退出华约组织。1991年2月25日，华约政治协商委员会在布达佩斯举行特别会议，决定从当年3月31日起华约停止一切军事行动。1991年7月1日，华约六国领导人在布拉格举行华约政治协商会议最后一次会议，签署了关于终止华沙条约效力的议定书，华沙条约组织因此正式宣告解散。与此同时，东方阵营之间的国际经济合作组织经济互助委员会，也因为东欧的政治变动而陷于相同的境地。1991

年6月28日，经互会9个成员国的代表在布达佩斯签署了解散经互会的议定书，该议定书规定，90天后经互会章程失效，届时经互会自行解散。也就是说，东欧国家的剧变导致了东方政治、经济、军事集团的瓦解，东方集团的瓦解也就意味着冷战走向消亡。因为冷战是以苏美为首的东西方两大集团之间的斗争，东方集团不复存在之日，便是战后开始的东西方关系消亡或冷战结束之时。

1990年11月柏林墙的倒塌，使得战后欧洲政治分裂和东西方冷战的重要象征消失，因此它也可以被称为冷战结束的一个标志。战后以来，德国以及柏林的分裂，一直是东西方对抗的焦点和冷战的象征。1961年8月东德沿着东西柏林边界构筑的"柏林墙"更被视为欧洲分裂、东西方冷战的重要标志物。但是，这堵存在了近30年的大墙，却在1989年开始的东欧剧变浪潮的冲击之下而倾倒。1989年5月，匈牙利政府宣布拆除通往西欧边境的设施，匈牙利同奥地利边界的铁丝网被清除，导致东德的公民立即像洪流般地涌向匈牙利-奥地利边界，其中一些人不顾士兵的阻拦，冲过边界，经过奥地利逃往西德，导致了自1961年以来东德最大规模的出逃浪潮。据说是西德总理科尔秘密地向匈牙利政府支付10亿德国马克，让其开放与奥地利的边境。[6]另据西德外交部统计，在匈奥边界开放最初两个月，就有近5万东德人经过匈牙利逃往西德。[7]这实际上对已经存在近30年的柏林墙构成了非常大的冲击，等于柏林墙的存在已经没有多大的意义了，因为东德的居民可以不用冒着生命危险攀爬柏林墙逃到西德。所以，有人认为，匈牙利开放边界的行为等于"在铁幕中砸开一个洞"。[8]大量公民外逃诱发了东德政局的重大变化，1989年10月，东德老资格领导人埃里克·昂纳克(Erich Honecker)被迫辞职。当年11月9日，以埃贡·克伦茨(Egon Krenz)为新首脑的东德统一社会党中央委员会决定开放东西柏林和两德边界，取消旅游限制。这样一来，东德公民可以很自由地越过边界进入西德，阻隔两德人员往来的"柏林墙"实际上至此已经坍塌。[9]随之不久，柏林墙被推倒。柏林墙的坍塌、东德的政治变革，使得德国统一被提上了议事日程。1990年10月3日，分裂了45年的德国实现了统一。总之，柏林墙的倾倒以及随之而来的德国统一，标志着欧洲政治分裂和东西方冷战的重要象征消失了。正因为如此，很多人把1989年11月9日柏林墙的倾倒视为东西方冷战结束的标志。

1991年底苏联的解体,可以说意味着冷战彻底地结束了。在东欧国家发生政治剧变之后,苏联内部的变化也开始加速进行,苏联解体的危险日益显露。1990年3月,苏联波罗的海沿岸三国中的立陶宛宣布独立,此后不久拉脱维亚、爱沙尼亚也宣布独立,引发了苏联加盟共和国第一轮独立浪潮。1990年5月,叶利钦当选为苏联最大的加盟共和国俄罗斯联邦的最高苏维埃主席,他在就职的当天就宣布俄罗斯将成为一个主权国家。6月12日,叶利钦的这一方针付诸实施。这一天,俄罗斯人民代表大会通过了关于俄罗斯联邦国家主权的宣言,宣布俄罗斯是一个主权国家,它的宪法和法律在全境内至高无上,它保留退出苏联的权利。俄罗斯的主权宣言导致了其他加盟共和国脱离中央政府的第二轮独立浪潮,到1990年12月,先后有9个加盟共和国发表了主权宣言,对苏联中央政权构成了严重的挑战。[10]由苏联内务部长、克格勃主席等人领导的1991年8月19日的未遂政变,给苏联共产党及苏联中央政府以沉重的打击,也加剧了各加盟共和国的离心倾向,从而加速了苏联的解体。1991年12月8日,俄罗斯、乌克兰、白俄罗斯三个苏联加盟共和国领导人签署了《独立国家联合体协定》(《别洛韦日协定》),宣布苏联作为国际法主体和地缘政治主体将停止存在,这三个国家组成独立国家联合体。1991年12月25日,戈尔巴乔夫辞去苏联总统的职务,当天晚上,苏联国旗从克里姆林宫楼顶上降下。世界上第一个社会主义国家苏联至此完全解体,冷战的一方不复存在,冷战彻底消亡了。

综上所述,冷战从20世纪80年代后半期开始了逐步消亡的过程,冷战的结束有很多表现和标志,其中1991年底苏联的解体宣告了冷战最终成为历史。

冷战结束的突出特点是冷战的一方,即苏联和东欧,发生了重大的政治变革,从而使以美国为首的西方在同东方进行40多年的较量之后实现了"不战而胜"的目的。东方集团为什么在20世纪80年代末90年代初发生如此巨大、迅速的变革?这是理解冷战结束的关键。这也就是本章下面几节所要探讨的问题。苏联、东欧剧变的原因是复杂的,根据不同的标准,它们可以分为如下几类:内部原因与外部原因,直接原因与深层原因,政治原因、经济原因和民族原因等。[11]为了分析的方便,本书将从戈尔巴乔夫改革和西方遏制战略两个层次着手论述。

第二节　戈尔巴乔夫因素

要理解苏联、东欧的政治剧变，显然首先要从分析导致这种变革的内在原因着手。事物发展的根本原因在于内部，外因通过内因而起作用，这是马克思主义经典作家的一贯观点，也是我们分析苏联、东欧剧变的一个基本出发点或分析框架。苏联、东欧内部变革的历史必然趋势和迫切要求，把米哈伊尔·谢·戈尔巴乔夫推上了历史舞台，他倡导和实施了意义深远的政治、经济、外交改革，最后戈尔巴乔夫没有也无力左右这种变革的发展方向和进程，导致苏联、东欧在20世纪80年代末90年代初的政治剧变。所以，戈尔巴乔夫及其改革，又是我们分析苏联、东欧变革内在原因的一个切入点。这里不是强调戈尔巴乔夫个人的作用，而是通过研究戈尔巴乔夫的改革和政策，来理解苏联、东欧政治变革的内在动力。

完全可以说，苏联在20世纪70年代末80年代初已经陷入了内外交困中。从根本上说，这主要是因为从20世纪20—30年代斯大林执政时期形成的苏联社会主义模式或斯大林模式，越来越不能适应新的历史条件，逐渐成为苏联以及采取这种发展模式的东欧国家社会进步的障碍。这种模式的特征有诸多表现，主要包括如下几点。第一，在思想理论上对马克思主义采取了教条主义的态度，在很多方面没有从实际出发，采取符合社会主义社会发展规律的正确政策。更严重的是，长期以来，苏联把自己在特殊条件下建设社会主义的经验绝对化、模式化，使之成为苏联和其他社会主义国家特别是东欧国家必须照办的、僵化的教条。第二，在经济上，采取了高度集中的指令性计划经济体制，排除市场（国内市场和国际市场）对经济的调节作用，从而使得经济发展缺乏以经济利益为基础的内在经济动力，也抑制了科技进步和导致不能与按市场经济原则运行的世界经济接轨。第三，在政治上实行中央高度集权的政治体制，导致了个人集权、党包揽一切、缺乏民主等弊端。[12]

苏联在赫鲁晓夫和勃列日涅夫当政时期，曾经对这种发展模式进行过某些改革的尝试，但是都浅尝辄止，结果不仅成效有限，而且在一些方面强化了斯大林模式的弊端。[13]东欧国家对上述发展模式的弊端体会最深，战后一直努力改革社会主义发展模式，主张走本国自己的发展道路，从国情出发来改革当地的政治经济体制。这是导致1956年波兰危机和匈牙利事件、1968年捷克“布拉格之春”的重要原因。但是，由于苏联从其对外战略利益出发，对这些国家社会发展模式的选择采取了严密控制和公然干预的政策，这些国家的改革或失败，或只限于在苏联允许的范围内进行，斯大林模式的弊端没有得到根本消除。这种发展模式常年积累下来的问题，在20世纪70年代末80年代初酿成了严重的社会、政治、经济危机。其中最突出的表现是经济陷入停滞状态。从20世纪70年代中期开始，苏联经济增长开始呈现大幅度下降的趋势，它充分体现在苏联国民收入、社会总产值以及工业总产值年均增长率等重要经济指标上。[14]由于经济增长速度下降并出现危机，导致苏联与美国的经济差距出现扩大的趋势。根据苏联官方公布的资料，1980年苏联国民收入为美国的67%，到1988年下降到64%。1990年苏联的国民生产总值仅为美国的40%，而在十月革命前的1913年俄国这一指标为39%。根据联合国开发计划署1990年按购买力评价方法计算，苏联的实际国内生产总值(GDP)为美国的30%，人均GDP为美国的34.96%。[15]因此，苏联人民生活水平趋向停滞和下降。与此同时，苏联个人崇拜之风盛行，领导层老龄化和缺乏活力，贪污受贿和腐败之风在全国蔓延，并且渗透到最高领导层。在停滞的年代，苏联社会死水一潭，社会不满情绪不断加剧，信仰危机逐渐加重。东欧各国的情况有所不同。波兰在20世纪70年代末80年代初爆发了席卷全国的持续罢工浪潮和团结工会运动，出现了严重政治经济危机，它导致了1981年12月波兰政府宣布全国进入战时状态、实行军管(1983年7月结束，历时19个月)。东欧其他国家虽然没有出现波兰那样的危机，有的国家如民主德国和捷克在70年代和80年代初仍然保持社会稳定和经济的持续增长，但是变革的要求同样是很强烈的。而且东欧的变革在很大程度上受制于苏联的态度，只要苏联放松对东欧的控制，这些国家发生政治、经济变革和选择自己的社会发展道路便是不可避免的。

在对外关系方面，苏联在20世纪70年代末和80年代初也同样处于难以摆脱的困境之中。第二次世界大战以后，苏联成为实力仅次于美国的超级大国，特别是在20世纪70年代初，它取得了同美国的军事力量平衡。但是，苏联的这种国际地位是付出了很大的代价才获得的，苏联内部蕴藏着诸多不稳定的因素。战后东欧各国在苏联的支持下建成了社会主义国家，它们成了苏联西部安全的可靠屏障，也增强了苏联在国际舞台上的分量。但是，东欧除了个别国家外，之所以建立同苏联类似的政权，是因为苏联利用第二次世界大战中苏军向西推进对所占领地区输出革命的结果。因此，东欧国家要求摆脱苏联控制的民族主义力量一直很强大，特别是有些国家，比如波兰，在历史上同沙俄有着很深的过节，在文化和价值观念上接近西欧，很多波兰人对苏联有着难以消除的敌意。南斯拉夫在1948年脱离了社会主义阵营，阿尔巴尼亚和罗马尼亚也先后在国际舞台上坚持独立自主的对外政策。虽然其他国家慑于苏联的巨大压力，没有摆脱莫斯科的控制，在内外政策上同它保持一致，成为冷战时期苏联的坚强盟友，但是它们希望摆脱苏联控制的愿望从未减退。一旦时机成熟，这股强大的民族主义力量便会爆发。从这个意义上说，东欧盟国一直对苏联的力量构成潜在的挑战。

不仅如此，战后以来特别是赫鲁晓夫和勃列日涅夫当政时期推行同美国争夺霸权和扩张势力的政策，让苏联背上了沉重的负担。为了同美国进行军备竞赛，苏联的军费开支一直很高。苏联每年实际军费开支，1948—1957年占国民收入的15%左右，1958—1964年为14%—20%，1965年至20世纪80年代为18%—23%。苏联的国民收入只为美国的50%左右，而据西方估计，苏联军费开支在国民收入中的比重还要比美国多10%—20%。[16]巨额的军费开支，无疑严重影响了苏联经济的发展。所以，从某种意义上说，苏联的经济是被战后长期且过度的军备竞赛拖垮的。[17]由于过分强调发展军事力量和在这方面投入大量的人力和物力资源，苏联成为一个不正常的、畸形的超级大国，即它在军事上是一个名副其实的超级大国，而在其他方面特别是在经济发展程度和人民生活水平上却称不上是真正的超级大国，只是一个“发展中国家”。正因为如此，西方有的学者把苏联称为“单方面的大国”(one-dimensional power)。[18]这一估计是符合实际情况的。因为在现代，经济因素已经成为国家实力和优势的重要源泉。[19]同时，苏联从20世纪50年代以来积极向第三世界地区扩张势力，为此苏联向一些第三世界国家提供经济和军事援助。到1978年止，苏联向第三世界提供经济和军事援助达300多亿美元，其中经援占四分之一，军援占四分之三。这有利于同美国的竞争，但是也给苏联带来了很大的负担，因为苏联相当部分援助得不到偿还。特别是从20世纪70

年代中期起，苏联采取了“进攻战略”，在第三世界到处伸手，四面出击，包袱越背越沉。它每年要为支持阿富汗亲苏政权付出 110 亿美元，为越南侵略柬埔寨承担 20 亿美元的援助，还要为支持古巴和其他亲苏拉美国家提供 60—80 亿美元，为支持埃塞俄比亚等亲苏非洲国家提供 60—80 亿美元，总共达 270 亿美元。苏联从 20 世纪 70 年代起，还在第三世界获得了 28 个海、空基地。[20]在第三世界的势力扩张给苏联带来了沉重的经济负担，也招致了以美国为首的西方国家的强烈反应和国际舆论的指责。所以到了 20 世纪 80 年代初，苏联在外交上处于困境之中，背着很重的包袱。用美国前国务卿基辛格的话来说，苏联之所以垮台，部分原因是其“过分扩张”。[21]这个论断同美国著名国际政治经济学学者罗伯特·吉尔平的分析也是相吻合的。他指出，当扩张的成本大于收益时，帝国或霸权国家便处于困境，“随着时间的推移，收益逐渐减少，成本逐渐增多，从而限制了一个国家的进一步扩张”[22]。很有意思的是，苏联原驻美国大使多勃雷宁在冷战结束以后出版的回忆录中也承认，“克里姆林宫任凭苏联外交政策遵循一种过分扩张的帝国模式”是削弱苏联国际地位的重要原因之一。[23]

总之，到 20 世纪 70 年代末 80 年代初，苏联传统的社会主义发展模式已经处于严重危机之中，改革势在必行，苏联在国际舞台上也面临着严峻局面，其对外战略难以为继。20 世纪 80 年代上半期，苏联的“老人政治”格局出现了危机，在短短两年零四个月中，勃列日涅夫、安德罗波夫和契尔年科三位年老多病的最高领导人相继去世，年富力强的戈尔巴乔夫在 1985 年 3 月被推上了苏联党和国家最高领导人的位置。戈尔巴乔夫十分清楚苏联内政和外交所面临的长期积累下来的问题和弊端，认为“人民盼望改变”“我们不能继续这样的生活”[24]，并且试图进行改革，继而提出了“改革与新思维”的主张。应该说，戈尔巴乔夫倡导改革，是符合历史发展潮流的，目的是寻求能使社会主义充满活力的社会发展道路和模式，增强苏联在国际舞台上的力量。但是，戈尔巴乔夫在推进改革中所采取的政策和策略，不仅未能达到改革预期目标，而且触发了社会中的各种矛盾和危机，造成全面的混乱和动荡，最终导致东方集团的瓦解和苏联本身的解体。

戈尔巴乔夫改革的首要目标就是要革新传统社会主义发展模式。1985 年 3 月到 1988 年上半年，是戈尔巴乔夫改革的第一个阶段。这个阶段改革的主要方面是进行经济体制改革，以使社会主义生产关系适应生产力发展，基本思路是给企业放权，国家对经济的管理逐步从以行政管理为主的方法向以经济管理为主的方法过渡。改革是在“完善社会主义”的范围内进行的。从 1988 年 6 月苏共第十九次代表大会到 1990 年 7 月苏共二十八大，戈尔巴乔夫改革的指导思想逐步从“完善社会主义”向“人道的民主的社会主义”过渡，改革方向已有质的变化，目标是建立北欧式的民主社会主义。这是因为，苏联领导人把苏联政治体制视为经济体制改革的主要障碍，因而把改革重点从经济改革转向政治改革，并把改变苏共在国家政治生活中的地位、实现西方式的政治多元化作为政治体制改革的重要内容，以此保证经济体制改革不可逆转。早在 1987 年底，戈尔巴乔夫等人就认为，如果脱离政治改革，在经济领域就不可能出现进步的变革。[25] 1988 年 6 月苏共第十九次代表会议通过的政治体制改革总体方案，提出经过自由选举产生人民代表，建立人民代表大会及其常设机构——最高苏维埃，把国家权力重心从党中央转移到最高苏维埃，实现“全部权力归苏维埃”。这次会议还放弃了苏共是苏联政治体制核心的提法，改称苏共是社会的“政治先锋队”。这样一来，在苏联境内，各种政治组织纷纷成立，同苏共争夺权力。1990 年 1 月戈尔巴乔夫承认事实上已经存在多党制现实，一个月以后，苏共中央全会宣告放弃苏共对国家的领导权，随后苏联第三次人民代表大会修改了规定苏共在政治体制中的领导地位的苏联宪法第 6 条。至此，苏共从自己手中交出了权力，全国出现了政治纷争的“权力真空”状态。1990 年 7 月召开的苏共二十八大通过了苏共中央提出的《走向人道的民主的社会主义》纲领性声明和新的党章，苏共本身已经发生了质的变化，成为社会民主党类型的政党组织。苏联改革方向的变化和苏共交权、自身发生质变，无疑是导致苏联剧变的最根本原因。所以，有美国高官称戈尔巴乔夫“摧毁了苏联制度”[26]。

然而，戈尔巴乔夫的改革并没有达到预期的目标，苏联的经济形势大大恶化和人民生活水平下降，诱发了社会各种不满情绪的总体爆发，使得苏联党和政府以及戈尔巴乔夫本人的威信和信誉急剧下降，从而促使政治反对派和民族分裂主义势力的力量大增。不管是苏联经济改革的具体政策失误，还是过分强调政治体制改革，从而使经济体制改革难以顺利进行，或是其他因素的影响，戈尔巴乔夫执政期间，苏联经济每况愈下。

1985 年戈尔巴乔夫在苏共中央四中全会上提出振兴经济的“加速发展战略”，试图在今后 15 年内使苏联国民收入和工业产值翻一番，即年平均增长 4.7%。但实际情况是，这个目标不仅没有实现，而且苏联经济由过去的低速增长变成负增长。苏联国民收入 1981—1985 年间增长了 17%，年均增长 3.2%；1985—1990 年间仅增长了 6.8%，年均增长 1.3%，大大低于改革前的水平。不仅如此，1990 年苏联国民收入出现了负增长，即比上一年下降 4%，1991 年又下降 15%。苏联的国民生产总值，1981—1985 年间增长了 19.5%，年均增长 3.7%；1986—1990 年间只增长了 13.2%，年均增长 2.5%，1990 年下降 2%，1991 年下降 17%。苏联社会劳动生产率 1981—1985 年间年均增长率为 3.1%，1986—1990 年间下降到 2.7%，1990 年为－3%，1991 年为－10%。也就是说，戈尔巴乔夫当权期间，苏联经济衰退幅度之大，在苏联历史上是创纪录的。[27]随着经济衰退，人民经济生活水平也下降了。特别是自 1988 年下半年开始，日用消费品供应急剧恶化，如洗衣粉、香皂、练习本、卫生纸等严重脱销。紧接着，耐用消费品供应也出现困难，需要排长队购买，到了 1990 年，冰箱、洗衣机、电视机、吸尘器等产品基本脱销。1990 年全国掀起“抢购风”，几个月内商店几乎被扫荡一空。苏联的通货膨胀率也在持续增长，1981—1985 年年均通货膨胀率为 5.7%，1986 年为 6.2%，1987 年为 7.3%，1988 年为 8.4%，1989 年为 9%，1990 年为 19%，1991 年为 145%。一公斤肉的价格由 1985 年 3 月戈尔巴乔夫上台时的 2 卢布增长到 1991 年 12 月他宣布辞职时的 100 卢布。[28]经济状况的恶化，是导致苏联各种社会矛盾空前激化并且全面爆发的一个重要原因。戈尔巴乔夫的改革未能给人民带来实惠，反而导致生活水平的普遍下降，这不能不使民众对自己的领导人、政府和执政党失去信心。失民心者失天下，这是个颠扑不破的真理。

戈尔巴乔夫改革的另外一个重要领域是外交改革。外交改革同国内改革是密不可分的，前者是为后者创造有利的国际环境。正如戈尔巴乔夫自己所指出的，“我们在开始改革时懂得，如果在对外政策方面不作任何改变，我们设想的国内改革也不会成功”[29]。同国内政策一样，苏联的对外政策也有了根本性的变化，突出表现在戈尔巴乔夫提出的“新思维”上。戈尔巴乔夫的安全观念同苏联以前的领导人相比有了重大变化。戈尔巴乔夫新安全观的出发点或基础是对核时代战争与和平问题的反思。

他认为,人类正处于核时代,在这个时代以战争解决政治问题意味着自杀,因为核战争没有胜利者。[30]由此出发,他指出保障苏联安全只能通过政治手段而非军事手段。为此苏联不应追求军事优势,而要争取"低水平的战略平衡",并且通过政治努力以实现裁减军备、降低东西方对抗水平和解决地区冲突。[31]同时,戈尔巴乔夫的"新思维"对社会主义和资本主义两大体系之间的关系作了新估计。"新思维"强调"全人类的利益高于一切",因而国际舞台上的阶级对抗有了客观的限度,超过这个限度就会导致人类毁灭。为此,他指出两个体系的国家之间应当更多地考虑相互合作,不允许把两个体系的意识形态矛盾扩展到国家关系中去。[32]苏共二十七大通过的新党纲修订本因此删去了有关和平共处是阶级斗争的一种形式以及战争引起革命的提法。在苏联同其他社会主义国家之间的关系上,戈尔巴乔夫也采取了新态度。他就任苏共中央总书记后,多次发表谈话,表示尊重各个社会主义国家的自主平等和承认国际共运的"多样性"。当1989年初东欧(从波兰开始)出现巨大的变革浪潮之后,戈尔巴乔夫又对苏联干涉和控制东欧的理论依据"勃列日涅夫主义"进行公开的否定,允许东欧国家自由选择社会发展道路和模式。例如,戈尔巴乔夫1989年7月在欧洲议会发表的一个讲演中明确指出,一国社会和政治秩序迟早会发生变化,这种变化"完全是该国人民的内部事务和自己选择的结果",任何干涉内政的行为和企图都是不被允许的。[33]在当年10月对芬兰的访问中,戈尔巴乔夫明确否定了"勃列日涅夫主义"。[34]

戈尔巴乔夫外交改革不仅体现在观念的革新上,而且表现在具体的政策上。苏联在裁减军备、政治解决地区冲突等方面,都采取了积极主动的态度,甚至不断妥协和退让,导致东西方关系自20世纪80年代后半期开始有了极大的改善。东欧的政治变革不仅没有导致苏联的反对和干涉,戈尔巴乔夫甚至鼓动东欧一些国家的领导人加快改革步伐。例如1989年10月,戈尔巴乔夫赴民主德国参加国庆庆祝活动。他希望德国领导人推行改革,并且提出忠告:"过于迟缓,必受生活惩罚。"[35]戈尔巴乔夫的态度,是促成民主德国发生一系列政治变革包括昂纳克下台、开放边界和实行政治多元化的重要因素。民主德国原领导人埃贡·克伦茨在回忆录中对此毫不讳言,认为民主德国民主运动的"开拓者"是戈尔巴乔夫。[36]

综上所述,苏联、东欧发生剧变,根本原因在于其内部。戈尔巴乔夫开启但未能取得成功的改革，直接导致了这一剧变。从某种意义上可以说“是戈尔巴乔夫使冷战结束的”[37]。

第三节 遏制战略的效果

苏联、东欧政治剧变和冷战结束，使得不少西方政治家和学者认为，这种变化在很大程度上是因为以美国为首的西方战后一直推行的遏制战略起了作用，西方在冷战中取得了胜利。美国前总统乔治·布什在1989年5月的一次讲演中说，战后由杜鲁门、艾森豪威尔、范登堡、雷伯恩、马歇尔、艾奇逊和凯南等“英明人物”创立的遏制战略已经“发挥了作用”。[38]美国前总统理查德·尼克松也在其生前最后一本书中声称：“从杜鲁门至布什所有冷战时期（美国）总统的努力，阻止了苏联共产主义的进一步拓展，从而加速了它的崩溃。”他认为，西方在冷战中取得了胜利，这种胜利“不仅仅是军事的，也是意识形态、政治和经济诸方面的胜利”。[39]美国一位学者也指出，战后四十多年来美国和西方所执行的对苏联、东欧的遏制政策“取得了胜利”。他认为“苏联、东欧的变化是同西方与美国的努力分不开的”。[40]

这样的判断是有一定依据的，不能说它完全是错误的结论。无疑，20世纪80年代末90年代初苏联、东欧的政治剧变，使得以美国为首的西方在战后四十多年所执行的遏制战略完全得以实现其目标。按照“遏制之父”乔治·凯南的说法，遏制有三个层次的目标：第一个层次的目标是把苏联的影响限制在一定的范围。这也就是“遏制”这个词的本意，即把苏联的影响限制在第二次世界大战结束时苏联的“势力范围”内。其重点是不让西欧和日本落入苏联手中。第二个层次的目标是减少苏联的影响，具体上说就是使苏联的盟国（主要是东欧国家）同苏联“闹独立”，脱离苏联的“势力范围”。第三个层次的目标，就是促使苏联政权“垮台或逐渐软化”。[41]遏制战略上述三个层次的目标，由于苏联、东欧的剧变，已经全部成为现实。不仅如此，西方遏制战略的长期实施，也对苏联、东欧的政治变革和冷战的结束起了一定的促进作用。归纳起来说，以美国为首的西方国家对苏遏制战略的手段不外乎分为硬的一手和软的一手，或者说是分为军事手段和政治手段。所以，西方对苏联的影响也就集中体现在以下三个方面。

第一，以压促变。美国及其西方盟国为了实现遏制苏联的目标，推行扩充军备、同苏联进行紧张军备竞赛的政策，以及在世界各地通过种种手段打击亲苏政权和阻止苏联势力的扩张，这给苏联以极大的压力，首先是拖垮了苏联的经济，促使其内外政策发生变革。特别是20世纪80年代上半期里根政府推行对苏强硬路线，包括大力扩充军备和在第三世界以"低烈度冲突"和"推回去"战略打击亲苏政权和苏联的侵略扩张行动，显然增加了苏联的重负。[42]用里根自己的话来说："克里姆林宫必须有人意识到，在他们武装到牙齿的同时，苏联的经济问题正在加剧恶化，而这正是共产主义失败的最好例证。"[43]据统计，从1981年到1989年，美国国防预算从1 580亿美元增加到3 040亿美元，但是不到国内生产总值的6%。[44]而苏联国防预算占国内生产总值的比重从1981年的21%—22%增加到1985年的26%—27%。1985年上台的戈尔巴乔夫要求苏联军费开支达到或超过1980—1985年的水平。[45]所以，1985年至1990年担任苏联外交部长的谢瓦尔德纳泽说过："勃列日涅夫使我们卷入一场我们负担不起的军备竞赛。"[46]与此同时，里根政府还投入很大力量对苏东集团采取颠覆行动。比如，1982年开始，美国中央情报局向波兰团结工会提供先进的通信设备和物质援助，大约每年800万美元。又如，1982年春天发布的美国总统第32号指令提出，美国政策的目标是"制止苏联维护其对东欧控制的努力"，指令授权为此进行各种公开和秘密的行动。[47]

第二，以和促变。其最主要的表现就是西方在同东方进行和平竞赛中，发挥"榜样"的作用，向对方显示自己的社会更具有活力和优越性。这种影响是通过经济往来、人员交往、思想交流和舆论宣传等途径实现的。战后苏联经济的确有了很大发展，同美国的差距有所缩小。但是在经济发展水平上，美国对苏联一直保持着很大的优势。根据苏联的统计，自20世纪70年代下半期以来到1987年，苏联的国民收入一直相当于美国的66%，而按美国中央情报局和美国商务部的统计，苏联在20世纪80年代上半期的国民收入大约只有美国的二分之一。[48]在生活水平方面，按西方的估计，1979年苏联职工月收入仅为美国的30.5%、联邦德国的24.95%、法国的28%，苏联按人口平均消费水平只及美国的三分之一；戈尔巴乔夫执政时期，苏联人均住房面积、每百个家庭所拥有的小汽车数量等指标都大大低于西方发达国家，苏联家庭所拥有的彩电、音响、录像机、摄像机等耐用消费品的数量根本不能同发达国家相比，甚至落后于中国。[49]东欧国家在经济发展水平上同西欧的差距也是很大的。东西方这种经济发展程度和生活水平的极大反差，无疑对苏联、东欧国家人民的思想意识产生了很大影响，使得他们不仅对自己的党和政府以及社会主义的发展前途失去信心，而且对西方人所具有的生活水平产生羡慕感。这种情况在与西德为邻的东德表现最为明显和突出。东德人大批逃往西德，主要是因为他们向往生活在西德的同胞之物质生活。东德前领导人克伦茨在回忆录中写道："西方的希望却每天在伴随着我们，它们来自电视广告、包裹、带来的小礼品和外汇商店的供货。连孩子也问他们耸肩的父母：'为什么我们没有联邦德国那样的钱？'。"[50]可想而知，如果苏联、东欧国家的人民对自己国家未来的经济增长和繁荣失去信心，羡慕西方国家的经济和生活水平，那么这些国家的政治、经济变革就是不可避免的了，其发生只是时间的问题。

第三，谈判策略。美国遏制战略的效果其实还体现在美国领导人的谈判手段和谈判技巧方面，特别是里根出任总统的时候，尤其是其第二任期。里根是 1981 年 1 月出任美国总统的，正值美苏关系的新冷战时期，两国之间的对抗很严重，外交谈判没有什么作用。但是，在他 1985 年 1 月开始第二任期之后，正好赶上了戈尔巴乔夫成为苏联的最高领导人这一特殊历史阶段。在戈尔巴乔夫接任苏共中央总书记之后，里根派了他的副总统乔治·布什和国务卿乔治·舒尔茨到了莫斯科，参加苏共中央前总书记契尔年科的葬礼。布什副总统和舒尔茨国务卿见到了苏联新的领导人戈尔巴乔夫，发现后者跟以前的苏联领导人都很不一样，并把这个情况报告给了里根总统。在那之后不久，里根于 1985 年 4 月给戈尔巴乔夫写信，戈尔巴乔夫也回信，双方之间沟通良好。从 1985 年 11 月日内瓦峰会开始，里根同戈尔巴乔夫举行了多次会晤，两个人之间沟通顺畅，而且相互喜欢。这无疑和里根的谈判手段和谈判技巧有很大的关系。有美国学者在书中提到，里根的谈判技巧是非常高超的，因为他曾经当过电影演员，有非常好的沟通能力和表演天分。[51]实际上，里根对自己的谈判技巧也信心十足。[52]里根让戈尔巴乔夫觉得通情达理、善解人意，尽管他是一位政治保守、极为反共的美国政治家。里根的谈判手段和技巧，的确说服戈尔巴乔夫采取了一系列退让措施，特别是从第三世界冲突中脱身，包括同意把苏联红军撤出阿富汗和促使古巴从安哥拉撤军。有学者称，里根“在言语上温和有加，但做起事情来却越来越强硬”[53]。戈尔巴乔夫后来也说过，里根友好地将他带到深渊的边缘，之后平静地叫他“再往前跨一步”[54]。1989 年 1 月接任美国总统的乔治·布什同样与苏联领导人戈尔巴乔夫保持了比较好的关系。布什在 1989 年 5 月提出“超越遏制”战略，主张美国要积极同苏联发展关系，扩大跟苏联的联系与合作的领域，并且促使苏联逐渐实行自由化，把苏联拉进国际大家庭。乔治·布什的“超越遏制”战略，实际上不是什么新的战略，而是遏制战略的继续和发展。[55]

尽管西方遏制战略对苏联、东欧的剧变产生了一定作用，但从根本上说西方的影响是次要的和辅助性的。苏联、东欧的政治变革，决不是西方政策主导的结果，而是这些国家内部矛盾的发展、戈尔巴乔夫改革的结果，西方的政策只是加速了这一变革的过程。西方不少政治家对此也有清醒的认识。正如美国前国务卿小亚历山大·黑格(Alexander Haig)所指出的：“美国的军事集结和强硬外交促成了苏联的崩溃，但崩溃的主要原因在莫斯科。一个以陈旧的意识形态武装起来的多民族军事帝国渐渐地为其内部矛盾、低效率和腐败所窒息。”[56]

小　　结

如本书第一章所述，冷战起源之际，国际上曾经掀起过一股国际政治思潮。同样地，20 世纪 80 年代末 90 年代初冷战走向消亡，也有一股国际政治思潮与之相伴相随。这就是盛极一时的“大失败”论和“历史终结”论。

20 世纪 80 年代后半期，包括苏联、东欧和中国在内的世界上许多社会主义国家都处于一次巨大的改革浪潮之中。这场改革始于 20 世纪 70 年代末，它是全方位的，涉及经济、政治和文化诸方体制的全面改革，其广度、深度和后果都是前所未有的、丰富多彩的。[57]虽然都是改革传统的社会主义发展模式，但是社会主义各国的改革思路和方法各有特色。中国始终把坚持改革开放和坚持四项基本原则结合起来，其变革过程是渐进的，成就也是举世瞩目的。东欧、苏联的改革则走向了否定共产党的领导权和主张多党制、经济自由化的道路，其过程也是突变的，导致了政治、经济、社会和思想的极大混乱。从 20 世纪 80 年代末开始，东欧各国和苏联相继发生剧变，社会主义遭受了严重的挫折。正是在这种背景之下，从 20 世纪 80 年代末开始，西方不少人士兴高采烈，欢呼资本主义战胜了社会主义与共产主义、“民主与自由”击败了“专制和暴政”。在这些人士中，美国前总统国家安全事务助理兹比格纽·布热津斯基以及美国国务院政策规划室前副主任弗朗西斯·福山（Francis Fukuyama）的观点最具有代表性和权威性。

布热津斯基在 1989 年发表的著作《大失败——二十世纪共产主义的诞生与死亡》中声称，世界共产主义遭受了大失败，其历史性的衰退进程是不可逆转的。[58]福山在同一年发表的一篇题为《历史的终结？》的文章中也宣称，世界共产主义的危机意味着一个历史时代的结束。[59]他们提出上述观点是在苏联、东欧发生政治剧变的前夕。苏联、东欧剧变和冷战彻底结束之后，在一段时间里，有关共产主义“大失败”和“历史终结”的论点曾经为西方世界的人士所普遍赞同。在他们看来，苏联、东欧的政治浪潮将很快波及其他社会主义国家，社会主义和共产主义将很快退出历史舞台。在东西方冷战结束前后的一段时期里，“大失败”论和“历史终结”论构成了当时国际政治思潮的代表。

笔者以为，今天有必要重新认识“大失败”论和“历史终结”论。这一论点是片面、简单化的，因而也是错误的。因为它陷入一个思维的误区，即把社会主义、共产主义与苏联社会主义发展模式完全等同起来，否认社会主义发展道路的多样性；把社会主义发展模式的改革、完善和创新视为对社会主义和共产主义的否定。事实上，社会主义在苏联、东欧的命运只能说是苏联社会主义模式的大失败，而非国际共产主义的大失败。正如有中国学者所说的：“苏共解散，苏联解体，宣告了世界上第一个社会主义国家的崩溃，将近一个世纪的社会主义实验在世界六分之一土地上的失败。毫无疑问，这是社会主义遭受的重大的挫折，是由斯大林创建的斯大林模式的社会主义，或者说，苏联模式的社会主义的失败，但这不是社会主义本身、社会主义思想的失败。”[60]就连戈尔巴乔夫都说：“苏联的垮台实际上不是社会主义的垮台。社会主义思想没有失去价值。”[61]苏联、东欧的剧变无疑是国际共产主义运动的一大挫折，但是它绝不意味着历史的终结，社会主义没有死亡，还将继续发展，世界范围的共产主义与资本主义之间的斗争和较量还将长期持续下去。历史还没有最后证明谁胜谁败。苏联东欧的政治剧变，无疑给其他社会主义国家以极大的冲击，同时前者也为后者提供了可以吸取的经验和教训。只要坚持改革的正确方向，社会主义就可以走向光明的未来！

冷战结束以后一些事态的发展也已经给“大失败”论和“历史终结”论以有力的反驳。坚持改革开放路线和走有中国特色社会主义道路的中国取得了政治稳定和经济快速发展的成就。有西方学者比较苏联和中国的改革，赞赏后者渐进的改革路线及其所取得的成就，并且得出结论：邓小平是一位堪称楷模的改革家，而戈尔巴乔夫则是一个失败的漫画式人物。[62]今天，我们的确需要给有关共产主义的“大失败”和“历史终结”的论调打上一个大问号。冷战结束了，但是不同制度和发展模式的较量并没有完结，肯定还会继续下去。谁胜谁负取决于两者如何进行内部的调整，以适应历史发展的要求。

注释

1. Bogdan Denitch, *The End of the Cold War: European Unity, Socialism, and the Shift in Global Power*, Minneapolis, MN: University of Minnesota Press, 1990, pp.ix - xix.

2. 挪威著名学者约翰·加尔通称他在1980年曾预言，柏林墙将在10年内倒塌，紧随其后的是苏联帝国的崩溃，最后的事实证明他的预言是准确的。参见[挪]约翰·加尔通：《美帝国的崩溃：过去、现在与未来》，阮岳湘译，刘成审校，北京：人民出版社2013年版，第24页。

3. [美]约翰·刘易斯·加迪斯：《长和平：冷战史考察》，潘亚玲译，上海：上海人民出版社2019年版，第262页。

4. Raymond Garthoff, *The Great Transition: American-Soviet Relations and the End of the Cold War*, Washington, DC: The Brookings Institution, 1994, p.195.

5. 方桂关编写：《剧变中的东欧》，北京：中共中央党校出版社1992年版。

6. [美]理查德·哈斯：《外交政策始于国内：办好美国国内的事》，胡利平、王淮梅译，上海：格致出版社、上海人民出版社2015年版，第92页。另外一种说法是，科尔答应德国给匈牙利5亿西德马克的信用额度，参见M. E. Sarotte, *Not One Inch: America, Russia, and the Making of Post-Cold War Stalemate*, New Haven, CT: Yale University Press, 2021, p.31。

7. M. E. Sarotte, *Not One Inch: America, Russia, and the Making of Post-Cold War Stalemate*, p.31.

8. Ibid., p.28.

9. [民主德国]埃贡·克伦茨：《大墙倾倒之际——克伦茨回忆录》，沈隆光等译，北京：世界知识出版社1991年版，第143—177页。

10. 叶自成：《叶利钦——俄罗斯第一任总统》，南宁：广西人民出版社1993年版，第

22 页。

11. 冷战结束以后至今，中国学术界一直对苏东剧变的原因给予极大的关注。据统计，从 1992 年至 1996 年，发表在国内报刊探讨苏联解体原因的文章就有 300 多篇。学者们是从各个角度进行分析的。见姜爱凤：《苏联解体原因研究综述》，《当代世界社会主义》1997 年第 1 期。

12. 张汉清等主编：《社会主义实践与马克思主义》，北京：北京大学出版社 1995 年版，第 312—324 页；江流等主编：《苏联剧变研究》，北京：社会科学文献出版社 1994 年版，第 25—33 页。

13. 江流等主编：《苏联剧变研究》，第 25 页。

14. 江流等主编：《苏联演变的历史思考》，第 91—94 页；陆南泉：《论苏联、俄罗斯经济》，北京：中国社会科学出版社 2013 年版，第 92 页。

15. 陆南泉：《论苏联、俄罗斯经济》，第 92 页。

16. 江流等主编：《苏联剧变研究》，第 59 页。

17. 江流等主编：《苏联演变的历史思考》，第 342 页。

18. John Spanier, *American Foreign Policy since World War II*, 12th ed., Washington, DC: Congressional Quarterly Inc., 1991, p.378.

19. [美]罗伯特・吉尔平：《世界政治中的战争与变革》，武军等译，北京：中国人民大学出版社 1994 年版，第 173—174 页。

20. 江流等主编：《苏联演变的历史思考》，第 343—349 页。

21. Henry Kissinger, *Diplomacy*, New York: Simon & Schuster, 1994, p.763.

22. [美]罗伯特・吉尔平：《世界政治中的战争与变革》，第 156 页。

23. [俄]阿纳托利・多勃雷宁：《信赖——多勃雷宁回忆录》，北京：世界知识出版社 1997 年版，第 542 页。

24. [英]罗伯特・瑟维斯：《冷战的终结：1985—1991》，周方茹译，北京：社会科学文献出版社 2021 年版，第 127—128 页。

25. [俄]尼古拉・伊万诺维奇・雷日科夫：《大国悲剧：苏联解体的前因后果》，徐昌翰等译，北京：新华出版社 2013 年版，第 6 页。

26. [美]罗伯特・盖茨：《亲历者：五任美国总统赢得冷战的内幕》，刘海青、吴春玲译，南京：江苏凤凰文艺出版社 2014 年版，第 374 页。

27. 刘洪潮等主编：《苏联 1985—1991 年的演变》，北京：新华出版社 1993 年版，第 56—57 页。

28. 同上书，第 63—64 页。

29. [俄] 米哈伊尔・戈尔巴乔夫：《对过去与未来的思考》，徐葵等译，北京：新华出版社 2002 年版，第 83 页。

30. [苏]米・戈尔巴乔夫：《戈尔巴乔夫言论选集（1984—1986）》，苏群译，北京：人民出版社 1987 年版，第 142 页。

31. [苏]米・谢・戈尔巴乔夫：《改革与新思维》，苏群译，北京：新华出版社 1987 年版，第 178—181 页。

32. 同上书，第 184 页。

33. Henry Kissinger, *Diplomacy*, p.794.

34. Ibid.

35. [民主德国]埃贡・克伦茨：《大墙倾倒之际——克伦茨回忆录》，第 75—86 页。

36. 同上书，第 169 页。

37. Michael J. Hogan, ed., *The End of the Cold War: Its Meaning and Implications*, New York: Cambridge University Press, 1992, p.129; Melvyn P. Leffler, *For the Soul of Man-*

kind, New York: Hill and Wang, 2007, p.448.

38. George Bush, "Change in the Soviet Union," *Department of State Bulletin*, Vol.89, No.2148, July 1989, p.16.

39. [美]理查德・尼克松:《超越和平》,范建民等译,北京:世界知识出版 1995 年版,第 3 页。

40. Robert F. Byrnes, *US Policy toward Eastern Europe and the Soviet Union*, Boulder, CO: Westview Press, 1989, pp.1 - 11.

41. 张小明:《乔治・凯南遏制思想研究》,北京:北京语言学院出版社 1994 年版,第 26—31 页。

42. [美]理查德・尼克松:《超越和平》,第 3 页;Henry Kissinger, *Diplomacy*, p.800。

43. Ronald Reagan, *An American Life*, New York: Simon and Schuster, 1990, p.268, 转引自[美]梅尔文・P. 莱夫勒:《人心之争:美国、苏联与冷战》,孙闵欣等译,上海:华东师范大学出版社 2012 年版,第 336 页。

44. [美] 德瑞克・李波厄特:《五十年伤痕:美国的冷战历史观与世界》,郭学堂、潘忠岐、孙小林译,上海:上海三联书店 2008 年版,第 629 页。

45. 同上书,第 646 页。

46. 同上书,第 630 页。

47. [俄]阿纳托利・多勃雷宁:《信赖——多勃雷宁回忆录》,第 568—571 页。

48. 宦乡主编:《当代世界政治经济基本问题》,北京:世界知识出版社 1989 年版,第 345—347 页;见注 8,第 91—92 页。

49. 江流等主编:《苏联剧变研究》,第 92 页。

50. [民主德国]埃贡・克伦茨:《大墙倾倒之际——克伦茨回忆录》,第 155 页。

51. [美]戴维・米尔恩:《塑造世界——美国外交的艺术与科学》,魏金玲译,北京:新华出版社 2018 年版,第 285 页。

52. [美]梅尔文・P. 莱夫勒:《人心之争:美国、苏联与冷战》,第 350 页。

53. [美] 德瑞克・李波厄特:《五十年伤痕:美国的冷战历史观与世界》,第 632 页。

54. 同上书,第 676 页。

55. 张小明:《乔治・凯南遏制思想研究》(增订本),北京:世界知识出版社 2021 年版,第 219—225 页。

56. [美]理查德・尼克松:《超越和平》,第 46 页。

57. 张汉清等主编:《社会主义实践与马克思主义》,"前言"第 5 页。

58. Zbigniew Brzezinski, *The Grand Failure*: *The Birth and Death of Communism in the Twentieth Century*, New York: Macmillan Publishing Company, 1989, 1990.

59. Francis Fukuyama, "The End of History?" *National Interest*, Summer 1989, pp.3 - 8.

60. 郑异凡:《苏联春秋:改建与易帜》,上海:上海人民出版社 2018 年版,第 205 页。

61. [俄]米哈伊尔・谢尔盖耶维奇・戈尔巴乔夫:《苏联的命运:戈尔巴乔夫回忆录》,石国雄、杨正译,南京:译林出版社 2018 年版,第 150 页。

62. [美]威廉・奥弗霍尔特:《中国的崛起——经济改革正在如何造就一个新的超级强国》,达洲译,北京:中央编译出版社 1996 年版,第 9 页。

第九章
冷战的遗产:继承与超越

一位日本学者在书中这么写道:“知识不能拯救历史,但也许能拯救未来。”[1]我想这也正是我们研究东西方冷战的一个重要目的。虽然冷战早已经成为历史,但是冷战给当今世界的政治家留下了一份丰厚的遗产,其影响有多大,目前还难以估计。在百年未有之大变局的今天,探讨冷战可能给今天及今后的人们带来什么样的影响、今天的政治家应当如何对待冷战的遗产等,便是本书最后一章试图解答的问题。实际上,前面几章已经就某个专门问题,用了一些篇幅论述了冷战的遗产,包括冷战的教训、启示和对今后的影响等。这一章从总结和归纳的角度,对这个问题作进一步的论述,阐述笔者的认识与思考。

第一节　冷战的性质

在论述冷战的遗产时,有必要先回答一个问题,即冷战是一个什么样的历史现象?因为只有认清了冷战的性质,我们才可以从总体上分析冷战可能对冷战后世界的影响。这实际上也就是从宏观和理论的角度,总结出冷战的特征与性质。

冷战发生在20世纪,是东西方之间长达四十多年的紧张较量,其最大的特征就是,既是和平,也是战争。换句话说,冷战是战争与和平的混合状态。冷战时期东西方之间的战争与和平一直交织,这使得冷战同传统的战争有着根本区别。传统的战争表现为当事国在战场上进行紧张的较量,战争以一方的失败而告终,战争与和平之间存在着明显的界线。冷战则不同,虽然冷战时期东方之间发生过热战,但是冷战的两个主角苏联和美国之间始终没有发生直接和公开的交战,冷战也不是以一方在战场上战胜另一方而终结的。这一特征贯穿于冷战始终，也正是因为如此，本书以战争与和平为主线，分析冷战这一历史现象。

在战后四十多年的冷战中，东西方之间的战争或东西方色彩浓厚的热战是不少的。朝鲜战争和越南战争都是十分典型的东西方之间的热战形式。也有一些地区性武装冲突，比如安哥拉战争和阿富汗战争，虽然从严格意义上讲它们算不上是东西方之间的热战，但是这些冲突都有美苏两个超级大国插手的因素和背景，同东西方之间的较量密不可分，实际上也属于东西方热战的表现形式。与此同时，受东西方冷战的影响，战后40多年间世界上发生的地区冲突很多都有美苏争夺和干预的背景，因而也在不同程度上带有东西方较量的色彩。也就是说，在冷战时期，东西方之间的热战的的确确是存在的，冷战绝不意味着东西方没有在战场上兵戎相见，东西方之间经常直接或间接地诉诸武力，在战场上迎头相撞。

不仅如此，根据近年所披露的材料，在冷战初期美苏两国军事人员在战场上也有过偶尔和秘密交手的记录。本书前面提到，1950年10月，斯大林曾经拒绝出动苏联空军到朝鲜半岛支援中国人民志愿军，以免招致美苏之间的战争。这是个众所周知的事实。但是，还有一个鲜为人知的事实，即苏联在朝鲜战争期间也派空军到中国东北保护鸭绿江桥，不仅如此，苏联空军甚至在朝鲜上空同美机交过战。1950年10月中国人民志愿军进军朝鲜之后，斯大林秘密派遣苏联航空兵到中国，保护中国东北及鸭绿江桥的安全。1950年10月底，两架美国飞机轰炸距苏联远东城市海参崴不远处的一个苏联机场。当年11月斯大林应中朝的要求，同意派苏联战斗机到朝鲜执行作战任务。苏军飞机甚至在朝鲜上空与美机展开过激战。但是，苏联空军的行为是保密的，其飞机被涂上中国的标志，飞行员着中国服装并且以朝鲜语或汉语进行无线电联络，在整个战争期间，苏联飞机被禁止在敌占区上空飞行，以免因为被击落而使驾驶员落入敌手。[2]这个事实表明，冷战期间，甚至是在美苏两国之间，在战场上也有过直接的交手，尽管此类冲突是十分有限和秘密进行的，还谈不上是两个超级大国之间的战争。此外，在1962年古巴导弹危机中，在古巴的苏联驻军也曾经用导弹击落一架美国U-2高空侦察机。

虽然冷战期间东西方之间的战争或者是带有东西方冲突色彩的地区冲突不断发生，但是纵观冷战的全过程，在长达四十多年的冷战时期，冷战的两个主要发起者与参加者——美国与苏联——始终避免同对方进行直接和公开的军事对抗,新的世界大战也一直没有爆发,世界人民因此度过了近半个世纪的和平时期。从这个意义上说,冷战不是真正的战争,它总体上是和平进行的。从冷战开始到苏联的最后解体,美苏两个超级大国之间多次发生激烈的对抗和导致严重的危机,走到过战争边缘。然而,在每次危机中美苏都自觉或不自觉地进行相互合作,采取切实有效的措施最终使两国避免了战争。柏林封锁、柏林危机和古巴导弹危机就是例证。在冷战的年代中,两个超级大国也不止一次地卷入了东西方之间的战争或带有东西方斗争色彩的地区武装冲突中,如朝鲜战争、越南战争、安哥拉战争和阿富汗战争等,但是它们都在这些冲突中严格遵守一个共同的游戏规则,即避免两国间直接和公开的军事冲突。在冷战当中,美国和苏联都视对方为自己国家安全的最大威胁,也都把准备同对方发生战争作为制定自己的军事战略之基本出发点。其结果是,虽然美苏之间的军备竞赛特别是核军备竞赛愈演愈烈,两国的武器库不断膨胀,第三次世界大战的危险像"达摩克利斯剑"一样始终悬在世界人民的头上,但是两个超级大国都努力避免军备竞赛失去控制,避免核战争的爆发。简言之,在冷战中,美苏两国始终以和平的方式处理相互间的关系,双方都未诉诸直接和公开的战争。正因为如此,美国著名冷战史学者约翰·加迪斯很恰当地给冷战冠以一个新的名字,即"长和平"。[3]

美苏对抗采取和平的方式,从而使冷战没有演变成热战,新的世界大战得以避免。其原因何在?这是很长时间以来学者苦苦探讨的问题,至今尚无明确和一致的答案。我想造成"长和平"的因素是多方面的,其中最基本的因素有两个。

其一,冷战呈现为"两极"对抗的局面。两大力量之间的较量虽然十分紧张,但是双方又都无力消灭对方,也不希望破坏两极力量平衡。另外,在两极体系中,超级大国可以对自己盟友的行为进行控制,这也有助于防止冲突与危机失控。因此,从一定意义上说,两极力量格局的确有其稳定性,它可能避免一方通过战争破坏这种稳定。根据这个逻辑,我们似乎可以得出这个结论:在战后两极力量格局中,美苏间的关系是紧张的,同时也是和平的,是紧张中的和平。应当申明,笔者无意评判两极世界还是多极世界更稳定、更有利于世界和平。近几十年来,国际关系学者一直在争论关于不同类型国际体系结构的稳定性问题。有人倾向认为,多极体系是最稳定的体系,有人主张两极结构是最稳定的,也有人声称无论两极还是多极都包含着不稳定的因素。[4]这个争论直至今天还没有结果,今后还会继续进行下去。笔者以为,光从两极结构导致一方消灭另外一方的成本极大以及两个力量中心可以比较有效地控制其他国家行为这一点来看,战后形成的两极体系无疑对冷战发展成为热战起到了制约作用。从这个意义上说,冷战是两极格局的特产。

其二,现代战争的毁灭性,使美苏两家怯于卷入新的世界大战。第二次世界大战是一场全球性的大灾难,它波及 60 余国和五分之四的世界人口。这场战争给世界人民带来了巨大的灾难,死亡人数达 5 000 万,财产损失 4 万亿美元。[5]交战双方均投入了最先进的武器(包括第二次世界大战结束前夕美国在日本投掷的两颗原子弹),使用所有国家资源,涉及社会所有阶层。因此,这场战争的毁灭性、残酷性是前所未有的,它给战后的人们留下了不可磨灭的印象,世界上的各个国家,包括主要大国,对新的一场世界大战都有着心理惧怕。由于科技发展、武器系统的不断改善,特别是核武器及其运载工具突飞猛进的发展,战后美苏之间的战争无疑将是一场规模和毁灭性都大大超过第二次世界大战的灾难。现代战争的毁灭性,使得美苏两个超级大国有着一个共同的利益,即避免发生直接的军事对抗,都努力以非直接战争的手段,实现自己的对外战略目标。冷战是发生在核时代的政治和军事冲突。现代高科技武器包括核武器的巨大破坏力使得现代战争的成本大大高于收益,这是世界大国领导人不能不认真对待的问题。东西方之间的全面战争极可能导致"集体自杀",没有输家和赢家。[6]现代战争的毁灭性实际上造成东西双方,特别是美苏两个超级大国之间在安全问题上存在着相互依存的关系,促使它们避免在战场上迎头相撞。

同冷战的特征一样需要解答的另外一个重要问题是,发生在 20 世纪下半叶的东西方冷战是一场什么样的斗争,或者说冷战的性质是什么?简单说来,冷战的性质不是单一的,而是双重的,它既是意识形态斗争,也是权力较量。

冷战无疑是 20 世纪世界上两大意识形态和两种社会制度的对立,是思想意识和价值观念的斗争。冷战表现为东西双方努力把自己的价值观念、社会制度和发展模式推广到世界其他国家与地区,削弱对方在国际舞台上的政治影响。为达此目的,东西双方都采取了政治宣传、物质援助、建立双边和多边同盟等合法手段,也使用秘密颠覆、代理人战争和军事入侵等有悖国际行为准则的途径,以壮大自己、打击对手。斗争的结果是,世界共产主义运动遭受了重大挫折,苏联及东欧国家的共产党丧失了政权,由于苏东政治剧变以及社会主义的优越性未能充分发挥出来,社会主义在世界的影响力走入一个低潮;而资本主义在这场较量中占据了上风。

然而,意识形态斗争只是冷战的一个方面,它绝不是冷战的全部内容。应该说,社会主义和资本主义这两种意识形态的斗争大大早于冷战的出现而存在。不仅如此,在第二次世界大战结束前的很长时期里,虽然资本主义和社会主义两种价值观念和社会制度的较量十分激烈,包括西方多个帝国主义国家联合起来对新兴的苏俄政权进行武装干涉,但是东西方两大政治、军事、经济集团之间的冷战并不存在,冷战只是第二次世界大战以后的产物。也就是说,光是意识形态斗争不会导致东西方之间的冷战。

冷战的另外一个重要方面是权力斗争,也就是战后两极格局中两大力量中心的较量。如果没有战后两极力量格局,就不可能出现东西方之间的冷战。从这个角度来看,冷战同传统的大国之间的斗争并没有根本的区别。美国学者肯尼思·华尔兹指出:"根据冷战的言论,世界的根本分裂是资本主义和不信神的共产主义之间的分裂。从利害关系的大小和斗争的力量来看,意识形态在美国和苏联的外交政策中都从属于利益,这两国的行为与其说是像救世主运动领导人的行为,不如说是传统大国的行为。"[7]华尔兹的这个论断虽然过于绝对化,它贬低了意识形态在东西方冷战中的作用,但是也道出了冷战性质的重要一面,即大国之间的权力斗争。如果不认识到这一点,我们就无法理解和解释为什么信奉不同意识形态信仰的美国和中国在 20 世纪 70 年代初开始联手对抗苏联。冷战期间,美苏两个超级大国处理相互关系的行为方式同传统的大国处理相互间关系的行为方式没有根本的区别。例如,尽管美苏两国进行紧张的对抗,包括进行军备竞赛和间接的军事较量,双方都把避免相互间的战争、确保自身的安全作为共同遵守的游戏规则。又如,国际关系史上形成的"势力均衡"原则,在冷战当中并未失去市场,亨利·基辛格甚至在 20 世纪70年代把它发扬光大,用以指导美国对苏战略的制定与施行。正因为如此,我们可以把冷战作为一个研究个案,从中寻觅传统大国关系的某些特征和行为方式。

权力斗争和意识形态斗争构成了东西方冷战不可分割的两个方面,两者总是交织在一起,难以分开。也就是说,权力斗争和意识形态较量是一枚硬币的两面,只要缺少一个方面,就不可能出现战后长达40多年的东西方冷战。总之,冷战的性质是双重性的,不可进行简单和片面的概括。

从冷战的双重性质中,我们可以看出,同传统的国际冲突相比,东西方冷战不仅有其特殊性,而且也有其普遍性或共性。意识形态斗争和阵营对抗的色彩浓厚,这是冷战不同于传统大国斗争的重要方面。美苏两国之间那种传统的权力斗争和处理相互关系的行为方式,又使得冷战同国际关系史上的大国斗争有着千丝万缕的联系,冷战继承了传统国际关系的很多东西。

第二节　冷战的教训

冷战给今天的世界留下了一份政治遗产,这份遗产包含着什么样的内容?这是一个很新、很大且很难准确回答的问题。笔者认为,战后延续了四十多年的东西方冷战,无疑给予人们以很多启示,今天的人们可以从中吸取不少经验和教训,而冷战给政治家所能提供的启示、经验和教训就是冷战留下的遗产之一。它包括如下四个方面。

第一,我们不可低估意识形态或价值观念因素在国际关系中的作用。从很大程度上说,冷战是两种意识形态信仰、两种政治和经济制度以及两种生活方式之间的较量和斗争。意识形态因素始终贯穿于东西方冷战之中,尽管在冷战结束之后意识形态斗争的影响曾经一度减弱。意识形态斗争的最好方式应当是和平竞赛和自由选择,然而这个原则在冷战时期很难被有关当事国共同遵守。冷战时期,东西方价值观念的冲突被扩展到政治较量、军事对抗和经济关系等领域,导致东西方之间长期处于紧张对峙的局面,对世界和平与稳定构成了极大威胁。冷战结束以后,不同意识形态信仰之间的斗争,或者从更广泛的意义来说,不同价值观念甚至不同文化之间的冲突,仍将在国际关系中扮演重要的角色。因此,意识形态或价值观念依然是影响今后国际关系的重要因素,所谓"国际关系非意识形态化"似乎在可见的将来是难以彻底实现的,当然冷战后意识形态或价值观念斗争的内涵与方式等可能会有别于冷战时期。只要遵守和平竞赛、自由选择的原则,就可以避免冷战时期那种意识形态因素被过分强调及其导致的紧张对抗的局面重新出现。

第二,应当清醒地认识核时代战争的毁灭性,把避免爆发世界大战和努力以政治方式解决国际冲突作为世界各国特别是世界上主要大国处理相互间关系的基本行为准则之一。在冷战时期,东西方在长期对抗中已经形成一个共识:由于武器技术的迅猛发展,特别是核武器及其运载工具技术的突飞猛进,主要大国之间的热战,或者是新的世界大战,已经成了不可想象、难以承受的前景。世界核大战的结果只会是参战国两败俱伤,甚至带来人类文明的毁灭。因此,大国必须把相互间的冲突控制在一定范围内,除了以和平的手段解决相互间的分歧之外,它们别无选择。在当今世界,核武库依然十分庞大,核扩散的危险依然严重。我们对核武器在国际政治中的作用依然需要进行审视。

冷战期间,东西方之间的军备竞赛愈演愈烈,核战争和新的世界大战的阴云一直笼罩着世界。冷战虽然是"持久的和平",但它是"恐怖之下的和平"(peace by terror)。[8]世界各国人民便是在这种紧张和巨大的压力下度过了 40 多年的冷战时期。冷战结束后,如何改变人们对核武器的政治和军事作用的认识、防止核扩散、有效控制乃至最后全部销毁核武器、防止任何形式和规模的核战争的爆发,理应是当今世界政治家需要认真考虑和对待的问题。同时,由于现代武器的巨大破坏力和国家间经济上相互依存的日益深化,对话、合作与和平变革也应当取代军事冲突,成为处理民族国家间关系的主要手段。换句话说就是,应该用一种更加理性的方式来解决国际问题,而不是采取冲突和争夺的方式。

第三,冷战期间,东西方对对方行为动机的主观认识有猜疑、不符合实际的成分,夸大了对手的威胁。其结果是加速了冷战的产生,也造成东西方之间的对抗更为激烈、紧张。对外政策是由个人决定和执行的,它不可避免地会带上个人的主观因素。因此,领导人之间的相互理解和沟通,是世界上所有国家特别是大国处理好相互间关系的一个重要条件。这无疑又是我们从冷战中得出的一个重要启示。

第四,冷战的最后结束表现为东方集团的政治剧变和苏联解体,在一定程度上说,西方实现了"不战而胜"的目的。世界社会主义事业因此遭受了重大的挫折,也给包括中国在内的其他社会主义国家留下了深刻的、多方面的教训。社会主义国家可以从中获得的重要教训之一便是:共产党执政的国家必须采取切实有效的措施发展生产力,大大增强综合国力特别是经济实力,稳步提高广大人民的生活水平。只有这样,人民才能体会到社会主义制度的优越性,社会主义在同资本主义的和平竞赛中才会处于不败之地。

第三节　冷战的影响

持续四十多年的东西方冷战对冷战后世界的影响,是我们在考察冷战遗产时需要特别注意的另外一个问题。虽然冷战已经彻底结束,但是其影响却没有也不可能因此而完全消失,事实上,它已经在国际政治中一再表现出来。这是因为,冷战持续了近半个世纪,它只是在20世纪末才退出历史舞台,依然是留在人们记忆中一段不太久远的历史,不能不影响着冷战后一些人的思维和行事方式。冷战后世界是冷战世界的继承者,由于历史发展过程中的惯性作用,两者是不可能截然分割开的,冷战的影响难以在短期内消失。这种影响是多方面和长久的。

首先,东西方冷战所造成的一些地区冲突,至今还没有能够得到解决,继续影响着冷战后地区局势的发展。

这其中最明显的例子是朝鲜半岛的南北对峙。朝鲜半岛的南北分裂无疑是东西方冷战的结果,朝鲜半岛一直都是冷战的重要战场和世界主要热点地区之一。冷战结束以后,朝鲜半岛南北双方的政治和军事相互对峙局面时而缓解,时而紧张,迄今为止没有得到根本性改变。众所周知,冷战结束后至今,朝鲜半岛一再出现危机,危及地区和平与稳定。其中朝核问题最引人瞩目。自从1992年美国怀疑朝鲜正在研制核武器以后,朝鲜核问题就成了冷战后至今世人关注的焦点之一。针对朝鲜核问题,美国对朝鲜施加极大压力,朝鲜于1993年3月宣布退出《不扩散核武器条约》。其结果是,朝鲜半岛局势一度极为紧张。韩美举行军事演习,朝鲜宣布进入准战时状态,韩国军队也进入高度戒备状态,冲突双方剑拔弩张。[9]在历经一年多的紧张对抗之后,经过有关国家和人士的多方努力,朝美两国于1994年10月在日内瓦签署了一项历史性协议(《日内瓦框架协议》),打破了双方在朝核问题上的僵持局面,从而大大缓解了半岛紧张局势,"第一轮朝核危机"因而结束。[10]然而,朝核问题并没有因此得到解决,从2002年开始又爆发所谓"第二轮朝核危机"。从2003年开始,中、美、俄、日、朝、韩六国代表在北京先后举行过多轮朝核问题六方会谈并取得一些积极成果,但没能促使有关当事国达成从根本上解决朝核问题的共识。朝鲜于2006年成功进行第一次地下核试验,成为事实上的核国家,此后该国又分别于2009年、2013年、2016年和2017年(2次)先后进行5次地下核试验。在朝鲜进行核试验之后,朝鲜半岛的核扩散实际上已经成为难以逆转的现实,朝核问题六方会谈也在2008年之后再也没有召开。从冷战结束以后至今,虽然朝鲜半岛的局势时而缓解和改善,包括2000—2019年间朝韩和朝美首脑之间举行过多次会晤,但是除了朝核危机之外的紧张冲突事件时有发生,其中包括1996年朝鲜武装人员进入非军事区和一艘朝鲜潜艇在韩国海岸搁浅,1997年朝鲜劳动党中央书记黄长烨进入韩国驻中国大使馆并要求政治避难,2010年的"天安舰"事件和延坪岛炮击,2015年非军事区的木盒子地雷事件,等等。总之,冷战烙印极深、素有"冷战活化石"之称的朝鲜半岛在冷战结束之后一直是影响亚太地区局势的热点地区。

台湾问题也是冷战遗留下来的一个问题,并继续影响着冷战后中国与有关国家的关系以及亚太地区局势的稳定。台湾问题的产生无疑是1946—1949年间国共内战的产物,但由于美国的干涉,台湾问题复杂化,和中美关系有着很大关联性。在1950年6月朝鲜战争爆发后,美国政府立即宣布派遣第七舰队到台湾海峡,阻止中国人民解放军解放台湾,从此台湾问题便成为影响冷战时期中美两国关系乃至亚太地区安全的一个重要因素,包括在20世纪50年代发生过两次台湾海峡危机。冷战结束后,中美关系失去了共同的战略基础,两国关系一再出现紧张状态,台湾问题成了美国对付中国的一个重要政治筹码。台湾当局也努力利用中美之间的矛盾和冲突,在国际舞台上拓展所谓"生存空间",包括台湾当局要员频繁以"私人身份"窜访与中华人民共和国建交的国家,妄图加入联合国和其他国际组织,以谋求主权国家地位和"国际空间"。冷战以后至今,美国政府多次违背中美所达成的协议，在台湾问题上频繁采取对中国不友好的态度，包括1992年布什政府作出向台湾出售150架F-16战斗机的决定；克林顿政府1994年10月全面调整对台政策，提升美台关系；1995年克林顿政府允许台湾地区领导人李登辉到美国进行“私人”访问；2017年之后，美国政府更是为了打压其认定的主要战略竞争对手中国而频频在台湾问题上触碰底线，等等。众所周知，从冷战结束以后至今，中美在台湾问题上已经多次发生严重冲突。比如，1995—1996年的台湾海峡危机，这也被称为“第三次台湾海峡危机”。1995年美国允许李登辉窜访美国之后，中美关系以及台湾海峡地区的局势都十分紧张。1996年春，中国人民解放军在台湾附近地区进行导弹发射试验和其他军事演习，美国则派两个航母战斗群到台湾附近海域，向中国显示力量。可以预见，台湾问题这个冷战的遗产在今后还将继续影响着中国的对外关系和地区局势。

此外，同东西方冷战密切相关的其他一些地区冲突，如美古关系、阿富汗冲突和安哥拉内战等，在冷战结束之后也在继续影响着世界和地区局势的发展。如前所述，古巴曾经是冷战时期美苏对抗的重要场所，1962年在那里发生的导弹危机是冷战时期东西方之间一场十分严重的政治和军事冲突。苏联解体和冷战结束后，美国同古巴的双边关系有了改善的客观条件和可能性。然而，由于美古两国在冷战期间的积怨太深以及冷战后古巴没有发生类似苏东剧变那样的政治变革，所以美国政府在冷战结束后并没有采取从根本上改变与古巴关系的措施，相反继续执行冷战时期的敌视古巴的政策，包括拒绝解除对古巴的经济封锁，继续支持在美国的古巴流亡者从事颠覆古巴政府的活动。比如，1996年古巴军队击落了入侵古巴领空的古巴流亡者驾驶的飞机，这令美古关系处于十分紧张的状态，美国国会因此通过《赫尔姆斯-伯顿法》，对这个加勒比海岛国进一步施加经济压力。虽然奥巴马政府在2015年先后与古巴领导人举行首脑会面，把古巴从“支持恐怖主义名单”中移除以及同古巴正式恢复外交关系，但是迄今为止美国并未全面解除对古巴的封锁。不仅如此，2017年上台的美国特朗普政府再次收紧对古政策，并以所谓美外交人员遭到“声波攻击”为由，驱逐在美古巴外交官并撤回六成美驻古外交人员。冷战结束前，苏联从阿富汗撤出了其占领军，一度促成了阿富汗问题的政治解决。但是，在冷战结束后，这个国家的内部冲突并没有结束，并再次遭遇外来入侵。在1991年底苏联解体之后，原先由苏联支持的阿富汗人民民主党领导人纳吉布拉政权在没有外来援助的情况下很快便于次年4月倒台，随之阿富汗伊斯兰国临时政府成立。然而不久，阿富汗重新燃起战火，原先结成反苏同盟的各个"圣战者"组织和军阀之间发生混战，1994年成立的塔利班(Taliban)于1996年占领首都喀布尔，杀死纳吉布拉，随后建立阿富汗伊斯兰酋长国。虽然美国在阿富汗与苏联的博弈中终于实现了自己的目标，成为在阿富汗与苏联冷战的"胜利者"，但是2001年9月11日受到塔利班政权庇护的本·拉登"基地"组织针对美国所实施的恐怖袭击活动以及美国随后发动入侵阿富汗的战争，也让美国再度陷入一场前后持续20年的"阿富汗的越南战争"。如前所述，在冷战结束后，安哥拉内战也一度有所反复，直到2002年才彻底结束。

其次，冷战所导致和积累的大量大规模杀伤性武器仍是冷战后危及人类安全的一个大问题。应该说，核武器并不是冷战的产物，因为它的出现早于冷战的开始，是第二次世界大战的结果。但是，战后开始并持续近半个世纪的东西方冷战，导致了世界上的核军备竞赛愈演愈烈、核武库日益膨胀、核国家数量不断增加。可以说，正是东西方冷战导致在世界上存在着数量极大的核武器，使得人类长期面临着核毁灭的危险。冷战的结束以及随之而来的美俄核军备控制不断取得进展，的确使得部分核武器被销毁，核大战的危险也在减少。但是，冷战后的世界还没有远离核威胁。这是因为，即使美俄按期销毁所有裁减下来的核弹头，两国留下的核武器仍能够对世界构成毁灭性打击，况且进入21世纪后美俄关系的再度紧张和恶化以及双方单方面退出一些核军备控制条约的行为，也使得今后爆发核战争的风险不可完全被排除。不仅如此，冷战时期开始的核扩散进程在冷战结束之后依然在继续，包括印度、巴基斯坦和朝鲜在内的多个国家在冷战结束之后又成为新的核国家，其实这些国家在冷战时期就已经开始研制核武器。未来可能还有更多的国家成为核国家。核扩散问题已经成为冷战后政治家、学者关注的焦点之一。[11] 此外，冷战时期积累起来的化学武器和生物武器也是危及冷战后人类安宁的大规模杀伤性武器，而且由于其制造技术易于掌握，扩散的危险或许比核武器更大、更难控制。

再次，苏东剧变和冷战的结束就像一场国际政治大地震，它所掀起的震荡难以在短时期内完全消失。比如，冷战结束后，苏联解体的余震继续蔓延，原苏联和东欧地区成为了世界动荡的新热点，甚至引发了战火。苏联解体导致其 15 个加盟共和国变成了独立的主权国家，并处于政治和经济转型的过程之中，但迄今为止一部分国家还没有完成此类转型，一些国家还发生了内战。[12]这些国家之间的相互关系也一直处于变动之中，其中一个很大的问题就是俄罗斯联邦与原来的苏联加盟共和国的关系问题，这通常也被称为所谓"后苏联空间"问题。在苏联解体之后，除波罗的海三国以外的其他原苏联加盟共和国都曾加入独立国家联合体(简称独联体)，但是独联体国家的数量后来是不断减少的，土库曼斯坦、格鲁吉亚、乌克兰等国都先后宣布退出独联体。土库曼斯坦退出独联体是因为其中立国地位，格鲁吉亚则是因为俄罗斯 2008 年出兵南奥塞梯，而乌克兰却是由于该国 2014 年发生"颜色革命"、推翻亲俄总统以及俄罗斯兼并克里米亚和支持乌克兰东部的政治分裂势力。特别是 2014 年之后俄罗斯与乌克兰的关系不断恶化以及西方国家对俄罗斯进行制裁和推动北约进一步东扩，导致 2022 年 2 月爆发了俄罗斯与乌克兰之间的冲突以及西方国家扩大与强化对俄罗斯的制裁，俄乌冲突(俄罗斯称之为"在乌克兰的特别军事行动")被称为第二次世界大战结束以后在欧洲爆发的最大规模的一场战争。苏东剧变这场政治大地震的余震还表现为南斯拉夫的解体及其引发的战火。第二次世界大战结束以后的南斯拉夫是一个由 6 个共和国组成的联邦制国家，主要语言是塞尔维亚-克罗地亚语，塞尔维亚人是东正教徒，克罗地亚人是天主教徒，很多波斯尼亚人是穆斯林。从 1991 年 6 月开始，斯洛文尼亚、克罗地亚、波黑和马其顿 4 个共和国先后宣布独立，剩下的 2 个共和国，也就是塞尔维亚和黑山，在 1992 年 4 月组成南斯拉夫联盟共和国，简称南联盟，并称自己是南斯拉夫联邦的合法继承者。在 2003 年 2 月，南斯拉夫联盟共和国又改名为塞尔维亚和黑山国家联盟。到了 2006 年 5 月，黑山又宣布独立并且加入联合国。到这个时候，原来南斯拉夫联邦的 6 个共和国都已经成为独立的主权国家，南斯拉夫就完全解体了。南斯拉夫的解体过程伴随了很多战乱，包括 1991 年 6—7 月南斯拉夫人民军和斯洛文尼亚军队的交战，从 1991 年 6 月开始的克罗地亚境内的克罗地亚族和塞尔维亚族的冲突及其引发的克罗地亚和塞尔维亚的战争，从 1992 年开始的波黑塞尔维亚族武装同克罗地亚族和穆斯林武装之间的冲突,北约在 1994 年进行军事干涉,1991 年塞尔维亚科索沃地区的阿尔巴尼亚族人举行公投和宣布科索沃为独立国家之后的科索沃战争以及北约于 1999 年初开始进行的军事干涉,等等。总之,苏东剧变和冷战结束是 20 世纪所发生的最大的历史事件之一,其重要性或许可以同第二次世界大战的结束相提并论。冷战结束对世界所造成的震撼有多大、影响有多远,会逐渐为人们所理解。

从次,冷战后本·拉登领导的"基地"组织对美国发动的恐怖袭击,也和冷战有一定的关联性。众所周知,冷战结束以后的国际冲突涉及跨国恐怖主义组织,特别是以本·拉登为首的"基地"组织,"基地"组织对国家行为体发动多轮恐怖袭击,特别是 2001 年对美国发动"9·11"恐怖袭击,4 架被 19 名恐怖分子劫持的美国民航班机撞倒了纽约的世贸中心双子塔,撞坏了华盛顿特区的五角大楼,导致约 3 000 人瞬间丧生,其中大多数为美国人,还有来自其他 50 多个国家的男男女女,包括被埋在双子塔废墟之下的 200 名英国公民。[13]这次恐怖袭击花费了"基地"组织大约 40 万—50 万美元,却给美国造成了 1 万亿美元的损失。[14]在美国著名的冷战史学家拉费伯尔看来:"'9·11'袭击正是冷战的产物。从 20 世纪 80 年代美苏对阿富汗的争夺,一直到纽约和华盛顿悲剧的发生,其间一脉相连。这条线索,可以由奥萨玛·本·拉登的经历体现出来。"[15]1979 年底苏联入侵阿富汗之后,父母分别为也门人和沙特人、具有浓烈宗教色彩的本·拉登离开沙特到了阿富汗,帮助其穆斯林同伴抗击苏联入侵者。在阿富汗,他与巴基斯坦人协作,也间接地与美国情报人员合作,后者向其团队及其他类似团队提供武器,包括 900—1 000 枚毒刺式导弹。在 1989 年苏联军队最终撤出阿富汗之后,本·拉登又将其矛头转向了唯一的超级大国美国,其原因正如他后来所言:"苏联的解体使得美国更加傲慢狂妄,它开始自命为这个世界的主宰,建立它所宣称的世界新秩序。"[16]冷战结束之后,本·拉登所领导的"基地"组织,多次发动针对美国的恐怖袭击,其中包括 1998 年袭击美国驻非洲两个国家的大使馆,2000 年炸毁美国驻也门军舰,以及 2001 年对美国的"9·11"恐怖袭击。

最后,也最重要的是,历史经验常常能对政治家的行为产生影响,迄今为止,冷战后世界各国当政的政治家实际上都是在冷战时代成长起来的,冷战时期积累起来的工作经验和思维方式必然会同他们中的一部分人一起,影响冷战后的世界。冷战思维可能对今天以及今后国际关系产生持久与深刻的影响,本章有必要单独列出一节,就这个问题作一些分析。目前还很难估计这种影响到底有多大。笔者拟在下面一节里,专门就可能影响冷战后有关国家特别是大国行为方式的冷战思维进行一些分析和探讨。

第四节 冷战思维

冷战结束以后,“冷战思维”一词频繁出现于中国报刊,似乎已经成为一个具有特定内涵的专有名词。可是,只要稍微留心,读者便可发现,“冷战思维”一词的含义并不太明确,使用者对它的界定也很不一样。“冷战思维”到底指的是什么?有的人把冷战思维与霸权主义或强权政治等同起来。

笔者以为,所谓“冷战思维”,顾名思义,就是在战后持续四十多年的东西方冷战这个国际大环境中人们观察国际事务的特有的思想模式或认识框架。以恃强凌弱为特征的霸权主义和强权政治,的确在冷战时期肆意横行,但是不能说它是冷战的特产。弱肉强食一直是以主权国家为主体的现代国际体系中的一个不成文法则。因此,把霸权主义和强权政治等同于冷战思维的提法,似乎有点牵强。

那么“冷战思维”到底指的是什么呢?依笔者一孔之见,冷战思维至少包含下面四个方面的内容。

第一,过于强调国家间意识形态或价值观念的对立。由于政治、经济制度的不同,冷战时期的东西双方均互视对方为敌人,并且努力把自己的价值观念和生活方式强加给别人。其结果是,冷战在很大程度上表现为两种制度和政治信仰之间的较量。冷战之后,两种社会制度和价值观念之间的斗争并没有结束,有些西方大国仍旧把西方民主、自由的价值观念当作判断别国政治行为的普遍标准,并且施加各种压力,企图改变他国的行为,促使他国按自己的意志发生和平变革。冷战后的意识形态斗争比冷战时期要复杂得多。资本主义与社会主义两种制度和观念的斗争依然存在,这是我们所熟知的意识形态斗争,也是狭义的意识形态斗争。与此同时,冷战后别种形式的价值观念或广义上的意识形态斗争正日益为人们所关注,其中包括发达国家与发展中国家在主权、人权、发展权和民主价值观上的争论;围绕民族认同和宗教信仰的争端与冲突;文化主权与霸权之争,等等。[17]冷战后一度十分流行的“文明冲突论”,从某种意义上说也属于冷战后一种意识形态的表现形式或价值观念对立的理论。进入 21 世纪之后,某些西方国家领导人频繁发表有关“民主对抗威权”的言论也是如此。比如,2021 年初拜登在北约峰会的演讲中就美中之间的竞争说道:“我们处于一场竞争之中,不是与中国本身竞争,而是与世界各地的独裁者、独裁政府的竞争,问题的关键在于民主国家能否在快速变化的 21 世纪与它们进行竞争。”[18]

第二,“非友即敌”和必须确定一个头号敌手的观念。冷战时期,由于敌友界线分明,冷战的一方视对方为自己的最大“威胁”,以此作为制定对外战略和政策的依据。随着冷战的结束,也就很难判断谁是一国安全之最大的“威胁”,因为同冷战时期相比,冷战后敌友之间的界限是模糊的,一国安全的威胁来自何方已经成了很不确定的问题。从这个意义上说,冷战之后的政治家面对的是更为复杂、多变的国际现实。显然,应当从新的视角观察和分析冷战后的国际现实,并且依此制定对外战略。但是,世界上还有不少的政治家习惯于从有一个最大、固定不变的“威胁”这个角度来思考冷战后的国家安全问题,把一个国家视为潜在或假想敌人。冷战结束之后,尤其是在进入 21 世纪之后,国外一些人士鼓吹“中国威胁论”,美国和其他一些西方国家领导人把正在崛起的中国视为“最严峻的地缘政治挑战”“系统性竞争对手”或者“前所未有的威胁”等,在很大程度上便是这种心态的反映,因而也是冷战思维在新时期的表现形式。

第三,同前面两个观念密切相联系的是,“苏联因素”似乎还在影响着一些西方大国的对外政策。西方某些政治家和战略家在苏联解体之后的一段时间里,仍然习惯于把苏联当作评判其他社会主义国家行为的参照物。这突出表现在,西方有的战略家主张,西方大国应当重点援助俄罗斯,支持其政治和经济变革,使得民主的俄罗斯能够成为世界其他地方的榜样。在他们看来,坚持走社会主义道路的中国在当今世界上经济发展很快,如果只是中国成功,而俄罗斯遭受失败,“结果证明一个共产党政府可以比一个西方民主政府为私人提供更好的投资机会,那将是一个莫大的讽刺”。相反,如果俄罗斯获得成功,那么“政治和经济自由在即将到来的21世纪中将成为一股汹涌的浪潮"。[19]也就是说,冷战时期,西方制定对其他社会主义国家的政策,在很大程度上取决于它们对这些国家同苏联关系疏近的认识和判断,"苏联因素"是西方处理同其他社会主义国家关系的一个重要因素;冷战以后,西方政治家又希望世界上尚存的社会主义国家也能步苏联的后辙。特别值得注意的是,某些西方精英人士把今天的中国视为冷战时期苏联的翻版,声称"现在的中国,这个世界上人口最多的国家,显然步入了莫斯科的覆辙"[20]。"苏联因素"的另外一个表现是,冷战后某些西方大国仍然对俄罗斯保持着很深的不信任感,把它视为潜在的地缘政治对手,因为冷战时期苏联的行为是难以被政治家所遗忘的。北约东扩计划的动机之一,便是防止俄罗斯走苏联老路的一个具体步骤。北约成立于1949年,是冷战的产物。冷战结束以后,北约继续存在的理由已经不复存在。但是北约在冷战以后,不仅没有解体,反而扩充其成员国,其目标之一显然是对付日后迟早会重新强大起来的俄罗斯。[21]因此,冷战结束了,但"苏联因素"似乎并没有完全消失,它也是冷战思维在新时期的一种表现形式。

第四,过于强调国家的政治与军事安全。国家的政治与军事安全一直是主权国家国家利益的重要内容,今后也是如此。但是,在冷战时期,由于东西方之间紧张的较量,国家的政治与军事安全被强调为一国之首要目标,国家的发展、国际社会的福祉等方面则被忽视了。正如有的学者所指出的:"国家安全象征主义基本上是冷战以及当时美国人怀有的严重威胁感的产物。现实主义学派的分析又增强了其说服力,因为这种分析坚持认为国家安全是国家的首要目标,而且在国际政治中,国家安全所受到的威胁是始终存在的。国家安全观念和支持它的现实主义分析法,不仅集中体现了对事件的某种反应方式,而且还使下述观点成为法典,即某些变化,尤其是第三世界国家出现激进政权的趋势,似乎有损于国家安全,而发达国家之间的经济关系所发生的根本性变化却似乎是无关紧要的。"[22]冷战结束以后,许多人提出应当以新的安全观念取代冷战时期的安全观念。新的安全观主张,安全是全面安全或综合安全,它不能仅仅局限在国家的政治和军事安全上,还应当包括经济安全、生态安全、全球安全等诸多方面。不少人认为,冷战后,军事安全的重要性明显下降,经济安全的功能大幅度提升;国家间相互依赖大大加强,安全也不限于主权国家之内,人类社会的和平与共荣已成为安全的重要组成部分,在当今世界,交往、合作已是大势所趋。[23]然而,冷战时期形成的安全观念,并不是很快就能为人们所忘记和放弃的。虽然冷战的结束导致了国际政治舞台的巨大变动,但是大国政治并没有随着冷战的结束而结束,不同价值观念的斗争还继续存在,国家间的冲突与战争从未间断。因此,强调国家的政治与军事安全依然是冷战以后世界上许多政治家观察国际问题的基本出发点。例如,1996 年美国一个两党委员会发表了一份界定新时期美国国家利益的重要政策报告,把防止和遏制核武器、生化武器袭击列为美国"至关重要"利益的首位。另外,该报告也把防止欧洲或亚洲出现敌对的霸权,防止在美国周边出现一个敌对大国,或者是一个控制海洋的敌对大国,确保美国盟友的生存等视为"至关重要"利益的组成部分。[24]大致从 2009 年初奥巴马出任美国总统开始,美国政府越来越关注所谓"大国战略竞争",奥巴马政府的"亚太再平衡"战略以及特朗普政府和拜登政府的"印太"战略的出笼与实施,正是此种政策转向的表现。2022 年 10 月 12 日公布的拜登政府首份《美国国家安全战略报告》就声称,"后冷战时代的确已经终结了"(the post-Cold War era is definitively over),它已经被大国竞争时代所取代。[25]看来,以新的安全观代替旧的安全观将是一个长期和艰难的任务。

冷战结束以后,随着国外某些人士鼓吹"中国威胁论"和"遏制中国论",自然引起中国政界、舆论界以及学术界人士的强烈批评,并把它们视为"冷战思维"的产物或结果。[26]大概没有人怀疑"中国威胁论"和"遏制中国论"是"冷战思维"的重要表现形式。但是,"中国威胁论"和"遏制中国论"所体现出来的"冷战思维"指的是什么,似乎还没有一个被普遍接受的解释。我想,单单指责"中国威胁论"和"遏制中国论"是"冷战思维"的产物,而不深入分析是什么样的冷战思维在这些论调的鼓吹者头脑中作祟,这样的批判显然是缺乏说服力的,也无助于揭示"中国威胁论"和"遏制中国论"的实质。如同有的研究者所指出的,"中国威胁论"和"遏制中国论"密切相连,可以说前者是后者的理论前提。[27]笔者认为,把中国视为"威胁"和需要加以"遏制"的对象,既反映了国外某些人士习惯于冷战时期那种敌友分明、确定一个国家为敌人的思维方式,也体现了这些人仍然从意识形态的角度看待冷战后世界的思想观念。因此,虽然不能说"中国威胁论”和“遏制中国论”只是冷战思维的产物,但是冷战思维无疑是导致此种论调产生之重要因素。

第五节　超越冷战

冷战已经成为历史,这是不容置疑的事实。然而,目前还不能说人类已经超越冷战了。这是因为四十多年东西方冷战已经给冷战后的世界留下了一份丰厚的遗产,其影响不是短时间所能消除的。四十多年的东西方冷战给人们带来的启示、经验与教训,有待认真总结与吸收。冷战遗留下来的问题成堆:庞大的核武库依然存在,核扩散的危险变得更为严重;冷战遗留下来的地区冲突问题还没有彻底解决;苏东剧变和两极格局瓦解引发的大震荡尚未平息,冷战后的动荡期还没有结束。更重要的是,冷战时期所形成的思维方式仍将在今后相当长时间内发生作用。

冷战的遗产是今天的政治家所无法拒绝和必须面对的。对待冷战的遗产,人们应当采取什么样的态度呢?笔者以为,吸取冷战给人们所提供的有益的经验、教训与启示,正视和解决冷战遗留下来的大量问题,努力克服冷战思维的影响,将会有助于实现超越冷战的目标。

冷战结束后至今,世界一直处于变动之中,我们在观察世界发展大势的时候,要面向未来,研判新情况、新问题和新趋势,也不能忘记历史,更要警惕开历史倒车的行为,正视冷战对当今以及未来的影响。超越冷战并不是一件容易的事情,未来并不能排除冷战以所谓“新冷战”方式重现的可能性。

从冷战结束以后至今,有关“新冷战”的言论一再出现。事实上,“新冷战”的概念产生于冷战时期,原本指的是美苏冷战的一个阶段而已。在1979年苏联入侵阿富汗之后,便开始有了美苏进入“新冷战”之说。但是,随着1985年戈尔巴乔夫出任苏共中央总书记并开始提出“改革与新思维”之后,“新冷战”的说法就销声匿迹了。冷战结束以后,俄罗斯曾经一度“转向”西方,希望与西方实现一体化,但是以美国为首的西方国家极力推动冷战的产物北约向东扩展,一些东欧国家以及原苏联加盟共和国如波罗的海三国先后成为北约成员国,原苏联加盟共和国乌克兰、格鲁吉亚也表达了加入北约的意愿,这无疑对俄罗斯战略空间造成极大挤压,令俄罗斯感到不满甚至愤怒。1999年北约轰炸塞尔维亚和干预科索沃战争、2002年美国计划在波兰和捷克建立导弹防御基地等,也被俄罗斯认为是对其安全和战略利益的威胁。2000年“政治强人”普京出任俄罗斯总统之后,美国与俄罗斯的关系日趋冷淡。2007—2008年格鲁吉亚冲突加深了美国对俄罗斯的敌视,美俄“新冷战”的说法又开始出现。[28] 2013—2014年乌克兰危机和俄罗斯兼并克里米亚之后,美国和俄罗斯关系彻底破裂,俄罗斯曾经被美国权势集团视为美国面对的最大敌手,于是有了美俄“新冷战”之说,有学者甚至顺便也把中国捎上,称俄罗斯和中国联手对美发动挑战美国霸权的“新冷战”,破坏民主社会和美国盟友的社会、经济以及政治结构。[29]虽然2001年出版的一期《时代》周刊封面上有“下一个冷战来临了吗?”这样的醒目问题,并且还附上一面中国国旗,暗示中美“新冷战”可能会到来,但是至少在当年9月发生的“9·11”恐怖袭击事件之后到2017年1月特朗普出任美国总统之前,“新冷战”的主角是美国和俄罗斯。[30] 2017年底,特朗普政府出台的《国家安全战略报告》首次公开把中国视为美国的“战略竞争对手”和“修正主义国家”,随后发动对华贸易战和采取一系列打压中国政策,之后有关美中进入“新冷战”的言论开始频繁出现。[31]“新冷战”一说并不是新出现的,只不过,现在说的“新冷战”的主要针对国家变成了中国而已,属于典型的“旧瓶装新酒”。“冷战”和“新冷战”都是西方人造出来的词汇,用来描述第二次世界大战结束以后和冷战结束以后世界上主要大国之间的关系状态,其含义可以有不同的解释,核心是大国之间以除了直接战争之外的手段进行较量,因而是“冷的”而不是“热的”战争。值得注意的是,当今美国领导人一再表明美国无意与中国进行“新冷战”和“遏制”中国。也有美国学者反对使用“新冷战”的说法。比如哈佛大学教授约瑟夫·奈就认为,中美“新冷战”一说有误导作用,因为今天的中美关系与冷战时期的苏美关系很不一样,描述当今中美双边关系更好的用词是“合作性竞争”(cooperative rivalry)。[32]

回顾历史,美苏冷战的发生是由几个重要条件导致的,今天的美中关系并不具备或者不完全具备这样的条件。第一,两极力量格局。第二次世界大战之后,美苏成为世界上两个超级大国,并逐渐形成了两大政治、军事和经济集团之间的对峙,使得美苏之间存在着结构性的矛盾,对抗难以避免。虽然今天不少人认为世界进入美中两极格局,或者G2,但是不存在一个以中国为中心的政治、军事和经济集团,美中关系不是两大集团之间的对抗。第二,激烈的意识形态对立。冷战时期的美苏关系,除了权力斗争之外,也是很典型的意识形态对立。在两个超级大国中,一个是最为强大的资本主义国家,另外一个是最为强大的社会主义国家,它们都有意识形态输出的强烈动机和行为,这使得两大意识形态之间的对立和较量在全球范围内展开。今天的美国无疑依然具有强烈的使命感和意识形态输出动机和举措,但是中国并没有这样的动机和举措。第三,相互隔绝。冷战时期美国和苏联在经济、文化、人员往来等领域近乎不存在交流,基本处于相互隔绝的状态,难以对政治和军事对抗产生制约以及调和作用。在今天的中美关系中,存在着很高程度的经济相互依存、密切的文化交流和频繁的人员往来。因此,冷战时期的美苏关系与今天的中美关系存在着很大的区别,两者之间并不具有很强的可比性。但是,我们并不能说美中之间的"新冷战"完全不可能发生。这是因为如同第二次世界大战以后美国逐渐把苏联视为首要战略竞争对手一样,今天的美国朝野在对华认识上已经形成短期难以逆转的共识,即把中国视为美国的首要战略竞争对手,并采取一系列措施打压中国、阻挠中国的发展。由于具有强大的实力,包括拥有众多盟友、伙伴国和话语霸权,因而美国具有塑造美中关系未来发展的巨大能量。美国政府正在刻意把中国视为美国霸权的挑战者和意识形态对手,在政治上以意识形态划分世界,在经济上实现与中国一定程度的"脱钩"(精准挂钩和精准脱钩)。很显然,美国政府在有意制造一场与中国的"新冷战",这是因为美国当权者一直认为是美国赢得了对苏联的冷战,美国国内部分政治势力相信美国还可以赢得一场对华"新冷战",让中国重蹈苏联的覆辙。如果世界上的其他国家在美中之间选边站,那么阵营对抗可能产生。这样一来,前面所提到的导致美苏冷战的三个重要条件今后在一定程度上有可能在美中关系中出现,从而导致美中关系发生根本性转变。

从一定意义上说,"新冷战"能否或者是否发生,是我们判断世界能否或者是否超越冷战的一个重要衡量指标。

注释

1. [日]猪口邦子:《战争与和平》,刘岳译,北京:经济日报出版社 1991 年版,第 103 页。

2. Sergei N. Goncharov, John W. Lewis, Xue Litai, *Uncertain Partners: Stalin, Mao, and the Korean War*, Stanford, CA: Stanford University Press, 1993, pp. 199 - 200; Kathryn Weathersby, "Soviet Aims in Korea and the Origins of the Korean War, 1945 - 1950: New Evidence from Russian Archives," *Working Paper No.8*, Cold War International History Project, The Woodrow Wilson Center, November 1993, pp.27 - 28; Kathryn Weathersby, "The Soviet Role in the Early Phase of the Korean War: New Documentary Evidence," *The Journal of American-East Asian Relations*, Winter 1993, pp.425 - 458.

3. John L. Gaddis, "Long Peace: Elements of Stability in the Postwar International System," *International Security*, Spring 1986; *The Long Peace: Inquires into the History of the Cold War*, New York: Oxford University Press, 1987.

4. [美]罗伯特・吉尔平：《世界政治中的战争与变革》，武军等译，邓正来校，北京：中国人民大学出版社 1994 年版，第 89—96 页；[美]肯尼思・沃尔兹：《国际政治理论》，胡少华、王红缨译，王辑思校，北京：中国人民公安大学出版社 1992 年版，第 156—193 页。

5. 何春超主编：《国际关系史》（上册），武汉：武汉大学出版社 1983 年版，第 570 页。

6. [美]詹姆斯・多尔蒂、小罗伯特・普法尔茨格拉夫：《争论中的国际关系理论》，邵文光译，北京：世界知识出版社，第 215 页。

7. [美]肯尼思・沃尔兹：《国际政治理论》，第 208 页。

8. 法国著名学者雷蒙・阿隆提出了"恐怖之下的和平"这个概念，用来解释冷战时期东西方关系是很恰当的。Raymond Aron, *Peace and War: A Theory of International Relations*, Malabar, FL: Robert E. Krieger Publishing Company, 1981, pp.159 - 160, 162 - 173.

9. 曹丽琴：《核检查问题与朝鲜半岛形势的发展》，《世界经济与政治》1993 年第 8 期。

10. 薛君度、陆忠伟主编：《面向二十一世纪的中国周边安全环境》，北京：时事出版社 1995 年版，第 416—424 页。

11. 陆宝生：《试论冷战后核扩散与防核扩散问题》，《世界经济与政治》1995 年第 6 期；Graham T. Allison, Owen R. Cote, Jr., Richard A. Falkenrath, and Steven E. Miller, *Avoiding Nuclear Anarchy: Containing the Threat of Loose Russian Nuclear Weapons and Fissile Material*, Cambridge, MA: The MIT Press, 1996。

12. 阎铸：《苏联解体后世界形势发展趋向》，《世界经济与政治》1993 年第 5 期。

13. [美]沃尔特・拉费伯尔：《美国、俄国和冷战：1945—2006》（第 10 版），牛可、翟韬、张静译，北京：世界图书出版公司 2011 年版，第 332 页。

14. 同上书，第 322 页。

15. 同上书，第 317 页。

16. 同上。

17. 王振华：《亚欧关系中的文化意识形态因素》，《欧洲》1996 年第 6 期。

18. Christina Wilkie, "Biden-Xi virtual summit set for Monday evening amid rising China tensions," https://www.cnbc.com/2021/11/12/biden-xi-virtual-summit-set-for-monday-evening-as-china-tensions-rise.html.

19. [美]理查德・尼克松：《超越和平》，范建民等译，北京：世界知识出版社 1995 年版，第 33—69 页。

20. [美]德瑞克・李波厄特：《五十年伤痕：美国的冷战史观与世界》，郭学堂等译，上海：上海三联书店 2008 年版，第 54 页。

21. 叶自成：《北约东扩与美俄中的地缘政治》，《世界经济与政治》1997 年第 1 期。

22. [美]罗伯特・基欧汉、约瑟夫・奈：《权力与相互依赖——转变中的世界政治》，林茂辉等译，北京：中国人民公安大学出版社 1992 年版，第 6 页。

23. 参见近年来中国学者对有关问题的讨论，如《世界知识》杂志 1996 年第 19—20 期开辟的讨论冷战后安全观的专栏。

24. The Commission of America's National Interest, "America's National Interests," July 1996;[美]萨姆·纳恩(美国参议员):《调查战略地形》,载 1996 年 11 月 25 日出版的《航空与空间技术周刊》,转引自《参考消息》,1996 年 12 月 14 日第 3 版。

25. The White House, *National Security Strategy*, October 12, 2022, p.6, https://www.whitehouse.gov/wp-content/uploads/2022/10/Biden-Harris-Administrations-National-Security-Strategy-10.2022.pdf.

26. 例如:《江主席接受美国电视台采访》,《人民日报》1995 年 10 月 25 日第 6 版;《钱其琛驳斥"中国威胁论"》,《人民日报》1995 年 7 月 31 日第 6 版;《钱副总理在美外交政策协会午餐会上就中美关系发表重要讲话》,《人民日报》1995 年 9 月 30 日第 3 版;《八届人大四次会议新闻发言人举行中外记者招待会,钱其琛就国际形势和我国外交政策答记者问》,《中国青年报》1996 年 3 月 12 日第 4 版;观察家:《中国发展有利于世界和平与进步——驳"中国威胁论"》,《人民日报》1995 年 12 月 22 日第 1 版;观察家:《谨防冷战思维抬头——驳"遏制中国论"》,《人民日报》1996 年 1 月 26 日第 1 版;吴国光、刘靖华:《"围堵中国":神话和现实》,《战略与管理》1996 年第 2 期;王缉思:《"遏制"还是"交往"? ——评冷战后美国对华政策》,《国际问题研究》1996 年第 1 期。

27. 王缉思:《"遏制"还是"交往"? ——评冷战后美国对华政策》。

28. Stephen F. Cohen, *Soviet Fates and Lost Alternatives: From Stalinism to the New Cold War*, New York: Columbia University Press, 2011.

29. Douglas E. Schoen and Melik Kaylan, *Return to Winter: Russia, China, and the New Cold War Against America*, New York: Encounter Books, 2015.

30. [美] 德瑞克·李波厄特:《五十年伤痕:美国的冷战历史观与世界》,第 761 页;[美]小约瑟夫·奈、[加拿大]戴维·韦尔奇:《理解全球冲突与合作:理论与历史》(第十版),张小明译,上海:上海人民出版社 2018 年版,第 264—272 页;Peter Conradi, *Who Lost Russia?: How the World Entered a New Cold War*, London: Oneworld Publications, 2017; Gordon M. Hahn, *Ukraine over the Edge: Russia, the West and the New Cold War*, Jefferson, NC: McFarland & Company, 2018; Greg McLaughlin, *Russia and the Media: The Makings of a New Cold War*, London: Pluto Press, 2020。

31. Bob Davis, Lingling Wei, *Superpower Showdown: How the Battle Between Trump and Xi Threatens a New Cold War*, New York: Harper Collins, 2020.

32. Joseph S. Nye, Jr., *Soft Power and Great-Power Competition: Shifting Sands in the Balance of Power Between the United States and China*, Singapore: Springer, 2023, p.165.

参考文献

一、档案文献

(一) 英文档案文献和资料选编

Charles E. Bohlen Papers, Library of Congress, Washington, DC.

George F. Kennan Papers, Seeley Mudd Manuscript Library, Princeton University.

Paul Nitze Papers, Library of Congress, Washington, DC.

CIA Murphy Papers and CIA NIE, Record Group(RG) 263, National Archives, Washington, DC.

Department of State Central Decimal Files, 1945 - 1949, 1950 - 1954, 1955 - 1959, RG 59, National Archives, Washington, DC.

Policy Planning Staff Records(PPS Records), 1947 - 1953, RG 59, National Archives, Washington, DC.

Papers of Dean Acheson, University Publications of America(UPA) Collections, ProQuest History Vault, https://hv.proquest.com/historyvault/.

Papers of George M. Elsey, University Publications of America(UPA) Collections, ProQuest History Vault, https://hv.proquest.com/historyvault/.

Papers of Harry Truman, University Publications of America(UPA) Collections, ProQuest History Vault, https://hv.proquest.com/historyvault/.

National Security Archives, George Washington University, Washington, DC, https://naarchive2.gwu.edu/.

Office of the Historian, U. S. Department of State, https://history.state.gov.

U. S. Declassified Documents Online, https://link.gale.com.

Cold War International History Project Bulletin, Woodrow Wilson International Center for Scholars, Washington, DC.

Foreign Relations of the United States(*FRUS*).

Thomas H. Etzold, John Lewis Gaddis, eds., *Containment*: *Documents on American Foreign Policy and Strategy*: *1945 - 1950*, New York: Columbia University Press, 1978.

Scott A. Koch, *Selected Estimates on the Soviet Union*: *1950 - 1959*, Washington, DC: History Staff, Center for the Study of Intelligence, Central Intelligence

Agency, 1993.

Anna Nelson, ed., *The State Department Policy Planning Staff Papers: 1947-1949*, Vol.I-III, New York: Garland Publishing, 1983.

Michael Warner, ed., *The CIA under Harry Truman*, Washington, DC: History Staff, Center for the Study of Intelligence, Central Intelligence Agency, 1994.

(二) 中文档案文献与资料选编

《共产党情报局会议文件集》,北京:人民出版社 1954 年版。

本书编译组编:《德黑兰、雅尔塔、波茨坦会议记录摘编》,上海:上海人民出版社 1974 年版。

何春超等选编:《国际关系史资料选编》(下册),武汉:武汉大学出版社 1983 年版。

何春超等主编:《国际关系史资料选编(1945—1980)》(修订本),北京:法律出版社 1988 年版。

复旦大学历史系中国近代史教研组编:《中国近代对外关系史资料选编(1840—1949)》,上海:上海人民出版社 1977 年版。

刘同舜主编:《"冷战"、"遏制"和大西洋联盟——1945—1950 年美国战略决策资料选编》,上海:复旦大学出版社 1993 年版。

梅玫编译:《美国国家安全战略报告汇编》,北京:时事出版社 1994 年版。

[俄]费·奥·佩恰特洛夫、伊·爱·马加杰耶夫:《伟大卫国战争期间斯大林与罗斯福和丘吉尔往来书信——文献研究》(上、下卷),于淑杰、隋涛、赵春雷等译,北京:世界知识出版社 2017 年版。

秦孝仪主编:《中华民国重要史料初编——对日抗战时期》(第三编),台北:文物供应社 1981 年版。

沈志华编:《朝鲜战争:俄国档案馆的解密文件》(上、中、下卷),台北:"中央研究院"近代史研究所 2003 年版。

沈志华主编:《苏联历史档案选编》,第 1—34 卷,北京:中国社会科学文献出版社 2002 年版。

沈志华、杨奎松主编:《美国对华情报解密档案(1948—1976)》,第 1—8 卷,上海:东方出版中心 2009 年版。

苏联外交部编:《1942—1945 苏联伟大卫国战争期间苏联部长会议主席同美国总统和英国首相通信集》(第一卷),潘益柯译,北京:世界知识出版社 1961 年版。

苏联外交部编:《1942—1945 苏联伟大卫国战争期间苏联部长会议主席同美国总统和英国首相通信集》(第二卷),宗伊译,北京:世界知识出版社 1963 年版。

陶文钊、牛军主编:《美国对华政策文件集(1949—1972)》,第 1—3 卷,北京:世界知识出版社 2003—2005 年版。

周建明、王成至主编:《美国国家安全战略解密文献选编(1945—1972)》,第 1—3 册,北京:社会科学文献出版社 2010 年版。

二、英文著作

Acheson, Dean, *Present at the Creation*, New York: W. W. Norton & Company, 1969.

Adams, Henry H., *Harry Hopkins: A Biography*, New York: Putnam, 1977.

Allison, Graham T., Owen R. Cote, Jr., Richard A. Falkenrath, Steven E. Miller, *Avoiding Nuclear Anarchy: Containing the Threat of Loose Russian Nuclear Weapons and Fissile Material*, Cambridge, MA: The MIT Press, 1996.

Alperovitz, Gar, *Atomic Diplomacy: Hiroshima and Potzdam, the Use of the Atomic Bomb and American Confrontation with Soviet Power*, New York: Simon and Schuster, 1965.

Alperovitz, Gar, *Atomic Diplomacy: Hiroshima and Potzdam, the Use of the Atomic Bomb and American Confrontation with Soviet Power*, revised edition, New York: Simon and Schuster, 1985.

Arnold, James R., *First Domino: Eisenhower, the Military, and the America's Intervention in Vietnam*, New York: William Morrow and Co., Inc., 1991.

Aron, Raymond, *The Imperial Republic: The US and the World, 1945 - 1973*, Cambridge, MA: Winthrop Publishers, Inc., 1974.

Barratt, John, *The Angola Conflict: Internal and External Aspects*, Capetown: The South African Institute of International Affairs, 1976.

Beschloss, Michael R., *The Crisis Years: Kennedy and Khrushchev 1960 - 1963*, New York: Harper Collins Publishers, 1991.

Bown, Colin & Peter J. Mooney, *Cold War to Detente 1945 - 1980*, London: Heinemann Educational Books, 1981.

Bradshev, Henry S., *Afghanistan and the Soviet Union*, 2nd ed., Durham, NC: Duke University Press, 1985.

Brazinsky, Gregg A., *Winning the Third World: Sino-American rivalry during the Cold War*, Chapel Hill, NC: The University of North Carolina Press, 2017.

Brown, Anthony and Charles McDonald, eds., *The Secret History of the Atomic Bomb*, New York: Dial, 1977.

Brzezinski, Zbigniew, *Power and Principle: Memoirs of the National Security Advisor, 1977 - 1981*, New York: Farrar, Straus, Giroux, 1983.

Brzezinski, Zbigniew, *The Grand Failure: The Birth and Death of Communism in the Twentieth Century*, New York: Macmillan Publishing Company, 1989.

Burns, Richard Dean, ed., *Guide to American Foreign Relations Since 1700*, Santa Barbara, CA: ABC-Clio, 1983.

Byrnes, Robert F., *US Policy toward Eastern Europe and the Soviet Union*, Boulder, CO: Westview Press, 1989.

Chang, Gordon H., *Friends and Enemies, The United States, China, and the Soviet Union, 1948-1972*, Stanford, CA: Stanford University Press, 1990.

Chang, Gordon H., *Fateful Ties: A History of America's Preoccupation with China*, Cambridge, MA: Harvard University Press, 2015.

Chase, Harold and Allen Lerman, eds., *Kennedy and the Press*, New York: Crowell, 1965.

Chen, Jian, *China's Road to the Korean War: The Making of the Sino-American Confrontation*, New York: Columbia University Press, 1994.

Chen, Jian, *Mao's China and the Cold War*, Chapel Hill, NC: The University of North Carolina Press, 2001.

Clawson, Robert W., *East-West Rivalry in the Third World: Security Issues and Regional Perspectives*, Wilmington, DE: Scholarly Resources, Inc., 1986.

Cohen, Stephen F., *Soviet Fates and Lost Alternatives: From Stalinism to the New Cold War*, New York: Columbia University Press, 2011.

Conradi, Peter, *Who Lost Russia?: How the World Entered a New Cold War*, London: Oneworld Publications, 2017.

Costigliola, Frank, ed., *The Kennan Diaries*, New York: W. W. Norton and Company, 2014.

Costigliola, Frank, *Kennan: A Life between Worlds*, Princeton, NJ: Princeton University Press, 2023.

Craig, Gordon and Alexander George, *Force and Statecraft*, New York: Oxford University Press, 1983.

Csikos-Nagy, Bela and David G. Yong, ed., *East-West Economic Relations in the Changing Global Environment*, London: The Macmillan Press, Ltd., 1986.

Davis, Bob and Lingling Wei, *Superpower Showdown: How the Battle Between Trump and Xi Threatens a New Cold War*, New York: Harper Collins, 2020.

Davies, John Paton, *Dragon by Tail: American, British, Japanese, and Russian Encounters with China and One Another*, New York: W. W. Norton & Company, 1972.

Davies, John Paton, Jr., *China Hand: An Autobiography*, Philadelphia, PA: University of Pennsylvania Press, 2012.

Davis, Lynn Etheridge, *The Cold War Begins*, Princeton, NJ: Princeton University Press, 1974.

Denitch, Bogdan, *The End of the Cold War: European Unity, Socialism, and the Shift in Global Power*, Minneapolis, MN: University of Minnesota Press, 1990.

Dimitrijević, Duško and Jovan Čavoški, eds., *The 60th Anniversary of the Non-Aligned Movement*, Belgrade: Institute of International Politics and Economics, 2021.

Dougherty, James E. and Robert L. Pfaltgraff, Jr., eds., *Contending Theories of International Relations: A Comprehensive Survey*, New York: Harper & Row, Publishers, 1981.

Eden, Lynn and Steven E. Miller, ed., *Nuclear Arguments: Understanding the Strategic Nuclear Arms and Arms Control Debates*, Ithaca, NY: Cornell University Press, 1989.

Fukuyama, Francis, *The End of History and the Last Man*, New York: Free Press, 1992.

Gaddis, John Lewis, *United States and the Origins of the Cold War*, New York: Columbia University Press, 1972.

Gaddis, John Lewis, *Strategies of Containment*, Oxford and New York: Oxford University Press, 1982.

Gaddis, John Lewis, *The Long Peace: Inquiries into the History of the Cold War*, Oxford and New York: Oxford University Press, 1987.

Gaddis, John Lewis, *We Now Know: Rethinking Cold War History*(New York: Oxford University Press, 1997).

Garthoff, Raymond L., *Detente and Confrontation: American-Soviet Relations from Nixon to Reagan*, Washington, DC: The Brookings Institution, 1985.

Garver, John, *Foreign Relations of the People's Republic of China*, Englewood Cliffs, NJ: Prentice-Hall, Inc., 1993.

Gay, William and Michael Pearson, *The Nuclear Arms Race: A Digest with Bibliographies*, Chicago, IL: American Library Association, 1987.

Goncharov, Segei N. John W. Lewis, Xue Litai, *Uncertain Partners: Stalin, Mao, and the Korean War*, Stanford, CA: Stanford University Press, 1993.

Hammond, Thomas T. ed., *Witnesses to the Origins of the Cold War*, Seattle, WA: University of Washington Press, 1982.

Hammond, Thomas T., *Red Flag over Afghanistan: The Communist Coup, the Soviet Invasion and the Consequences*, Boulder, CO: Westview Press, 1984.

Hahn, Gordon M., *Ukraine over the Edge: Russia, the West and the New Cold War*, Jefferson, NC:McFarland & Company, 2018.

Harsch, Ernest and Tony Thomas, *Angola: The Hidden History of Washington's War*, New York: Pathfinder Press, Inc., 1976.

Herring, George C., *America's Longest War: The United States and Vietnam 1950 -1975*: New York: John Wiley & Sons, 1979.

Herring, George C., *From Colony to Superpower: American Foreign Relations since 1776*, New York: Oxford University Press, 2008.

Hilsman, Roger, *To Move A Nation*, New York: Doubleday, 1967.

Hogan, Michael J. ed., *The End of the Cold War: Its Meaning and Implications*, New York: Cambridge University Press, 1992.

Holcombe, Arthur N. *Organizing Peace in the Nuclear Age*, New York: New York University Press, 1959.

Holloway, David, *Stalin and the Bomb: The Soviet Union and Atomic Energy, 1939 - 1956*, New Haven, CT: Yale University Press, 1994.

Holsti, K. J., *International Politics: Framework for Analysis*, Princeton, NJ: Princeton University Press, 1977.

Hull, Cordell, *Memoirs*, New York: Macmillan, 1948.

Hyland, William G., *The Cold War: Fifty Years of Conflict*, New York: Random House, Inc., 1991.

Jackon, Richard L., *The Non-Aligned, the UN, and the Superpowers*, New York: Prager, 1983.

Jankowitsch, Odette & Karl P. Sauvant, *The Third World without Superpowers: The Collected Documents of the Non-Aligned Countries*, Vol.1, New York: Oceana Publications, 1978.

Jensen, Kenneth M. ed., *Origins of the Cold War: The Novikov, Kennan, and Roberts "Long Telegrams" of 1946*, revised edition, Washington, DC: United States Institute of Peace Press, 1993.

Joshua, Wynfred and Stephen P. Gibert, *Arms for the Third World: Soviet Military Aid Diplomacy*, Baltimore, MD: John Hopkins University Press, 1969.

Kennan, George F., *Memoirs 1925 - 1950*, Boston, MA: Little, Brown and Company, 1967.

Kennan, George F., *Memoirs 1950 - 1963*, Boston, MA: Little, Brown and Company, 1972.

Keohane, Robert O., *International Institutions and State Power*, Boulder, CO: Westview, 1989.

Kissinger, Henry, *Diplomacy*, New York: Simon & Shuster, 1994.

Khrushchev, Nikita, *Khrushchev Remembers: The Glasnost Tapes*, Boston, MA: Little, Brown and Company, 1990.

Klinghoffer, Arthur Jay, *The Angolans War: A Study in Soviet Policy in the Third World*, Boulder, CO: Westview Press, 1980.

Kunz, Diane D., *Butter and Guns: America's Cold War Economic Diplomacy*, New York: The Free Press, 1997.

Leffler, Melvyn and Arne Westad, eds., *The Cambridge History of the Cold War*, Cambridge: Cambridge University Press, 2010.

Lefller, Melvyn P., *For the Soul of Mankind*, New York: Hill and Wang, 2007.

Leffler, Melvyn P., *U.S. Foreign Policy and National Security, 1920 - 2015*, Princeton, NJ: Princeton University Press, 2017.

Lilienthal, David E., *The Journals of David E. Lilienthal*, New York: Harper & Row, 1964.

Lonbeck, Kurt, *Holy War, Unholy Victory: Eyewitness to the CIA's Secret War in Afghanistan*, Washington, DC: Regnery Gateway, 1993.

Lynn-Jones, Sean M. Steven E. Miller and Stephen Van Evera, eds., *Nuclear Diplomacy and Crisis Management*, Cambridge, MA: The MIT Press, 1990.

McLaughlin, Greg, *Russia and the Media: The Makings of a New Cold War*, London: Pluto Press, 2020.

Mandelbaum, Michael, *The Nuclear Revolution: International Politics before and after Hiroshima*, Cambridge and New York: Cambridge University Press, 1981.

Light, Margot ed., *Troubled Friendships: Moscow's Third World Ventures*, London: British Academic Press, 1993.

Mates, Leo, *Nonalignment: Theory and Current Policy*, New York: Oceana Publications, 1972.

May, Ernest R., *"Lessons" of the Past: The Use and Misuse of History in American Foreign Policy*, New York: Oxford University Press, 1973.

Mills, Walter, ed., *The Forrestal Diaries: The Inner History of the Cold War*, London: Cassell & Company Ltd., 1952.

Morgenthau, Hans J. & Kenneth W. Thompson, *Politics Among Nations: The Struggle for Power and Peace*, sixth edition, New York: Knopf, 1985.

Nathan, James A. ed., *The Cuban Missile Crisis Revisited*, New York: St. Martin's Press, 1992.

Nye, Joseph S. Jr., ed., *The Making of America's Soviet Policy*, New Haven: Yale University Press, 1984.

Nye, Joseph S. Jr., *Soft Power and Great-Power Competition: Shifting Sands in the Balance of Power Between the United States and China*, Singapore: Springer, 2023.

O'Ballance, Edgar, *Afghan Wars 1839 - 1992: What Britain Gave Up and the Soviet Union Lost*, London: Brassey's, 1993.

Paterson, Thomas G., ed., *Major Problems in American Foreign Policy*, Vol.II, Lexinton, MA: Heath, 1978.

Paterson, Thomas G., *On Every Front: The Making of the Cold War*, New York: W. W. Norton & Company, 1979.

Paterson, Thomas, Garry Clifford and Kenneth Hagan, *American Foreign Policy: A History since 1900*, 2nd ed., Lexington, MA: D. C. Heath and Company, 1983.

Paterson, Thomas G., *Kennedy's Quest for Victory*, *American Foreign Policy 1961 - 1963*, New York: Oxford University Press, 1989.

Power, Thomas S., *Design for Survival*, New York: Coward-McCann, 1964.

Rajan, K. S., *Nonalignment & Nonalignment Movement: Retrospect and Prospect*, New Delhi: Vikas Publishing House, 1990.

Reagan, Ronald, *An American Life*, New York: Simon and Schuster, 1990.

Riedel, Bruce, *What We Won: America's secret war in Afghanistan, 1979-89*, Washington, DC: The Brookings Institution Press, 2014.

Ross, Robert, *East Asia in Transition: Toward a New Regional Order*, New

York：M. E. Sharpe，1995.

Sarin，Oleg and Lev Dvoretsky，*The Afghan Syndrome：The Soviet Union's Vietnam*，Novato，CA：Presidio Press，1993.

Sarotte，M. E.，*Not One Inch：America，Russia，and the Making of Post-Cold War Stalemate*，New Haven，CT：Yale University Press，2021.

Schoen，Douglas E. and Melik Kaylan，*Return to Winter：Russia，China，and the New Cold War Against America*，New York：Encounter Books，2015.

Sell，Louis，*From Washington to Moscow：US-Soviet Relations and the Collapse of the USSR*，Durham，NC：Duke University Press，2016.

Shlaim，Avi，*The U. S. and the Berlin Blockade，1948－1949：A Study in Crisis Decision-Making*，Berkeley，CA：University of California Press，1983.

Spanier，John，*American Foreign Policy since World War II*，12th edition，Washington，DC：Congressional Quarterly Inc.，1991.

Spero，Joan Edelman，*The Politics of International Economic Relations*，New York：St. Martin's Press，1985.

Stimson，Henry L. and McGeorge Bundy，*On Active Service in Peace and War*，New York：Octagon Books，1948.

Stockwell，John，*In Search of Enemies：A CIA Story*，New York：W. W. Norton & Company，1978.

Stoessinger，John G.，*The United Nations and the Superpowers：China，Russia and America*，4th ed.，New York：Random House，1977.

Stopler，Thomas E.，*China，Taiwan，and the Offshore Islands*，Armonk，New York：M. E. Sharpe，Inc.，1985.

Sudoplatov，Pavel，Jerrold L. and Leona P. Schecter，*Special Tasks：The Memoirs of An Unwanted Witness*，Boston，MA：Little，Brown，and Company，1994.

Taubman，William，*Stalin's American Policy：From Entente to Detente to Cold War*，New York：W. W. Norton & Company，1982.

Valkenier，Elizabeth Krindl，*The Soviet Union and the Third World：An Economic Bind*，New York：Praeger，1983.

Vance，Cyrus，*Hard Choices：Critical Years in America's Foreign Policy*，New York：Simon and Schuster，1983.

Waltz，Kenneth N.，*Man，the State and War*，New York：Columbia University Press，1959.

Wolfers，Michael，Jane Bergerol，*Angola in the Front Line*，London：Zed Press，1983.

Yergin，Daniel，*Shattered Peace：The Origins of the Cold War and the National Security State*，Boston，MA：Houghton Mifflin Company，1977.

Zhang，Shu Guang，*Economic Cold War：America's Embargo against China and the Sino-Soviet Alliance，1949－1963*，Stanford，CA：Stanford University Press，2001.

Zhang, Shu Guang, *Beijing's Economic Statecraft during the Cold War*, Washington, DC: Woodrow Wilson Centre Press; Baltimore: Johns Hopkins University Press, 2014.

Zhang, Xiaoming, *Red Wings over the Yalu China, the Soviet Union, and the Air War in Korea*, College Station, TX: Texas A&M University Press, 2002.

Zubok, Vladislav M. and Constantine Pleshakov, *Inside the Kremlin's Cold War: From Stalin to Khrushchev*, Cambridge, MA: Harvard University Press, 1996.

Zubok, Vladislav, *A Failed Empire: The Soviet Union in the Cold War from Stalin to Gorbachev*, Chapel Hill, NC: University of North Carolina Press, 2007.

三、中文著作

[美]A. W. 德波特:《欧洲与超级大国》,唐雪葆等译,北京:中国社会科学出版社 1986 年版。

[苏]G. A. 戈尼昂斯基等:《外交史》(第四卷),北京:生活·读书·新知三联书店 1980 年版。

[苏]K. H. 勃鲁坚茨等:《已解放国家的社会主义方向——理论和实践的某些问题》,李方仲等译,北京:时事出版社 1985 年版。

[美]M. 贝科威茨等:《美国对外政策的政治背景》,张禾译,北京:商务印书馆 1979 年版。

[苏]阿贝尔·阿甘别吉扬:《苏联改革内幕》,常玉田等译,北京:中国对外经济贸易出版社 1990 年版。

[美]阿兰·内文斯编:《和平战略——肯尼迪言论选》,北京编译社译,北京:世界知识出版社 1961 年版。

[俄]阿纳托利·多勃雷宁:《信赖——多勃雷宁回忆录》,肖敏、王为等译,世界知识出版社 1997 年版。

[民主德国]埃贡·克伦茨:《大墙倾倒之际——克伦茨回忆录》,沈隆光等译,北京:世界知识出版社 1991 年版。

[德]埃贡·克伦茨主编:《柏林墙倒塌 30 年记——原民主德国方面的回顾与反思》,王建政译,北京:社会科学文献出版社 2021 年版。

[美]艾夫里尔·哈里曼、伊利·艾贝尔:《特使——与丘吉尔、斯大林周旋记》,北京:生活·读书·新知三联书店 1978 年版。

[苏]安·安·葛罗米柯:《永志不忘——葛罗米柯回忆录》,北京:世界知识出版社 1989 年版。

[加]安德烈·耶罗利马托斯:《希腊内战:一场国际内战》,阙建容译,上海:格致出版社 2021 年版。

白建才主编:《美苏冷战史》,西安:陕西师范大学出版社 1996 年版。

[英]保罗·肯尼迪:《大国的兴衰:1500—2000 年的经济变革与军事冲突》,王宝存等译,北京:中信出版社 2013 年版。

[美]保罗·希尔:《乔治·凯南与美国东亚政策》,小毛线译,夏小贵校,北京:金城出版社2020年版。

[德]贝恩德·施特弗尔:《冷战1947—1991:一个极端时代的历史》,钟孟捷译,桂林:漓江出版社2017年版。

[苏]波诺马寥夫主编:《苏联共产党历史》,上海:上海人民出版社1974年版。

薄一波:《若干重大决策与事件的回顾》,北京:中共中央党校出版社1991年版。

蔡佳禾:《双重的遏制——艾森豪威尔执政时期的东亚政策》,南京:南京大学出版社1998年版。

[美]查尔斯·波伦:《历史的见证》,刘裘、金胡译,北京:商务印书馆1975年版。

陈汉文:《在国际舞台上》,成都:四川人民出版社1985年版。

陈乐民:《战后西欧国际关系(1945—1984)》,北京:中国社会科学出版社1987年版。

陈鲁直、李铁城主编:《联合国与世界秩序》,北京:语言学院出版社1993年版。

陈晔:《制造泥潭:美国在阿富汗的秘密战争》,南京:南京大学出版社2020年版。

崔建树:《折戟沉沙:美国"猪湾行动"始末》,南京:南京大学出版社2018年版。

崔丕:《美国的冷战战略与巴黎统筹委员会、中国委员会(1945—1994)》,长春:东北师大出版社2000年版,北京:中华书局2005年版。

崔丕、[日]青山瑠妙主编:《多维视角下的亚洲冷战》,北京:世界知识出版社2014年版。

戴超武主编:《亚洲冷战史研究》,北京:东方出版中心2016年版。

[美]戴维·哈尔伯斯坦:《出类拔萃之辈》(上、中、下),齐沛合译,北京:生活·读书·新知三联书店1973年版。

[美]戴维·米尔恩:《塑造世界——美国外交的艺术与科学》,魏金玲译,北京:新华出版社2018年版。

[美]德怀特·艾森豪威尔:《艾森豪威尔回忆录——白宫岁月(1953—1956)》,复旦资本主义国家经济研究所译,北京:生活·读书·新知三联书店1978年版。

[美]德怀特·艾森豪威尔:《艾森豪威尔回忆录——白宫岁月(1956—1961)》,静海译,北京:生活·读书·新知三联书店1977年版。

[美]德瑞克·李波厄特:《五十年伤痕:美国的冷战史观与世界》,郭学堂等译,上海:上海三联书店2008年版。

邓峰:《冷战初期东亚国际关系研究》,北京:九州出版社2015年版。

《邓小平文选》第三卷,北京:人民出版社1994年版。

[美]迪安·艾奇逊:《艾奇逊回忆录》(上、下册),上海《国际问题资料》编辑组、伍协力合译,上海:上海译文出版社1978年版。

杜娟:《冷战前期美国对拉美政策研究》,北京:中国社会科学出版社2016年版。

[美]杜勒斯:《杜勒斯言论选辑》,北京:世界知识出版社 1959 年版。

方桂关编写:《剧变中的东欧》,北京:中共中央党校出版社 1992 年版。

[美]菲利普·韦斯特:《燕京大学与中西关系:1916—1952》,程龙译,北京:北京师范大学出版社 2019 年版。

[苏]费·丘耶夫:《同莫洛托夫的 140 次谈话》,王南枝等译,北京:新华出版社 1992 年版。

[美]费正清:《美国与中国》(第四版),张理京译,北京:商务印书馆 1987 年版。

[南斯拉夫]弗拉迪米尔·德迪耶尔:《苏南冲突经历(1948—1953)》,达洲译,北京:生活·读书·新知三联书店 1977 年版。

[英]弗朗西丝·斯托纳·桑德斯:《文化冷战与中央情报局》,曹大鹏译,北京:国际文化出版公司 2002 年版。

[美]格雷厄姆·艾利森、菲利普·泽利科:《决策的本质》(第二版),王伟光、王云萍译,北京:商务印书馆 2021 年版。

[美]格雷厄姆·艾利森:《注定一战:中美能避免修昔底德陷阱吗?》,陈定定、傅强译,上海:上海人民出版社 2019 年版。

葛腾飞:《艰难的转变:冷战的初次缓和》,南京:江苏人民出版社 2017 年版。

顾维钧:《顾维钧回忆录》(第 7 分册),中国社会科学院近代史研究所译,北京:中华书局 1988 年版。

国际战略基金会编:《环球同此冷热——一代领袖们的国际战略思想》,北京:中央文献出版社 1993 年版。

[美]哈里·杜鲁门:《杜鲁门回忆录》(第一、第二卷),李石译,北京:生活·读书·新知三联书店 1974 年版。

韩念龙主编:《当代中国外交》,北京:中国社会科学出版社 1987 年版。

郝承敦:《苏南冲突与东方阵营内部关系的演变》,北京:社会科学文献出版社 2015 年版。

何春超主编:《国际关系史》(下册),武汉:武汉大学出版社 1983 年版。

[美]亨利·基辛格:《白宫岁月》,陈瑶华等译,北京:世界知识出版社 2003 年版。

宦乡主编:《当代世界政治经济基本问题》,北京:世界知识出版社 1989 年版。

宦乡:《纵横世界》,北京:世界知识出版社 1985 年版。

黄华:《亲历与见闻——黄华回忆录》,北京:世界知识出版社 2007 年版。

黄正柏:《美苏冷战争霸史》,武汉:华中师范大学出版社 1997 年版。

[美]基辛格:《论中国》,胡利平等译,北京:中信出版社 2012 年版。

[美]吉米·卡特:《保持信心——吉米·卡特总统回忆录》,裘克安等译,北京:世界知识出版社 1983 年版。

[美]吉米·卡特:《忠于信仰——一位美国总统的回忆录》,卢君甫等译,北京:新华出版社 1985 年版。

贾庆国:《未实现的和解:中美关系的隔阂与危机》,北京:文化艺术出版社 1998 年版。

《建国以来毛泽东文稿》,北京:中央文献出版社 1987 年版。

江流等主编:《苏联剧变研究》,北京:社会科学文献出版社 1994 年版。

[英]杰弗里·罗伯茨:《斯大林的战争》,李晓江译,北京:社会科学文献出版社 2018 年版。

金挥、陆南泉主编:《战后苏联经济》,北京:时事出版社 1985 年版。

[德]克劳塞维茨:《战争论》,北京:总参出版局 1964 年版。

[美]克里斯·米勒:《芯片战争:世界最关键技术的争夺战》,蔡树军译,杭州:浙江人民出版社 2023 年版。

[美]肯尼思·沃尔兹:《国际政治理论》,胡少华、王红缨译,王缉思校,北京:中国人民公安大学出版社 1992 年版。

[美]雷迅马:《作为意识形态的现代化:社会科学与美国对第三世界的政策》,牛可译,北京:社会科学文献出版社 2003 年版。

黎永泰:《毛泽东与美国》,昆明:云南人民出版社 1993 年版。

李春放:《伊朗危机与冷战的起源(1941—1947 年)》,北京:社会科学文献出版社 2001 年版。

李丹慧:《北京与莫斯科:从联盟走向对抗》,桂林:广西师范大学出版社 2002 年版。

李连庆主编:《中国外交演义:新中国时期》,北京:世界知识出版社 1995 年版。

李鹏:《和平　发展　合作:李鹏外事日记》,北京:新华出版社 2008 年版。

李琼:《苏联、阿富汗、美国:1979—1989 年三国四方在阿富汗的博弈研究》,北京:中国社会科学出版社 2016 年版。

李铁城:《联合国五十年》,北京:中国书籍出版社 1995 年版。

李铁城主编:《联合国的历程》,北京:北京语言学院出版社 1993 年版。

李越然:《中苏外交亲历记——首席俄语翻译的历史见证》,北京:世界知识出版社 2001 年版。

[美]理查德·H. 伊德曼:《中央情报局在危地马拉:外交干涉政策》,武崇申译,北京:世界知识出版社 2018 年版。

[美]理查德·哈斯:《外交政策始于国内:办好美国国内的事》,胡利平、王淮梅译,上海:格致出版社、上海人民出版社 2015 年版。

[英]理查德·克罗卡特:《五十年战争:世界政治中的美国与苏联》,王振西、钱俊德译,王振西校,北京:社会科学文献出版社 2015 年版。

[美]理查德·尼克松:《超越和平》,范建民等译,北京:世界知识出版 1995 年版。

[美]理查德·尼克松:《角斗场上》,刘炳章等译,北京:新华出版社 1990 年版。

[美]理查德·尼克松:《尼克松回忆录》(上、中、下),伍任、裘克安、马兖生等译,北京:商务印书馆 1978—1979 年版。

梁守德、陈峰君、王杰主编:《战后亚非拉民族解放运动》,北京:北京大学出版社 1989 年版。

梁守德、刘金质、李石生主编:《世界政治与国际关系》,武汉:湖北人民出版社

1987 年版。

梁志:《冷战与情报:美国“普韦布洛”号危机决策史》,北京:世界知识出版社 2014 年版。

凌青:《从延安到联合国——凌青外交生涯》,福州:福建人民出版社 2008 年版。

凌胜利:《分而制胜:冷战时期美国楔子战略研究》,北京:世界知识出版社 2015 年版。

刘国柱:《美国文化的新边疆:冷战时期的和平队研究》,北京:中国社会科学出版社 2005 年版。

刘洪潮等主编:《苏联 1985—1991 年的演变》,北京:新华出版社 1993 年版。

刘杰诚:《毛泽东与斯大林》,北京:中央党校出版社 1993 年版。

刘金质:《冷战史》(上、中、下),北京:世界知识出版社 2003 年版。

刘金质、梁守德、杨淮生主编:《国际政治大词典》,北京:中国社会科学出版社 1994 年版。

刘磊:《冷战时期美国的核武器政策与国家安全战略》,北京:北京大学出版社 2022 年版。

刘连弟、汪大为编著:《中美关系的轨迹——建交以来大事纵览》,北京:时事出版社 1995 年版。

刘晓:《出使苏联八年》,北京:中共党史资料出版社 1986 年版。

陆南泉:《论苏联、俄罗斯经济》,北京:中国社会科学出版社 2013 年版。

[美]罗伯特·达莱克:《罗斯福与美国对外政策:1932—1945》(上册),伊伟译,北京:商务印书馆 1984 年版。

[美]罗伯特·费雷尔编:《艾森豪威尔日记》,陈子思、左景祥、郑翔里译,北京:新华出版社 1987 年版。

[美]罗伯特·盖茨:《亲历者:五任美国总统赢得冷战的内幕》,刘海青、吴春玲译,南京:江苏凤凰文艺出版社 2014 年版。

[美]罗伯特·基欧汉、约瑟夫·奈:《权力与相互依赖——转变中的世界政治》,林茂辉等译,北京:中国人民公安大学出版社 1992 年版。

[美]罗伯特·吉尔平:《世界政治中的战争与变革》,武军等译,邓正来校,北京:中国人民大学出版社 1994 年版。

[美]罗伯特·肯尼迪:《十三天:古巴导弹危机回忆录》,复旦大学历史系拉丁美洲研究室译,上海:上海人民出版社 1977 年版。

[美]罗伯特·肯尼迪:《十三天:古巴导弹危机回忆录》,贾令仪、贾文渊译,北京:北京大学出版社 2016 年版。

[美]罗伯特·麦克纳马拉:《回顾:越战的悲剧和教训》,陈丕西、杜继东、王丹妮等译,北京:作家出版社 1996 年版。

[英]罗伯特·瑟维斯:《冷战的终结》,周方茹译,北京:社会科学文献出版社 2021 年版。

[美]罗伯特·舍伍德:《罗斯福与霍普金斯》(上、下册),福建师范大学外语系

编译室译,北京:商务印书馆 1980 年版。

[美]罗德里克·麦克法夸尔、费正清主编:《剑桥中华人民共和国史(1966—1982)》,上海:上海人民出版社 1992 年版。

[美]罗斯福:《罗斯福选集》,关在汉编译,北京:商务印书馆 1982 年版。

[苏]罗·亚·麦德维杰夫:《让历史来审判》,赵洵、林英译,北京:人民出版社 1981 年版。

[新加坡]马凯硕:《中国的选择——中美博弈与战略选择》,中国与全球化智库译,北京:中信出版集团 2021 年版。

[美]马歇尔:《国共内战与中美关系:马歇尔使华秘密报告》,中国社会科学院近代史研究所翻译室译,北京:华文出版社 2012 年版。

[美]麦乔治·邦迪:《美国核战略》,褚广友等译,北京:世界知识出版社 1991 年版。

《毛泽东选集》,北京:人民出版社 1991 年版。

《毛泽东自述》,北京:人民出版社 1993 年版。

[美]梅尔文·P. 莱夫勒:《人心之争:美国、苏联与冷战》,孙闵欣等译,上海:华东师范大学出版社 2012 年版。

[美]梅尔文·莱弗勒:《权力优势:国家安全、杜鲁门政府与冷战》,孙建中译,北京:商务印书馆 2019 年版。

[苏]米·戈尔巴乔夫:《改革与新思维》,苏群译,北京:新华出版社 1987 年版。

[苏]米·戈尔巴乔夫:《戈尔巴乔夫言论选集(1984—1986)》,苏群译,北京:人民出版社 1987 年版。

[俄] 米哈伊尔·戈尔巴乔夫:《对过去与未来的思考》,徐葵等译,北京:新华出版社 2002 年版。

[俄]米哈伊尔·谢尔盖耶维奇·戈尔巴乔夫:《苏联的命运:戈尔巴乔夫回忆录》,石国雄、杨正译,南京:译林出版社 2018 年版。

[苏]米洛维多夫主编:《列宁的哲学遗产与现代战争问题》,北京:中国对外翻译出版公司 1984 年版。

[南斯拉夫]密洛凡·德热拉斯:《同斯大林的谈话》,司徒协译,北京:世界知识出版社 1963 年版。

[俄]尼·费德林:《费德林回忆录——我所接触的中苏领导人》,周爱琦译,北京:新华出版社 1995 年版。

[俄]尼古拉·伊万诺维奇·雷日科夫:《大国悲剧:苏联解体的前因后果》,徐昌翰等译,北京:新华出版社 2013 年版。

[苏]尼基塔·赫鲁晓夫:《赫鲁晓夫回忆录》,张岱云等译,北京:东方出版社 1988 年版。

[苏]尼基塔·赫鲁晓夫:《最后的遗言——赫鲁晓夫回忆录续集》,上海国际问题研究所和上海市政协编译组译,北京:东方出版社 1988 年版。

牛军:《从赫尔利到马歇尔:美国调处国共矛盾始末》(第三版),北京:社会科学文献出版社 2021 年版。

牛军:《从延安走向世界》,福州:福建人民出版社 1992 年版。

牛军:《冷战时代的中国战略决策》,北京:世界知识出版社 2019 年版。

牛军:《战后东亚秩序》,北京:世界知识出版社 2021 年版。

牛军主编:《战略的魔咒:冷战时期的美国大战略研究》,上海:上海人民出版社 2009 年版。

逄先知、金冲及主编:《毛泽东传:1949—1976》(上),北京:中央文献出版社 2013 年版。

裴坚章主编:《毛泽东外交思想研究》,北京:世界知识出版社 1994 年版。

裴坚章主编:《中华人民共和国外交史(1949—1956)》,北京:世界知识出版社 1994 年版。

齐德学:《朝鲜战争决策内幕》,沈阳:辽宁大学出版社 1991 年版。

齐秀丽:《冷战与美国的国际收支调节政策(1945—1969)》,北京:中国社会科学出版社 2009 年版。

钱江:《越南密战:1950—1954 中国援越战争纪实》,成都:天地出版社 2019 年版。

钱俊瑞主编:《世界经济概论》,北京:人民出版社 1983 年版。

钱其琛:《外交十记》,北京:世界知识出版社 2003 年版。

[美]乔治·凯南著,[美]弗兰克·科斯蒂廖拉编:《凯南日记》,曹明玉译,董旻杰校译,北京:中信出版社 2016 年版。

[苏]乔治·马立昂:《美帝国主义的扩张》,邝平章译,北京:世界知识出版社 1951 年版。

[美]赛·利·苏兹贝格:《七大洲风云四十年:回忆录萃编》,蒋敬、朱士清等译,天津:天津人民出版社 1979 年版。

[美]沙希利·浦洛基:《大国的崩溃:苏联解体的台前幕后》,宋虹译,成都:天地出版社 2020 年版。

沈志华:《经济漩涡:观察冷战发生的新视角》,香港:开明书店 2022 年版。

沈志华:《冷战在亚洲:朝鲜战争与中国出兵朝鲜》,北京:九州出版社 2012 年版。

沈志华、李丹慧:《战后中苏关系若干问题研究:来自中俄双方的档案文献》,北京:人民出版社 2006 年版。

沈志华:《毛泽东、斯大林与朝鲜战争》,广州:广东人民出版社 2003 年版。

沈志华:《苏联专家在中国(1948—1960)》(第三版),北京:社会科学文献出版社 2015 年版。

沈志华、唐启华主编:《金门:内战与冷战》,北京:九州出版社 2010 年版。

沈志华:《无奈的选择:冷战与中苏同盟的命运》,北京:社会科学文献出版社 2013 年版。

沈志华主编:《冷战国际史二十四讲》,北京:世界知识出版社 2018 年版。

沈志华主编:《冷战启示录:美苏冷战历史系列专题报告》,北京:世界知识出版社 2019 年版。

沈志华主编:《中苏关系史纲:1919—1991年中苏关系若干问题再探讨》(第三版),上、下册,北京:社会科学文献出版社2016年版。

师哲:《在历史巨人的身边——师哲回忆录》,北京:中央文献出版社1991年版。

石斌:《杜勒斯与美国对苏战略(1952—1959)》,北京:中国社会科学出版社2004年版。

时殷弘:《美国在越南的干涉和战争(1954—1968)》,北京:世界知识出版社1993年版。

时殷弘:《美苏从合作到冷战》,北京:华夏出版社1988年版。

[美]司徒雷登:《司徒雷登日记——美国调停国共争执期间前后》,陈礼颂译,傅泾波校订,合肥:黄山书社2009年版。

[美]司徒雷登:《在华五十年——司徒雷登回忆录》,北京:北京出版社1982年版。

《斯大林文集》,中央编译局编译,北京:人民出版社1985年版。

《斯大林文选》,中央编译局编译,北京:人民出版社1962年版。

《斯大林选集》,中央编译局编译,北京:人民出版社1979年版。

汤季芳:《冷战的起源与战后欧洲》,兰州:兰州大学出版社1987年版。

陶文钊:《中美关系史(1972—2000)》,上海:上海人民出版社2004年版。

田曾佩主编:《改革开放以来的中国外交》,北京:世界知识出版社1993年版。

汪东兴:《汪东兴日记》,北京:中国社会科学出版社1993年版。

王炳南:《中美会谈九年回顾》,北京:世界知识出版社1985年版。

王怀宁主编:《世界经济与政治概论》,北京:世界知识出版社1989年版。

王慧英:《肯尼迪与美国对外经济援助》,北京:中国社会科学出版社2007年版。

王杰主编:《联合国遭逢挑战》,北京:中央编译出版社1995年版。

王守海主编:《苏联东欧国家经济体制比较》,北京:中国社会科学出版社1984年版。

王铁崖、田如萱编:《国际法资料选编》,北京:法律出版社1982年版。

[美]威廉·奥弗霍尔特:《中国的崛起——经济改革正在如何造就一个新的超级强国》,达洲译,北京:中央编译出版社1996年版。

[英]温斯顿·丘吉尔:《第二次世界大战回忆录》,福建师大外语系翻译组等译,北京:商务印书馆1975年版。

[挪]文安立:《冷战与中国革命——苏美冲突与中国内战的起源》,陈之宏、陈兼译,桂林:广西师范大学出版社2002年版。

[挪]文安立:《全球冷战:美苏对第三世界的干涉与当代世界的形成》,牛可等译,北京:世界图书出版公司2012年版。

[美]沃尔特·艾萨克森、埃文·托马斯:《美国智囊六人传》,王观生等译,北京:世界知识出版社1991年版。

[美]沃尔特·拉费伯尔:《美国、俄国和冷战:1945—2006》(第10版),牛可、翟韬、张静译,北京:世界图书出版公司2011年版。

[美]沃伊切克·马斯特尼、朱立群主编:《冷战的历史遗产:对安全、合作与冲突的透视》,聂文娟、樊超译,北京:社会科学文献出版社2015年版。

吴冷西:《回忆毛主席——我亲身经历的若干重大历史事件片断》,北京:新华出版社 1995 年版。

伍修权:《回忆与怀念》,北京:中共中央出版社 1991 年版。

现代国际关系研究所编:《苏美与第三世界》,北京:时事出版社 1989 年版。

肖锋等:《回顾金门登陆战》,北京:人民出版社 1994 年版。

谢华:《冷战的新边疆:美国第四点计划研究》,北京:中国社会科学出版社 2012 年版。

谢华:《冷战时期美国对第三世界国家经济外交研究(1947—1969)》,北京:人民出版社 2013 年版。

谢益显主编:《中国外交史:中华人民共和国时期(1949—1979)》,郑州:河南人民出版社 1988 年版。

熊向晖:《我的情报与外交生涯》,北京:中共党史出版社 1999 年版。

徐萍:《冷战与东北亚史论》,长春:吉林大学出版社 2011 年版。

徐天新、沈志华主编:《冷战前期的大国关系:美苏争霸与亚洲大国的外交取向(1945—1972)》,北京:世界知识出版社 2011 年版。

许海云:《锻造冷战联盟——美国"大西洋联盟政策"研究》,北京:中国人民大学出版社 2007 年版。

[美]雅各布·比姆:《出使苏联东欧回忆录》,北京:商务印书馆 1981 年版。

阎明复:《阎明复回忆录》,北京:人民出版社 2015 年版。

杨家荣等:《苏联怎样利用西方经济危机》,北京:世界知识出版社 1984 年版。

姚百慧、韩长春编:《英国与冷战起源档案选编》,北京:社会科学文献出版社 2018 年版。

姚百慧:《冷战时期中美法关系研究》,北京:九州出版社 2017 年版。

姚百慧主编:《冷战史研究档案资源导论》,北京:世界知识出版社 2015 年版。

叶飞:《叶飞回忆录》,北京:解放军出版社 1988 年版。

叶自成:《叶利钦——俄罗斯第一任总统》,南宁:广西人民出版社 1993 年版。

于群主编:《新冷战史研究:美国的心理宣传战和情报战》,上海:上海三联书店 2009 年版。

余伟民主编:《冷战是这样开始的:冷战起源专题研究》,上海:学林出版社 2015 年版。

俞新天:《世界南方潮——发展中国家对国际关系的影响》,上海:上海社会科学出版社 1993 年版。

袁明、[美]哈里·哈丁主编:《中美关系史上沉重的一页》,北京:北京大学出版社 1989 年版。

[英] 约翰·W. 梅森:《冷战(1945—1991)》,余家驹译,上海:上海译文出版社 2003 年版。

[美]约翰·哈特等:《苏联经济现状》,辽宁大学经济系翻译组译,北京:生活·读书·新知三联书店 1981 年版。

[美]约翰·加迪斯:《长和平:冷战史考察》,潘亚玲译,上海:上海人民出版社

2019 年版。

[美]约翰·加迪斯:《遏制战略:冷战时期美国国家安全政策评析》(增订版),时殷弘译,北京:商务印书馆 2019 年版。

[美]约翰·加迪斯:《论大战略》,臧博、崔传刚译,北京:中信出版社 2019 年版。

[挪威]约翰·加尔通:《美帝国的崩溃:过去、现在与未来》,阮岳湘译,刘成审校,北京:人民出版社 2013 年版。

[美] 约翰·刘易斯·加迪斯:《冷战》,翟强、张静译,北京:社会科学出版社 2016 年版。

[美]约翰·刘易斯、薛理泰:《中国原子弹的制造》,北京:原子能出版社 1991 年版。

[美]约翰·帕顿·戴维斯:《未了中国缘:一部自传》,张翔、陈枫、李敏译,北京:社会科学文献出版社 2016 年版。

[美]约瑟夫·格登:《朝鲜战争》,于滨等译,北京:解放军出版社 1990 年版。

[美]约瑟夫·奈:《美国总统及其外交政策》,安刚译,北京:金城出版社 2022 年版。

翟韬:《文化冷战与认同塑造:美国对东南亚华人华侨宣传研究(1949—1965)》,北京:世界知识出版社 2020 年版。

张汉清、张康琴主编:《社会主义实践与马克思主义》,北京:北京大学出版社 1995 年版。

张瑞编:《白手托起蘑菇云》,太原:北岳文艺出版社 1993 年版。

张盛发:《斯大林与冷战》,北京:中国社会科学出版社 2000 年版。

张曙光:《美国遏制战略与冷战起源再探》,上海:上海外语教学出版社 2007 年版。

张小明:《乔治·凯南遏制思想研究》,北京:北京语言学院出版社 1994 年版。

张小明:《乔治·凯南遏制思想研究》(增订本),北京:世界知识出版社 2021 年版。

张扬:《冷战与学术:美国的中国学,1949—1972》,北京:中国社会科学出版社 2019 年版。

张扬:《文化冷战:美国的青年领袖项目,1947—1989》,北京:中国社会科学出版社 2020 年版。

张杨:《冷战时期美国的太空安全战略与核战争计划研究》,北京:九州出版社 2017 年版。

赵学功:《朝鲜战争时期的美国与中国》,太原:山西高校联合出版社 1995 年版。

赵学功:《富布赖特:美国冷战外交的批评者》,北京:北京大学出版社 2015 年版。

赵学功:《十月风云:古巴导弹危机研究》,天津:天津人民出版社 2009 年版。

郑异凡:《苏联春秋:改建与易帜》,上海:上海人民出版社 2018 年版。

中共中央文献研究室编:《邓小平年谱(1975—1997)》,北京:中央文献出版社2004年版。

中共中央文献研究室、中国人民解放军军事科学院编:《周恩来军事文选》,北京:人民出版社1997年版。

中国人民解放军军事科学院编:《毛泽东军事文选》,北京:中国人民解放军战士出版社1981年版。

中华人民共和国外交部、中共中央文献研究室编:《毛泽东外交文选》,北京:中央文献出版社、世界知识出版社1994年版。

中华人民共和国外交部、中共中央文献研究室编:《周恩来外交文选》,北京:中央文献出版社1990年版。

《周恩来文选》,北京:人民出版社1984年版。

周荣坤、郭传玲等编:《苏联基本数字手册》,北京:时事出版社1982年版。

[苏]朱可夫:《朱可夫元帅回忆录》,中国人民解放军军事科学院外国军事研究部译,北京:中国对外翻译出版公司1985年版。

朱寿清:《冷战与联盟:1947—1962年的美泰关系》,北京:中国社会科学出版社2019年版。

[日]猪口邦子:《战争与和平》,刘岳译,北京:经济日报出版社1991年版。

资中筠主编:《战后美国外交史——从杜鲁门到里根》,北京:世界知识出版社1994年版。

资中筠:《追根溯源——战后美国对华政策的缘起与发展(1945—1950)》,上海:上海人民出版社2000年版。

[美]邹谠:《美国在中国的失败》,王宁、周先进译,上海:上海人民出版社1997年版。

索　引

C

D

E

F

G

H

J

K

后　记

我是在三十多年以前选择东西方冷战作为自己的一个主要研究课题的，我的学士、硕士和博士论文都同冷战有关，实际上本书的第一章便是在我的硕士学位论文基础上撰写而成的。1988 年留校任教后，我先是给本科生讲授“东西方关系”，然后又为硕士研究生开设“冷战史研究”这门课程，再后来给本科生上“国际关系史(下)”(即战后国际关系史)。因此，这本书的第一版和第二版都是我过去 30 多年来在科研与教学上的一个小小的成果。本书第一版书稿的撰写和修改是在 1995—1997 年间，该书于 1998 年 1 月正式出版。在 2022—2023 年间，我在第一版的基础之上，又进行第二版书稿的写作。东西方冷战及其遗产是一个很大的研究课题，加上作者本人学识水平所限，在撰写和修改书稿的过程中我常常有力不从心的感觉，呈现在读者面前的这个版本依然不可能是一部完美的作品。我期待着读者继续对该书提出批评与指正！

本书第一版和第二版的撰写、修改和出版，都得到了很多机构和人士的帮助。1994 年 1—7 月，设在美国首都华盛顿的伍德罗·威尔逊国际学者中心冷战国际史研究项目(Cold War International History Project, Woodrow Wilson International Center for Scholars)资助我赴美从事 6 个月的学术研究，使我得以在美国国家档案馆(National Archives)、国会图书馆(Library of Congress，特别是麦迪逊大楼的手稿阅览室)、乔治·华盛顿大学的格尔曼图书馆(Gelman Library, George Washington University)、威尔逊中心图书室，以及普林斯顿大学的塞利·马德手稿图书馆(Seeley G. Mudd Manuscript Library, Princeton University)等地查阅有关东西方冷战的原始材料和学术出版物，并且有较多的机会与美国、俄罗斯、保加利亚、匈牙利和波兰等国家的同行进行交流。在 1999—2000 年以及 2007—2008 年间，我又分别在美国哈佛大学费正清东亚研究中心(Fairbank

Center for East Asian Research, Harvard University)和英国伦敦政治经济学院冷战研究中心(Center for Cold War Studies, London School of Economics and Political Science,后改名为 LSE IDEAS)从事为期一年的学术研究,有机会查阅更多的相关研究成果和文献资料。北京图书馆(现国家图书馆)、北京大学图书馆、原北京大学国际政治系资料室和北京大学国际关系研究所资料室,以及 1996 年之后的北京大学国际关系学院图书馆,都为我提供了必要的研究资料和热心服务。此外,近年来我也通过互联网下载了数量很多的解密档案文件以及研究著述。除了解密档案和文件汇编之外,我还参考了众多学者的研究著述,如果没有这些文献资料,本书是不可能写出来的。我在书中各章的注释中尽可能详尽地注明所引用的参考材料,这一方面是学术规范化所要求的,另一方面也是出于对所引用文献作者的敬重。这本书的第一版是在我给北京大学研究生授课的讲稿(英文和中文)基础上撰写而成的,我教过的中外硕士研究生是本书第一版的第一批读者,他们在课堂上给予我很多直率的建议和批评,我在同他们的交流中也获得很多启示,并且在书中吸收了不少他们所表述的观点。在本书第二版的撰写和修改过程中,我在给北京大学本科生讲授战后国际关系史(其中大部分内容涉及冷战史),得以在课堂上与选课同学分享我的研究心得并从中获得很多有益的反馈信息。本书第二版的写作还得到国家社科基金重大专项的资助,其中包括我在该项目的资助下于 2023 年暑假在美国从事近一个月的学术调研,得以在哥伦比亚大学、普林斯顿大学、斯坦福大学等地查阅文献或采访相关学者。

北京大学国际关系学院刘金质教授是我的学士和硕士论文指导教师,北京大学国际关系学院赵宝煦教授是我的博士论文指导教师,两位恩师指导我顺利完成三篇与冷战史相关的学位论文写作,为本书的撰写打下很好的基础。北京大学国际关系学院袁明教授、王缉思教授、贾庆国教授、牛军教授等同事,一直十分关心、鼓励和支持我的相关研究工作并且给予了很多帮助。中共中央党史研究室章百家研究员,北京大学历史系牛大勇教授、王立新教授、金东吉教授、牛可教授,华东师范大学社会主义历史与文献研究院沈志华教授、李丹慧教授,中国人民大学国际关系学院时殷弘教授,陕西师范大学历史文化学院白建才教授,吉林大学国际关系研究所刘德斌教授,南开大学历史学院赵学功教授,南京大学中美文化研究中心石斌教授，厦门大学国际关系学院/南洋研究院周桂银教授，云南大学印度研究院戴超武教授，浙江大学历史学院刘国柱教授，以及中国社会科学院美国研究所赵梅研究员等中国史学界的知名学者，多年来都以不同的方式给予我以支持和帮助。此外，我还得到过多位海外学者的帮助，其中包括美国斯坦福大学张少书（Gordon H. Chang）教授、美国康奈尔大学沃尔特·拉费伯尔（Walter LaFeber）教授、美国亚利桑那大学艾伦·惠廷（Allen Whiting）教授、美国肯塔基大学乔治·赫尔林（George C. Herring）教授、美国耶鲁大学约翰·加迪斯（John Lewis Gaddis）教授、美国美利坚大学赵全胜教授、英国伦敦政治经济学院文安立教授（Odd Arne Westad，现为美国耶鲁大学教授）、日本早稻田大学毛里和子教授、韩国延世大学文正仁教授，以及韩国高丽大学崔相龙教授和韩昇洲教授等。“当代国际政治丛书”主编之一、华东师范大学俄罗斯研究中心冯绍雷教授，上海人民出版社范蔚文副社长，以及本书编辑团队，也为本书的出版花费了不少时间与精力。

在这里向所有为我从事东西方冷战的研究以及本书的撰写、修改与出版而提供帮助的组织与个人表示感谢！

张小明

2023 年 8 月 31 日

于北京大学国际关系学院

图书在版编目(CIP)数据

冷战及其遗产 / 张小明著. -- 2 版. -- 上海 : 上海人民出版社, 2025. --(当代国际政治丛书).
ISBN 978-7-208-18846-4

Ⅰ. D819

中国国家版本馆 CIP 数据核字第 2024MB9290 号

责任编辑 项仁波 史桢菁
封面设计 人马艺术设计・储平

当代国际政治丛书
冷战及其遗产(第二版)
张小明 著

出　版 上海人民出版社
(201101 上海市闵行区号景路 159 弄 C 座)
发　行 上海人民出版社发行中心
印　刷 上海商务联西印刷有限公司
开　本 720×1000 1/16
印　张 22.75
插　页 2
字　数 341,000
版　次 2025 年 1 月第 2 版
印　次 2025 年 1 月第 1 次印刷
ISBN 978-7-208-18846-4/D・4301
定　价 108.00 元

当代国际政治丛书

冷战及其遗产(第二版)　张小明　著
国际政治学概论(第六版)　李少军　著
国际制度性权力——现实制度主义与国际秩序变迁　张发林　著
投资国家能力:外国直接投资结构与发展中世界的国家建设　陈兆源　著
霸权体系与国际冲突——美国在国际武装冲突中的支持行为(1945—1988年)　秦亚青　著
世界政治的关系理论　秦亚青　著
中华经典国际关系概念　潘忠岐　等著
位置现实主义:一种外交政策理论　宋伟　著
说辞政治与“保护的责任”的演进　陈拯　著
边缘地带发展论:世界体系与东南亚的发展(第二版)　王正毅　著
西方国际政治学:历史与理论(第三版)　王逸舟　著
国际关系理论的中国探索——中国国际关系理论研究文献选编(1987—2017年)　中国国际关系学会、上海国际关系学会　编
国际关系中的制度选择:一种交易成本的视角(增订版)　田野　著
制衡美元:政治领导与货币崛起　李巍　著
当代国际政治析论(增订版)　王逸舟　著
东亚秩序论——地区变动、力量博弈与中国战略　门洪华　著
国家的选择——国际制度、国内政治与国家自主性　田野　著
关系与过程——中国国际关系理论的文化建构　秦亚青　著
危机下的抉择——国内政治与汇率制度选择　曲博　著
规范、网络化与地区主义——第二轨道进程研究　魏玲　著
社会认知与联盟信任形成　尹继武　著
全球公共问题与国际合作:一种制度的分析　苏长和　著
语言、意义与国际政治——伊拉克战争解析　孙吉胜　著
中国安全观分析(1982—2007)　李小华　著
意识形态与美国外交　周琪　主编
国际政治理论的社会学转向:建构主义研究　袁正清　著
世界秩序:结构、机制与模式　潘忠岐　著

社会性别视角下的国际政治　　李英桃　著
和平的纬度:联合国集体安全机制研究　　门洪华　著
美国人权外交政策　　周琪　著
国家与超国家——欧洲一体化理论比较研究　　陈玉刚　著
弹道导弹防御计划与国际安全　　朱锋　著
全球化时代的国际安全　　王逸舟　主编
国际政治理论探索在中国　　资中筠　主编
制度变迁与对外关系——1992年以来的俄罗斯　　冯绍雷　著
文明与国际政治——中国学者评亨廷顿的文明冲突论　　王缉思　主编